DERNIERS COLLOQUES / JOURNÉE D'ÉTUDES ORGANISÉS ET PUBLIÉS PAR L'INSTITUT D'HISTOIRE D'ALSACE :

1. *Autorité, Liberté, Contrainte en Alsace*, Actes du colloque à Strasbourg et Colmar (1-3 octobre 2009), sous la direction de Claude Muller et Élisabeth Clementz, Éditions Place Stanislas, 2010, 361 p.

2. *L'abbaye bénédictine Saint Grégoire de Munster. Pouvoir et Savoir*, Actes du colloque à Strasbourg et Turckheim (1-2 juin 2012), sous la direction de Claude Muller, Gérard Léser et Benoît Schlussel, Éditions du Signe, 2012, 305 p.

3. *Haguenau, 900 ans d'histoire*, Actes du colloque à Haguenau (16-17 janvier 2015), sous la direction d'Elisabeth Clementz, Claude Muller et Richard Weibel, Haguenau, 2015, 335 p.

4. *Alsace, Espace, Identité, Frontière*, Actes du colloque à Strasbourg (26 novembre 2015), sous la direction de Claude Muller, textes réunis par Valentin Kuentzler, Éditions du Signe, 2016, 264 p.

5. *Regards sur l'Alsace du XVIIIe siècle*, Actes de la journée d'études à Strasbourg (2 décembre 2016), sous la direction de Claude Muller, textes réunis par Valentin Kuentzler, Éditions du Signe, 2017, 416 p.

JOURNÉE D'ÉTUDES
REGARDS SUR L'ALSACE DU XIXe SIÈCLE

Organisée par l'Institut d'histoire d'Alsace
de l'Université de Strasbourg
dans le cadre de l'équipe d'accueil EA 3400 ARCHE

ARCHE

ARTS, CIVILISATION ET
HISTOIRE DE L'EUROPE

REGARDS SUR L'ALSACE DU XIXE SIÈCLE

SOUS LA DIRECTION
DE CLAUDE MULLER

TEXTES RÉUNIS
ET ICONOGRAPHIE
PAR VALENTIN KUENTZLER

INSTITUT D'HISTOIRE D'ALSACE
ÉDITIONS DU SIGNE

Les textes présentés dans cet ouvrage sont les actes de la journée d'études organisée par l'Institut d'histoire d'Alsace de l'Université de Strasbourg, le 23 mars 2018 à la Bibliothèque Alsatique du Crédit Mutuel.

Université de Strasbourg

BIBLIOTHÈQUE ALSATIQUE Crédit Mutuel

L'organisation de cette journée d'études et la publication des actes ont été réalisées grâce au soutien financier de la Région Grand Est et du Conseil départemental du Haut-Rhin.

Grand Est
ALSACE CHAMPAGNE-ARDENNE LORRAINE

ALSACE Conseil départemental HAUT-RHIN

Les textes, rédigés par les divers conférenciers, ont été réunis par Valentin Kuentzler (V.K.), également en charge des recherches et des choix iconographiques.

ONT PARTICIPÉ À CETTE PUBLICATION

Sous la direction de :
Claude Muller
Professeur à l'Université de Strasbourg, Directeur de l'Institut d'histoire d'Alsace

Philippe Alexandre
Professeur émérite de l'Université de Lorraine en littérature allemande, Membre du Centre de recherche universitaire lorrain d'histoire (CRULH)

Georges Bischoff
Professeur émérite de l'Université de Strasbourg

Jean-Luc Eichenlaub
Directeur des Archives départementales du Haut-Rhin

Françoise Fischer
Professeur agrégée d'allemand, Docteur en germanistique

Marc Glotz
Ancien directeur d'école, Vice-président de la Société d'histoire du Sundgau et Membre de la Fédération des Sociétés d'histoire et d'archéologie d'Alsace

Jean-Noël Grandhomme
Professeur d'histoire contemporaine à l'Université de Lorraine à Nancy (CRULH), Membre du comité scientifique du Mémorial de l'Alsace-Moselle

François Igersheim
Professeur émérite de l'Université de Strasbourg en histoire de l'Alsace, coordonne le projet collectif de l'Institut d'histoire d'Alsace : *Dictionnaire historique des Institutions de l'Alsace*

Benoît Jordan
Conservateur en chef du patrimoine aux Archives de la Ville et de l'Eurométropole de Strasbourg, Membre du conservatoire du patrimoine religieux en Alsace

Valentin Kuentzler
Dixneuvièmiste, Ancien membre du Parlement alsacien des jeunes (Région Grand Est, 2015-2017)

Cécile Modanese
Attachée de conservation du patrimoine, Doctorante en histoire contemporaine au CRESAT - EA 3436, Université de Haute-Alsace

Laurent Naas
Responsable scientifique de la Bibliothèque Humaniste de Sélestat

Daniel Peter
Directeur des Archives municipales de Nancy, Président de la Société d'histoire et d'archéologie de Saverne et environs (SHASE)

Bertrand Risacher
Professeur certifié d'histoire-géographie, Chercheur associé au CRESAT - EA 3436, Université de Haute-Alsace

Jean-Laurent Vonau
Professeur émérite de la faculté de droit de l'Université de Strasbourg

Pierre Vonau
Agrégé d'histoire. Ancien professeur de classes préparatoires aux grandes écoles au lycée Kléber de Strasbourg

REMERCIEMENTS

Valentin Kuentzler et Claude Muller, directeur de l'Institut d'histoire d'Alsace, tiennent à remercier en tout premier lieu les auteurs de cet ouvrage, pour leur participation à la journée d'études du 23 mars 2018 et pour cette riche collaboration. Nous souhaitons témoigner toute notre reconnaissance à Christine Esch pour son chaleureux accueil à la Bibliothèque Alsatique du Crédit Mutuel de Strasbourg, ainsi qu'à Élisabeth Clementz pour sa présence lors de cette rencontre.

Que tous ceux, collectionneurs et institutions, qui, par la mise à disposition le plus souvent gracieuse des reproductions, ont permis l'enrichissement de cette publication, trouvent ici l'expression de notre profonde gratitude :

Allemagne
BERLIN
Deutsches Historisches Museum
DARMSTADT
Hessisches Staatsarchiv
RATISBONNE
Universitätsbibliothek Regensburg

Brésil
SÃO PAULO
Museu de Arte de São Paulo Assis Chateaubriand

États-Unis
BALTIMORE
The Walters Art Museum
CHICACO
The Art Institute
LOS ANGELES
The J. Paul Getty Museum
NEW-YORK
Hans P. Kraus, Jr. Gallery
The Metropolitan Museum of Art
PHILADELPHIE
The Philadelphia Museum of Art

France
ALTKIRCH
Musée Sundgauvien
BELFORT
Archives départementales du Territoire de Belfort
BESANÇON
Bibliothèque municipale
BREST
Marine nationale, Amirauté
CHANTILLY
Musée Condé
COLMAR
Bibliothèque des Dominicains
Collection Christian Kempf
Musée Unterlinden
DOUAI
Musée de la Chartreuse
GRAVELOTTE
Musée de la Guerre de 1870 & de l'Annexion
NANTES
Musée d'Arts
ORLÉANS
Musée des Beaux-Arts
PARIS
Association des Amis du peintre Henri Zuber
MAD
Musée national Jean-Jacques Henner
Musée du Louvre, Département des arts graphiques
Musée d'Orsay
Musée Pasteur
Musée Rodin
Petit Palais, Musée des Beaux-Arts de la Ville de Paris
SAINTE-CROIX-AUX-MINES
Médiathèque du Val d'Argent
SÉLESTAT
Bibliothèque Humaniste
STRASBOURG
Bibliothèque nationale et universitaire
Cabinet des Estampes et des Dessins
Musée d'Art moderne et contemporain
Musée des Beaux-Arts
VERSAILLES
Musée des châteaux de Versailles et Trianon
Musée Lambinet

Royaume-Uni
LONDRES
Tate

Nos remerciements les plus chaleureux s'adressent à Antoine Foeglé & Emma Pflieger, de même que nous exprimons notre reconnaissance à Nathalie Paillot et Christian Riehl, pour leur attention portée à ce projet.

Que soient enfin vivement remerciées les personnes qui ont apporté, chacune à sa manière, un soutien significatif à la concrétisation et à la publication de cet ouvrage :
Jean-Jacques Aillagon, Elisabetta Bartoli, Claire Bessède, Géraldine Bidault, Yves Carlier, Laurence des Cars, Anne Dirrig, Charline Felder, Mireille Fougerolle, Olivier Gabet, Nicole Garnier, Christiane Hierholzer-Reck, Christian Kempf, Brigitte Klinkert, Olivier Marck, Raphaël Mariani, Catherine Maurer, Fabienne Montchaud, Catherine Paulus, Élisabeth Pflieger, Corinne Sigrist, Laurent Thurnherr, Gennaro Toscano, Guillaume Tournier, Barbara Weisbeck, Marc Zuber.

Place de la bibliothèque Strasbourg

CE PARADOXAL XIXᴱ SIÈCLE ALSACIEN

-

CLAUDE MULLER

Gustave Courbet, « Vue de la place de la bibliothèque » (RF 9105, 6), mine de plomb, s.d. Musée d'Orsay, Paris (conservé au département des arts graphiques du musée du Louvre) © RMN-Grand Palais (musée d'Orsay) / Tony Querrec.

Avant de feuilleter ce recueil d'actes de la journée d'études du vendredi 23 mars 2018, un rappel sur l'histoire de l'histoire s'impose. Longtemps *terra incognita* de l'historiographie alsacienne, le XIXᵉ siècle alsacien entre en scène, de manière tonitruante, par la volonté et surtout le talent de trois universitaires en poste à Strasbourg dans la première moitié du XXᵉ siècle. Fernand L'Huillier (1905-1987)[1], Paul Leuilliot (1897-1987)[2] et Félix Ponteil (1892-1985)[3] se partagent alors un petit bout d'espace rhénan, où chacun se taille sa seigneurie. À Fernand L'Huillier le Premier Empire[4], à Paul Leuilliot la Restauration[5], à Félix Ponteil enfin la monarchie de Juillet[6]. Une fois leur grand œuvre accompli, chacun ratisse allègrement le jardin du voisin.

L'Huillier, Leuilliot et Ponteil, devenus Alsaciens d'adoption, transforment, à l'issue de leurs longues recherches, la terre inconnue en une terre brûlée. Que peut-on, en effet, encore écrire après le sarclage méticuleux des trois maîtres ? Tout est dit et, de plus, bien dit. Il ne reste à d'éventuels autres chercheurs que des miettes miséreuses et éparses. Un observateur attentif remarque, toutefois, un manque. Celui de la période allemande de l'Alsace, entre 1870 et 1918. Plus d'un demi-siècle après les actes fondateurs du trio susnommé, un quatuor innovant remplit, avec bonheur, la case lacunaire. Quasi au même moment, François Igersheim[7], Alfred Wahl[8], Christian Baechler[9] et Denis Richez[10] livrent, à leur tour, au public, dans les années 1980, le fruit de leurs investigations mettant à jour une période riche en événements multiples.

Le trio pionnier, épaulé de ce quatuor d'appoint, ne peut pourtant, à lui seul, rendre compte de l'excellence. Car le XIXe siècle est aussi remarquablement abordé et traité par deux autres universitaires, grands serviteurs de Clio. Le premier, Bernard Vogler, est *a priori* un moderniste. Sa maîtrise de la synthèse et sa sobriété d'écriture très luthérienne, ajoutées à une puissance de travail peu courante, nous valent quatre « manuels »[11], à consulter impérativement avant toute recherche pointue. Le second, Georges Bischoff, se classe, tout autant *a priori*, dans la catégorie des médiévistes. C'est oublier que cet esprit encyclopédique, touche à tout de génie, s'intéresse à la construction idéologique de l'Alsace[12].

Ces quatuor, trio et duo entraînent dans leur sillage d'autres duettistes, Michel Hau et Dominique Lerch. Le premier défriche l'histoire économique alsacienne[13], au même titre que Nicolas Stoskopf. Le second explore avec assiduité les marges du XIXe siècle, traquant les zones d'ombre et les sujets nouveaux[14].

Dès lors suit la pluie de thèses, que l'on peut appréhender, en consultant la rubrique des comptes-rendus de thèse de la *Revue d'Alsace*. Il nous faut énumérer Laurence Depret[15], Francis Messner[16], Pierre Lamard[17], Nicolas Stoskopf[18], Dominique Lerch[19], Yves Thyl[20], Denis Leypold[21], Daniel Peter[22], Stéphane Muckenstrurm[23], Gérard Bodé[24], Édouard Ebel[25], Olivier Conrad[26], Fabienne Fischer[27], Bénédicte Gérard[28], Monique Mombert[29], Marie-Noël Hatt-Diener[30], Frédéric Thebault[31], Anthony Steinhof[32], Bertrand Hozé[33], Gérard Ast[34], Catherine Jordy[35], Évelyne Munch-Mertz[36], Jean-Pierre Hirsch[37], Bernard Jacqué[38], René Walther[39], Jean-Luc Chateaudon[40], Dermar Klein[41], Laure Hennequin-Lecomte[42], Véronique Schultz[43], Catherine Maurer[44], Françoise Fischer-Naas[45], Bertrand Risacher[46], Lauriane With[47] et Éric Ettwiller[48].

La luxuriance, plus que l'abondance de ces thèmes, nécessite que l'on s'y attarde. Le XIXe siècle, en effet, mobilise deux fois plus de chercheurs que le XVIIIe siècle, pourtant abondamment traité[49]. Il fait apparaître le clivage linguistique des auteurs. Les thésards, connaissant à la fois l'allemand et le sutterlin, le support d'écriture de l'époque, s'intéressent à la période du *Reichsland* ou aux deux XIXe siècles, à savoir le français courant de 1800 à 1870 et l'allemand s'étirant de 1870 à 1918. Ceux qui les ignorent se concentrent sur l'Empire, la Restauration, la monarchie de Juillet, la Seconde République et le Second Empire.

Le trésor inestimable des sociétés d'histoire locale mérite aussi une attention, malgré la moue affichée par d'aucuns, masquant ainsi une méconnaissance bibliographique préjudiciable. Félix Ponteil, déjà, en 1932, avait osé dans l'introduction de son ouvrage consacré à l'Alsace pendant la monarchie de Juillet : « Nous savons en quel dédain certains esprits prévenus ont tenu et tiennent encore l'histoire locale. Nous ajouterons que, si jamais le centralisme historique a été blâmable en son besoin de généralisation imprudente et hâtive, c'est bien en ce qui concerne l'Alsace ». Certes, Félix Ponteil, né à Toulon, écrivait ces lignes au moment de la poussée autonomiste alsacienne[50].

Mais la remarque est bien intemporelle, comme en témoigne l'affirmation de Paul Leuilliot, né à Neufchâtel-en-Bray, en Seine-Maritime, selon laquelle point d'histoire totale sans histoire locale[51].

Évoquons, en premier lieu, l'Outre-Forêt, dont le périmètre d'intérêt recouvre l'Alsace septentrionale, entre Haguenau et Wissembourg. Les deux XIXe siècles y sont bien visibles[52]. Celui de 1800 à 1870 est le plus traité (Paul Stroh, Jean-Claude Streicher, Danier Peter, Charles Weick, Dominique Lerch pour les auteurs les plus prolifiques). Celui de 1870 à 1918 l'est un tantinet moins (Jean-Pierre Hirsch, René Walther, Paul Birckel). Bernard Weigel, le rédacteur en chef pendant de longues années, archiviste de Wissembourg, traite, indifféremment, des deux périodes. Les contributeurs occasionnels s'intéressent cependant plus au XIXe siècle français. Si l'on observe, ensuite, la Hardt et le Ried[53], régions géographiques à cheval sur le Bas-Rhin et le Haut-Rhin, la même dichotomie apparaît. Dans cette autre zone rurale intemporelle, la connaissance et l'usage de l'allemand expliquent des articles d'auteurs maîtrisant les deux langues. Mais dans le Val d'Orbey[54], pays welche par excellence, le déséquilibre de traitement lié à la langue est flagrant. L'époque allemande est, dans l'ensemble, moins présente.

La courte présentation sur l'histoire de l'histoire académique et locale donne à comprendre le principe de la recherche scientifique. Comme l'océan, où une vague suit une précédente lorsqu'elle échoue sur la plage, le savoir avance par ondes successives, au gré du temps qui passe. Le présent volume, regroupant plus de chercheurs confirmés que de jeunes talents, explore des pistes nouvelles pour débroussailler les coins de forêts encore vierges. Il témoigne de thématiques actuelles explorées, présentant, en quelque sorte, une coupe des préoccupations contemporaines. Et, volontairement, s'intéresse, pour une fois, un peu plus au Haut-Rhin qu'au Bas-Rhin.

Débutons par le volet social, découlant souvent du terreau géographique ou économique. En nous présentant la biographie de Charles Alfred Mallarmé (1842-1923), officier bilingue ayant opté pour la France, Jean-Noël Grandhomme rappelle la fécondité alsacienne en matière de vocations militaires, sans doute à cause de la terre-frontière. Ce *curriculum vitae*, parmi d'autres multipliés par l'auteur, comble un curieux manque. Car, si l'on trouve à foison des notices d'historiens et d'ecclésiastiques dans le *Nouveau Dictionnaire de Biographie Alsacienne*, les soldats y brillent par leur absence. Bertrand Risacher nous entraîne dans les fonds des vallées vosgiennes passés de la ruée vers l'eau à la rue d'usines. Il nous fait découvrir un patronat de seconde zone, totalement différent de l'entrepreneuriat calviniste mulhousien. Prévenir l'épidémie nous introduit dans un monde où règnent scarlatine et vaccine. Daniel Peter glisse, sans concession, de la fontaine qui sert à tout et du tas de fumier à l'œuvre charitable et à l'intervention de l'État. Valentin Kuentzler s'intéresse, avec bonheur à l'agriculture haut-rhinoise, après l'apogée de la civilisation rurale du XVIIIe siècle. Le beau jardin relève désormais du passé. Certes l'homme continue à se nourrir, mais le trop-plein d'hommes remet en question l'équilibre alimentaire et la richesse réside désormais dans l'industrie.

Eugène Isabey, « La Maison de l'Œuvre Notre-Dame à Strasbourg », aquarelle, s.d.
Musée du Louvre, Paris © RMN - Grand Palais / Tony Querrec.

Alfred Wolf, « Maison de l'Œuvre Notre-Dame », vers 1890-1891.
© Fondation de l'Œuvre Notre-Dame, Strasbourg.

Gustave Courbet, « Rue de Strasbourg » (RF 9105, 3), mine de plomb, s.d.
Musée d'Orsay, Paris (conservé au département des arts graphiques du musée du Louvre)

GUSTAVE COURBET À STRASBOURG

Historiographiquement, le passage de Gustave Courbet (1819-1877) à Strasbourg dans la première moitié du XIXe siècle est également paradoxal. Présentés pour la première fois, il est impossible de dater exactement la réalisation de ses dessins. La « Vue de la place de la bibliothèque » (RF 9105, 6), est antérieure à l'incendie (nuit du 24 au 25 août 1870) de l'église protestante du Temple-Neuf, dont le chœur abritait cette bibliothèque. Elle atteste le passage du maître réaliste avant cet événement.
Ces dessins regroupés dans un carnet de croquis, légué au musée du Louvre par l'artiste, historien d'art et célèbre collectionneur, Étienne Moreau-Nélaton (1859-1927), présentent quatre vues architecturales strasbourgeoises. En plus des deux croquis montrés ici, Gustave Courbet s'est attaché aussi à représenter la paroisse protestante de l'« Église Saint Pierre le Jeune à Strasbourg » (RF 9105, 4) et un « Détail du tombeau du maréchal de Saxe » (RF 9105, 8) à l'Église protestante Saint-Thomas. Est-ce son anticléricalisme qui l'a amené à ne dévoiler qu'une partie de la maison de l'Œuvre Notre-Dame que l'on reconnaît dans une « Rue de Strasbourg » (RF 9105, 3) ? Est-ce à dessein qu'il ne représente dans son carnet, ni la bâtisse gothique au pignon en simples gradins, ni la cathédrale de Strasbourg ? Composé de différents bâtiments empruntant des éléments de l'architecture rhénane, ce dernier dessin est mis en relation avec une aquarelle d'Eugène Isabey (1803-1886) - initialement décrite comme des « Maisons à Francfort » ou encore comme une vue de La Haye - et une photographie d'Alfred Wolf. (V.K.)

Il est possible de visualiser la modernité, et pour cause, souligne Jean-Luc Eichenlaub. Le daguerréotype, technique de reproduction photographique, fige certes « le temps suspendu ». Il ne constitue pas moins une découverte révolutionnaire et Adolphe Braun, au-delà du temps écoulé, est sollicité pour illustrer ces *Regards sur l'Alsace du XIXe siècle*. Jean-Laurent Vonau propose, à première vue, une réflexion surprenante. Si le sinistre promeut l'assurance, celle-ci quitte le stade de la loterie pour s'apparenter au calcul des probabilités. Et l'assurance elle-même chamboule l'aménagement spatial au sein de la maison. Restons-y d'ailleurs, dans cette maison. Les fleurs qui y pénètrent et, de manière générale, les sociétés d'horticulture qui prolifèrent, donnent du sens à un magnifique bouquet du XIXe siècle. Cécile Modanèse conceptualise, avec grâce, les raisons de l'irruption des victorias et des nymphéas.

François Igersheim[55], l'un des meilleurs spécialistes de cette période, s'intéresse à la mise en valeur du patrimoine de Colmar, cette belle endormie visitée par Prosper Mérimée en 1836. Il illustre cette remarque prophétique de Gustave Klotz, architecte de l'Œuvre Notre-Dame de Strasbourg, devenu architecte d'arrondissement, formulée auprès du conseil municipal d'Obernai en 1842 : « Qu'on enlève ces anciens monuments, qu'on prenne à Obernai son cachet de ville historique et bientôt il n'en sera plus question que comme d'un pays vignoble ou industriel et, au lieu de visiter un endroit où les monuments n'existent plus à l'appui d'anciens récits, on n'y viendra pas. On se contentera d'en lire l'histoire. Pourquoi irait-on visiter les lieux ? »

Les regards religieux ne sont que les queues d'un courant, aujourd'hui quasi tari, qui a marqué l'historiographie française dans les années 1970 et surtout 1980 à la suite de Jean-Marie Mayeur[56], Yves-Marie Hilaire, Gérard Cholvy et Claude Langlois entre autres. Cette section propose une contribution de Françoise Fischer, excellente connaisseuse des anabaptistes-mennonites alsaciens, que l'on peut caractériser par le binôme foi et terre. Sous le Premier Empire, une négociation, en fait un bras de fer, a lieu entre Napoléon Ier et les représentants de ce mouvement chrétien. Comment concilier l'obligation du service militaire avec l'objection de conscience, d'essence confessionnelle ? Avec l'examen des églises et des synagogues alsaciennes, Benoît Jordan décrit la traduction de la foi dans les pierres. Les comparaisons permettent de traquer des détails un peu surprenants. Les relations épistolaires entre l'évêque de Strasbourg, Mgr André Raess, et son métropolitain, l'archevêque de Besançon, Mgr Césaire Mathieu, éclairent tous les grands dossiers du catholicisme alsacien entre 1840 et 1887. Le Mont Sainte-Odile n'y est pas mentionné, mais le prélat Raess s'y intéresse. Laurent Naas décrypte les étapes de l'essor touristique de ce haut lieu de pèlerinage alsacien, devenu un site patrimonial.

Reste la thématique particulière consacrée au *Reichsland*. Marc Glotz, avec son élégance coutumière, met en scène le mode de vie des personnes de sang bleu qui cultivent, autant que faire se peut, valeurs militaires et passé glorieux. L'arbre généalogique occupe dans ces familles une place centrale. Gare aux mésalliances ou aux compromissions, quand on affirme, sans boutade aucune, « la supériorité de notre religion sur la leur. » Pierre Vonau examine l'enjeu de l'école devenue la promotrice de l'éducation patriotique et religieuse. De l'autre côté des Vosges, Jules Ferry, Alsacien par son épouse, père de l'école républicaine dans la mémoire collective, suscite une présentation par Philippe Alexandre[57]. Lequel pourfend l'idée qu'il puisse être responsable de l'abandon de l'Alsace au profit de « la ligne bleue des Vosges ». La transition est toute trouvée pour la dernière communication de cette journée d'études qui pourrait servir de conclusion. Georges Bischoff décortique habilement la construction de la mémoire de l'imaginaire, par une mise en scène que chacun peut toucher du doigt. Le héros n'est pas un simple mamelon. Il s'agit du ballon… d'Alsace, bien évidemment.

Puissent, en définitive, ces agate, coraline, corindon, jaspé, opale, sardoine et autres gemmes s'agréger aux bijoux confectionnés en leur temps par Fernand L'Huillier, Paul Leuilliot et Félix Ponteil.

1 BAECHLER Christian, « Fernand L'Huillier », in *Nouveau Dictionnaire de Biographie Alsacienne* [= *N.D.B.A.*], n° 24, 1995, p. 2343-2344 et « Fernand L'Huillier », in *Revue d'Alsace* [= *R.A.*], t. 126, 2000, p. 4-5.

2 LIVET Georges, « Paul Leuilliot », in *N.D.B.A.*, n° 24, 1995, p. 2322 et « Paul Leuilliot », in *R.A.*, t. 114, 1988, p. 261-264. Voir aussi LERCH Dominique, « Liste des travaux de Paul Leuilliot », in *R.A.*, t. 107, 1981, p. 267-272.

3 L'HUILLIER Fernand, « Félix Ponteil », in *N.D.B.A.*, n° 30, 1997, p. 3037-3038 et LERCH Dominique, « Liste des publications de Félix Ponteil », in *R.A.*, t. 106, 1980, p. 189-190.

4 L'HUILLIER Fernand, *Recherches sur l'Alsace napoléonienne*, Strasbourg, 1947, 709 p.

5 LEUILLIOT Paul, *L'Alsace au début du XIX*e *siècle (1815-1830)*, Paris, 1960, trois volumes. On signalera tout de même CHUQUET Arthur, *L'Alsace en 1814*, Paris, 1900, 479 p. Chuquet est né en 1853 et décédé en 1925.

6. PONTEIL Félix, *L'opposition politique à Strasbourg (1830-1848)*, Colmar, 1932, 982 p.

7 IGERSHEIM François, *L'Alsace des notables (1870-1914)*, Strasbourg, 1981, 318 p. et *L'Alsace politique (1870-1914)*, Presses Universitaires de Strasbourg, 2016, 232 p.

8 WAHL Alfred, *Confession et comportement dans les campagnes d'Alsace et de Bade (1871-1939)*, Strasbourg, 1980, 1270 p.

9 BAECHLER Christian, *Le parti catholique alsacien (1890-1939)*, Paris, 1982, 764 p.

10 WAHL Alfred et RICHEZ Denis, *L'Alsace entre France et Allemagne (1850-1950)*, Paris, 1994, 347 p.

11 VOGLER Bernard, *Histoire culturelle de l'Alsace*, Strasbourg, 1993, 581 p. ; *Histoire des chrétiens d'Alsace des origines à nos jours*, Paris, 1994, 429 p. ; *Histoire politique de l'Alsace*, Strasbourg, 1995, 431 p. En collaboration avec HAU Michel, *Histoire économique de l'Alsace*, Strasbourg, 1997, 430 p.

12 BISCHOFF Georges, *Pour en finir avec l'histoire d'Alsace*, Pontarlier, 2015, 255 p.

13 HAU Michel, *L'industrialisation de l'Alsace (1803-1939)*, Strasbourg, 1987, 549 p. ; *La maison De Dietrich de 1685 à nos jours*, Reichshoffen, 2005, 219 p. ; *Regards sur le capitalisme rhénan*, Presses Universitaires de Strasbourg, 2009, 215 p. En collaboration avec STOSKOPF Nicolas, *Les dynasties alsaciennes du XVII*e *siècle à nos jours*, Paris, 2005, 607 p.

14 LERCH Dominique, *Imagerie et société : l'imagerie Wentzel de Wissembourg au XIX*e *siècle*, Strasbourg, 1982, 334 p. ; BOEHLER Jean-Michel, LERCH Dominique et VOGT Jean, *Histoire de l'Alsace rurale*, Strasbourg, 1983, 511 p. ; BOEHLER Jean-Michel et LERCH Dominique, *Moissons d'histoire (XV*e*-XIX*e *siècles). Jean Vogt*, Strasbourg, 2015, 387 p. ; LERCH Dominique, « Identité et histoire », in *Histoire et Historiens, Saisons d'Alsace*, n° 111, 1991, p. 259-272.

15 DEPRET Laurence, *La société paroissiale du Bas-Rhin au lendemain du Concordat*, Strasbourg, 1978, 1226 p. ; compte-rendu par BURG André Marcel, in *R.A.*, n° 107, 1981, p. 285-286.

16 MESSNER Francis, « Le système concordataire français » in *R.A.*, n° 110, 1984, p. 245-246.

17 LAMARD Pierre, « Histoire d'un capital social au XIXe siècle : le capital Japy de 1777 à 1910 », in *R.A.*, n° 111, 1985, p. 189-194.

18 STOSKOPF Nicolas, « La petite industrie dans le Bas-Rhin (1810-1970) », in *R.A.*, t. 113, 1987, p. 328-331.

19 LERCH Dominique, « Imagerie populaire et piété populaire (vers 1600, vers 1960) », in *R.A.*, t. 114, 1988, p. 255-260.

20 TYL Yves, « Le travail des enfants au XIXe siècle. Une région : l'Alsace. Un métier : la verrerie », in *R.A.*, t. 114, 1988, p. 251-254.

21 LEYPOLD Denis, « Mines et métallurgie du fer dans le massif vosgien de l'Antiquité au XIXe siècle. L'exemple de la vallée de la Bruche », in *R.A.*, t. 121, 1995, p. 335-340.

22 PETER Daniel, « La population de l'Outre-Forêt (1648-1948) », in *R.A.*, t. 121, 1995, p. 352-356.

23 MUCKENSTURM Stéphane, « Indigence, assistance et répression dans le Bas-Rhin (1789-1870) », in *R.A.*, t. 121, 1995, p. 357-361.

24 BODÉ Gérard, « Les écoles de perfectionnement d'Alsace-Lorraine (1871-1918) », in *R.A.*, t. 121, 1995, p. 362-366.

25 EBEL Édouard, « La police en Alsace de 1800 à 1870 », in *R.A.*, t. 122, 1996, p. 443-452.

26 CONRAD Olivier, « Notables et administration départementale. Le conseil général du Haut-Rhin (1800-1870) », in *R.A.*, t. 123, 1997, p. 293-302.

27 FISCHER Fabienne, « Émigration séculaire et émigration mythique : la colonisation alsacienne et lorraine en Algérie de 1830 à 1914 », in *R.A.*, t. 123, 1997, p. 303-306.

28 GÉRARD Bénédicte, « Contribution à l'histoire du peuplement de Strasbourg. L'exemple de la formation d'un faubourg, le Neudorf (1811-1910) », in *R.A.*, t. 124, 1998, p. 259-264.

29 MOMBERT Monique, « La pédagogie alsacienne à Paris vers 1900 », in *R.A.*, t. 126, 2000, p. 370-380.

30 HATT-DIENER Marie-Noël, « Strasbourg à la croisée des chemins. Étude des mobilités urbaines (1810-1840) », in *R.A.*, t. 127, 2001, p. 287-290.

31 THEBAULT Frédéric, « Les monuments funéraires comme indicateur d'histoire des mentalités du culte des morts à l'anonymat des tombeaux en Alsace (1804-1939) », in *R.A.*, t. 127, 2001, p. 291-297.

32 STEINHOFF Anthony, « Protestants à Strasbourg (1870-1914) », in *R.A.*, t. 127, 2001, p. 298-311.

33 HOZÉ Bertrand, « Mémoires d'une terre promise (1870-2000) », in *R.A.*, t. 127, 2001, p. 312-317.

34 AST Gérard, « Recherches sur les médecins et médecines dans l'espace du Bas-Rhin de la fin de l'Ancien Régime à 1870 », in *R.A.*, t. 129, 2003, p. 315-321.

35 JORDY Catherine, « La peinture romantique en Alsace (1770-1870) », in *R.A.*, t. 129, 2003, p. 329-334.

36 MUNCH-MERTZ Évelyne, « La médecine cantonale, une médecine des pauvres (1825-1870) », in *R.A.*, t. 130, 2004, p. 471-478.

37 HIRSCH Jean-Pierre, « Les débits de boissons dans les petites villes d'Alsace de 1844 à 1914 », in *R.A.*, t. 130, 2004, p. 479-488.

38 JACQUÉ Bernard, « Pour une histoire matérielle du papier peint (1770-1914) », in *R.A.*, t. 131, 2005, p. 507-509.

39 WALTHER René, « Les activités pétrolières de Pechelbronn (1735-1970) », in *R.A.*, t. 131, 2005, p. 511-518.

40 CHATEAUDON Jean-Luc, « La question routière dans le département du Haut-Rhin (1800-1870) », in *R.A.*, t. 132, 2006, p. 497-502.

41 KLEIN Detmar, « Battleground of Cultures Politics of Identities and the National Question in Alsace under German Imperial Rule (1870-1914) », in *R.A.*, t. 132, 2006, p. 503-509.

42 HENNEQUIN-LECOMTE Laure, « Les réseaux d'influence dans le patriciat strasbourgeois (1789-1830) », in *R.A.*, t. 133, 2007, p. 485-489.

43. SCHULTZ Véronique, « Population et niveau de vie à Strasbourg de la Révolution à l'Annexion », in *R.A.*, t. 133, 2007, p. 493-498.

44 MAURER Catherine, « Dieu dans la ville. Les catholiques et la demande sociale urbaine en Allemagne et en France au XIXe et au début du XXe siècle », in *R.A.*, t. 134, 2008, p. 335-343.

45 FISCHER-NAAS Françoise, « Les assemblées anabaptistes-mennonites de la Haute Vallée de la Bruche (1708-1870) », in *R.A.*, t. 137, 2011, p. 461-472.

46 RISACHER Bertrand, « Industrialisation et désindustrialisation dans la vallée de Rimbach du XVIIIe siècle à nos jours », in *R.A.*, t. 137, 2011, p. 473-482.

47 WITH Lauriane, « Approche géohistorique de la gestion de la prévention des risques d'inondation », in *R.A.*, t. 140, 2014, p. 459-473.

48 ETTWILLER Éric, « L'enseignement secondaire des filles en Alsace-Lorraine et dans l'Académie de Nancy (1871-1940) », in *R.A.*, t. 143, 2017, p. 401-411.

49 MULLER Claude, « Les comptes d'Hoffmann », in MULLER Claude (sous la dir. de), *Regards sur l'Alsace du XVIIIe siècle*, Éditions du Signe, Eckbolsheim, 2018, (415 p.), p. 5-12.

50 COQUIS Pascal (sous la dir. de), *Aux origines des autonomismes alsaciens. Les Saisons d'Alsace*, n° 65, 2015, 128 p.

51 LEUILLIOT Paul, « Problèmes de la recherche : défense et illustration de l'histoire locale », in *Annales Économie, Société, Civilisation*, t. 22, 1967, p. 154-177.

52 MULLER Claude, « Cent cinquante numéros de L'Outre-Forêt. Le paradoxe de la culture et la culture du paradoxe », in *L'Outre-Forêt* n° 152, 2010, p. 47-60.

53 MULLER Claude, « Pauvreté endémique et richesse historiographique. La Hardt et le Ried en vingt volumes », in *Annuaire de la Société d'histoire de la Hardt et du Ried*, n° 21, 2008-2009, p. 5-10.

54 MULLER Claude, « Terre des confins ou terre de passage ? Une vallée welche en vingt-huit volumes », in *Bulletin de la Société d'histoire du canton de Lapoutroie-Val d'Orbey*, n° 29, 2010, p. 15-20.

55 IGERSHEIM François, *Politique et administration dans le Bas-Rhin (1848-1870)*, Presses Universitaires de Strasbourg, 1993, 831 p. ; *L'Alsace et ses historiens. 1680-1914 : la fabrique des monuments*, Presses universitaires de Strasbourg, 2006, 524 p. ; « Faire de l'histoire d'Alsace. Les vecteurs : institutions, sociétés, revues (1800-1870) », in *R.A.*, t. 126, 2000, p. 85-129. Liste de ses publications in *R.A.*, t. 141, 2015, p. 11-22.

56 MAYEUR Jean-Marie, *Autonomie et politique en Alsace. La constitution de 1911*, Paris, 1970, 209 p.

57 Voir aussi ALEXANDRE Philippe, « Le département des Vosges et l'Alsace de 1871 à 1918 », in MULLER Claude (sous la dir. de), *Alsace. Espace, Identité, Frontière*, Éditions du Signe, 2016, p. 161-179.

I

SOCIÉTÉ

II

INNOVATIONS

JJ HENNER

Anonyme, « Portrait de Charles Alfred Mallarmé », s.d.
© Marine nationale – Amirauté de Brest.

CHARLES ALFRED MALLARMÉ (1842-1923), UN OFFICIER DE MARINE ALSACIEN SOUS LE SECOND EMPIRE ET LE DÉBUT DE LA IIIE RÉPUBLIQUE

-

JEAN-NOËL GRANDHOMME

L'opinion répandue qui veut qu'après la Bretagne, la Normandie et l'Île-de-France, l'Alsace soit la région qui fournisse traditionnellement le plus de marins, est sans doute très exagérée, mais les vocations maritimes d'Alsaciens et de Lorrains mosellans sont pourtant bien un phénomène ancien et significatif.

Sous l'Ancien Régime, la Révolution et l'Empire, la marine les attire déjà, tel Jean Baptiste Philibert Wuillaumez (1761-1845), né à Belle-Île-en-Mer, mais fils d'un garde-côte alsacien, qui fait partie de l'expédition envoyée à la recherche de La Pérouse, dont il avait été le second lors d'un précédent voyage[1]. Pour la première moitié du XIXe siècle se détache la figure d'Armand Bruat (1796-1855), né à Colmar, devenu, comme les généraux Kléber ou Rapp, l'un des symboles de l'attachement de l'Alsace à la France et à ses valeurs universalistes[2]. D'autres ont servi dans la marine à cette époque : l'ingénieur des constructions navales Frédéric Reech (1805-1884), directeur de l'école d'application du génie maritime[3] ; ou encore le vice-amiral Bourgois (1815-1887), né à Thionville, co-inventeur du sous-marin le *Plongeur*[4].

C'est toutefois dans la période suivante que cette présence atteint son apogée. Après avoir expliqué le contexte dans lequel s'inscrit la vie de Charles Alfred Mallarmé[5], nous nous intéresserons à sa carrière, jalonnée par la participation à l'expansion de la France sous le Second Empire, puis sous la

IIIe République, après l'épisode marquant de la guerre franco-prussienne; jalonnée également par la réorganisation de la marine et la mise en place de nouveaux organes d'instruction et d'enseignement; mais aussi par les difficultés de la gestion du personnel et les interventions politiques. En conclusion, nous nous demanderons en quoi son cas peut être considéré ou non comme emblématique de toute une génération.

LES ALSACIENS-LORRAINS DANS LA MARINE SOUS LA IIIE RÉPUBLIQUE (1871-1918)

Au cours des cinquante premières années de la IIIe République - qui correspondent à un certain âge d'or de l'armée et de la marine en France -, en dehors de milliers de vocations dans l'armée de terre, très nombreux sont les Alsaciens et les Lorrains qui participent à l'aventure coloniale de la France dans la marine et surtout dans l'infanterie et l'artillerie de marine[6]. Ces soldats et ces officiers, nés dans le territoire annexé et partis en France (ou, pour les plus jeunes, déjà fils d'optants), font rayonner dans le monde entier le nom de leur pays avec souvent dans l'esprit un désir plus ou moins affiché de « Revanche »[7].

Parmi les fils des « Provinces perdues » liés à la marine quelques personnages ont laissé une empreinte durable dans l'Histoire et sont devenus des références patriotiques. Ce sont - selon la terminologie de l'époque - des « héros » de la « geste coloniale » de la France et parfois aussi des contributeurs éminents à la « délivrance » de leur terre natale par leur participation à la Grande Guerre, comme le général Charles Mangin (1866-1925), né à Sarrebourg, figure emblématique « d'Africain »[8].

Au sein des autres officiers de la « Coloniale », on peut citer Louis Gustave Binger (Strasbourg, 1856-1936), premier gouverneur de la Côte d'Ivoire[9]; et le général Petitdemange (Lapoutroie, 1866-1963)[10]. Plusieurs autres Alsaciens et Lorrains accèdent au grade d'officier général dans la marine: le contre-amiral Hallez (Metz, 1848-1925), fils d'un capitaine d'artillerie originaire de Haguenau[11]; et quatre vice-amiraux: Godin (Wissembourg, 1838-1932), spécialiste des torpilles[12]; Pottier (Strasbourg, 1839-1903), commandant de l'escadre d'Extrême-Orient dans la guerre des Boxers[13]; Varney (Metz, 1864-1930), commandant de la division navale de Syrie (1917-1919)[14]; et Mallarmé.

Alsaciens et Lorrains sont aussi représentés dans les diverses spécialités de la marine, avec, entre autres, l'ingénieur hydrographe Philippe Eugène Hatt (1840-1915), né à Strasbourg, membre de l'Académie des sciences[15]; et l'inspecteur général du génie maritime Gaston Romazzotti (1855-1915), né à Molsheim, constructeur du *Gymnote*, sous-marin électrique[16].

Les journaux de l'époque se font largement l'écho de la mort tragique en Amérique du Sud de Jules Crevaux, né en 1847 à Lorquin, explorateur tué en 1882 par les Indiens Tobas dans le Gran Chaco bolivien[17]; et de celle de trois Alsaciens en Afrique: Klobb, né en 1857 à Ribeauvillé, officier de l'artillerie de marine, assassiné en 1899 près de Zinder, alors qu'il essayait de raisonner les capitaines Voulet et Chanoine, devenus fous; Fiegenschuh (1869-1910), né à Strasbourg, tué dans une embuscade préparée par le sultan du Ouaddaï Doudmourah; enfin, Moll (1871-1910), né à Saulx-de-Vesoul (Haute-Saône) dans une famille alsacienne, mort au cours d'une expédition punitive consécutive au massacre de la colonne Fiegenschuh.

UN ENFANT DE STRASBOURG DANS LA MARINE IMPÉRIALE FRANÇAISE

Charles Alfred Mallarmé naît à Strasbourg le 29 juillet 1842, fils de François Joseph Mallarmé, avocat, conseiller municipal; et d'une Prussienne « bien Française de cœur », Frédérique Wilhelmine Graeff. Entré à l'école navale impériale à Brest le 2 octobre 1859, il est nommé aspirant de 2e classe le 1er août 1861 à l'issue de sa période d'instruction à bord du vaisseau école *Borda* (dont il sort 5e sur 49). À partir du 19 août 1862 il participe à la campagne du Mexique, d'abord attaché au service de la majorité sur la frégate *Pallas* au sein de la division navale de l'océan Pacifique, puis sur le transport *Saône* le 25 octobre 1864. Napoléon III rêve alors de créer un grand empire catholique et latin en Amérique du Nord, pour contrebalancer la puissance grandissante des États-Unis, englués dans la guerre de Sécession; il a installé sur le trône du Mexique Maximilien de Habsbourg, frère de l'empereur d'Autriche François-Joseph, qui se heurte à la résistance d'une partie de ses nouveaux sujets. Dans ce contexte, apprécié comme marin et pianiste remarquable, Mallarmé est promu enseigne de vaisseau le 2 décembre 1864.

De retour à Brest le 6 février 1865, il embarque le 12 mai à Cherbourg sur l'aviso à hélice *Marceau* à la division navale de la Nouvelle-Calédonie en qualité d'officier de quart, chargé des montres - il est très doué pour les observations astronomiques -, capitaine de la compagnie de débarquement. Promu lieutenant de vaisseau le 7 mars 1868, il devient officier en sd de la *Pallas*, puis passe le 7 septembre à la station de Tahiti. Revenu au port le 3 avril 1869, il bénéficie d'un congé de convalescence de trois mois à Strasbourg pour dysenterie chronique (prolongé d'autant pour affaires personnelles), puis il est affecté à la division des équipages de la flotte (fusiliers marins) à Brest le 1er octobre. Envoyé au Havre le 4 novembre, il y embarque le 17 comme officier chef de quart sur le *yacht* impérial, où il demeure jusqu'à la chute de l'Empire, le 2 septembre 1870, et même au-delà (sans, bien entendu, revoir son impérial passager, Napoléon III, occupé à d'autres tâches depuis qu'il a déclaré la guerre à la Prusse le 19 juillet).

INSOLENCES SUR FOND DE GUERRE FRANCO-PRUSSIENNE

Au cours d'un conflit qui le touche directement - mais apparemment sans aucun état d'âme - puisqu'il est issu d'un couple mixte, Mallarmé participe à la campagne de la Baltique au sein d'une escadre formée le 23 juillet sous le commandement du vice-amiral Bouët-Villaumez, qui quitte Cherbourg le lendemain pour croiser dans les eaux danoises. Il s'agit pour elle d'immobiliser un ou deux corps d'armée prussiens sur les côtes et d'entraîner le Danemark aux côtés de la France (en misant sur la rancune de ce pays à l'encontre de son voisin, qui l'a vaincu au cours de la guerre des Duchés en 1864), avant de bloquer la flotte prussienne - très inférieure à la française - dans le port de Wilhelmshaven (Basse-Saxe). Toutefois, l'idée d'un débarquement en Allemagne du Nord est vite abandonnée car il devient impossible d'obtenir des renforts à cause des événements désastreux du front de France. Le Danemark refusant de se départir de sa neutralité, l'escadre française, après avoir franchi les difficiles passes du Kattegat et pénétré dans la mer Baltique, se contente finalement de surveiller 150 lieues de côtes et d'appliquer le blocus à une quinzaine de ports, tandis que l'adversaire adopte une attitude strictement défensive. Au milieu de septembre, la navigation se compliquant du fait d'un froid précoce et d'un début de gel des détroits, Bouët-Villaumez décide de rentrer à Cherbourg.

Le 22 octobre, Mallarmé est alors attaché aux lignes de défense de Carentan, à Baupte (Manche), comme capitaine de l'une des compagnies de canonniers marins. Devant l'avance de l'ennemi, l'état-major a en effet créé un môle de résistance en Normandie. C'est alors que, le 13 décembre, Mallarmé est mis en non activité par retrait d'emploi sur décision du ministre de la Marine et des Colonies du gouvernement de la Défense nationale, le vice-amiral Fourichon, « pour avoir discuté et blâmé par la voie de la presse les actes de l'autorité supérieure ».

« DEPUIS QUELQUE TEMPS DES OFFICIERS DE MARINE PRENNENT LA TRISTE HABITUDE D'ÉCRIRE DANS LES JOURNAUX. »

Se désolait le 4 décembre le vice-amiral Roze, commandant en chef à Cherbourg, préfet du 1er arrondissement maritime, dans une lettre au ministre, avant de s'indigner des termes de la missive de Mallarmé, publiée par *Le Moniteur du Calvados* qui, « non seulement avance des insinuations complètement fausses, mais qui témoigne en outre d'un esprit de critique subversif de toute discipline ». Dans cet article, écrit le journaliste de la feuille normande, l'officier « expose d'abord les impardonnables fautes commises par la direction de la marine dans la première phase de la guerre, puis les services qu'elle peut rendre dans la seconde si le gouvernement sait utiliser son concours habile et dévoué ».

Mallarmé, qui s'est ainsi arrogé le droit de décider, en lieu et place de ses supérieurs et du ministre, de ce qu'il faudrait faire ou ne pas faire, attend au Havre un rappel qui ne tarde pas, en dépit de la gravité de sa faute. Une personnalité de la marine est en effet intervenue en sa faveur: le 7 janvier 1871 le capitaine de vaisseau Bergasse du Petit-Thouars, interné à Rastatt (Bade), a demandé à Maurice Engelhard, préfet du Bas-Rhin par délégation, « quelqu'adoucissement, si c'est possible, à la punition disciplinaire qui vient d'être infligée » à un officier dont le père « a été la Providence des matelots blessés [...] laissés dans les hôpitaux de *Strasbourg* » et qui, même « s'il a pu oublier un moment ses devoirs », est « au fond plein de qualités sérieuses ». Le 19 janvier Mallarmé regagne donc Cherbourg, où il passe sur la corvette cuirassée *Atalante* ; puis, le 23 juillet, à l'escadre d'évolutions, sur la corvette cuirassée *Reine Blanche*, où il s'occupe de l'artillerie des gaillards. Cet « officier intelligent, travailleur », écrit le capitaine de vaisseau Lejeune le 16 septembre 1872, « originaire de l'Alsace », qui possède une parfaite connaissance de l'allemand, « a souffert cruellement dans son patriotisme et donne l'exemple de la résignation la plus sage ». Mallarmé opte pour la nationalité française à Toulon le 22 mai 1872 et sa famille s'installe à Épinal, dans la villa *Strasbourg*.

UN OFFICIER CANONNIER ET TORPILLEUR

Le 22 octobre 1873 il passe sur la corvette *Châteaurenault*, en Méditerranée, où il est chargé des écoles et assume aussi alternativement les fonctions de chef de quart, de la machine, du faux-pont et de la batterie. Dans le cadre de l'une des tournées en Orient, où la France, chargée traditionnellement de la protection des catholiques, défend également ses intérêts politiques et commerciaux, il fait notamment escale au Pirée, à Smyrne et à Alexandrie. Embarqué le 1er octobre en rade d'Hyères sur le vaisseau *Alexandre*, école de canonnage, comme commandant d'une escouade de canonniers, il est breveté le 1er octobre 1876. Entre-temps, le 17 février, il a été félicité par le ministre de la Marine et des Colonies, le contre-amiral de Montaignac de Chauvance, pour une analyse d'un ouvrage allemand et d'un autre, anglais[18].

Officier canonnier sur le cuirassé *Provence* le 16 décembre, il est victime le 5 janvier 1877 d'une chute en service commandé, qui lui occasionne une paralysie incomplète du bras. Le 22 janvier 1878 il rejoint le bord du cuirassé *Magnanime*, pavillon du contre-amiral Foullioy, commandant en sous-ordre de l'escadre d'évolutions, où il sait une fois de plus se faire apprécier :

> « Vaillant officier, donnant tout son temps et toutes ses pensées au service, écrit son commandant le 15 septembre. Chargé à bord de l'instruction théorique des canonniers, il s'acquitte de ses devoirs avec une conscience rare. On le voit toujours avec ses hommes, dont il s'occupe sans cesse. [Il met] beaucoup de zèle dans tout ce qu'il entreprend ».

Une fois de plus investi des fonctions de chef de quart, Mallarmé continue le 1er novembre sur un autre cuirassé, le *Trident*, nouveau pavillon du contre-amiral.

Le 1er octobre 1879 il passe sur le *Messager*, école des défenses sous-marines à Boyardville (Charente-Maritime). De retour à Cherbourg le 1er avril 1880, breveté torpilleur, il est nommé officier adjoint à la défense fixe. Le 10 octobre il embarque à l'escadre d'évolutions sur le cuirassé *Marengo* comme officier de manœuvre au choix du commandant, le capitaine de vaisseau Salmon. Revenu à Toulon le 23 février 1881, il y prend le 15 mars le commandement de la canonnière *Léopard* à la division navale détachée dans le Levant.

AU SERVICE DE LA « PLUS GRANDE FRANCE »

Du 5 avril au 27 août Mallarmé participe à la campagne de Tunisie, dans laquelle les forces navales sont commandées par le vice-amiral Garnault. Cette expédition a été décidée par le gouvernement de Jules Ferry afin de défendre les intérêts de la France, en conflit ouvert avec l'Italie, particulièrement active dans la région, et de faire face aux incursions de plus en plus fréquentes de bandes armées de nomades kroumirs tunisiens dans le Constantinois. L'opération de police engagée en avril par le général Forgemol de Bostquénard, commandant de la division de Constantine, se révèle peu meurtrière. Le bey de Tunis Mohammed es-Sakok ben Hussein est contraint de signer dès le 12 mai le traité du Bardo, qui établit le protectorat de la France sur la Régence. Toutefois, en raison de certaines résistances, l'armée et la marine françaises doivent compléter la pacification à partir de l'été. Mallarmé prend une part active dans les affaires de Tabarka le 25 avril et de Bizerte le 1er mai, puis il se distingue en assurant les liaisons avec Tunis au moment des opérations contre Sfax du 5 au 16 juillet (sans hésiter à traverser, même de nuit, les barres au nord de la ville) et contre Gabès le 24 juillet (menées sous le commandement du vice-amiral alsacien Conrad, qui a remplacé Garnault) ; et il s'empare de deux canons que les rebelles ont mis en batterie sur la rive gauche de la rivière pour tirer sur les Français au moment de leur débarquement. Du fait de cette activité et parce que, de loin en loin, le contre-amiral Bergasse du Petit-Thouars continue de veiller sur lui, Mallarmé est enfin promu capitaine de frégate le 25 août.

Le 6 octobre il repasse, cette fois comme officier en sd, sur le *Trident* à l'escadre d'évolutions ; puis il est nommé, le 15 février 1883, aide de camp du contre-amiral Lacombe, major de la flotte à Cherbourg. Le 30 octobre, il prend le commandement du transport *Tarn* pour la Cochinchine et le Tonkin, en pleine guerre franco-chinoise. Dans ce contexte, le contre-amiral (puis vice-amiral le 1er mars 1884) Courbet, commandant de l'escadre de l'Extrême-Orient, reçoit du gouvernement Ferry l'ordre de prendre pied à Formose pour s'emparer des charbonnages de l'île, des ports de Kelung et de Tamsui à titre de gage vis-à-vis de la Chine. Le 5 août, les forces françaises bombardent Kelung, puis remontent la rivière Min afin de détruire l'arsenal de Fou-Tchéou. Les 23 et 24, neuf bâtiments chinois sont envoyés par le fond et les installations des rives ravagées. Occupée le 2 octobre, Kelung est assiégée par des Chinois en nombre cinq fois supérieur aux quelques 1 800 Français, progressivement décimés par le choléra et les escarmouches; et Tamsui, attaquée en vain le 9 octobre, est bien défendue par des troupes chinoises encadrées par des instructeurs allemands. Secouru en janvier 1885 par un détachement commandé par le colonel Duchesne, Courbet desserre l'étreinte autour de Kelung, mais échoue une nouvelle fois devant Tamsui.

De son côté, de retour à Toulon le 5 février avec nombre de blessés et de malades, Mallarmé prend le 10 février le commandement en sd du cuirassé *Dévastation* à l'escadre d'évolutions. Le 4 mai 1887 il devient le chef d'état-major du vice-amiral Conrad, commandant en chef à Lorient, préfet du 3e arrondissement maritime. Promu capitaine de vaisseau le 4 février 1888, il est nommé major de la flotte à Brest. Le 12 juin le vice-amiral Duburquois, commandant en chef, préfet du 2e arrondissement maritime, le désigne pour procéder aux examens de manœuvre de fin d'année et de sortie des élèves de l'école navale. En avril 1890 il retrouve Cherbourg comme président des commissions extraordinaires, inspecteur des quartiers de l'inscription maritime. Nommé le 1er septembre 1891 au commandement du croiseur *Tage*, il sert à l'escadre de réserve de la Méditerranée. « Esprit très net que l'on arrive à découvrir sous une conversation bredouillante [sic] et diffuse dont les défauts et les qualités se reproduisent dans sa correspondance », il « possède [toutefois] à merveille son bâtiment », écrit le 1er septembre 1893 le vice-amiral Brown de Colstoun à Toulon. « Plein d'initiative et de savoir-faire », Mallarmé consacre l'année qui suit à l'instruction de son équipage pour le maniement de l'artillerie à tir rapide.

Nommé le 6 juin 1895, à Paris, membre du conseil des travaux de la marine, il prend le 20 août 1896, grâce à l'intervention du président du Conseil, ministre de l'Agriculture, le Vosgien Jules Méline, le commandement du cuirassé d'escadre *Redoutable*.

> « Familiarisé avec les langues anglaise et allemande, écrit le 10 août le contre-amiral Châteauminois, major général à Toulon, il a pu, par de nombreuses lectures, étudier à fond la marine de nos voisins et enrichir son expérience technique de connaissances qui ont fait de lui un des officiers les plus savants de notre marine ».

Henri Zuber, « Le port de Brest », Page du carnet 'École navale' (1861-1863).
© Collection Association des Amis du peintre Henri Zuber.

Henri Zuber, « Le port de Brest », Page du carnet 'École navale' (1861-1863).
© Collection Association des Amis du peintre Henri Zuber.

Henri Zuber, «Veste de marin. Croquis», Page du carnet 'École navale' (1861-1863).

Contemporain de Charles Alfred Mallarmé, Henri Zuber (né à Rixheim - Haut-Rhin, en 1844) intègre l'École navale impériale à Brest en 1861. C'est dans la Marine que le futur élève de Charles Gleyre à Paris et peintre développe son aptitude artistique dans des carnets de croquis. (V.K.)

OFFICIER GÉNÉRAL ET PÉDAGOGUE[19]

Nommé contre-amiral le 28 août, Mallarmé devient le même jour sous-chef d'état-major général de la marine et rapporteur du conseil supérieur de la Marine, sous l'autorité du vice-amiral Cavelier de Cuverville, chef d'état-major général. Le 31 mai 1899 il participe au déjeuner offert par le ministre de la Marine, Édouard Lockroy, en l'honneur du chef de bataillon Marchand, le héros de Fachoda, de retour d'Afrique. Le 20 juin le ministre demande à Cuverville - tombé en disgrâce pour avoir soutenu le député du Rhône Henry Fleury-Ravarin, qui dénonçait les insuffisances de la défense nationale - de remettre son service à Mallarmé, qui fait ainsi fonction de chef d'état-major général jusqu'à la nomination d'un nouveau titulaire, le contre-amiral Caillard.

Le 1er septembre il prend à Toulon le commandement de la division navale des garde-côtes de l'escadre de la Méditerranée, avec son pavillon sur le *Bouvines*.

> « Il est un peu brouillon dans l'expression de sa pensée, constate à son tour le vice-amiral Fournier, commandant en chef, mais il n'en voit pas moins clairement son objectif, qu'il poursuit toujours avec ténacité. Ce serait en temps de guerre un homme d'avant-garde, plein d'initiative et de hardiesse, et, sur le champ de bataille, un chef de groupe qui entraînerait vigoureusement ses bâtiments et sur lequel on pourrait compter ».

En attendant, Mallarmé est mis à la tête de « l'armée ennemie » pendant les manœuvres navales de 1900 sous le commandement du vice-amiral Gervais, commandant de l'armée navale, à l'issue desquelles, le président Loubet se rend à Cherbourg le 18 juillet pour la revue.

Mallarmé est très bien noté le 1er octobre 1901 par le vice-amiral Ménard, commandant en chef de l'escadre du Nord, notamment pour la manière dont il s'est acquitté de la difficile mission qui lui a été confiée de « faire marcher de front l'école des élèves de la marine marchande et celle des apprentis sans négliger la préparation au combat des bâtiments de sa division ». Directeur de l'école supérieure de Marine le 12 septembre, il est promu vice-amiral le 3 avril 1903.

Le 11 janvier 1903 il assiste, au conservatoire des Arts et Métiers à la première conférence publique donnée à Paris sur l'océanographie, sous la présidence du prince Albert Ier de Monaco. Le 7 juillet, il visite avec ses élèves le port du Havre. Autour du 20 août il descend avec eux la Loire en bateau par le canal maritime; il visite Paimbœuf et Saint-Nazaire, où il observe, notamment, les travaux de la nouvelle entrée du port.

UNE DIFFICILE GESTION DES RESSOURCES HUMAINES

Nommé le 30 septembre commandant en chef à Brest, il y fait son entrée officielle le 2 octobre. Dans une ville très « rouge », un de ses premiers soins est de recevoir le conseil d'administration du syndicat ouvrier du port. « Le conseil a présenté ses revendications au préfet maritime qui a reçu les délégués avec beaucoup de courtoisie, dit *Le Temps* du 11 octobre, les exhortant toutefois au calme et à la discipline, dont ces derniers ont assuré ne jamais se départir quand il sera fait droit à leurs justes réclamations. » En d'autres termes, on assiste à l'instauration d'un rapport de force.

Aussitôt après, membre de la mission du général Dalstein, attachée aux personnes du jeune roi d'Italie Victor-Emmanuel III et de son épouse, la reine Hélène de Monténégro, au cours de leur visite en France, Mallarmé monte dans le train royal le 14 octobre à Dijon. Le 15 a lieu la visite du parc de Versailles, suivie d'un grand gala à l'Opéra. Le 16 les souverains se rendent à la Monnaie de Paris, à l'Hôtel-de-Ville et aux Invalides. Le 17, tandis que le roi va chasser à Rambouillet avec le président, la reine déjeune à l'Élysée avec Mme Loubet, avant de visiter le musée du Louvre avec Mallarmé. Le 18 celui-ci assiste à la revue et au grand déjeuner militaire qui suit, à l'Élysée; puis il accompagne en train les hôtes de la République jusqu'à la frontière.

Le 1er novembre, au moment de l'escale à Brest des avisos-torpilleurs *Bedovy* et *Bravy*, en route pour Port-Arthur (Mandchourie), Mallarmé porte un toast à la santé du tsar Nicolas II; et le général Frey, commandant de la 3e division d'infanterie coloniale et ancien commandant de la 1ère brigade du corps expéditionnaire envoyé contre les Boxers, boit à la marine et à l'armée russes qu'il a eu l'occasion, dit-il, d'apprécier en Chine. Peu avant Noël, Mallarmé assiste au service organisé en l'église Saint-Louis par le comité brestois de la Croix-Rouge. Au cours de la cérémonie, l'abbé Roull, connu pour ses œuvres sociales et scolaires, prononce en chaire un discours très offensif dans lequel il affirme que « le dévouement des soldats et marins morts pour la patrie s'élève depuis que des renégats s'attachent à déconsidérer nos trois couleurs et leur jeter de la boue ». L'allusion aux montées concomitantes de l'anticléricalisme et de l'antimilitarisme est claire.

La situation est en effet régulièrement tendue à Brest, où Mallarmé doit se multiplier car il y assume également les fonctions de gouverneur et de commandant d'armes. Au début de juin, alors que grèves et émeutes paralysent la ville, et qu'il a reçu l'ordre de se tenir prêt à fournir du pain aux civils par le biais des boulangeries militaires, il défend aux matelots et au personnel de la marine les chants nocturnes et les promenades « en bandes ». À la suite de l'émeute du 3 juillet, dans laquelle treize gendarmes sont blessés, il les félicite pour le sang-froid et l'énergie dont ils ont fait preuve dans l'exécution de leur mission. La troupe est encore sollicitée le 5 juillet quand des traminots grévistes organisent une réunion publique à laquelle assistent 3 000 personnes, qui applaudissent des discours où l'on prône la violence et provoquent de graves incidents à la sortie.

Le 14 juillet Mallarmé exprime, dans son ordre du jour consécutif à la revue, sa joie « qu'elle ait fourni à la population l'occasion de saluer les gendarmes et militaires de toutes armes qui sont chargés d'assurer le maintien de l'ordre, et qui s'acquittent de cette tâche avec tant d'abnégation, de fermeté et de modération ». Au déjeuner à la préfecture maritime, après avoir porté un toast à la santé du président Loubet, il boit également, profitant de la présence du consul de Grande-Bretagne, le capitaine de vaisseau Herbert Gye, à celle du roi Édouard VII, qui « est et a toujours été un sincère ami de la France » (l'Entente Cordiale a en effet été conclue le 8 avril précédent).

Le 23 septembre Mallarmé est entendu par Gaston Thomson, député de Constantine, et par la commission extraparlementaire de la marine, dont l'un des membres fait ensuite des confidences à un journaliste : « L'amiral Mallarmé est [...] allé, la semaine dernière, prendre l'air de la rue Royale [siège du ministère], il a reçu des instructions, et si elles lui ont été habilement données, sa déposition sera la douce estampe qui atténue les traits trop appuyés et font les ombres ». « Le long interrogatoire de l'amiral, poursuit le rédacteur, a justifié les prévisions du membre de la commission : tout n'est pas pour le mieux dans la marine mais tout pourrait être encore plus mal et a été parfois aussi mal. C'est l'avis de l'amiral. Évidemment les effectifs ne sont pas au complet, on s'arrange ; les bâtiments de la réserve n'ont pas le nombre d'hommes réglementaire, les hommes vont de l'un sur l'autre, mais le matériel est quand même entretenu. Le manque de personnel n'inquiète pas l'amiral Mallarmé ; pour Brest, il n'y a pas à craindre la répercussion sur la marine des effets de la loi [sur le service militaire] de deux ans [au lieu de trois - loi André, finalement votée le 21 mars 1905]. On a toujours eu des marins sur la flotte, on en aura encore et, en cas de mobilisation, à Brest, qui est le centre le plus important du recrutement des équipages, les hommes ne feront pas défaut. Les officiers ne sont pas assez nombreux pour armer tous les navires de la flotte : il est vrai qu'on ne les armera pas tous à la fois, et les cadres seront suffisants pour des armements successifs. La situation du matériel n'est pas florissante : elle ne l'a jamais été d'une manière absolue [...] L'amiral trouve des excuses à tout. 'Quel habile homme ! me dit un membre de la commission en sortant de la préfecture, il nous a entretenus trois heures d'horloge sans rien nous dire' » (*Le Temps*, 25 septembre 1904). Le portrait n'est guère flatteur ; mais la servilité supposée de Mallarmé est cependant mal récompensée.

Quelques jours plus tôt, le 14 septembre, il a tout spécialement visé les commis de marine dans un ordre du jour de blâme relatif à une réunion publique des ouvriers de l'arsenal, ce qui leur déplaît fortement et, dans un nouveau *meeting*, le 24, ils profèrent des injures contre leurs supérieurs.

> « Le citoyen Guillou, écrit *Le Temps* du 26, déclare que l'amiral Mallarmé met une entrave absolue à la liberté syndicale. Il déclare qu'il a la haine de tous les galonnés [...]. L'anarchiste Demeule prend la parole et dit que l'amiral Mallarmé protège la République parce qu'il touche 40 000 francs par an pour faire le fainéant. '[...] Mallarmé est un fonctionnaire et moi un ouvrier, il a fait vœu de défendre la patrie parce qu'il a une patrie. Moi je n'ai rien sur la terre. [... J'ai] le droit de critiquer ceux qui f... les bateaux à la côte et des millions au fond de l'eau.' »

Certains participants à cette réunion vont ensuite manifester devant la préfecture maritime en chantant *La Carmagnole*, *L'Hymne à l'anarchie*, le *Ça ira*, et aux cris de « Démission ! », « Mallarmé à Charenton ! [célèbre asile d'aliénés de la banlieue parisienne] » et « À bas Mallarmé ! ». L'insulté en réfère au ministre, mais sa réponse se fait attendre. Mallarmé essaie alors de continuer à faire son travail. Le 8 octobre il passe l'inspection du croiseur *Duguay-Trouin*, école d'application des aspirants, qui appareille le 10 pour la campagne d'instruction 1904-1905, avec une première escale prévue aux Açores.

Ce n'est que le 11 octobre 1904 que Pelletan lui adresse une longue lettre, ensuite publiée par la presse, qu'il lui demande de montrer aux ouvriers en réclamant d'eux « un désaveu formel des propos et des procédés outrageants qu'on leur attribue ». Mallarmé convoque alors les représentants des syndicats dans le salon de la préfecture maritime. Au cours de l'entrevue, le commis Goude refuse avec arrogance de retirer les propos irrespectueux qu'on lui reproche, et quarante-huit heures après il les renouvelle en public. Pelletan ne répond pourtant pas à la demande de Mallarmé en vue de la constitution d'un conseil d'enquête devant lequel serait traduit Goude. « On assure, affirme alors *Le Petit Parisien*, que si M. Pelletan

Gustave Le Gray, « L'escadre française en rade de Cherbourg », 1858.

n'accueille pas favorablement cette demande, (...) le vice-amiral Mallarmé sollicitera immédiatement sa mise en disponibilité ». « Il reste à savoir, commente *Le Temps* du 25 octobre, si M. Pelletan donnera aux ouvriers et commis de l'arsenal de Brest cette satisfaction de laisser partir sur sa demande l'amiral dont à grands cris ils demandaient la démission dans une manifestation nocturne ». C'est effectivement ce qu'il fait, par démagogie, dans le cadre des rapports ambigus qu'entretiennent le parti radical et les socialistes. Le 25 octobre, Mallarmé lui demande donc à être immédiatement relevé de son commandement. « M. Pelletan, dans la lettre qu'il a adressée à ce dernier le 11 octobre, lit-on dans *Le Temps* du 27, reconnaît que les injures proférées à Brest sont susceptibles de poursuites et de répressions, mais il empêche ces poursuites et ces répressions de se produire, il encourage donc l'indiscipline et donne aux ouvriers et commis la satisfaction d'amener à se démettre de ses fonctions l'amiral Mallarmé, qui n'a d'autre tort dans la circonstance que de vouloir faire respecter l'autorité dont il a été revêtu par M. Pelletan lui-même ». Deux rencontres à Paris entre Mallarmé et Pelletan ne changent rien à l'affaire, ou plutôt une porte de sortie semble avoir été négociée entre eux en ces occasions.

Le 9 novembre, Mallarmé obtient à point nommé un congé de convalescence de deux mois à Épinal pour troubles dyspeptiques et insomnie rebelle (prolongé d'un mois le 11 janvier 1905, tandis que des manifestants collectivistes continuent de conspuer son nom à Brest).

« La préfecture maritime de Brest va donc rester deux mois sans titulaire, commente *Le Temps* ; [...] après une entrevue avec M. Pelletan, l'amiral s'est trouvé atteint d'une maladie diplomatique qui a l'avantage de ne pas causer au ministre l'embarras de lui trouver un successeur. Tout est donc pour le mieux, pour le ministre, pour l'amiral et pour l'adjoint Goude, qui a demandé la démission de ce dernier ; il n'y aura que le service et la discipline qui en souffriront ».

L'affaire est évoquée à la Chambre en décembre 1904. Placé en résidence libre à Paris le 1er mars 1905, Mallarmé prend finalement le 22 juillet la présidence du comité technique de la marine, et du comité hydrographique le 24. Le 3 octobre il tient - avec Eugène Étienne, ministre de l'Intérieur ; Paul Deschanel, député d'Eure-et-Loir, ancien président de la Chambre ; Charles Le Myre de Vilers, ancien résident général à Madagascar ; Ernest Roume, gouverneur général de l'Afrique-

Occidentale française; et le général Frey - l'un des cordons du poêle lors des obsèques, en la basilique Sainte-Clotilde, de l'explorateur Savorgnan de Brazza, commissaire général honoraire du gouvernement dans le Congo français, mort le 14 septembre à Dakar.

Pris par de réels ennuis de santé (entérite chronique), Mallarmé bénéficie le 19 juillet 1906 d'un congé de convalescence pour faire usage des eaux de Bains-les-Bains (Vosges). Le 26 juillet 1907, il assiste au déjeuner offert par le ministre de la Marine Gaston Thomson au vice-amiral Ijuin Goro, sous-chef d'état-major général de la marine japonaise pendant la guerre de Mandchourie, et aux officiers des croiseurs japonais alors à Brest, en présence, entre autres de Shinichiro Kurino, ambassadeur du Japon à Paris; de Georges Clemenceau, président du Conseil, ministre de l'Intérieur; du général Picquart, ministre de la Guerre; et de Raphaël Milliès-Lacroix, ministre des Colonies. C'est l'une des dernières sorties officielles de Mallarmé, placé dans la 2e section (réserve) le 29 juillet.

-

Resté célibataire, il compte, après son service actif, parmi les personnalités éminentes de la Société centrale de sauvetage des naufragés qui, comme le rappelle sa revue, les *Annales du sauvetage maritime*, en avril-juin 1914, « a pour objet principal de porter secours aux navigateurs en péril et aux naufragés, sur toutes les côtes de France, d'Algérie et de Tunisie ». À l'exemple de beaucoup d'officiers généraux il s'investit donc dans le monde associatif.

En raison de l'histoire particulière de sa région natale, Mallarmé a dû faire toute sa carrière de marin de l'autre côté de la nouvelle frontière, ses pensées cependant toujours tournées vers la cathédrale de Strasbourg. Comme tant d'autres, il a vu dans la République l'outil de la reconquête, guerre juste entre toutes, puisque, en dépit des traités, le « rapt » de 1871 lui apparaissait toujours en 1914 comme une iniquité. L'âge l'a toutefois empêché de reprendre du service lors de la mobilisation générale du 2 août 1914 et il n'a suivi que de loin, en toute discrétion, les péripéties du conflit. Après-guerre il n'est pas revenu, contrairement à d'autres - les généraux d'Armau de Pouydraguin et Reibell, par exemple - s'installer en Alsace.

Mallarmé décède le 26 mars 1923 à l'hôpital militaire du Val-de-Grâce, où ont lieu ses obsèques, le 29, suivies de l'inhumation au cimetière de Bagneux (Hauts-de-Seine). Sa carrière peut être considérée comme emblématique de celle d'une génération d'Alsaciens et de Lorrains, avec cette particularité qu'il était le fils d'une Prussienne. Et même si son assimilation était en tout point réussie et s'il a considéré toute sa vie la France comme son unique patrie, il n'aurait, paradoxalement, obtenu qu'une carte d'identité « B » devant une commission de triage tatillonne si la loi lui avait fait obligation de comparaître devant elle.

1 TAILLEMITE Étienne, *Dictionnaire des marins français*, Paris, 2002, p. 33.

2 Voir BENOIT-GUYOT Georges, *Bruat, amiral de France*, Paris, 1960.

3 BONNEL Yves, *Frédéric Reech 1805-1884, un savant alsacien de Lampertsloch, ingénieur de la marine militaire française*, Strasbourg, 1985.

4 TAILLEMITE, *op. cit.*, p. 66.

5 La source principale de cette contribution est le Service historique de la Défense (SHD), au château de Vincennes, où est conservé le dossier personnel de Mallarmé (CC7 4e Moderne, 214/ 17). Voir aussi son dossier de la Légion d'honneur, LH 1708/23 et HALTER Alphonse, *NDBA*, p. 2496 et *Dictionnaire biographique des maréchaux et généraux alsaciens*, Colmar, 1994, p. 230-231 ; TAILLEMITE, *op. cit.*, p. 349-350.

6 Le 1er janvier 1901 les troupes de marine, désormais dites « coloniales », passent à l'armée de terre, tout en conservant un esprit particulier.

7 Voir GRANDHOMME Jean-Noël (dir.), *Les Alsaciens-Lorrains dans la marine, les colonies et les pays lointains. France - Allemagne, 1870-1918*, Metz, 2019.

8 SHD, 11 Yd 57.

9 Voir AUBOIN Claude, *Au Temps des colonies. Binger, explorateur de l'Afrique occidentale*, Nice, 2008.

10 SHD, 13 Yd 1593.

11 *Ibid.*, CC7 4e Moderne 204/ 7.

12 *Ibid.*, CC7 4e Moderne 658/ 8.

13 TAILLEMITE, *op. cit.*, p. 261.

14 SHD, CC7 4e Moderne 435/ 1.

15 TAILLEMITE, *op. cit.*, p. 239.

16 SHD, CC7 4e Moderne, 491/ 4.

17 *Ibid.*, CC7 4e Moderne 159/ 1. Voir également GRANDHOMME Francis, *Une figure lorraine : Jules Crevaux (1847-1882) et l'exploration de l'Amérique du Sud*, Thèse, Nancy, 2011.

18 « Aperçu sur les observations scientifiques à faire dans les voyages », in *Revue maritime et coloniale* (*RMC*), mai, p. 401-446 ; juin, p. 675-697 ; juillet, p. 154-187 ; août, p. 382- 398 ; septembre, p. 643-671 ; octobre, p. 104-137 et novembre 1876, p. 378-403. Mallarmé est aussi l'auteur d'une traduction de l'allemand : LINDEMANN Moritz, « Les Pêches maritimes, leur distribution géographique, leur exploitation et leur rapport, dans les années 1869 à 1878 », in *RMC*, février, p. 259-276 ; mars, p. 536-572.; avril, p. 18-40 ; juillet, p. 59-76 ; octobre 1881, p. 110-137 ; LXXIII, 1882, p. 366 et suiv. ; LXXIV, 1882, p. 387 et suiv. et LXXV, 1882, p. 98 et suiv. (extrait des *Doctor A Petermann's Mittheilungen aus Justus Perthes geographischer Anstalt*) ; et de deux autres articles : « Note sur l'exercice à bord du branle-bas de combat » et « Note sur l'emploi des bâtiments légers en temps de guerre », in *Bulletin des travaux des officiers*, t. 1, 1895, p. 11-30 et 31-55.

19 Pour cette partie et les suivantes, des sources de presse ont également été consultées : *Le Temps*, 24 août, 8 septembre, 17 novembre 1898, 1er-2, 21 juin, 13-15/ 16, 27-29 juillet, 12, 20 octobre 1899, 8 janvier, 17 juin, 14, 17-20, 24, 28 juillet, 2 août, 18 septembre, 16 octobre 1900, 1er, 8 janvier, 14 avril, 25 mai, 21, 24 juin, 5, 7 juillet, 14, 22 août, 14 septembre, 29 octobre 1901, 24 mai, 28, 30 août 1902, 13, 23 janvier, 3 avril, 10 juin, 9 juillet, 6, 21, 31 août, 21 septembre, 5, 7, 9, 11, 14-19 octobre, 3 novembre, 20 décembre 1903, 5, 15, 22 février, 23 mars, 12, 21 avril, 1er-2, 12, 29 mai, 5 juin, 7-8, 15/ 16 juillet, 1er, 4, 8 août, 8, 15, 17-18, 21, 24-26 septembre, 1er, 4-5, 10-11, 15-17, 24-25, 27-20, 29-30 octobre, 1er, 3, 6-7, 9-11, 16, 18, 20, 23, 25 novembre, 18, 21, 24 décembre 1904, 10, 27 janvier, 29 avril, 21, 26 juillet, 4, 10 octobre, 13 décembre 1905, 1er avril, 28 novembre 1906, 21, 27 juillet, 1er octobre 1907, 27 décembre 1913 et 29 mars 1923 (nécrologie).

Charles Spindler, « Un Tisserand alsacien », vers 1895.
Collection particulière.

DES *SELF-MADE-MEN*, PIONNIERS DE L'AVENTURE INDUSTRIELLE DANS LES VALLÉES VOSGIENNES

-

BERTRAND RISACHER

L'Alsace est la région française qui a produit le plus grand nombre de dynasties industrielles. Pour Michel Hau et Nicolas Stoskopf, « l'Alsace a été, pendant deux siècles, une terre exceptionnellement féconde en dynasties industrielles. Les noms de Dollfus, Koechlin, Mieg, Schlumberger, de Dietrich, etc. sont restés célèbres. Ils sont ceux d'entreprises prestigieuses et de familles alsaciennes engagées dans la production manufacturière sur des durées séculaires [...] »[1].

Ces familles, qui ne « partaient pas de rien » mais qui appartenaient « pour la plupart à des dynasties de notables municipaux », dont l'irruption « dans l'histoire industrielle ne relève pas du miracle ni de la génération spontanée »[2], ont contribué à l'industrialisation précoce de la province. Cependant, parmi les nombreuses dynasties entrepreneuriales qu'a produit l'Alsace, certaines ont été crées par un patronat de « seconde zone », sans vouloir être péjoratif car il a contribué à l'industrialisation de l'Alsace. En effet, l'industrialisation a pris dès l'origine des chemins extrêmement divers. Ainsi, au dynamisme des conquérants de la « Manchester française » répondait les petits établissements fondés par d'authentiques *self-made-men*, étrangers au monde des affaires, sans passé, sans réseau mais dopés par l'exemple mulhousien.

Cette étude permet d'avoir une meilleure connaissance des petits entrepreneurs qui par leur audace et leur initiative permirent l'entrée des vallées vosgiennes dans la révolution industrielle. Elle met ainsi en valeur la notion de « petits capitaines d'industrie » souvent catholiques, qui fondent et dirigent des PME périphériques par rapport à la grande industrie mulhousienne.

D'AUTHENTIQUES *SELF-MADE-MEN* D'ORIGINE SOUVENT MODESTE

Les vallées vosgiennes sont entrées dans l'ère industrielle dès les derniers Bourbons et la monarchie de Juillet. Elles offraient au début du XIXe siècle des atouts qui favorisèrent l'implantation des premières industries :
- un tissu pré-industriel dense et diversifié : le contexte économique du XVIIIe siècle est marqué par l'introduction et le développement des premières formes d'industries et l'essor d'activités alternatives à une économie traditionnelle en crise,
- une main-d'œuvre disponible, flexible et peu exigeante : la conjoncture agricole défavorable favorise le développement d'activités à domicile et libère des bras pour l'industrie naissante,
- des ressources naturelles gratuites : un combustible abondant, le bois, et l'énergie hydraulique.

Les cours d'eau apparaissent alors comme le dénominateur commun de l'industrie dans les vallées. En effet, la force hydraulique au début de l'industrialisation reste la force motrice par excellence, une énergie ni onéreuse, ni polluante, ni dangereuse. On assista alors à « une ruée vers l'eau » qui remonte le fond des vallées après avoir atteint les sites les plus facilement aménageables. Les pionniers de l'industrie dans les vallées ont recherché ces atouts. Ces pionniers sont des notables de l'industrie qui déconcentrent une partie de leur production vers les vallées vosgiennes, certains appartenant à la « vieille garde des fondateurs »[3] - comme Nicolas Schlumberger à Guebwiller, Nicolas Koechlin à Masevaux, Jean Zuber à Jungholtz -, ou à la relève étrangère alliée du patriciat mulhousien - comme les de Bary à Guebwiller ou Lucas Preiswerk à Soultz -. La sphère mulhousienne est alors particulièrement vigoureuse et cette vitalité va se propager aux villes et aux vallées environnantes qui deviennent de « véritables rues d'usines »[4].

Cependant, ces pionniers sont également « de petits capitaines d'industrie », parfois issus de la frange supérieure du monde ouvrier. Contrairement aux grands patrons du Second Empire dont les 2/3 sont eux-mêmes fils d'industriels et dont 40 % appartiennent déjà à la troisième génération, nous sommes en présence d'authentiques *self-made-men*. Il s'agit de personnages étrangers au monde des affaires qui représentent la première génération d'industriels de leur famille : négociant et commis négociant, marchand ou commerçant, commissionnaire de marchandises, ouvrier, contremaître de fabrique, mécanicien, directeur de fabrique, maître de postes, charpentier, tourneur sur bois, scieur, charron, etc.

Si certains peuvent être qualifiés de saisonniers de la transformation manufacturière, d'autres fondèrent des lignées industrielles. Les archétypes en sont les dynasties[5] Latscha, Althoffer et Zeller, véritables symboles de la réussite manufacturière.

Mathias Latscha (1782-1857), fondateur de la lignée des industriels de Jungholtz, originaire du grand duché de Bade exerçait le métier de passementier « à la manufacture de rubanerie » de Bary & Bischoff en 1807. Les déclarations faites devant l'officier de l'état-civil entre 1807 et 1819, à l'occasion de la naissance de ses enfants, témoignent d'une activité précaire, plus ou moins éphémère : il déclara ainsi successivement les métiers de passementier, d'ouvrier de fabrique, d'apprêteur de rubans, de tisserand et d'ouvrier de soie. Mathias Latscha faisait donc partie du prolétariat manufacturier, sachant que la manufacture de rubans de Guebwiller offrait des salaires journaliers de 1,20 F[6] en moyenne à la fin du règne de Napoléon Ier et de 1,50 à 2,50 F sous la Monarchie de Juillet. Or, ces sommes sont dérisoires et ne suffisent pas à vêtir, nourrir, élever et loger décemment une famille. D'ailleurs, afin d'apporter à la famille un complément de revenu, ses fils François Antoine, 14 ans, et Charles, 11 ans, étaient employés chez Nicolas Schlumberger & Cie dans la filature de coton[7]. Dans les filatures, ces enfants servaient d'aides, indispensables auprès des métiers. Ces derniers étaient généralement rattacheurs de fils brisés ou chargés de ramasser le coton de déchet ou de nettoyer les bobines. On les nommait bobineurs ou balayeurs[8]. Cependant, en misant sur ses compétences techniques, Mathias Latscha parvint néanmoins à gravir la hiérarchie ouvrière. À partir de 1822, il changea de statut professionnel et exerçait la fonction de contremaître de fabrique, poste de travail mieux rémunéré. Enfin, en 1836, lors du décès de son fils aîné, la mention « fabricant de broches » témoigne de son changement de statut social.

Michel Steinbrunner (1782-1840), fondateur de la manufacture de draps pour habillements et de draps pour impression à la main et au rouleau « Jean Althoffer », est représentatif de cette main d'œuvre déracinée issue des zones rurales les plus défavorisées. Au début du XIXe siècle, les manufactures de Guebwiller virent affluer « d'anciens journaliers, de petits agriculteurs, vignerons ou éleveurs de la vallée [de la Lauch] ou de la plaine proche et même du Pays de Bade, et qui ne peuvent pratiquement plus vivre de leurs activités rurales traditionnelles »[9]. Michel Steinbrunner, Badois d'origine comme Mathias Latscha, était « tondeur de draps »[10] lorsqu'il s'installa à Guebwiller.

Héritiers de notables ruraux, les frères Joseph (1788-1859) et Ferréol (1789-1841) Zeller se lancèrent dans la grande aventure industrielle sans pouvoir s'appuyer sur une tradition artisanale antérieure mais en ayant une expérience dans le textile. En effet, si Ferréol, maire de Giromagny, exerçait la profession de négociant, son frère Joseph était « employé dans les ateliers des manufactures de Wesserling »[11] (société Gros, Davillier, Roman & Cie). Joseph Zeller était donc l'homme d'expérience et pourrait apporter son savoir-faire. Il s'occuperait de la partie technique et Ferréol de la partie commerciale, profitant d'un contexte particulièrement favorable.

Contrairement aux notables de l'industrie alsacienne, la plupart de ces petits entrepreneurs n'occupaient donc pas de position sociale avantageuse. Nous sommes donc en présence d'authentiques *self-made-men* comme le fut Antoine Herzog (1786-1861), fils d'ouvrier, fondateur d'un des fleurons du textile au Logelbach[12]. Ces *self-made-*

men d'origine modeste ont su saisir leur chance au moment où elle se présentait et prendre leur destin en main.

UNE INDUSTRIE NÉE DE L'INITIATIVE DE PETITS CAPITAINES

Comme l'a affirmé Michel Hau[13], « c'est par l'essor du textile que l'Alsace entre dans l'âge industriel ». L'Alsace connaît en effet, une vague du textile de 1803 à 1869 qui se caractérise par des rythmes de croissance élevés jusqu'en 1869. Sous la Restauration et la première moitié de la monarchie de Juillet, la croissance de l'industrie textile est la plus rapide (+ 14,9 % / an entre 1816 et 1837).

Dopés par l'exemple mulhousien, Ferréol et Joseph Zeller fondèrent en 1818 Zeller Frères, une société en nom collectif et prirent l'initiative de se lancer dans la fabrication de toiles de coton en créant une manufacture - au sens étymologique du terme - d'une centaine de métiers à bras répartis entre Oberbruck et Sewen en ateliers ou à domicile[14]. Les deux hommes apportaient chacun 50 000 francs dans le fonds capital de la société et c'était dans cette proportion qu'ils partageaient les bénéfices et supportaient les pertes. En mai 1822, ils démarrèrent une petite filature à énergie hydraulique à Oberbruck, point de départ de la création de leur empire. En 1841, la société Zeller Frères avait bien prospéré. Elle comprenait alors une filature et sept tissages le long de la Doller entre Sewen et Lauw[15] et employait 460 personnes. En 1858, après s'être lancé dans la fabrication de produits chimiques et de métiers à tisser, Joseph Zeller était le seul industriel en Alsace à être en même temps filateur, tisseur, fabricant de produits chimiques et constructeurs de machines. Il emploie alors 675 ouvriers[16]. À sa mort en 1859, Joseph Zeller laisse une fortune de 708 146 F dont plus de 88% en biens immobiliers[17].

La création en un temps très court d'une puissante industrie textile a offert un marché de tout premier ordre pour les industries d'équipement. La croissance de ce marché accompagne celle du textile avec une forte poussée sous la Restauration. Il faut ainsi des machines à filer, des machines de préparation, des transmissions, des moteurs qui ne peuvent plus être importées en raison de la prohibition britannique. Jusqu'en 1840, on assiste à une vague de création de firmes spécialisées exclusivement dans la construction mécanique.

Les Latscha surent profiter du processus d'industrialisation remontante, - comprenant le cycle complet de la transformation du coton mais aussi la chimie, les constructions mécaniques, etc. - qui se déclencha à Mulhouse mais aussi dans le reste de la haute Alsace et particulièrement à Guebwiller, la « Mulhouse des Vosges »[18]. Détenteurs d'un savoir-faire technique, maitrisant parfaitement les procédés, ils furent capables de répondre « aux besoins de l'industrie textile régionale »[19].

En 1834, François Antoine Latscha (1808-1836), l'aîné des fis de Mathias, tourneur sur fer, prit l'initiative de se lancer dans la fabrication de pièces détachées pour machines textiles. L'année suivante, avec son père Mathias et Jacques Redler, un blanchisseur de toiles de Soultz, ils achetèrent un moulin situé à Jungholtz et le convertirent en atelier de construction spécialisé dans la fabrication de broches à filer. Ils fondèrent une société en nom collectif sous la raison sociale Redler & Latscha. Chaque associé y était intéressé pour un tiers et misa 3 500 F soit un fonds social de 10 500 F[20]. Pour rassembler la mise de fonds initiale et acquérir le moulin, Mathias et François Antoine Latscha durent emprunter 8000 F auprès de Léonard et Martin Bourcard, négociants banquiers à Bâle[21]. Il est intéressant de souligner ici l'origine des capitaux. En effet, en l'absence d'une armature bancaire digne de ce nom en Alsace, les entrepreneurs, même modestes comme les Latscha, firent appel aux financiers bâlois. On retrouve donc les financiers bâlois même dans les vallées reculées alors qu'à partir du Consulat ils développèrent surtout de manière considérable leur concours financier aux industriels mulhousiens, espérant des profits intéressants. Cette petite fabrique était très modeste à ses débuts à en juger par les mises de fonds de départ[22].

Ces ateliers de broches créés par la famille Latscha sont une bonne illustration des premières entreprises financées par l'association de petits groupes de bailleurs de fonds autour d'un homme de savoir-faire. Il révèle la capacité du milieu traditionnel à rassembler des ressources financières sur la base de réseaux très complexes créés à partir de relations d'affaires et d'alliances matrimoniales sans banques. À l'image des Latscha, « n'importe qui pouvait s'improviser entrepreneur. Il suffisait de disposer d'un peu d'argent, de trouver un terrain propice pour y installer une petite fabrique, de recruter quelques ouvriers et d'avoir un peu d'imagination »[23]. Il n'était donc pas nécessaire de disposer d'une grande fortune pour se lancer dans l'industrie[24], la matière grise constituant bien souvent la seule richesse. En revanche, leur taux de profit c'est-à-dire le ratio qui mesure la rentabilité des fonds investis, pouvait être important. En 1858, l'atelier de constructions Latscha père & fils employait 90 ouvriers qui produisaient six tonnes de pièces de machines[25]. Une deuxième usine avait été érigée entre-temps pour répondre aux commandes de pièces de machines provenant des centres industriels de Guebwiller mais aussi de Mulhouse et Belfort.

À partir de la Restauration, l'industrie drapière devient un auxiliaire du coton par la fabrication des tissus et draps industriels. En effet, beaucoup de machines de filature, de tissage, d'apprêts et d'impression doivent être « habillées », garnies de tissus ou de feutres appropriés qui en revêtent certains éléments (pour enrober les rouleaux de machines à imprimer ou les encolleuses par exemple). Pour équiper ces machines, des tissus techniques feutrés appelés « draps de Mulhouse »[26] étaient donc indispensables. Le marché émit un signal qui fut entendu par certains fabricants de draps dont Michel Steinbrunner qui avait créé son propre établissement de draps d'habillement en laine cardée appelés « droguet »[27] utilisés par les paysans (vêtements feutrés, velours côtelés) en 1811. Il comprit que le gros drap traditionnel ne pouvait plus lutter et qu'il fallait s'adapter[28] et introduisit la fabrication des draps à usage industriel dans son établissement. Steinbrunner comme la maison mulhousienne Schlumberger-Dettwiller[29] créée également en 1811, devint donc « habilleur de machines » et progressivement un spécialiste dans la fabrication de tissus techniques. La fabrique fondée par Michel Steinbrunner -

David Ortlieb, « Un Moulin dans la vallée de Masevaux », lavis d'encre brune, 1840.
© Bibliothèque des Dominicains, Colmar.

Adolphe Braun, « Un Moulin à Stosswihr [en réalité il s'agit d'une scierie à Soultzeren] ; *L'Alsace photographiée* (de la série) », papier albuminé, 1859.
© Bibliothèque des Dominicains, Colmar.

devenue Jean Althoffer en 1847[30] - a connu des débuts modestes, celui-ci achetant ou construisant avec ses moyens propres, tout au plus avec l'aide de sa famille, son usine. La petite unité de 3 à 4 ouvriers à l'origine, atteignit 19 employés en 1844[31] (rien de comparable avec la fabrique de draps Beuck & Cie de Buhl qui employait 680 personnes à la même date).

François Antoine Latscha, les frères Zeller, Michel Steinbrunner, jeunes entrepreneurs dynamiques et audacieux (ils ont entre 26 et 31 ans), sont représentatifs de ces « petits capitaines d'industrie » créatifs, réceptifs aux signaux émis par le marché et capable d'orienter leurs activités vers de nouveaux secteurs. Grâce au choix d'un produit au marché porteur et à la spécialisation dans un savoir-faire spécifique, ces *self-made-men* donnèrent naissance à des entreprises florissantes. En effet, elles réussirent à se maintenir au-delà du « take off » et résistèrent aux crises économiques qui furent souvent fatales à un très grand nombre d'établissements. Les débuts de l'industrialisation furent sévèrement sélectifs, car la réussite exigeait « un effort soutenu, un dynamisme de tous les instants, une gestion précise, de solides relations dans le milieu des négociants et de la chance aussi »[32]. Certains entrepreneurs donnèrent naissance à une véritable dynastie, à l'image de la société Althoffer & Cie qui apparaît comme un vestige du savoir-faire alsacien puisqu'elle est toujours en activité.

Au tournant du XXe siècle, la petite entreprise Latscha connaissait la prospérité : elle employait 450 à 500 personnes dans trois établissements. Le petit atelier avait connu un essor important en s'adaptant avec succès au marché allemand après l'Annexion. Ce fut même une période d'apogée puisque l'entreprise en tira une nouvelle vitalité. Althoffer connut son apogée durant l'Annexion et consolida ses positions du fait de la demande accrue de tissus techniques. Les Althoffer travaillaient pour Haefely Schaeffer, le leader de l'ennoblissement, la manufacture de papiers peints J. Zuber à Rixheim, Emanuel Lang à Waldighoffen, Baumgartner à Sainte-Marie-aux-Mines ainsi que pour les centres lainiers d'Aix-la-Chapelle et Mönchengladbach. Le tissage de draps à usage industriel était alors concentré dans trois usines : Dollfus-Noack à Sausheim, Muller à Reiningue et Jean Althoffer. Pour conserver sa clientèle française, il fut décidé de créer une succursale à Archettes en 1893. Zeller Frères a connu une très nette montée en puissance au cours de l'Annexion. Les Zeller réussirent à relever avec succès plusieurs défis : digérer l'Annexion, développer six usines et assurer la pénétration du marché allemand. L'implantation d'un tissage (1879) et d'une filature (1890) à Etueffont (365 employés en 1892) permit de préserver une partie de leurs anciens marchés.

Symbole de cette réussite, ces entreprises obtinrent des récompenses. Ainsi, Latscha fut sélectionné pour l'Exposition universelle de Paris de 1867 et s'en revint avec une médaille de bronze pour la fabrication spéciale d'ailettes creuses et de broches pour bancs à broches. Zeller Frères participa à plusieurs expositions universelles : l'entreprise fut récompensée par une médaille de bronze aux expositions de 1855 et 1867 et par une médaille d'argent à celle de Paris en 1900. Autre symbole de la réussite de ces « brillantes individualités » d'origine modeste, ses membres, pourtant catholiques, firent leur entrée à la Société Industrielle de Mulhouse « signe de notoriété et de valeur sociale et intellectuelle », rejoignant de grandes figures du patronat industriel protestant. Édouard (1818-1883) et Gaspard (1820-1887) Zeller dès 1847, Charles Althoffer (1838-1913) en 1882 et Henri I Latscha (1844-1897), en 1884.

UN SYSTÈME DE VALEURS COMMUN ET UN ANCRAGE TERRITORIAL

Ces petits entrepreneurs ont développé et cultivé un certain nombre de valeurs communes. Les héritiers ont ainsi pu prendre appui sur un ensemble de principes légués par le fondateur.

À l'image des notables de l'industrie alsacienne, le mariage « était l'élément décisif de la poursuite de la vie de la firme familiale », la clé de l'avenir de l'entreprise[33]. Ils développèrent des stratégies matrimoniales : le choix de l'épouse n'était plus laissé au hasard. Dans son étude qu'il consacra aux patrons du Second Empire, Nicolas Stoskopf explique que « la famille est le lieu où se prépare l'avenir. Avant d'être patron, l'industriel est un père qui pense à assurer la continuité dynastique »[34] en choisissant « les meilleurs collaborateurs parmi les fils ou les gendres »[35]. Les conjoints étaient recherchés dans le milieu social proche (homogamie) afin d'avoir de nouveaux associés et de créer un réseau de solidarité sur des bases professionnelles[36]. À l'image des grandes familles mulhousiennes, ces familles de petits capitaines fonctionnaient comme une famille élargie sous l'autorité d'un patriarche. Charles Latscha, avait d'ailleurs été surnommé le « matador ».

Pour le choix du successeur, la règle de la primogéniture masculine s'appliquait. Il est intéressant de souligner ici la proximité de vue avec le grand patronat protestant dans la gestion des entreprises. En effet, le « patrimoine industriel était confié à l'aîné des garçons pour autant qu'il ait justifié de ses qualités scolaires, les autres frères et sœurs devant, quant à eux, se satisfaire à terme de la bonne notoriété de l'entreprise ». Cette vision rejoint en cela celle des familles calvinistes mulhousiennes pour lesquelles « les successions se traduisent par le partage inégalitaire, par la non dévolution de l'héritage de l'entreprise familiale à l'ensemble des héritiers directs ». Le développement de l'entreprise devait être « l'objectif ultime vers lequel tendaient toutes les énergies familiales »[37].

À l'image des grandes familles bourgeoises alsaciennes, les entreprises de ces petits capitaines étaient également des entreprises éducatives[38]. Le choix du métier d'industriel répondait moins à une vocation véritable qu'à une tradition familiale. Le père choisissait avec beaucoup de soin l'établissement dans lequel les garçons, à qui devait être confié le patrimoine industriel, faisaient leurs études. Il était primordial pour pérenniser le patrimoine et le pouvoir économique de ne pas relâcher l'effort d'éducation des enfants. Charles I Latscha (1812-1883) envoya son fils Édouard II (1848-1905) étudier à l'école professionnelle de Mulhouse (devenue École nationale supérieure de chimie de Mulhouse) ; Constant Zeller (1820-1886), fils de Ferréol, fut admis à l'École centrale des arts et manufactures de Paris[39] comme Charles Althoffer, fils du fondateur. Victor Zeller (1833-1896), l'un des fils de Joseph partit en 1855 effectuer deux ans de stage chez « Platt Brothers » à Oldham près de Manchester où il travailla manuellement sur toute la série des machines composant une filature des mieux organisées. Il prend même la direction de la petite filature. Ainsi, « ces orientations répondait à un double objectif : donner à de futurs dirigeants une culture scientifique et technique qui paraissait essentielle, et leur offrir un gagne-pain si l'entreprise familiale venait à être liquidée »[40]. Si certaines dynasties comme Althoffer réussirent à se maintenir durant 191 ans c'est qu'à chaque génération elle trouva dans ses rangs des hommes capables de prendre la succession. L'héritier était soucieux de se montrer digne à la fois des générations passées et des générations futures.

Un autre atout primordial était la qualité des rapports avec le personnel. Ces petits entrepreneurs œuvrèrent pour maintenir des relations d'homme à homme. Cela permettait de s'assurer la collaboration d'une main d'œuvre qui maîtrisait des techniques délicates. En échange, l'ouvrier se voyait assurer protection, - par le biais des œuvres sociales - et sécurité de l'emploi. Il existait donc souvent au sein du personnel un sentiment d'appartenance à l'entreprise, un esprit de famille, qui en faisait une véritable communauté d'intérêts. Cette collaboration ouvriers/patrons représentait une des forces essentielles sur laquelle la firme comptait pour assurer la qualité de sa production. Nous pouvons même affirmer que ce sentiment d'appartenance loin de faire obstacle à l'adaptation et au changement, fut un facteur de compétitivité lors des périodes d'incertitude.

Ce consensus social s'explique également par l'ancrage territorial durable de ces entreprises et de leurs patrons. La main-d'œuvre dans ces vallées vosgiennes était le plus souvent formée d'ouvriers-paysans. Le village vivait au rythme de l'entreprise mais les horaires de travail tenaient compte des impératifs agricoles. Elle était stable (« vivre et travailler au pays »), fidélisée par une politique de recrutement des cadres par promotion interne. En échange, elle devait loyauté et dévouement.

Pour le patronat qu'il s'agisse des industriels mulhousiens ou des petits capitaines d'industrie, « l'accès aux responsabilités politiques est comme ailleurs la sanction normale de la réussite sociale et la marque de l'accès à la notabilité »[41]. Ces petits entrepreneurs s'illustrèrent donc au sein des institutions. Ainsi, Ferréol Zeller fut maire d'Oberbruck de 1831 à 1841, auquel se succédèrent ses neveux Édouard de 1871 à 1880 et Charles de 1881 à 1898 ; Charles Latscha fut maire de Rimbach-Jungholtz et son fils Henri maire de la toute jeune commune indépendante de Jungholtz. Ce dernier fut également conseiller d'arrondissement tout comme Charles Althoffer par ailleurs conseiller municipal de Guebwiller et dont le frère Jean fut maire en 1870-1871. Comme de nombreux industriels alsaciens du XIXe siècle, ils ont été beaucoup plus que des chefs d'entreprises. Grâce au développement de leurs affaires, à leur fortune accumulée, ces familles ajoutèrent à leur puissance financière, la puissance politique, « sanction normale de la réussite sociale et la marque de l'accès à la notabilité ». L'histoire de ces vallées est donc indissociable de celle de ces familles de petits capitaines.

Ces familles de petits entrepreneurs comme les grands promoteurs de la grande industrie de l'Alsace ont voulu « faire participer leurs ouvriers aux bénéfices de leurs établissements »[42]. Parallèlement à leur œuvre industrielle, ce sont les réalisations sociales qui retiennent l'attention par leur diversité. Ils développèrent une politique d'assistance et de prévoyance pour améliorer le sort de leurs ouvriers et augmenter leur bien-être moral et matériel. Pour retenir cette population sur place et loger la main-d'œuvre dans des logements salubres et à bon marché, les Latscha entreprirent par exemple la construction de logements collectifs et favorisèrent l'accès à la propriété, en fondant une société de construction : *Die Baugesellschaft - les employés Latscha*. La maison Zeller Frères n'était pas moins remarquable par ses institutions sociales. Joseph Zeller fut à l'origine dès 1840, de la création d'une « Société de secours mutuel et d'épargne »[43]. Ces « petits capitaines » prirent ainsi également des mesures d'incitation à l'épargne. Les villages des vallées vosgiennes se dotèrent d'une Caisse agricole de dépôts et de prêts, *Darlehnskasseverein*. L'endettement restait un mal chronique qui pouvait mener une famille ouvrière de la pauvreté à la misère dès le moindre accroc. Enfin, sous leur impulsion, des chorales, des fanfares, des sociétés de gymnastique, des corps de sapeurs-pompiers furent créés.

Ces *self-made-men*, comme les notables de l'industrie alsacienne ont voulu « ébaucher des solutions aux problèmes posés par l'avènement de la civilisation industrielle »[44]. L'impact social produit par les Latscha, les Zeller ou les Althoffer est donc très perceptible dans les vallées de la Lauch ou de la Doller.

-

Dans le sillage tracé par les grandes dynasties, ces *self-made-men* profitèrent des opportunités d'activité dans le contexte de l'industrialisation et saisirent leur chance. La révolution industrielle leur donna brusquement le moyen de construire, en dépit des aléas économiques du XIXe siècle, un lignage, de transmettre de générations en générations une puissance économique et une position sociale. Ces petits capitaines poursuivirent tous le même itinéraire qui les conduisit à la tête d'une entreprise. Ces remarquables réussites s'expliquent par un effort soutenu, un dynamisme de tous les instants, une gestion précise, de solides relations dans le milieu des négociants et de la chance aussi. Le point de départ est donc le même et on retrouve par la suite dans leurs comportements des similitudes : le niveau de formation, la politique matrimoniale, la philanthropie, la participation active à la vie civique sont quelques-unes des lignes de force qui les rattachent aux notables de l'industrie alsacienne au-delà des conditions de fortune et des clivages confessionnels ou culturels.

1 DAUMAS Jean-Claude, Compte-rendu de l'ouvrage de HAU Michel et STOSKOPF Nicolas, *Les dynasties alsaciennes*, in *Revue d'Alsace*, Tome 131, 2005, p. 544-547.

2 HAU Michel et STOSKOPF Nicolas, « Mulhouse, terre de conquérants », in *Les grandes dynasties industrielles, Les Saisons d'Alsace*, n°56, mai 2013, p. 59.

3 STOSKOPF Nicolas, *Les patrons du Second Empire : Alsace*, Tome 4, Paris, Le Mans, 1991. p. 257.

4. *Ibid.*, p. 11.

5 Les lignées Latscha, Althoffer et Zeller peuvent être considérées comme des dynasties industrielles puisqu'elles furent « capables de se maintenir à la tête de leurs affaires sur au moins quatre générations ». Voir CROUZET François, « Rôle et géographie des dynasties d'affaires », in *Entreprises et Histoire*, n°9, septembre 1995, p. 7.

6 Les tisserands étaient payés de 75c à 1,50 F, les faiseurs de bas de 1,50 à 2,25 F et les apprêteurs et maîtres ouvriers de 2 à 4 F : Archives Départementales du Haut-Rhin [=A.D.H.R.], 9 M 6. Enquête sur la situation économique et les établissements industriels en 1811, 1812 et 1813.

7 A.D.H.R., 9 M 23. État nominatif des ouvriers employés dans les manufactures du Haut-Rhin en 1823.

8 TYL Yves, « Les ouvriers de Guebwiller d'après les témoins du XIXe siècle », in *Annuaire de la Société d'Histoire des Régions de Thann-Guebwiller*, tome IX (1970-1972), p 63.

9 SCHMITT Jean-Marie, « De la capitale seigneuriale à la Mulhouse des Vosges : origine et début de l'industrialisation à Guebwiller », in *Bulletin de la Société Industrielle de Mulhouse*, 4-1982, p. 94.

10 État civil de Guebwiller. Mariages 1801-1813. Le tondeur de draps était un ouvrier lustrant et lissant les étoffes et les draps pour les rendre plus unis et plus ras. Il utilisait pour ce faire, des forces, sorte d'énormes ciseaux de 1,30 m à branches parallèles. Le drap après avoir été lainé et séché, devait être tondu à plusieurs reprises et cette délicate opération revenait au tondeur. Mais sa tâche ne se bornait pas à tondre ; il éventait les draps, retirait les impuretés avec des petites pincettes, les aspergeait, les mouillait pour les empêcher de rétrécir, les pliait et leur donnait le cati à l´aide de planchettes de bois.

11 État civil d'Oberbruck, mariage du 12 février 1816.

12 Antoine Herzog, natif de Dornach, était fils d'un simple ouvrier des manufactures mulhousiennes. Entré très jeune comme ouvrier dans la manufacture mulhousienne Dollfus père, fils & Cie, il fut remarqué par l'industriel Jean Henri Dollfus qui l'envoya étudier à Paris, au conservatoire national des Arts et Métiers. Il se perfectionna ensuite dans des centres textiles comme Bièvres et Saint-Quentin avant de revenir en Alsace pour prendre en 1806, la direction technique des filatures et tissages Lischy & Zurcher à Bollwiller, établissement fondé deux ans auparavant par un fils de Pierre Dollfus. Il fut recruté par Nicolas Schlumberger qui lui confia le montage de sa filature de Guebwiller, dont Herzog devint, en 1810, le premier directeur. En 1818, il s'associa à Schlumberger pour installer et diriger une nouvelle filature de coton au Logelbach près de Colmar sous la raison sociale Schlumberger & Herzog. Devenu seul propriétaire de cette manufacture, il la doubla d'une seconde filature en 1822, puis fit bâtir un énorme bâtiment de cinq étages en 1836. Voir SCHMITT Jean-Marie, « De la capitale seigneuriale ... », *op. cit.* p. 87 et « Herzog Antoine », in *Nouveau Dictionnaire de Biographie Alsacienne (NDBA)*, n° 16, p. 1565.

13 HAU Michel, *L'industrialisation de l'Alsace (1803-1939)*, Strasbourg, 1987, p. 75-76.

14 ZELLER Paul, « ZELLER-Frères, une entreprise familiale au XIXe siècle », in *Patrimoine Doller*, n° 2, 1992, p. 63.

15 Liste établie à partir du cahier des charges rédigé lors de la licitation des immeubles de la société Zeller-Frères. Voir A.D.H.R., notariat de Masevaux, 6 E 44-80, étude de Me Girol, acte n° 585 du 9 décembre 1841.

16 A.D.H.R., 9 M 14. Enquête de 1858 sur les établissements et la situation industrielle et commerciale.

17 STOSKOPF Nicolas, *Les Patrons..., op. cit.*, p.240.

18 Expression forgée par SCHMITT Jean-Marie, « De la capitale seigneuriale ... », *op. cit.*, p. 77.

19 Expression empruntée à HAU Michel in *L'industrialisation..., op. cit.*, p. 98.

20 A.D.H.R., 6 E 29-59, étude de Me Gast. Acte n°8858 du 13 mai 1836.

21 A.D.H.R., 6 E 29-56, étude de Me Gast. Acte n°7457 du 16 février 1835.

22 L'inventaire après décès d'un des associés, François Antoine Latscha, en 1836 (voir A.D.H.R., 6 E 29-59, étude de Me Gast. Acte n°8858 du 13 mai 1836) permet de reconstituer le capital fixe de l'entreprise un an après sa création. L'ensemble du matériel et des marchandises utilisés dans l'usine pour fabriquer les broches (tours, tourets, meule, machine à arrondir, étaux, machine à polir, enclumes, marteaux, un grand soufflet, tenailles, acier, noix à broches) s'élève à 7 575,50 F auquel il faut ajouter les 7 000 F pour le bâtiment ce qui représente un capital fixe de 15 575, 50 F.

23 BERGIER Jean-François, *Naissance et croissance et croissance de la Suisse industrielle*, Berne, 1974, p. 87.

24 Les premières usines fondées au début du XIXe siècle, comme l'a montré Michel Hau, pouvaient l'être avec quelques centaines, voire quelques dizaines de milliers de francs. Une manufacture avec un capital d'un million de francs restant exceptionnelle. Voir HAU Michel, *L'industrialisation..., op. cit.*, p. 330.

25 A.D.H.R., 9 M 14. Enquête de 1858 sur les établissements et la situation industrielle et commerciale.

26 Les indienneurs de Mulhouse avaient besoin de draps de table en laine et furent ainsi les premiers utilisateurs industriels des articles de draperie. Voir WEBER Louis, *Contribution à l'histoire de l'industrie lainière d'Alsace*, Strasbourg, 1955, p. 74-75.

27 Les tissus d'habillement en laine cardée appelés « droguet » pouvaient être teints en noir, brun ou bleu. Pour le lavage, on préférait prendre de l'urine d'homme pourrie au savon. Les ouvriers urinaient à cet effet dans des fûts dans lesquels on la puisait (dans l'état descriptif des machines, outils et ustensiles de 1847 apparaissent treize tonnelets d'urine (Voir A.D.H.R., 6 E 28-100, étude de Me Pépin, acte n° 993 du 4 septembre 1847). Ce produit était meilleur parce qu'en se décomposant il y avait formation de carbonate d'ammoniaque. Ce procédé concurrençait l'emploi du savon jugé trop agressif pour la matière première.

28 WEBER Louis, *Contribution à l'his toire..., op.cit.*, p. 72.

29 Ainsi, en 1825, Jean David Dettwiller et Jean Henry Schlumberger, associés sous la raison sociale « Schlumberger-Dettwiller » depuis 1813, décidèrent d'introduire à côté de la production de tissus d'habillement en laine cardée, la fabrication des articles industriels spéciaux (draps de laine pour les machines, draps pour recouvrir les tables d'impression, tissus filtrants, etc.). Voir SPECKLIN Paul, *La fibre du feutre de Dollfus-Noack à Dollfus-Muller de 1811 à nos jours*, Société Industrielle de Mulhouse, Mulhouse, 2004, p. 26.

30 Michel Steinbrunner fut un temps associé à son beau-frère Jean-Baptiste I Althoffer (1797-1861). Après son mariage en 1823 avec la fille d'un fabricant de draps de Wildenstein, ce dernier se retira de l'entreprise de son beau-frère pour fonder sa propre fabrique de draps. Resté sans héritier, Michel Steinbrunner

vendit son établissement à Jean-Baptiste I Althoffer et à son associé, Joseph Mény, en 1839. En 1847, les associés se séparèrent et Jean-Baptiste Althoffer poursuivit seul la fabrication de draps. Pour en savoir plus, voir RISACHER Bertrand, « Une dynastie de petits capitaines d'industrie : Althoffer & Cie (1811-2011) », in *Annales de l'Est*, n°1-2012, p. 127-164.

31 A.D.H.R., 9 M 14. Enquête de 1844 sur les établissements et la situation industrielle et commerciale.

32 BERGIER Jean-François, *Naissance et croissance, op. cit.*, p.87.

33 HAU Michel et STOSKOPF Nicolas, *Les dynasties…, op. cit.*, p. 154.

34 STOSKOPF Nicolas, *Les patrons…, op. cit.*, p. 25.

35 *Ibid.*, p. 26.

36 Paul I Latscha (1879-1928) épousa Anne Henriette Rieder, fille d'Emanuel Rieder de Bâle, directeur technique de la « Filature de coton de Mulhouse SA, ci-devant Naegely Frères ».

37 HAU Michel et STOSKOPF Nicolas, *Les dynasties…, op. cit.*, p. 68.

38 *Ibid.*, p. 150.

39 *Notre grand-père. Sa vie, ses joies, ses peines*, p. 1-2, journal rédigé par Constant Zeller et destiné à son fils aîné Maurice.

40 HAU Michel et STOSKOPF Nicolas, *Les dynasties…, op. cit.*, p. 140.

41 STOSKOPF Nicolas, *Les patrons…, op. cit.*, p. 40.

42 GRAD Charles, *L'Alsace, le pays et ses habitants*, rééd., Strasbourg, 1983 (1ère édition, Paris, 1889), p. 188.

43 ZELLER Paul, « ZELLER-Frères… », *op. cit.*, p. 72.

44 HAU Michel et STOSKOPF Nicolas, « Mulhouse, terre … », *op. cit.*, p. 67.

Louis-Adolphe Hervier, « Strasbourg », Crayon noir, fusain et fusain estompé sur papier beige, vers 1845.
Musée Lambinet, Inv. 1182 © Ville de Versailles.

PRÉVENIR L'ÉPIDÉMIE DANS LE BAS-RHIN AU XIXE SIÈCLE

-

DANIEL PETER

Les nombreuses épidémies - peste, typhus, variole, etc. - qui ont parcouru les siècles vont, en grande partie, faire évoluer les représentations de la propreté et de la malpropreté. La notion d'hygiène publique, cette idée que la santé de la population d'un pays est sous la responsabilité de l'État qui le gouverne, prend de l'importance dans la seconde moitié du XVIIIe siècle, avec comme support, dans les doctrines médicales, le néo-hippocratisme. En France, on se préoccupe plus sérieusement de la santé publique à la veille de la Révolution et tout particulièrement dans les villes. C'est dans ce sens qu'en 1778, la Société royale de médecine est fondée[1]. Illustration de l'intervention publique dans les affaires de santé, elle veut étudier les épidémies afin de mieux les combattre. Dès lors, elle se préoccupe de l'insalubrité, des données météorologiques et climatiques, des habitudes personnelles ou encore de la relation entre l'air méphitique des villes et la mauvaise santé des populations ainsi que l'apparition d'épidémies.

Au début du XIXe siècle, l'hygiène accède au pouvoir. Un peu partout, on s'inquiète de la malpropreté des rues, des eaux stagnantes et croupissantes, des fossés non curés, des méfaits du rouissage du chanvre ou encore de l'utilisation des fontaines publiques pour le lavage du linge. L'administration, un peu timorée au départ, crée progressivement tout un arsenal règlementaire et appuie sans réserve les initiatives municipales. Outre les problèmes de salubrité publique, les menaces épidémiques régulières successives vont façonner et faire évoluer l'intervention étatique. Face à l'ampleur des dangers, la prophylaxie assure la continuation de la politique par d'autres moyens. La médicalisation de l'État est amorcée.

VEILLER À LA SANTÉ PUBLIQUE

Laissée à l'initiative et à la charge des institutions charitables, religieuses surtout, la santé publique ne connaît que quelques exemples marquants d'intervention laïque et étatiste durant le Moyen Âge et l'Ancien Régime. On rappellera toutefois les « remèdes du roi », distribution de médicaments aux indigents à l'initiative de Jean-Adrien Hélvétius, médecin ayant guéri le Grand Dauphin en 1686. À partir de 1721, l'envoi de ces médicaments à travers tout le royaume s'amplifie. La pratique va durer jusqu'à la Révolution. Elle témoigne d'une prise de conscience progressive par le gouvernement de ses obligations sur le plan sanitaire et social[2]. En Alsace comme dans le reste du royaume, les médecins sont avant tout des citadins. Médecins de ville ou médecins de cour, ils se déplacent sur l'insistance du bailli seigneurial ou de l'intendant qui les mandent lorsque l'épidémie est à son paroxysme. En temps normal, ils parcourent la campagne, mais les visites sont chères malgré des prix fixés par ordonnances seigneuriales[3]. Confrontés en permanence aux praticiens illégaux, aux guérisseurs plus ou moins doués ou simples charlatans, ils n'hésitent pas à exprimer l'horreur que leur inspirent la crasse, l'insouciance et les préjugés d'une population souvent considérée avec condescendance. Selon eux, le combat pour l'hygiène précède la lutte contre le mal[4]. Lors de l'épidémie de dysenterie qui emporte douze personnes de tout âge à Uberach en septembre-octobre 1786, Keller, médecin résidant à Haguenau, invoque l'humidité et les chaleurs étouffantes. Outre divers remèdes, il suggère plus de propreté et une meilleure aération des maisons. Moins d'un an plus tard, à Niederseebach, dans l'Outre-Forêt, alors qu'une l'épidémie de fièvre typhoïde sévit d'avril à juin 1787, Lambert, le médecin de Soultz, met également en cause l'air d'une saison constamment pluvieuse et l'humidité des logements du village[5].

La Révolution va bouleverser cet état des choses. Confisqués aux congrégations religieuses en 1790, nationalisés par le décret du 23 messidor an II (20 juin 1794), les hôpitaux voient leur situation générale se dégrader très vite. Pour remédier à ce problème, le Directoire se décharge de la gestion des hôpitaux sur les communes par la loi du 16 vendémiaire an V (7 octobre 1796). Cela constitue l'amorce d'une certaine idéologie de l'hygiène nationale, comme en témoigne le combat mené au Conseil des Cinq-cents par le docteur Georges Cabanis, député de la Seine, pour l'organisation en France des professions médicales dans le but d'améliorer la santé publique. Quelques années plus tard, le 10 juillet 1801, le Premier consul Napoléon Bonaparte nomme Jean-Nicolas Corvisart, titulaire de la chaire de clinique interne de la Faculté de Paris, médecin du gouvernement. Ce dernier est chargé à ce titre d'assister les pouvoirs publics dans leur lutte contre les épidémies et toutes les maladies contagieuses. Il devenait ainsi l'équivalent d'un véritable ministre de la Santé[6].

L'influence du mouvement hygiéniste aboutit à la mise en place de structures administratives chargées de tenir des objectifs de police sanitaire[7]. La préoccupation politique pour la santé devient réalité et traduit une prise de conscience du pouvoir central: préserver la santé de son peuple, c'est garantir au pays une source de puissance et de richesse économique.

Les initiatives locales dans certaines grandes villes ont souvent précédé la création de services nationaux. La création, en 1802, du conseil d'hygiène publique et de salubrité de la Seine par le préfet de police de Paris constitue un repère initial. Ce conseil est chargé de l'examen des boissons falsifiées, des manufactures ou des ateliers insalubres, des épizooties, de la visite des prisons et des secours publics[8]. Cette expérience est imitée par d'autres villes importantes dont Lyon (1822), Marseille (1825), Nantes (1828), Bordeaux et Rouen (1831). Elle s'étendra, en 1835, à toute la France.

La variole, la bien nommée « mort rouge », sévit presque partout à l'état quasi endémique, mais éclate parfois, du fait de son caractère extrêmement contagieux, en redoutables épidémies. Suite aux travaux du comité de vaccine, d'initiative privée, le préfet de la Seine décide d'établir un hospice de vaccination à Paris le 7 avril 1801. D'autres centres de vaccination sont ouverts en quelques mois dans la capitale. Une initiative semblable avait été encouragée par le gouvernement à Reims, six mois plutôt, en octobre 1800. Quelques mois plus tard, malgré les mouvements d'opposition à la vaccination, la diffusion de la vaccine explose littéralement dans tout le pays au printemps 1801, soutenue avec ardeur par les préfets, les conseils généraux et même l'empereur qui la prescrit à ses soldats[9].

Dès le mois de janvier 1801, le préfet du Bas-Rhin, avait créé un comité médical chargé de développer la vaccination antivariolique[10]. Malgré la volonté affichée du gouvernement qui soutient la vaccination, et la création d'un Comité national de la vaccine en 1804, les moyens publics alloués à la démarche ne sont pas proportionnels à cette ambition. Cela est d'autant plus regrettable que sur le terrain, la pénétration de la vaccine dans la France rurale ainsi que dans les quartiers populaires des milieux urbains rencontre de nombreux obstacles. Fatalisme, apathie et impossibilité de se projeter dans l'avenir constituent autant de composants d'une certaine culture de la pauvreté alimentant l'opposition à la vaccine. Même la religion s'en mêle. En 1804, l'évêque de Strasbourg ordonne une enquête sur les progrès de la vaccination dans le diocèse. De nombreux curés et pasteurs n'hésitent pas à haranguer leurs ouailles dans les sermons du dimanche pour l'acceptation sans faille de la vaccine. En 1812 et 1813, différents rescrits du directoire de la Confession d'Augsbourg rappellent aux pasteurs l'importance et l'urgence de la prévention notamment en ces périodes de passages de troupe et de retours d'anciens militaires susceptibles de porter la maladie. En 1809, le préfet Adrien de Lezay-Marnésia crée une prime de vaccination destinée à récompenser les meilleurs vaccinateurs[11]. En 1811, un rapport du médecin cantonal de Saverne indique:

« La vaccination éprouve beaucoup plus de difficultés que je présumais, l'indifférence de l'homme de la campagne pour tout ce qui est nouveau est inconcevable. Bouxwiller a montré la plus complète Insouciance [...]. Comme la petite vérole n'exerce plus ses terribles Ravages depuis quelques années, on ne se presse point, on remet l'opération d'un mois à l'autre malgré mes observations réitérées [...] ».

Notons que si les dispositions vis-à-vis de la vaccine semblent s'améliorer nettement vers le milieu du XIXe siècle, les réticences persistent dans certains territoires. Ainsi, en 1852, le médecin cantonal de Seltz n'hésite pas à dénoncer « le peu de zèle des habitants du canton de Seltz à jouir du bienfait de la vaccine [...] »[12]. En 1856, le conseil d'hygiène s'inquiète vivement de l'état sanitaire de l'Alsace du nord. En effet, la variole s'y manifeste à nouveau et plus particulièrement dans les cantons de Lauterbourg et de Niederbronn[13]. Cependant, le chemin sera encore long. Alors que la vaccination antivariolique est obligatoire en Suède dès 1816, en Grande-Bretagne en 1867, en Allemagne en 1874 ou en Serbie en 1879, elle ne sera imposée en France qu'en 1902 !

La Seconde République fera œuvre utile en adoptant sur le plan national, d'une part, le 10 août 1848, un décret établissant un comité consultatif d'hygiène publique de France sur les ruines du conseil supérieur de santé créé par une ordonnance royale du 7 août 1822. D'autre part, en prévoyant par le décret du 18 décembre 1848, la création obligatoire d'un conseil d'hygiène et de salubrité dans les chefs-lieux d'arrondissement et d'un conseil supérieur à la préfecture de département ainsi que facultativement des comités cantonaux de salubrité. Ces derniers sont établis dans le Bas-Rhin le 31 août 1849[14]. Mais le conseil de salubrité du département existait déjà sur des bases nouvelles depuis la promulgation de l'arrêté préfectoral du 31 mai 1848. En réalité, peu de structures fonctionneront convenablement, dans la mesure où l'administration n'était pas tenue de les consulter.

Sous l'Empire, les premières mesures générales d'hygiène et de salubrité publique sont prises. Par la suite, plusieurs lois sont votées, créant ainsi un éparpillement de textes législatifs qui seront repris dans la loi du 15 février 1902, véritable synthèse de toutes les réglementations relatives à l'hygiène et à la salubrité publique établies depuis près d'un siècle. Les instructions du ministre de l'Intérieur du 2 mai 1805 semblent indiquer que les préoccupations de l'État face aux épidémies ne sont pas que des vaines paroles. Elles rappellent les causes d'épidémies déjà dénoncées, comme :

Constant Joseph Desbordes, « La Vaccine », huile sur toile, 1822.

napoléoniens. Ils sont nommés sur proposition des sous-préfets des différents arrondissements. À partir de 1848, le médecin cantonal sera recruté sur concours.

Les débuts semblent quelque peu difficiles. Il faut non seulement trouver des candidats compétents et dévoués pour une entreprise de cette envergure, mais il s'agit également de convaincre les habitants, surtout ceux des campagnes reculées où persistent des pratiques anciennes et souvent illégales, malgré différentes interventions de l'administration. Ainsi, dans le canton de La Petite-Pierre, le rapport sur la topographie médicale du territoire au début de 1811 envoyé par le médecin cantonal Lambert au préfet contient plusieurs exemples significatifs. À Frohmuhl, « la sage-femme n'a pas été reçue comme la loi l'exige » ; à Lichtenberg, le curé « [...] pratique la médecine » et ignore les interdits de l'administration » ; à Petersbach, enfin, c'est le bourreau qui « pratique la médecine et la chirurgie »[17]. Le rôle du maire face à l'épidémie est défini dans la circulaire de 1805, c'est-à-dire celui d'informer d'urgence les autorités compétentes. Le 24 janvier 1812, le maire de Mulhausen (canton de Bouxwiller) se fait réprimander pour « avoir gardé le silence » alors que seize enfants du village étaient atteints par la scarlatine. Le préfet lui reproche également le fait de ne pas avoir permis d'enrayer l'épidémie en avertissant le médecin cantonal : « Non seulement vous n'avez pas fait votre rapport, mais vous avez même négligé d'en instruire M. le médecin cantonal, ce qui m'a empêché de prendre les mesures nécessaires en pareil cas, et lui de prévenir, par de prompts secours, les progrès et les Ravages de cette maladie ». Le maire du village voisin de Bischholtz, ayant agi de la même façon, se fait également sermonner par le préfet. Le même jour, le médecin cantonal écrit au préfet pour préciser que la première épidémie est vaincue et que la seconde est en passe de l'être[18]. En 1815, le préfet n'hésite pas à demander aux curés et desservants, par l'intermédiaire des vicaires généraux du diocèse, de faire prévenir les médecins cantonaux dès le moindre soupçon de maladie contagieuse. Les vicaires acceptent en espérant que les pasteurs en feront de même[19].

Petit à petit, le système gagne les régions voisines. Des préfets, des conseils généraux le réclament dans la Nièvre et la Loire, mais il n'est pas étendu faute de moyens[20]. En 1837, le préfet du Haut-Rhin suit l'exemple bas-rhinois[21]. Les écrits et les tentatives multipliées finissent par porter la question sur le plan national. Débattue par les médecins lors du congrès de 1845, sans résultat, elle se retrouve dans le projet de Salvandy, ministre de l'Instruction publique, sur l'enseignement et l'organisation de la médecine, qui propose l'instauration de médecins cantonaux en 1847. Malgré un rapport favorable de la commission, le projet suscite de multiples oppositions. C'est surtout le caractère obligatoire qui provoque le rejet des opposants, de même que le développement sans fin de l'assistance porté par cette loi.

Les circulaires de 1854 et 1855 tirent les leçons des échecs législatifs antérieurs : elles se bornent à demander aux départements de créer de tels services à leur guise, à solliciter le vote de subsides départementaux et communaux sans promettre le moindre concours de l'État. En 1858, le Second Empire institutionnalise les médecins

Constant Joseph Desbordes, « La Vaccine », huile sur toile, 1822.
© Douai, Musée de la Chartreuse / Daniel Lefebvre.

« L'altération de l'air, de l'influence des eaux, des travaux durs et pénibles auxquels les habitants de la campagne sont occupés dans toutes les saisons, d'une nourriture grossière et malsaine, et quelquefois insuffisante, de l'extrême malpropreté, suite nécessaire de l'insouciance et de l'indigence, [...] les habitations humides, souterraines, étouffées, et où le jour peut à peine pénétrer, les marais, les fumiers, les eaux stagnantes qui se trouvent dans les rues, et autour des maisons [...] ».

Sans oublier les causes locales « qui se compliquent avec les causes générales ». On souligne le rôle du maire qui est tenu d'informer d'urgence le sous-préfet dès « qu'il y aura apparence d'épidémie [...] ». On propose de faire établir des rapports par les médecins des épidémies à destination de l'École de médecine de Paris.

On précise également la question des émoluments des médecins des épidémies. Ces derniers touchaient un traitement fixe sous « l'ancien gouvernement », mais le ministre propose « d'exciter le zèle, en ne récompensant que le travail [...], que les médecins des épidémies ne devront être payés que lorsqu'ils auront été employés [...] ». On dit, enfin, que la charité ne suffit plus et qu'il faut prévoir les moyens de guérir sur « le fonds des dépenses imprévues du département ou sur ceux que le Conseil général pourrait voter pour cet objet ». L'État se décharge sur le département, mais envoie des boîtes de médicaments fournies par la pharmacie centrale des hôpitaux de Paris. Destinées aux traitements des épidémies, mais réservées aux indigents, elles sont remises aux médecins des épidémies par les sous-préfets. Elles contiennent, entre autres, de la rhubarbe concassée (2 onces), des feuilles de séné (8 onces), du quinquina entier (8 onces) qui « s'emploie en décoction ou en poudre pour combattre les fièvres intermittentes », du sel d'Epsom de Lorraine (8 onces), « un purgatif doux », de l'onguent de la mer (8 onces) qui « s'emploie comme suppuratif » et du camphre (4 onces). Malheureusement, la nomination de médecins des épidémies et l'utilisation des boîtes à médicaments ne semblent pas toujours se dérouler facilement. Ainsi, en l'an XIV, le préfet du Bas-Rhin se voit contraint d'écrire à trois reprises au sous-préfet de Wissembourg pour lui demander de trouver deux candidats pour le poste[15].

La loi du 16 septembre 1807, dite de dessèchement des marais, pose les premiers principes d'un code d'hygiène publique. À toutes les régions marécageuses, « étaient associées des fièvres aux conséquences anthropologiques catastrophiques: mortalité infantile écrasante, records d'exemption de conscrits aux conseils de révision, vieillissement précoce, indolence générale ». Sous le règne de Louis XVIII, la loi du 3 mars 1822 relative à la défense contre les maladies exotiques et les maladies pestilentielles introduit des mesures parfois très répressives (comme la peine de mort) en vue d'endiguer les épidémies par voie de terre et de mer. Au lendemain de la première grande épidémie de choléra, une circulaire du 13 avril 1835 présente aux préfets les observations de l'Académie de médecine sur les moyens à adopter pour prévenir la propagation des épidémies et en limiter les effets. Les préfets sont invités à étudier dans les départements toutes les causes d'insalubrité favorisant les maladies: altération de l'air, habitats insalubres, aliments avariés, travaux excessifs, ignorance même, etc.

La première loi de salubrité domestique est promulguée le 13 avril 1850: « Dans toute commune où le Conseil municipal l'aura déclaré nécessaire par une délibération spéciale, il nommera une commission chargée de rechercher et d'indiquer les mesures indispensables d'assainissement des logements et dépendances insalubres mis en location ou occupés par d'autres que le propriétaire, l'usufruitier ou l'usager. » Loi incomplète, elle n'est guère appliquée et sera abrogée en 1902[16].

L'ACTION ADMINISTRATIVE DANS LE BAS-RHIN

Au début du XIXe siècle, malgré les boîtes de remèdes et les modestes secours en cas d'épidémie, ainsi que les différentes circulaires évoquées plus haut, rien ou presque rien n'est fait au plan national. Une fois de plus, les initiatives locales sont plus importantes. C'est au préfet Adrien de Lezay-Marnésia que l'on doit les innovations majeures dans le domaine de la santé publique dans le département au début du XIXe siècle. Nommé préfet du Bas-Rhin en 1810, il meurt accidentellement quatre ans plus tard, laissant une œuvre considérable dominée par des préoccupations sociales et pédagogiques. Il est à l'origine de deux institutions médicales spécifiques, la médecine cantonale et le conseil de salubrité, crées par l'arrêté préfectoral du 31 octobre 1810.

Inspirée des *Stadtphysici* allemands, la médecine cantonale, véritable médecine sociale d'avant-garde, permet d'affecter un médecin cantonal, à la fois médecin des pauvres, médecin des épidémies et des épizooties, vaccinateur et expert en médecine légale, afin de surveiller les conditions sanitaires des populations dans le territoire dont il est en charge. Ce praticien doit veiller à la salubrité des commerces d'alimentation, des églises, des écoles, des prisons, contrôler les conditions de travail dans les manufactures, les cimetières, s'occuper des accidentés ainsi que, de façon générale, surveiller l'hygiène publique et assurer la police médicale. La tâche est énorme, voire insurmontable, sans parler de l'obligation d'adresser à l'autorité publique des rapports périodiques et des éléments de statistique. Ainsi chaque canton dispose d'un médecin instruit, expérimenté et dévoué. La plupart d'entre eux s'étaient formés sur les champs de bataille napoléoniens. Ils sont nommés sur proposition des sous-préfets des différents arrondissements. À partir de 1848, le médecin cantonal sera recruté sur concours.

Les débuts semblent quelque peu difficiles. Il faut non seulement trouver des candidats compétents et dévoués pour une entreprise de cette envergure, mais il s'agit également de convaincre les habitants, surtout ceux des campagnes reculées où persistent des pratiques anciennes et souvent illégales, malgré différentes interventions de l'administration. Ainsi, dans le canton de La Petite-Pierre, le rapport sur la topographie médicale du territoire au début de 1811 envoyé par le médecin cantonal Lambert au préfet contient plusieurs exemples significatifs. À Frohmuhl, « la sage-femme n'a pas été reçue comme la loi l'exige » ; à Lichtenberg, le curé « [...] pratique la médecine » et ignore les interdits de l'administration » ; à Petersbach, enfin, c'est le bourreau qui « pratique la médecine et la chirurgie »[17]. Le rôle du maire face à l'épidémie est défini dans la circulaire de 1805, c'est-à-dire celui d'informer d'urgence les autorités compétentes. Le 24 janvier 1812, le maire de Mulhausen (canton de Bouxwiller) se fait réprimander pour « avoir gardé le silence » alors que seize enfants du village étaient atteints par la scarlatine. Le préfet lui reproche également le fait de ne pas avoir permis d'enrayer l'épidémie en avertissant le médecin cantonal : « Non seulement vous n'avez pas fait votre rapport, mais vous avez même négligé d'en instruire M. le médecin cantonal, ce qui m'a empêché de prendre les mesures nécessaires en pareil cas, et lui de prévenir, par de prompts secours, les progrès et les Ravages de cette maladie ». Le maire du village voisin de Bischholtz, ayant agi de la même façon, se fait également sermonner par le préfet. Le même jour, le médecin cantonal écrit au préfet pour préciser que la première épidémie est vaincue et que la seconde est en passe de l'être[18]. En 1815, le préfet n'hésite pas à demander aux curés et desservants, par l'intermédiaire des vicaires généraux du diocèse, de faire prévenir les médecins cantonaux dès le moindre soupçon de maladie contagieuse. Les vicaires acceptent en espérant que les pasteurs en feront de même[19].

Petit à petit, le système gagne les régions voisines. Des préfets, des conseils généraux le réclament dans la Nièvre et la Loire, mais il n'est pas étendu faute de moyens[20]. En 1837, le préfet du Haut-Rhin suit l'exemple bas-rhinois[21]. Les écrits et les tentatives multipliées finissent par porter la question sur le plan national. Débattue par les médecins lors du congrès de 1845, sans résultat, elle se retrouve dans le projet de Salvandy, ministre de l'Instruction publique, sur l'enseignement et l'organisation de la médecine, qui propose l'instauration de médecins cantonaux en 1847. Malgré un rapport favorable de la commission, le projet suscite de multiples oppositions. C'est surtout le caractère obligatoire qui provoque le rejet des opposants, de même que le développement sans fin de l'assistance porté par cette loi.

Les circulaires de 1854 et 1855 tirent les leçons des échecs législatifs antérieurs : elles se bornent à demander aux départements de créer de tels services à leur guise, à solliciter le vote de subsides départementaux et communaux sans promettre le moindre concours de l'État. En 1858, le Second Empire institutionnalise les médecins

Sir Luke Fildes, « Le Docteur », huile sur toile, 1891.

cantonaux sur l'ensemble du territoire national, mais l'initiative de leur établissement est laissée à chaque département. La médecine cantonale se poursuit ainsi jusqu'en 1870[22].

En général, les médecins cantonaux réalisent un travail admirable. Dans certains lieux, la population témoigne sa reconnaissance à plusieurs d'entre eux en leur élevant une stèle ou en leur dédiant une rue. C'est le cas, notamment, du docteur Louis Théophile Jacobi qui se distingue par son dévouement, notamment lors de l'épidémie de variole de 1855 et pendant le siège de la ville de Strasbourg en 1870. Un monument à sa mémoire fut érigé à Schiltigheim en 1873, où une « rue du docteur Louis Jacobi » y perpétue également son souvenir[23]. Cependant, tout est loin d'être parfait. En 1815, le sous-préfet de Saverne évoque à deux reprises que le fait, pour le médecin cantonal de Hochfelden, de résider à Strasbourg est incompatible avec ses missions. Le même sous-préfet se plaint du peu d'empressement du médecin cantonal de Drulingen à rédiger ses rapports et du faible nombre de visites dans les campagnes. Il ne s'est pas présenté dans certaines communes depuis 15 mois[24] !

Le comité légal de consultation est la seconde institution importante établie par Lezay-Marnésia. Sa mission consiste à « surveiller tout ce qui concerne la salubrité publique ». Il reçoit tous les rapports des médecins cantonaux et examine toutes les questions relatives à la santé dans le département. En 1811, le préfet du Bas-Rhin sollicite l'avis du comité au sujet des boîtes de médicaments envoyées depuis l'an XIII qui « ont toujours été et seront toujours sans le moindre fruit puisqu'ils croupissent et se perdent à attendre une Épidémie qui heureusement n'arrive pas, ou qu'ils ne peuvent, par la même raison, être que gâté lorsqu'elle arrive ». Il demande au comité de trouver un autre usage pour ces médicaments et les remettre aux hospices des arrondissements. Trois ans plus tard, le haut fonctionnaire propose la distribution de guides pour prévenir les épidémies et les arrêter[25]. Le ministère de l'Intérieur n'est pas en reste, en témoigne les *Instructions sur typhus, fièvre des corps, fièvre des hôpitaux, fièvre des prisons*, parues au moment même où le spectre de la terrible épidémie de typhus ayant commencé à décimer la Grande Armée au lendemain de la bataille des Nations (16-19 octobre 1813) se rapprochait des frontières françaises. Malgré différentes mesures municipales ou préfectorales (fumigations, incitations à la propreté, limitation des contacts avec les malades, etc.), l'épidémie, venue par Landau, progresse rapidement et touche Haguenau, Saverne, Strasbourg et Sélestat. Les conséquences mortelles de la maladie apparaissent durant le mois de décembre 1813 tout au long de la route impériale qui mène à Strasbourg, telles des données macabres qui surchargent les registres de décès des communes touchées[26]. À Saverne, le médecin de l'hospice civil transformé en hôpital militaire fait appel au préfet. Le 22 novembre, ce dernier envoie 12 hommes bien payés pour servir d'infirmiers ainsi que le docteur Hessert, médecin venant d'organiser l'hôpital de Haguenau. Mais tout cela n'empêchera pas le mal de frapper durement la population civile[27]. Le 13 juin 1814, le préfet écrit aux médecins cantonaux pour leur envoyer les instructions sur le typhus « dans la crainte que par le passage ou le séjour des Militaires malades ou blessés qui sont évacués sur le département du Bas-Rhin, la maladie [...] ne s'y manifeste ». Le haut fonctionnaire semble avoir pris des mesures drastiques dès le mois d'octobre 1813 en organisant un service de santé spécial et en faisant prescrire « l'usage de fumigations ». Une semaine plus tard, le 21 juin, le ministre de l'Intérieur répond au préfet pour « applaudir aux mesures que vous avez prises pour prévenir et guérir la Contagion et pour rendre général et fréquent l'usage des fumigations [...] ». Malheureusement, la maladie est loin d'être éradiquée, car quinze mois plus tard, le 10 septembre 1815, le préfet s'adresse aux sous-préfets en s'inquiétant de l'épidémie qui « commence à se manifester de nouveau [...] » et recommande que les médecins cantonaux fassent des visites régulières dans les communes[28].

Le 20 octobre 1829, le préfet Claude Florimond Esmangart de Feynes, étend la compétence du comité de consultation et lui donne une organisation régulière sous le nom de conseil de salubrité, « dans le but d'éclaircir l'administration du préfet sur les meilleurs moyens à employer pour conserver et améliorer la santé des hommes et des animaux ». Il est composé de six membres et donne son avis sur toutes les questions relatives à l'hygiène publique. Deux mois plus tard, il est également chargé de la nomination des médecins cantonaux. Le 30 juillet 1835, un nouvel arrêté ayant pour objet de « coordonner les deux institutions de la médecine cantonale et du comité de salubrité en leur donnant une organisation commune et corrélative [...] » est publié. Rappelant les missions prioritaires des médecins cantonaux, le texte insiste également sur la vaccination, « une des attributions les plus importantes [...] ». Il est composé, en 1849, de six médecins, quatre pharmaciens, deux vétérinaires, et de trois personnalités reconnues pour leur compétence en hygiène publique. Le conseil centralise les informations fournies par les rapports réguliers des médecins cantonaux et examine les questions d'hygiène et de salubrité dans le département[29].

Le 27 octobre 1831, le préfet adresse une circulaire aux maires les exhortant à veiller de leur mieux à la santé publique, « à renouveler des mesures de police relatives à cet objet et à tenir rigoureusement la main à leur exécution... »[30]. Le souci des maires et conseils municipaux ainsi que de nombreux citoyens de préserver la salubrité publique et la qualité de l'eau, se joint à l'emprise progressive de l'administration sur la santé de la population. Les dangers permanents que représentent le choléra et la fièvre typhoïde apparaissent souvent comme les facteurs essentiels de cette prise de conscience. Après deux alertes sérieuses en 1832 et 1835, le département est frappé par trois épidémies de choléra importantes en 1849, 1854 et 1855. Lors de la première, certaines villes choisissent de créer un comité communal de salubrité en complément des comités d'arrondissement existants. C'est le cas à Sélestat où un tel comité est mis en place le 18 septembre 1849 alors que l'épidémie, venue par la vallée de la Bruche, s'est répandue dans le Val de Villé où elle cause 89 décès. Le préfet avait réuni le conseil d'hygiène et de salubrité et envoyé un médecin avec des médicaments à Saint-Pierre-Bois dès le 12 août alors même que le fléau atteignait la plaine[31].

Anonyme, « Joseph Meister (1876-1940) de Steige en Alsace, premier vacciné contre la rage par Louis Pasteur », vers 1885.

Cependant, si la volonté d'amélioration est bien réelle quoique limitée, cette action ne se fait pas toujours sans difficulté. Eaux stagnantes, rues malpropres et qualité de l'eau des fontaines et des puits publics apparaissent comme des préoccupations essentielles pour de nombreux conseils municipaux[32].

LA POLITIQUE DE PRÉVENTION DU *REICHSLAND*

Après l'annexion de 1871, l'Alsace va profiter des progrès hygiénistes allemands et de la volonté forte des nouvelles autorités d'assurer la création ou l'amélioration d'un approvisionnement correct en eau potable dans le cadre d'une politique d'hygiène publique d'envergure. Dès 1883, la réglementation des eaux d'alimentation devient plus précise et plus sévère. Des fonds publics importants sont mis à disposition des communes désireuses de créer ou d'améliorer leur alimentation en eau[33]. Les actions de prévention des épidémies existantes sont renforcées. On assiste en 1884, à la création de comités locaux de lutte contre le choléra[34] et la lutte contre la fièvre typhoïde devient une priorité. L'ordonnance ministérielle du 22 mars 1902 établit le contrôle hydrogéologique lors de l'installation d'un nouveau mode d'alimentation en eau ou en cas de vérification d'un système existant destiné à rester en place. L'examen peut être complété par un contrôle chimique, puis un contrôle bactériologique. Un règlement relatif aux puits et fontaines (1905) et des instructions du *Bundesrat* relatives à l'installation et à la surveillance des systèmes d'adduction d'eau (1906) complètent l'arsenal règlementaire relatif à la qualité de l'eau en Alsace-Lorraine au tout début du XXe siècle[35].

-

Ainsi, s'est progressivement imposée l'idée d'une réglementation des soins et de l'hygiène publique au service de la prévention des épidémies. À partir du premier quart du XIXe siècle, l'action hygiéniste, les initiatives locales et les actions préfectorales confortées par les volontés gouvernementales, contribuent beaucoup à mieux prévenir les épidémies. Outre l'œuvre importante et avant-gardiste réalisée par les médecins cantonaux dans le Bas-Rhin et qui a inspiré par la suite d'autres départements français, comme le proche Haut-Rhin; il ne faut pas passer sous silence le rôle que jouèrent à cette époque - dans la promotion de la santé publique - les enseignants et chercheurs de l'École supérieure de pharmacie de Strasbourg, plus particulièrement Jean-François Persoz, Frédéric Kirschleger, Charles Gerhardt et Louis Pasteur.

L'augmentation du nombre des médecins contribue, bien évidemment, à l'amélioration de la prévention même s'il reste beaucoup à faire à l'aube du siècle suivant. En 1804, le Bas-Rhin compte 70 médecins dont 52 exercent dans l'arrondissement de Strasbourg (44 dans la ville même). Près d'un demi-siècle plus tard, la situation a considérablement changé: on compte 1 médecin pour 3,5 communes dans l'arrondissement de Wissembourg (qui dispose d'une meilleure situation dès 1804[36]), tandis qu'il y en a 1 pour 10 dans celui de Saverne et 1 pour 4 communes sur l'ensemble du département.

1 TOURNAY Virginie, « Le concept de police médicale. D'une aspiration militante à la production d'une objectivité administrative », in *Politix*, n° 77, 1, 2007, p. 173-200.

2 Voir à ce sujet, HOSSARD Jean, « Les *remèdes du Roi* et l'organisation sanitaire rurale au XVIIIe siècle », in *Revue d'Histoire de la Pharmacie*, n° 226, 1975, p. 465-472.

3 Dans le duché de Deux-Ponts, conformément à l'esprit des Lumières qui y est très en vogue, l'administration seigneuriale insiste particulièrement sur la nécessité de soigner gratuitement les indigents. Voir à ce sujet, PETER Daniel, *Naître, vivre et mourir dans l'Outre-Forêt (1648-1848)*, Strasbourg, 1995, p. 216.

4 BOEHLER Jean-Michel, *Une société rurale en milieu rhénan. La paysannerie de la plaine d'Alsace (1648-1789)*, t. 2, Strasbourg, 1994, p. 1782-1783.

5 PETER Daniel, *Naître, vivre…, op. cit.*, p. 215.

6 GANIÈRE Paul, « La médecine et les médecins », in *Revue du Souvenir Napoléonien*, n° 256, 1970, p. 14-16.

7 Voir à ce sujet, BOURDELAIS Patrice (sous la dir. de), *Les hygiénistes, enjeux, modèles et pratiques (XVIIIe-XIXe siècles)*, Paris, 2001. Voir également, JORLAND Gérard, *Une société à soigner. Hygiène et salubrité publiques en France au XIXe siècle*, Paris, 2010.

8 COMITI Vincent-Pierre, *Histoire du droit sanitaire en France*, Paris, 1994, p. 71-75.

9 BIRABEN Jean-Noël, « La diffusion de la vaccination en France au XIXe siècle », in *Annales de Bretagne et des pays de l'Ouest*, n°86-2, 1979, p. 265-276.

10 GRAFFENAUER Jean-Pierre, *Topographie physique et médicale de Strasbourg*, Strasbourg, 1816, p. 158.

11 PETER Daniel, *Naître, vivre…, op. cit.*, p. 129.

12 *Ibid.*, p. 222.

13 *Recueil des travaux du conseil départemental d'hygiène publique, et de la salubrité du Bas-Rhin de 1849 à 1858*, Strasbourg, 1858, p. 307.

14 *Ibid.*, p. 13-14.

15 Archives Départementales du Bas-Rhin [= A.D.B.R.], 5 M 94.

16 Voir à ce sujet, BOURILLON François, « La loi du 13 avril 1850 ou lorsque la Seconde République invente le logement insalubre », in *Revue d'histoire du XIXe siècle*, n° 20-21, 2000, p. 117-134.

17 A.D.B.R., 5 M 43.

18 A.D.B.R., 5 M 122.

19 A.D.B.R., 5 M 94.

20 FAURE Olivier, « La médecine gratuite au XIXe siècle : de la charité à l'assistance », in *Histoire, économie et société*, 1984, n°4, p. 593-608.

21 Voir à ce sujet, MARCOVICH Anne, « Quelles missions pour les médecins de campagne du XIXe siècle français ? Soigner, éduquer, civiliser. Le rapport d'un médecin cantonal du Haut-Rhin (Alsace) en 1849 », in *Gesnerus, Revue suisse d'histoire de la médecine et des sciences naturelles*, n° 60, 2003, p. 170–187. Voir aussi MÜNCH-MERTZ Evelyne, *La médecine cantonale ou médecine des pauvres au XIXe siècle, 1825-1870 : l'exemple haut-rhinois*, thèse de doctorat en sciences historiques, Strasbourg, 2003.

22 FAURE Olivier, « La médecine gratuite… », *op. cit.*

23 Voir à ce sujet, BATAILLE Willy, *Le docteur Louis Théophile Jacobi de Schiltigheim (Bas-Rhin) 1797-1871. Un médecin cantonal exemplaire. Une vie de grand dévouement*, thèse d'exercice soutenue à l'université Louis Pasteur (Strasbourg), 2001. Voir aussi KUBLER Maurice, « Le docteur Jean-Baptiste Mistler 1805-1872, médecin cantonal, chirurgien-chef de l'Hôpital Civil et Militaire de Sélestat », in *Annuaire de la Société des Amis de la Bibliothèque de Sélestat*, XVIII, 1968, p. 139-164.

24 A.D.B.R., 5 M 94.

25 Par exemple, *Instructions sur les moyens propres à prévenir la contagion et à arrêter le progrès de fièvres épidémiques publiée par ordre du préfet du département du Bas-Rhin*, Strasbourg, 1814, 78 p.

26 PETER Daniel, *Naître, vivre…*, op. cit., p. 119.

27 WIEDENHOFF Philippe, WYREBSKI Francis, « Novembre-décembre 1813, une épidémie de typhus à Saverne : les métiers de bouche en première ligne ? », in *Pays d'Alsace*, n° 260, 2017, p. 61-66.

28 A.D.B.R., 5 M 94.

29 *Recueil des travaux du conseil…, op. cit.*, p. III-VIII de la notice historique.

30 *Recueil des actes de la Préfecture*, 1831, p. 545.

31 A.D.B.R., 5 M 98 ; Voir aussi KUBLER Maurice, « Le docteur Jean-Baptiste Mistler… », *op. cit.* ; ainsi que BOURDELAIS Patrice, DEMONET Michel, RAULOT Jean-Yves, « La marche du choléra en France : 1832-1854 », in *Annales. Économies, Sociétés, Civilisations*, 33-1, p. 125-142.

32 Voir, entre autres, PETER Daniel, « La réaction hygiéniste », in *L'Outre-Forêt au fil de l'eau*, n° 57, 1987, p. 67-68 et « La réaction hygiéniste dans l'arrondissement de Saverne au XIXe siècle », in *Pays d'Alsace*, n° 146, 1989, p. 69-71.

33 TRIBOUX Patrice, « Strasbourg, Colmar, Mulhouse : les programmes de bains municipaux en Alsace au début du XXe siècle. Une politique volontaire d'hygiène publique », in *Livraisons de l'histoire de l'architecture*, 14, 2007, p. 81-93 ; PETER Daniel, « Réalisations et projets d'adduction d'eau en 1906 », in *L'Outre-Forêt…, op. cit.*, p. 69-71.

34 A.D.B.R., 414 D 2441.

35 En France, le contrôle hydrogéologique a été mis en place par la circulaire ministérielle aux préfets du 10 décembre 1900. *Zentral- und Bezirksblatt, Brunnenordnung*, 1905, p. 230 ; *Veröffentlichung des Kaiserliches Gesundheitsamts, Anleitung des Bundesrats für die Errichtung, den Betrieb und die Überwachung öffentlicher Wasserversorgungsanlagen, welche nicht ausschließlich technische Zwecken dienen*, 1906, p. 777. Voir aussi PETER Daniel, « Eau souillée et eau potable : la lutte contre la fièvre typhoïde au début du XXe siècle dans la région de Saverne », in *Pays d'Alsace*, n° 255, 2016, p. 31-39.

36 A.D.B.R., M 13-14 et 18 ; ainsi que *Recueil des travaux du conseil…, op. cit.*, p. 51-52.

François Gilbert et Christofle & Cie, « Candélabre 'L'Agriculture'. Surtout de Napoléon III »,
bronze et bronze galvanique argentés, 1852.
Musée des Arts décoratifs, Paris © MAD, Paris / Jean Tholance.

L'EMPEREUR, L'ÉPI ET LE PRÉFET. LE SECOND EMPIRE, UN ÂGE D'OR DES CAMPAGNES HAUT-RHINOISES ?

-

VALENTIN KUENTZLER

« Monsieur le préfet, il vient de m'être envoyé par l'empereur une note ainsi conçue: 'Haut-Rhin. Les bras sont rares dans les campagnes.' Je vous prie de me transmettre le plus tôt possible des informations à cet égard ». Par cette accroche[1], tirée d'une lettre envoyée par le ministre de l'Agriculture, du Commerce et des Travaux publics au préfet du Haut-Rhin le 26 juin 1857, nous entrons directement dans le cœur du système administratif impérial du Second Empire. Le maillage territorial de la France organisé autour des préfectures, permet à Napoléon III de connaître les réalités de chaque département. De ce fait, le pouvoir préfectoral est en interactions constantes avec le pouvoir central[2]. Décrits comme des « empereurs au petit pied »[3], les préfets forment un rouage essentiel du système politique et administratif du Second Empire et en ce sens, l'empereur attache une grande importance à leur stabilité au sein de leurs départements. Toutefois, il est nécessaire d'indiquer la singularité du Haut-Rhin, où durant ces deux décennies, six préfets se sont succédé[4].

La présente étude a pour objectif de s'intéresser à ces interactions entre pouvoir local et national - avec toutefois un territoire géographique bien défini : le département du Haut-Rhin[5] - et dans un domaine particulier, celui de l'agriculture et de la vie rurale[6]. En 1869, dans la conclusion de leur *Étude sur l'économie rurale de l'Alsace*, Eugène Tisserand et Léon Lefébure distinguent la haute de la basse Alsace de la façon suivante[7] :

Adolphe Braun, « Ferme du Lauchen ; *L'Alsace photographiée* (de la série) », papier albuminé, 1859.
© Bibliothèque des Dominicains, Colmar.

En 1866, dans leur *Étude sur l'économie rurale de l'Alsace*, le directeur des établissements agricoles de la Couronne, Eugène Tisserand et le député-conseiller général du Haut-Rhin, Léon Lefébure décrivent le système agricole adapté aux chaumes alsaciennes : « Le petit nombre de jours durant lesquels la température est propice à la végétation, explique le peu d'extension de la culture arable dans la région montagneuse ; l'avoine, le seigle et la pomme de terre, à peu près seuls, y trouvent la chaleur suffisante pour pousser, et encore ont-ils de la peine à arriver à parfaite maturité, aussi la production des grains y est-elle très aléatoire, et fournit-elle de faibles rendements dans les années les plus favorables. L'abondance des pluies et la grande humidité de l'air y permettent, par contre, la croissance des graminées, qui donnent des fourrages de qualité supérieure ».

prolongée qui a régné cette année a eu pour effet de porter préjudice aux récoltes fourragères dans un grand nombre de départements. Ce fait qui maintient à un prix élevé la nourriture du bétail paraît avoir eu pour résultat immédiat, dans plusieurs parties de la France, d'engager les cultivateurs à se défaire d'un certain nombre d'animaux et de provoquer par conséquent la baisse dans les prix des bestiaux ». Toutefois la réponse du préfet illustre que cette situation a pu être évitée dans le Haut-Rhin : « La récolte des fourrages a souffert, il est vrai, dans ce département, de la sécheresse qui a régné cette année. Cependant, sur quelques points, notamment dans l'arrondissement d'Altkirch, les regains favorisés par les pluies de septembre ont amélioré sensiblement la situation. Les éleveurs de cet arrondissement ont pu conserver leurs bestiaux et les nourrir jusqu'à ce jour sans entamer les provisions destinées pour l'hiver. Les renseignements sont moins favorables pour les arrondissements de Colmar et de Belfort. Toutefois, l'abondance de la récolte des pommes de terre, et des autres produits qui servent à l'alimentation des bestiaux a calmé les inquiétudes causées par la pénurie des fourrages et il est à présumer que les ventes de bestiaux qui ont lieu dans les arrondissements depuis quelques temps et qui n'ont guère été plus nombreuses, d'ailleurs que d'habitude, reprendraient avant peu leur marche ordinaire. [...] Quoi qu'il en soit, le prix de la viande continue à se maintenir à un taux élevé. Cet état de choses ne peut être expliqué que par la facilité des communications qui permet aux marchands de bestiaux de l'intérieur, où la viande est plus chère, de venir s'approvisionner dans ce département »[15].

En ce qui concerne l'agriculture, les conditions naturelles favorables du Haut-Rhin, ainsi que la situation géographique de la région, expliquent en partie la démographie assez importante qu'a connu la campagne et qui a eu pour corollaire le morcellement de la propriété. L'analyse de l'Enquête de 1866 nous apprend que la population rurale haut-rhinoise comprend 219 000 individus (sur environ 450 000 habitants) : on dénombre 41 000 propriétaires, 28 500 journaliers et ouvriers agricoles et environ 360 fermiers. La majeure partie de cette population des campagnes est donc propriétaire, mais 73% d'entre eux possèdent des terres inférieures à cinq hectares[16]. Cependant, avec la poursuite de l'émigration ainsi que l'industrialisation et l'attractivité des villes de plus en plus importante, la part de la population active dans l'agriculture tend sensiblement à baisser durant le Second Empire. En 1851, la France compte 5 687 agriculteurs pour 10 000 habitants, alors qu'en 1861 ils sont encore 5 316[17]. Du surpeuplement des campagnes et *a fortiori* du morcellement important de la terre découle un phénomène de « délestage du paupérisme rural »[18], qu'atteste une lettre d'avril 1857 du maire de Soppe-le-Bas au préfet[19] :

> « Les plus riches propriétaires de cette commune, n'occupent plus tant de domestiques et de journaliers, par la raison qu'ils ont loué, vendu ou liquidé

leurs biens de sorte que beaucoup de nos habitants ne trouvant plus assez de ressources pendant ces mauvaises années, pour entretenir leur famille, furent obligés de chercher à gagner leur pain ailleurs ».

Au milieu du XIXe siècle, la plupart des exploitants agricoles avaient des rapports étroits avec les petites villes les plus proches. Afin de pouvoir travailler conjointement sur leurs terres et à l'usine, un grand nombre de ruraux s'installera dans des zones agricoles proches du milieu urbain comme l'agglomération mulhousienne. Ces derniers ont souvent fait « preuve d'un fort absentéisme saisonnier : même une entreprise faisant appel à de nombreux ouvriers qualifiés comme André Kœchlin et Cie perd plus de 20% de sa main-d'œuvre au moment des moissons sous le Second Empire »[20]. Cependant, les villes industrielles de plaine ne sont pas les seules à attirer une main-d'œuvre rurale ; dans les vallées vosgiennes, l'apparition de l'industrie, notamment textile, « substitua à un certain équilibre sylvo-pastoral, une activité ternaire, à la fois industrielle, forestière et agricole dans laquelle la première, avec ses salaires plus élevés, son travail relativement moins pénible, supplanta très vite dans l'esprit des populations les deux autres. On vit alors l'agriculteur chercher à l'usine un complément de gain, y envoyer travailler tour à tour ses enfants, tandis qu'il partageait son temps entre la ferme devenue trop petite pour nourrir sa famille et la forêt »[21]. Au courant du mois de mai 1857, le préfet Jules Cambacérès écrit à Eugène Rouher, ministre de l'Agriculture, du Commerce et des Travaux publics, au sujet de la diminution de la population dans 394 communes rurales du Haut-Rhin[22] :

« L'industrie qui prend chaque jour plus d'extension dans le département a besoin d'un grand nombre de bras. Si le salaire qu'elle donne n'est pas toujours élevé, elle présente du moins un gain certain et non interrompu, pendant l'hiver. Il est à remarquer du reste, que l'ouvrier qui a quitté les champs pour travailler dans les fabriques n'en revient pas et contracte bientôt d'autres habitudes, d'autres mœurs et la vie simple et laborieuse du cultivateur ne peut plus lui convenir ».

Jean-Jacques Henner, « Eugénie Henner en Alsacienne, tenant un panier de pommes », huile sur toile, 1869.
Musée national Jean-Jacques Henner, Paris © RMN-Grand Palais / Franck Raux.

En 1852, le procureur général de la Cour d'Appel de Colmar décrit la situation de l'agriculture alsacienne de la façon suivante: « L'Alsace est riche par la fécondité du sol, mais elle est pauvre par l'extrême division de la propriété »[23]. En effet, à la suite de la Révolution française et de la fondation d'un contrat social basé sur l'individualisme et l'égalité en droit[24], les tenanciers de l'Ancien Régime sont devenus propriétaires, notamment avec la mise en vente des biens nationaux qui a multiplié le nombre de petits paysans propriétaires. En plus du morcellement de la propriété, il y a eu une fragmentation du parcellaire - une exploitation comprenant généralement plusieurs parcelles dispersées dans un même finage - accentuée par les divers mariages, partages familiaux et successions. En 1860 encore, Léonce de Lavergne affirme que dans la région, « la terre est littéralement découpée en lanières, qui se vend à des prix fous. [...] La cause première de ces embarras est dans la fureur de la propriété et dans l'insuffisance de la production par rapport aux bras qu'elle emploie »[25].

Dans un imprimé *De l'organisation du service agricole* du 24 mars 1853, le ministre de l'Intérieur, de l'Agriculture et du Commerce insiste sur le fait qu'il faille débuter « les travaux qui ont pour objet l'assainissement des campagnes, la fertilisation des terrains cultivables et improductifs et surtout l'accroissement des terres cultivées. C'est en donnant une impulsion générale à ces améliorations du sol qu'on fera sortir l'agriculture de l'état d'infériorité dans lequel elle languit depuis tant d'années »[26]. Le 3 août 1854, le rapporteur de la Commission d'agriculture pour l'Exposition Universelle de 1855 constate que « l'agriculture du Haut-Rhin est en général assez avancée ; elle peut néanmoins encore faire des progrès »[27]. En effet, la paysannerie haut-rhinoise accuse un certain retard quant à la mécanisation ou l'utilisation d'engrais chimiques pour la fertilisation des terres. Jusqu'à la fin du Second Empire, les faucheuses, faneuses, semoirs et moissonneuses restent ignorés, et seules les machines à battre commencent à se répandre après 1860. Un exemple de cette faible mécanisation, est sans doute le *Relevé général des machines à battre existant dans le Haut-Rhin* du 12 novembre 1855, commandé par le ministre en charge de l'agriculture[28]:

« Monsieur le préfet, on reconnaît généralement que, parmi les moyens d'amoindrir les charges de l'agriculture et de placer les cultivateurs dans des conditions plus favorables, l'emploi des machines à battre et leur propagation dans les campagnes seraient des plus efficaces. L'Administration peut exercer, sous ce rapport, une heureuse influence, et elle ne doit pas négliger un tel élément d'amélioration agricole. Mais, afin d'atteindre ce but, il importe d'abord de bien connaître la situation actuelle, et c'est pour y parvenir que je viens, Monsieur le préfet, réclamer votre concours le plus empressé ».

Pour l'année 1855, la préfecture du Haut-Rhin décompte 190 machines à battre, alors que le reste de la France compte déjà 50 000 batteuses[29]. En réalité, le battage s'est fait pour la très grande majorité des exploitants à l'aide d'un fléau et le plus grand progrès mécanique durant la période que nous traitons, fut avant tout une amélioration de l'outillage existant, comme en témoigne le remplacement, vers le milieu du XIXe, de la charrue en bois garnie de fer pour la charrue métallique. De plus, jusque dans les années 1870, le blé se moissonnait à la faucille et ce n'est que vers 1880, qu'on la remplacera peu à peu par la faux. Cependant, le plus gros frein à la mécanisation des campagnes reste l'exiguïté des champs et leur grand éparpillement, comme indiqué par Tisserand et Lefébure : « La culture très morcelée est assurément un obstacle sérieux à la propagation des instruments perfectionnés, qui sont quelque peu coûteux »[30].

Au sujet de l'utilisation des engrais et de son retard dans le département du Haut-Rhin, une lettre du préfet au Président de la Société départementale d'agriculture, datée du 28 décembre 1862, est particulièrement intéressante[31] :

« Les progrès accomplis par l'agriculture sous l'influence des encouragements qu'elle a reçu depuis dix ans du Gouvernement impérial, la nécessité où elle se trouve de répondre aux besoins d'une consommation sans cesse croissante et d'une exportation dont l'importance se développe de plus en plus chaque année, obligent cette industrie de multiplier le rendement de ses terres. C'est surtout aux engrais qu'on peut demander les ressources nécessaires pour obtenir cette multiplication, et le Gouvernement a dû dès lors s'occuper des moyens d'augmenter la masse des

Adolphe Braun, « Le transport du lait ; *Animaux de ferme* (de la série) », papier albuminé, vers 1860.

Vers 1860, en même temps qu'il développe ses séries commerciales comme les « Vues de Suisse », Adolphe Braun se lance dans une série inspirée par ses préoccupations artistiques. Il reprend à son compte les codes de la peinture animalière dont le maître incontesté est Rosa Bonheur (1822-1899).

À Paris, Braun a pu découvrir la peinture de la célèbre femme artiste « Labourage nivernais, dit aussi Le sombrage », achetée par l'État et déposée au musée du Luxembourg dès 1849. Le thème des animaux de ferme avait déjà été traité par d'autres photographes comme Olympe Aguado (1827-1894) ou Adrien Tournachon (1825-1903) dont les modèles d'après nature ont servi aux artistes comme Rosa Bonheur. Ces prises de vues posaient des problèmes techniques, liés à des flous occasionnés par les mouvements incontrôlés des animaux. Avec son importante diversité d'arrière-plans (pré, verger, champ ou cour de ferme), il faut néanmoins reconnaître le caractère esthétique des compositions de cette série d'Adolphe Braun. (V.K.)

Adolphe Braun, «Attelage; *Animaux de ferme* (de la série) », papier albuminé, vers 1860.
© Collection Christian Kempf.

84

A. Braun, à Dornach (Haut-Rhin)
N° 136

A. Braun, à Dornach (Haut-Rhin)
N° 138.

A. Braun, à Dornach (Haut-Rhin)
N° 141 bis

Page de gauche :
Adolphe Braun, « Labourage alsacien ; *Animaux de ferme* (de la série) »,
papier albuminé, vers 1860.

Page de droite :
Adolphe Braun, « Vaches au pâturage ; *Animaux de ferme* (de la série) »,
papier albuminé, vers 1860.

Adolphe Braun, « Troupeau de moutons ; *Animaux de ferme* (de la série) »,
papier albuminé, vers 1860.

substances fertilisantes, dont l'agriculture, malgré les progrès de la chimie, ne possède encore que des quantités insuffisantes. Son Excellence, le ministre de l'Agriculture, du Commerce et des Travaux publics a institué à cet effet, près de son ministère, une commission composée d'hommes spéciaux, agronomes et chimistes, qui est chargée d'étudier la question des engrais ».

Au milieu du XIXe siècle, la majeure partie des productions agricoles est encore vivrière et un très grand nombre de paysans alsaciens travaillent leurs terres, plus dans un but d'autoconsommation que de commercialisation. Dans une lettre rédigée au tout début du Second Empire, le ministre en charge de l'agriculture s'inquiète au près du préfet du Haut-Rhin de la hausse des prix des produits agricoles : « L'agriculture continue de se plaindre de l'avilissement général du cours de ses produits, et le Gouvernement est vivement préoccupé d'un état de choses qui met en souffrance des intérêts nombreux et respectables, et qui peut même, en décourageant la production, devenir un danger pour les subsistances et pour l'ordre public »[32]. Dans sa réponse au ministre de l'Agriculture, le préfet esquisse une explication liée à la proximité frontalière : « Il est de fait, que le prix des grains est plus élevé dans le Haut-Rhin, que dans les autres départements de la France. Cela s'explique par cette circonstance, que ce département ne produit pas assez pour la consommation de ses habitants, et qu'il est forcé de recourir pour son alimentation, aux départements qui produisent au-delà de leurs besoins, d'où il suit que le prix des céréales s'y trouve nécessairement augmenté des frais de transport. Cela s'explique par le voisinage de la Suisse qui tire annuellement une quantité considérable de grains du Haut-Rhin et qui contribue ainsi à en faire hausser le prix par ses achats ».

Sous le Second Empire, on développe également des idées d'amélioration de la production animalière, avec la volonté de contrôler les reproductions, afin d'accroître le nombre de bêtes. Cependant, la production de viande reste faible et oblige le département à en importer depuis l'Allemagne. Au sujet de la taxation des produits à la frontière, soulignons cette remarque intéressante de Tisserand et Lefébure[33] : « Depuis 1853, la taxe qui frappait le bétail allemand à nos frontières a été abolie ; mais l'Allemagne s'est contentée de réduire à 35 F. par hectolitre son droit d'entrée sur nos vins ; c'est encore là un droit véritablement prohibitif, puisqu'il dépasse la valeur de la marchandise. Les plaintes à ce sujet sont unanimes : tout le vignoble alsacien attend du Gouvernement de l'Empereur des démarches actives pour la réduction, dans des proportions admissibles, d'un droit excessif qui est en opposition avec les principes de libre échange qui président aux rapports commerciaux des nations ».

Entre la réalité vécue au quotidien par la population agricole et les rapports du préfet à l'attention du pouvoir central, il y a parfois quelques décalages et la tendance est souvent à l'enjolivement si la situation n'est pas jugée grave. Comme par exemple le 29 octobre 1861, lorsque le préfet du Haut-Rhin écrit au ministre de l'Intérieur : « Quant aux cultivateurs, ils ne peuvent se plaindre, il y a de l'aisance en général dans les campagnes ; la récolte en céréales n'a pas été en Alsace aussi faible que sur d'autres points de la France, on remarque l'élévation de prix des grains, qui du reste sont d'excellentes qualités ; ils trouvent également une compensation dans l'abondante récolte de pommes de terre et dans le prix de cette denrée qui, tout en n'atteignant pas celui de l'année dernière, profite cependant de l'élévation du prix des céréales. Le vin dont la quantité est moindre, est aussi d'excellente qualité et atteint de hauts prix ; ce produit répandra beaucoup d'argent dans les communes du vignoble »[34].

LES TURBULENCES RENCONTRÉES PAR LE MILIEU RURAL HAUT-RHINOIS

« Dites s'il vous plaît à l'empereur que les affaires ne marchent pas du tout, que la misère est bientôt générale sauf quelques gros fabricants, qu'au lieu de diminuer les contributions, on les augmente tous les ans; les paysans commencent par être très mécontents de l'empereur, qui méconnaît les votes qu'on lui a donnés; dites lui qu'il aura à s'en repentir ; les ouvriers ne gagnent rien, il n'y a point de confiance. Le meilleur des paysans ne trouve pas 200 francs à emprunter, les Bâlois font des expropriations en masse; un jour viendra où l'empereur voudra changer son système, qu'il se rappelle le fameux mot de Louis Philippe… *Il est trop tard*… on va attenter à sa vie et il n'échappera pas aux individus qui se sont engagés d'apporter sa tête à Mulhouse avant un mois, dites le lui, vous lui rendrez service et à toute la France. Je suis avec le plus profond respect ».

Rédigée le 8 avril 1853 par un dénommé Stackler de la commune rurale de Battenheim, cette lettre de mécontentements et de menaces a été adressée directement au général et premier aide de camp de l'empereur, Christophe Michel Roguet. Elle a ensuite été retournée au préfet du département afin qu'il puisse prendre toutes les mesures nécessaires à l'encontre de son auteur. Si les paroles de ce courrier sont écrites au vitriol, elles témoignent tout de même d'un état de fait général : les populations les plus défavorisées tant rurales qu'ouvrières souffrent de la misère. Napoléon III, imprégné par les idées du saint-simonisme[35], cherche dès le début de son règne à améliorer le sort de la classe pauvre[36]. Qu'en est-il réellement dans les campagnes haut-rhinoises ?

Au milieu du XIXe siècle, le paysan haut-rhinois vit généralement difficilement et tend vers la pauvreté. L'état sanitaire des villages est dans la plupart des cas déplorable. Le docteur en médecine, Georges Reisser écrit en 1865 que « dans la plupart des villages du Haut-Rhin, malgré la sollicitude de quelques administrateurs, il est encore impossible de traverser les rues, par un temps de pluie sans s'enfoncer dans la boue jusqu'au-dessus des chevilles. [...] Ces puisards, vraies voiries où le paysan jette encore des cadavres d'animaux, sont remplis d'une fange épaisse, verdâtre, grouillant d'insectes et répandant une odeur des plus fétides »[37]. Ces conditions hygiéniques ont pour corollaires des maladies graves comme le choléra, qui « se transmet d'un malade à un individu sain, directement par les mains, le linge, indirectement par des eaux stagnantes contaminées, par des aliments infectés. L'été est la période la plus favorable au développement de la maladie, le germe pathogène proliférant avec facilité en situation de chaleur »[38]. Déjà en septembre 1848, la préfecture du Haut-Rhin prend un arrêté en vue de l'irruption de cette épidémie. Le préfet insiste alors longuement sur l'importance de l'hygiène (nettoyage, balayage, enlèvement des déchets et ordures, propreté des fosses d'aisances, des latrines et des fossés, surveillance des puits, enfouissement des animaux morts) et indique également qu'« il ne dépend pas de l'administration de faire cesser promptement un état de choses qu'on doit attribuer dans le plus grand nombre de cas à la misère et à la nécessité. Mais les maires doivent chercher par leur influence à communiquer à la population le désir d'assainir autant que possible l'intérieur de ces habitats [...] combattre par leurs conseils et leurs exhortations, les préjugés, la négligence et les habitudes contraires à l'hygiène privée »[39].

Contre le fléau de la malnutrition, l'administration impériale va se soucier de l'alimentation des classes rurales laborieuses. Le 24 novembre 1853, le ministre de l'Agriculture prend des mesures sur la cherté du pain et écrit au préfet : « Dans les circonstances délicates, où nous nous trouvons, vous avez, Monsieur le préfet, une grande et belle tâche à remplir, celle d'être auprès des populations l'expression vivante de la sollicitude du Gouvernement de l'Empereur pour leurs souffrances ». Le 28 novembre, le secrétaire général de la préfecture du Haut-Rhin rédige un courrier à l'attention des maires du département : « Je viens donc appeler toute votre attention sur la nécessité, pour les communes, de s'imposer des sacrifices extraordinaires, afin d'atténuer, autant que possible, l'effet de la cherté du pain. Plusieurs modes d'assistance peuvent être adoptés. Celui, qui est le plus généralement pratiqué, consiste à délivrer aux personnes pauvres ou peu aisées des bons, à l'aide desquels elles obtiennent le pain à prix réduit chez les boulangers, à qui l'administration municipale paie la différence. Sur d'autres points, on organise des associations charitables, pour augmenter les secours en nature ou en argent, que la commune pourrait être en mesure de distribuer. Il y a, enfin, un autre mode encore, qui n'est applicable qu'aux communes où la population est dans l'usage de fabriquer elle-même son pain. Là, on procède par des achats de blé, qui est destiné à être distribué aux pauvres, soit gratuitement, soit à prix réduit»[40]. Le 3 août 1854, le rapporteur de la Commission d'agriculture pour l'Exposition Universelle de 1855 écrit une lettre au préfet du Haut-Rhin dans laquelle, il fait le constat suivant: «Le pain de ménage dont se nourrit une grande partie de la population est généralement assez mauvais». Au niveau local, on prend également un certain nombre de mesures, transmises ensuite à la préfecture, pour éviter d'éventuelles crises alimentaires. Le 21 mai 1862 par exemple, lors de la réunion du conseil municipal de Ranspach-le-Bas, afin de préserver une source d'alimentation frugale, la commune a défendu «d'extraire les mauvaises herbes dans les champs. [...] Considérant qu'il est vrai qu'il y a un manque de fourrage, mais qu'il vaut mieux qu'il y ait pénurie pour les animaux que disette pour les habitants»[41].

Par ailleurs, la première décennie du Second Empire dans le Haut-Rhin est marquée par de mauvaises conditions météorologiques qui occasionnent des prélèvements sur les productions agricoles. On sait par exemple, qu'en 1853, dans l'arrondissement de Colmar, 90 000 hectolitres de froment ont été détruits, dont 41% par les mauvaises conditions climatiques (vent, grêle et humidité). Il en va de même en 1857 dans le canton de Delle, où 74 700 hectolitres de pommes de terre ont été anéantis par la sècheresse ainsi que la moitié de la récolte d'orge et le regain[42]. Comme nous l'avons déjà évoqué, le préfet note régulièrement dans ses rapports périodiques au ministre de l'Intérieur, les «prélèvements naturels» sur les récoltes. En juin 1854, quelques incertitudes quant aux rendements à venir se font sentir: «En ce moment les apparences de la récolte pour les céréales sont magnifiques à part les dégâts considérables que la grêle a occasionnés dans trois ou quatre cantons autour de Colmar. Mais le succès dépend de la floraison qui pour le froment commence seulement. L'état des pommes de terre est également satisfaisant, cependant la température qui se maintient à un degré assez froid pour la saison laisse quelques incertitudes»[43].

L'événement météorologique le plus marquant remonte à la genèse du nouveau régime impérial et date précisément des 18 et 19 septembre 1852. Dans un billet adressé au maire de Neuf-Brisach, le maire de Vogelgrun, dont la petite commune est bordée par le Rhin, note dans la précipitation : «Au secours ! Le Rhin déborde. La digue est déjà rompue en plusieurs endroits. Au secours ! »[44] En effet, un intense et violent déluge provoque une crue séculaire[45] dont les dégâts et drames occasionnés ne laissent pas les contemporains indifférents. Par une observation réaliste et tragique, le peintre

G. Brion

Gustave Brion, « Récolte des pommes de terre pendant l'inondation du Rhin en 1852 (Salon de 1853, n°180) », huile sur toile, 1852.
Musée d'Arts, Nantes © RMN-Grand Palais / Gérard Blot.

Gustave Brion (1824-1877) immortalise cette catastrophe naturelle, à travers *La récolte des pommes de terre pendant l'inondation du Rhin en 1852*. Présentant le pouvoir dévastateur du fleuve, cette œuvre montre également, dans une énergie désespérée, la façon dont les paysans ont dû se dépêcher de réaliser leurs récoltes, pour qu'elles ne soient pas perdues et afin qu'ils puissent conserver de quoi s'alimenter. Présenté une première fois au Salon de 1853, puis acquis par le musée des Beaux-Arts de Nantes lors du Salon de 1858, ce tableau reste proche des drames de la peinture d'histoire[46]. Déjà au Salon de 1857, suite aux terribles crues du Rhône et de la Loire au printemps 1856, plusieurs peintres avaient présenté des œuvres au sujet similaire, tout en évoquant la sollicitude du pouvoir impérial ; comme par exemple *L'Empereur visitant les inondés de Tarascon* de William-Adolphe Bouguereau (1825-1905). En Alsace, comme l'atteste le témoignage du maire d'Heiteren, Georges-François Mary, ce sont les militaires du 24e régiment d'infanterie légère qui sont venus en aide aux sinistrés : « Ce beau régiment vient de nous prouver pendant nos transes, nos détresses, nos angoisses, qu'il est non seulement une sentinelle fidèle et bien avancée, mais aussi un ami vrai de ses concitoyens en danger »[47].

Face aux pesanteurs de l'agriculture (épizooties, épiphyties, météorologie, etc.) et afin de survivre dans cette période difficile, les ruraux devront avoir recours à l'emprunt. Cependant, le crédit est très peu développé sinon inexistant ; la seule solution consiste à se tourner vers les usuriers ayant des frais et des intérêts élevés puisqu'ils ne sont soumis à aucun contrôle[48]. Le gouvernement impérial de Napoléon III aurait dû réagir en offrant un crédit à bon marché aux agriculteurs, reposant sur un gage contrôlable. C'est ce qui était notamment prévu par le décret du 28 février 1852 portant sur la création du Crédit foncier. Toutefois, ce dernier ne sera jamais vraiment utilisé dans le domaine agricole, même si le 24 mars 1853, le maire d'Aspach-le-Haut questionne le préfet à son sujet : « Des cultivateurs possèdent des biens meubles et immeubles mais qui sont hypothéqués et ils désirent les libérer. Je viens, Monsieur le préfet, vous prier de bien vouloir m'apprendre les conditions sous lesquelles la banque foncière vient en aide aux cultivateurs endettés ? »[49].

En réalité, le manque de moyens financiers alloués à l'agriculture va faire perdurer l'usure tout au long du Second Empire. Afin de comprendre au mieux la situation, il faut lire le passage d'un pamphlet[50], publié par le contemporain Auguste Heilmann en 1853 : « Essayons de caractériser cette race parasite et improductive qui vit de la fortune et du travail d'autrui ; nous examinerons ensuite la nature de ses rapports avec les habitants de nos campagnes. Je dois dire avant tout qu'en stigmatisant les trafiquants de mauvaise foi et les agents d'affaires équivoques, ma pensée n'est pas d'incriminer tous ceux qui se livrent au commerce de biens et de bestiaux. Je n'ignore pas que dans le nombre il y a d'honorables exceptions ; aussi ne m'en prendrai-je qu'aux individus qui abusent de ce négoce, pour se livrer à des manœuvres coupables et prélever de honteux bénéfices. Je le ferai sans prévention et sans fiel ; j'attaquerai les usuriers sans distinction de religion, et je serais fâché qu'il m'échappât un seul mot qui parût exprimer une allusion aux sectateurs de telle ou telle religion. Les trafiquants et les usuriers forment en Alsace une classe de particuliers dont l'unique occupation consiste à gruger et à dépouiller l'artisan et le cultivateur. Leurs ravages sont tellement destructifs que bientôt l'agriculture ne produira plus assez pour les alimenter». Pour l'auteur de ces lignes, l'usure n'a donc pas de religion. Pourtant durant toute la période du Second Empire, l'administration préfectorale haut-rhinoise va signaler des cas d'antisémitisme liés à la pratique de l'usure[51]. Le 19 décembre 1853, le préfet Cambacérès explique: «Le levier que le parti révolutionnaire a utilisé pour soulever les habitants des campagnes, c'est la haine ardente, invétérée qu'ils portent aux juifs, si nombreux en Alsace qu'ils s'élèvent à soixante mille, chiffre supérieur à celui de tout le reste de la France. La cause puissante de cette haine est l'usure. Celle-ci, par tous les moyens que fournissent l'astuce et la cupidité, dépouille en peu de temps les paysans». Le 21 octobre 1856, il réitère ses propos: «La population israélite doit se confondre avec la grande famille française et renoncer à une foule de pratiques qui la maintienne dans l'isolement et dans les habitudes du trafic qui ont excité contre elle des haines invétérées»[52]. Enfin, le courrier du maire de la commune rurale de Bantzenheim, adressé au préfet le 15 avril 1857, présente la misère de la campagne mais surtout dénonce l'usure par le biais d'un antisémitisme sans équivoque[53]:

> «L'homme de la campagne est attaché au sol qu'il a arrosé de ses sueurs et au toit modeste qui l'a vu naître, et il n'y a que la faim qui puisse l'en arracher. La cause de ses émigrations vers les villes et les centres industriels n'est pas l'envie qu'il porte à l'ouvrier de la ville, mais, sa ruine amenée par un être rongeur qui le poursuivait sans relâche. C'est ce juif crampant d'abord, arrogant ensuite, qui vient et revient à lui dix fois par jour. C'est ce juif colporteur qui, sans habiter la commune y est chez lui, y commande en despote dans un trop grand nombre de maisons, y est l'arbitre et s'enrichit subitement aux dépens du bonheur domestique des mœurs publiques et de la prospérité de l'État. Cet être malfaisant, qui recueille si honteusement le

prix de tant de sueurs répandues avec une admirable patience, digne d'un meilleur sort, a su jusqu'ici échapper à toutes les lois protectrices de la société. Mais il y aurait lieu d'espérer que sa rapacité serait bridée en la soumettant à borner son commerce à l'ouverture d'un magasin où il attendrait la clientèle ».

En Alsace, le début du Second Empire est marqué par une véritable crise agricole[54]. Elle aura pour corollaire une émigration de masse de la population rurale, soit vers les centres urbains, soit vers l'étranger jusqu'en 1856[55]. Le 13 septembre 1858, le préfet écrit au ministre : « Votre Empereur m'a fait l'honneur de me demander si le manque de bras dans les campagnes de ce département se fait sentir aussi vivement qu'en 1857. [...] Il résulte des instructions que j'ai recueilli à cet égard que la pénurie des travailleurs s'est fait remarquer sur plusieurs points du département du Haut-Rhin et qu'il est même à craindre que cette pénurie ne devienne véritablement très préjudiciable pour l'agriculture d'ici à quelques années »[56]. Toutefois, l'émigration rurale baisse fortement durant la décennie suivante : un simple signe de prospérité agricole ou bien une politique agraire qui commence à porter ses fruits ?

L'ADMINISTRATION IMPÉRIALE À L'ŒUVRE POUR L'AGRICULTURE

Intrinsèquement, les populations paysannes alsaciennes sont attachées au rythme régulier des saisons, aux rotations successives des cultures et à l'enchaînement des différents travaux quotidiens. Regroupées en communautés, elles repoussent instinctivement la nouveauté et le changement, dont les conséquences méconnues peuvent apparaître comme une menace à leur difficile équilibre autosuffisant. Dans la France de la deuxième moitié du XIXe siècle, il n'est pas étonnant de voir les paysans aller à l'encontre des multiples projets d'innovation les concernant. De ce fait, l'ouverture aux champs des possibles est trop peu souvent envisagée, car ces derniers restent accrochés à leur système de culture archaïsant. Déjà en 1855, le préfet du Haut-Rhin Jules de Cambacérès, apporte un témoignage significatif à ce sujet : « Le cultivateur, qui ne possède généralement que des ressources restreintes, suit scrupuleusement les voies de la tradition. Il n'abandonne un système pour un autre que lorsqu'il est sûr d'y trouver un avantage réel. Il préfère aux choses incertaines des essais, ses productions imparfaites mais régulières, parce qu'il n'a pas les moyens de subir les mécomptes que les innovations entraînent très souvent après elles »[57]. Les autorités étatiques sont parfaitement conscientes de la difficile *modernisation* des campagnes ; c'est d'ailleurs l'objet de la lettre que le ministre de l'Intérieur adresse au préfet Paul Odent le 19 février 1859[58] :

> « L'agriculture est en bonne voie, cependant les méthodes nouvelles de culture font peu de progrès dans votre département. Efforcez-vous Monsieur le Préfet, de pousser les populations dans la voie des améliorations et de leur faire comprendre toute l'importance des progrès agricoles ».

Soucieux de la situation des campagnes et répondant à une demande issue du milieu agricole de son département, le préfet du Haut-Rhin adresse dès le 28 octobre 1850 la requête suivante au Gouvernement : « L'agriculture sollicite depuis longtemps la création de chambres consultatives à son usage ». Un décret pris par Louis-Napoléon le 25 mars 1852 les instaurera et le préfet écrit aux maires le 11 juin de la même année pour les en avertir : « Monseigneur le Prince-Président de la République n'a pas voulu que l'agriculture fût privée de la représentation légale qu'elle a si longtemps et si vivement réclamée, et, par un décret, il a institué, dans chaque arrondissement, une Chambre consultative d'agriculture, composée d'autant de membres qu'il y a de cantons dans l'arrondissement »[59]. La vocation de cette commission est d'épauler l'administration préfectorale dans la recherche constante d'innovations. Si l'irrigation et l'instauration des engrais occupent une part importante des discussions, la Chambre consultative d'agriculture peut également se faire le relais du pouvoir impérial dans la volonté d'instaurer un système agricole moderne et prestigieux. En vue de la tenue de l'Exposition universelle à Paris en 1855, c'est notamment l'un des sujets de la lettre du 28 avril 1853, du secrétaire aux membres de la Chambre consultative d'agriculture : « Vous êtes priés Messieurs de vous mettre immédiatement en rapport avec tous les cultivateurs du canton que vous représentez et comme organe naturel des intérêts de l'agriculture, engagez nos principaux agriculteurs à répondre à l'appel que vous leur adresserez en contribuant par leur concours à conserver à la France sous la solennité de 1855, le rang imminent qu'elle s'est assuré à l'Exposition universelle de Londres ». Cherchant à répondre aux difficultés rencontrées par le milieu agricole, cette Chambre s'intéresse également à des sujets précis comme les « causes de l'élévation du salaire demandé par les ouvriers agricoles », « les concours à demander aux communes pour l'entretien des vétérinaires cantonaux », ou encore « le mode de construction de bonnes fosses à purin pour sa réutilisation en culture », etc.

Au XIXe siècle, à côté de l'administration, les sociétés d'agriculture et les comices agricoles ont également contribué aux discussions

Adolphe Braun, « Série Animaux de ferme », papier albuminé, vers 1860.

Adolphe Braun, « Série Animaux de ferme », papier albuminé, vers 1860.

et aux échanges afin de moderniser le travail des paysans. La Société départementale d'agriculture du Haut-Rhin a été créée en 1842 et se charge de l'organisation des manifestations agricoles, comme les concours et les foires. Sous le Second Empire, afin d'assurer une émulation plus forte et mieux répartie au sein du département, la Société créée des sous-divisions appelés comices agricoles : en 1857, ceux des arrondissements de Colmar, Mulhouse et Ribeauvillé, en 1869, celui de Rouffach et en 1870 est créée à Ribeauvillé, une Société de viticulture et d'agriculture[60]. Toutefois, ces associations de paysans ne regrouperont essentiellement que les grands propriétaires qui, par les moyens qu'ils sont capables d'allouer à leurs exploitations, travaillent pour le progrès agricole. De même que pour concourir et remporter les concours agricoles mis en place, il fallait préalablement avoir employé et expérimenté des nouvelles techniques agricoles. C'est ce que démontre une lettre du 29 septembre 1857 du ministre de l'Agriculture, du Commerce et des Travaux publics annonçant la tenue à Colmar du concours agricole régional annuel et au cours duquel, l'État va, pour la première fois, décerner une prime d'honneur de 5 000 Francs et une coupe d'argent d'une valeur de 3 000 Frans à une exploitation située dans le département : « Cette haute récompense est accordée au Domaine le mieux dirigé et réunissant les améliorations les plus utiles »[61].

Pour le préfet, l'organisation d'une manifestation de cette ampleur au sein de son département est un véritable privilège. C'est l'occasion de présenter les avancées techniques nécessaires à la *modernisation* des campagnes, mais aussi de prouver les impulsions qu'il a su apporter au milieu agricole. Comme l'atteste cette lettre du préfet à l'attention du secrétaire de la Chambre consultative d'agriculture, c'est également lui qui fixe le cadre général du concours : « Vous savez que Son Exc. le ministre de l'Agriculture et du Commerce a fixé le concours régional en 1860, à Colmar [...]. Je pense donc qu'il conviendrait d'y joindre une exposition des produits agricoles et des instruments aratoires, afin de vulgariser leur usage dans ces contrées. Suivant aussi ce qui s'est pratiqué ailleurs, quelques personnes avaient pensé qu'un moyen de donner plus de relief au concours du Haut-Rhin eût été d'y annexer une exposition industrielle [...]. Nous serons donc probablement obligés de réduire ce projet aux industries qui s'allient à l'agriculture. Il est encore une autre mesure adoptée par quelques départements voisins des frontières, et qui a produit d'heureux résultats, c'est d'admettre les bestiaux des pays qui touchent nos frontières ; cet appel peut être utile pour l'instruction et l'émulation de tous, ainsi qu'au point de vue des bons rapports internationaux ». Dans son rapport au ministre de l'Intérieur du 30 mai 1860, le préfet Paul Odent indique que : « Le concours s'est terminé par la distribution des prix : le temps a été favorable. On a constaté que l'exposition a été très belle ; depuis le moment où elle a été ouverte au public, il y a eu tous les jours une très grande affluence de visiteurs, les gens de la campagne y sont venus. L'exposition suisse a été très remarquable par la quantité et la beauté du bétail exposé : les exposants suisses se sont montrés très satisfaits de la manière dont ils ont été accueillis ainsi que des récompenses qui leur ont été accordés et du travail du jury. Cette exposition aura de très bons résultats sur l'agriculture de nos campagnes, d'abord parce que la vue seule de ces types remarquables sera pour nos cultivateurs un enseignement utile, ensuite parce que la plus grande partie du bétail suisse restera dans le pays, par suite des acquisitions qui ont été faite soit par la société d'agriculture, soit par des particuliers »[62].

Durant le Second Empire, on cherche également à répandre les innovations et les nouvelles techniques agricoles par le biais de publications ou de fascicules à l'attention des paysans. Cependant en Alsace la barrière de la langue est un véritable frein à la diffusion du savoir. Le 13 octobre 1852, Husson, membre correspondant de la Société nationale d'agriculture interpelle le préfet du Haut-Rhin : « L'Alsace est une des provinces de France les mieux cultivées, cependant on n'obtient pas encore de son sol tout ce qu'il peut rendre. La science agricole a fait de grands progrès depuis dix ans qu'ils ignorent encore, parce que les feuilles publiques ne peuvent pas leur transmettre les rapports des sociétés savantes. Un journal qui s'occupe exclusivement de la culture et de tout ce qui s'y rattache doit être recherché par les habitants d'Alsace, surtout s'il est rédigé dans les deux langues, c'est dans ce bien qu'on créera *L'Abeille Alsacienne* qui paraîtra le vendredi de chaque semaine »[63]. Lorsque le préfet écrit aux maires du département le 23 mai 1859 : « Depuis 1842, il existe dans le Haut-Rhin une Société départementale d'agriculture. Il serait à désirer, cependant que les travaux et les conseils de la Société d'agriculture fussent plus répandus dans le département. J'ai pensé que ce but pourrait être atteint si les principales communes s'associaient à cette œuvre utile en souscrivant au bulletin mensuel au prix annuel de 15 francs », il ne s'attendait peut-être pas à recevoir la réponse suivante de la part du maire de Houssen[64] :

> « Il n'y a pas un seul de nos cultivateurs qui soit assez familiarisé avec la langue française pour comprendre la lecture d'une feuille périodique de cette importance ».

Dès lors, la mise en place d'un enseignement de l'agriculture semble indispensable et la Seconde République prend l'initiative de l'organiser. Installé à Versailles, l'Institut national agronomique a pour mission principale de former des professeurs compétents. Ces derniers rejoignent ensuite les écoles régionales d'agriculture où ils forment les jeunes gens soucieux d'intégrer les méthodes nouvelles appliquées à l'agriculture. Cependant, cet enseignement n'a pas été simple à mettre en œuvre en France puisque peu de crédits lui ont été alloués. L'Institut de Versailles ferme ses portes au tout début des années 1850 et la France compte encore seulement trois écoles régionales, Grignon, Grand-Jouan et La Saulsaie. Le 28 septembre 1852, le ministre de l'Intérieur, de l'Agriculture et du Commerce explique au préfet du Haut-Rhin comment intégrer l'un de ces trois établisse-

Auguste Risler, « Les Enfants orphelins de l'asile agricole de Cernay », s. d.
Cabinet des Estampes et des Dessins de Strasbourg © Musées de Strasbourg / M. Bertola.

ments : « Je vous serai obligé de donner à ce prospectus la plus grande publicité possible dans votre département, afin que les jeunes gens qui avaient l'intention d'entrer dans la carrière agricole sachent que les Écoles régionales d'agriculture leur en offrent les moyens »[65]. Le 20 août 1855, le maire de Fréland adresse un courrier au préfet dans lequel il demande la tenue d'un jury à la préfecture de Colmar, en vue d'une admission dans une école régionale d'agriculture : « J'ai l'honneur de vous adresser ci-joint les pièces concernant le sieur Bertrand Marcel de Fréland, lequel demande a être inscrit à la préfecture afin d'être admis dans l'École impériale d'agriculture de Grignon, Seine et Oise ». Quatre ans plus tard, le maire écrit une nouvelle lettre au préfet : « J'ai l'honneur de vous faire connaître que M. Bertrand est parti de Fréland le 3 janvier 1859 courant pour se rendre à Lourdes (Hautes-Pyrénées), sa destination. Que sous la date du 7 du courant mois, M. Bertrand écrivait de Paris à son père, qu'il était passé au ministère de l'Agriculture et qu'il s'était entretenu avec M. Fould, ministre d'État et de la maison de l'Empereur et propriétaire du domaine dont M. Bertrand est appelé à régir »[66]. Si le *cursus honorum* de ce jeune homme est intéressant pour son unicité, il n'est pas généralisable à l'ensemble des jeunes gens du département désirant travailler dans l'agriculture. Il faut attendre 1865 pour que l'administration impériale se penche à nouveau sur la question de l'enseignement agricole, en l'organisant à travers une loi. C'est cette dernière qui permet au collège de Rouffach d'ouvrir une section pour l'agriculture dès 1868, que la commune encourage en mettant à sa disposition, trente-trois hectares de terres agricoles. En réalité, durant le Second Empire, l'instruction agricole reste faible, du fait du nombre de places limitées et du peu de moyens consentis.

Dans le domaine de l'enseignement agricole, l'État n'est pas seul. Au milieu du XIXe siècle, l'engouement et la volonté de la classe dirigeante industrielle d'améliorer les conditions de l'agriculture, l'ont poussé à créer des fermes-écoles un peu partout en France. Dans le Haut-Rhin, le manufacturier Mathieu Risler ouvre dès 1847 l'asile agricole de Cernay, qui avait pour mission d'être une « maison d'éducation pour l'enfant du pauvre et principalement pour l'enfant trouvé et pour l'orphelin, afin de les sauver du vagabondage et de la mendicité »[67]. Il est suivi par l'industriel Jean-Gabriel Gros, qui décide d'ouvrir une ferme-école à Ollwiller, après l'ordonnance préfectorale du 14 mai 1849 autorisant la création de ces établissements spécialisés. Dans un rapport daté de 1851, ce dernier explique :

> « Il est de la plus haute importance de fournir d'une manière ou d'une autre à tous les agriculteurs la facilité de donner à leurs enfants une éducation par laquelle on s'occuperait simultanément du développement des forces physiques, intellectuelles et morales, on

leur inspirerait le goût de la vie agricole, [...] ce n'est que par la lumière d'une pratique éclairée qu'ils sauront secouer le joug des préjugés, de la routine et repousser les allusions trompeuses des innovations hasardées ».

Toutefois, faute de soutien de la part de l'administration préfectorale et nationale, cette ferme-école, comme d'autres dans le reste de la France, ferme ses portes dès 1853. Par contre, l'asile agricole de Mathieu Risler à Cernay, continuera à perdurer durant tout le Second Empire et compte 41 enfants scolarisés en 1870.

L'art vétérinaire n'a pas non plus été épargné par la diminution des budgets alloués à l'agriculture. Avec la suppression des vétérinaires d'arrondissement dès 1853, c'est la fin des conseils gratuits pour les éleveurs et l'administration se voit privée de visites régulières. Ainsi, même si les vétérinaires recevaient des honoraires pour rembourser leurs frais quant à leur service, l'administration impériale n'a pas donné d'impulsions majeures dans ce domaine pourtant si important au milieu du XIXe siècle. L'explosion des villes a fait bousculer les habitudes alimentaires, mais la viande reste difficile à produire dans le Haut-Rhin. Attaché aux superstitions et aux croyances traditionnelles concernant les épizooties du bétail, le paysan fait généralement appel à la médecine empirique. En 1870, le maire de Colmar constate encore qu' « en l'absence de réglementation vétérinaire, les médecins diplômés sont rarement appelés, le cultivateur s'adressant plutôt au guérisseur »[68].

-

Nombreux sont les historiens[69], qui pour définir l'agriculture sous le « Spectaculaire Second Empire »[70], parlent d'un âge d'or. Dans le département du Haut-Rhin, cette définition est paradoxale. En effet, le milieu du XIXe siècle a été pénible pour la grande majorité des paysans alsaciens. Le manque de moyens financiers, les variations climatiques parfois désastreuses, les conditions matérielles et hygiéniques difficiles ont pesé sur le dos de cette paysannerie. Attachés à la routine de leur vie et aux méthodes traditionnelles de leur travail, les ruraux n'ont pas toujours perçu les moyens mis en œuvre pour leur venir en aide. Les différences sociales qui ont marqué la région notamment entre les petits et les grands paysans, mais également entre les journaliers et les propriétaires sont aussi facteurs du peu d'innovations réalisées. Ce qui est certain, c'est que jusqu'à la fin du régime, les campagnes donneront leur aval à Napoléon III. Dans le Haut-Rhin, le plébiscite du 11 mai l'emporte ainsi avec 80 833 « Oui »[71].

Aux sources de la *modernisation* des campagnes, le Second Empire a été une époque foisonnante, brillante mais riche de contradictions. Malgré les impulsions certaines du Gouvernement relayées par l'administration préfectorale, l'Alsace et en particulier le Haut-

Rhin ne connaîtront que peu d'évolutions majeures dans le domaine agricole. Après la période d'émigration de masse, le paysan restera attaché comme domestique et maître de sa terre. En reprenant les vœux formulés par les paysans, les conclusions de l'Enquête agricole de 1866 ouvrent magistralement la voie aux efforts qui restent à accomplir : « L'agriculture alsacienne mérite qu'on les prenne en sérieuse considération par son passé, comme par son présent et son avenir. Elle trouvera dans leur accomplissement de nouveaux éléments de richesse et de force, et l'initiative individuelle pourra se développer dans toute la puissance dont sont capables les cultivateurs de l'Alsace ; on a vu les progrès accomplis par eux, la situation prospère et la supériorité qu'ils ont atteints, mais il leur reste encore un vaste programme à réaliser »[72].

Commandé en 1852 par Napoléon III pour le palais des Tuileries, ce surtout est présenté par Christofle à l'Exposition Universelle de 1855 à Paris. Il est retrouvé dans les ruines des Tuileries après l'incendie de 1871.

François Gilbert et Christofle & Cie, « Candélabre 'L'Agriculture'. Surtout de Napoléon III », bronze et bronze galvanique argentés, 1852.
Musée des Arts décoratifs, Paris © MAD, Paris / Jean Tholance.

1 Archives Départementales du Haut-Rhin [=A.D.H.R.], 7 M 3. Pour la réalisation de cette étude, les sources mobilisées proviennent de la série M des Archives départementales du Haut-Rhin. Concernant ces archives préfectorales, Bertrand Gille note : « Il y a là une documentation énorme, du plus haut intérêt, qui n'a guère encore été utilisée jusqu'à présent par les historiens. Il serait temps que l'on commençât des recherches sur l'histoire rurale du Second Empire : toutes ces enquêtes successives fournissent une matière considérable et de tout premier plan », voir GILLE Bertrand, *Les sources statistiques de l'histoire de France, des enquêtes du XVIIe siècle à 1870*, Librairie Droz, 1980, p. 247.

2 YON Jean-Claude, *Le Second Empire. Politique, société, culture*, Armand Colin, 2009, p. 36. Voir également, LE CLÈRE Bernard et WRIGHT Vincent, *Les préfets du Second Empire*, Armand Colin, Cahiers de la Fondation nationale des Sciences politiques, n°187, 1973; IGERSHEIM François, *Politique et administration dans le Bas-Rhin (1848-1870)*, Presses Universitaires de Strasbourg, 1993; GARRIGUES Jean, *La France de 1848 à 1870*, Armand Colin, 2e éd., 2009, p. 73-74.

3 YON Jean-Claude, *Le Second Empire..., op.cit.*, p. 40.

4 Liste des préfets qui se sont succédés dans le Haut-Rhin sous le Second Empire: Ferdinand Eckbrecht de Durckheim-Montmartin, préfet du Haut-Rhin de mai 1850 à novembre 1853; Jules Cambacérès de novembre 1853 à mars 1858; Paul Odent de mars 1858 à mars 1864; Jean Hippolyte Ponsard de mars 1864 à novembre 1869; Isidore Salles de novembre 1869 à septembre 1870; Jules Grosjean à partir de septembre 1870.

5 Les campagnes bas-rhinoises ont été plus étudiées, voir notamment: JUILLARD Étienne, *La vie rurale dans la plaine de Basse-Alsace*, Presses Universitaires de Strasbourg, 2e éd., 1992.

6 D'un point de vue géographique, nous avons fait le choix de ne pas nous arrêter trop longuement sur le Territoire de Belfort actuel, au vu des travaux de Michel Raclot sur cette ancienne partie du département du Haut-Rhin : RACLOT Michel, *La paysannerie dans la Trouée de Belfort au XIXe siècle, de 1800 à 1870. Éssai d'histoire ethnologique*, 1978 et *La vie d'une campagne au siècle dernier*, Strasbourg, 1979. De même, nous ne traiterons pas en profondeur la viticulture, déjà longuement étudiée par les historiens, et notamment par Claude Muller: voir notamment pour le XIXe siècle: MULLER Claude, *Chronique de la viticulture alsacienne au XIXe siècle*, Éditions J.D. Reber, 1991 et *L'Alsace, une civilisation de la vigne. Du VIIIe siècle à nos jours*, Éditions Place Stanislas, 2010.

7 TISSERAND Eugène, LEFÉBURE Léon, *Étude sur l'économie rurale de l'Alsace*, Paris, 1869, p. 284-285.

8 Voir aussi LERCH Dominique, « Le paysan haut-rhinois au XIXe siècle », in BOEHLER Jean-Michel, LERCH Dominique, VOGT Jean (sous la dir. de), *Histoire de l'Alsace rurale*, Strasbourg, 1983. À titre de comparaison, voir DUBY Georges, WALLON Armand (sous la dir. de), *Histoire de la France rurale*, Éditions du Seuil, 2003; VANDERPOOTEN Michel, *Les campagnes françaises au XIXe siècle. Économie, Société, Politique*, Éditions du Temps, 2005. Signalons également la conférence donnée à Meaux en décembre 2015 par le Professeur ANCEAU Éric, « Le Second Empire : l'âge d'or des campagnes ».

9 Pour approfondir ce sujet, voir KUENTZLER Valentin, *L'empereur, l'épi et le préfet. Agriculture et vie rurale dans le Haut-Rhin d'après les rapports préfectoraux du Second Empire (1852-1870)*, mémoire de master en histoire contemporaine sous la direction de MULLER Claude, Université de Strasbourg, 2016.

10 Pour une vue d'ensemble sur l'Alsace sous le Second Empire, voir: MULLER Claude, *L'Alsace du Second Empire (1852-1870)*, Éditions du Belvédère, 2015.

11 LEUILLIOT Paul, « Cambacérès Jules Léonard », in *Nouveau Dictionnaire de Biographie Alsacienne* [= *N.D.B.A.*], p. 448.

12 A.D.H.R. 7 M 2.

13 UHLEN René, « Aspects contemporains de l'agriculture alsacienne », in *Paysans d'Alsace*, Tome VII, Strasbourg, 1959, p. 217.

14 A.D.H.R., 1 M 62.

15 A.D.H.R., 6 M 47.

16 LERCH Dominique, « Le paysan haut-rhinois au XIXe siècle », *op.cit.*, p. 328.

17 GAVIGNAUD Geneviève, *Les campagnes en France au XIXe siècle*, Éditions Ophrys, 1990, p. 84.

18 Cité in YON Jean-Claude, *Le Second Empire..., op.cit.*, p. 119.

19 A.D.H.R., 7 M 377.

20 HAU Michel, « Agriculture intensive et haute technicité industrielle en Alsace au XIXe siècle » in *Innovations et Renouveaux Techniques de l'Antiquité à nos jours*, Actes du Colloque International de Mulhouse (septembre 1987), Association interuniversitaire de l'Est, tome XXIV, 1989, p. 22.

21 BADRE Louis, « La vie rurale en Alsace et la forêt », in *Paysans d'Alsace*, Tome VII, Strasbourg, 1959, p. 375.

22 A.D.H.R, 6 M 377.

23 Cité in SITTLER Lucien, *L'agriculture et la viticulture en Alsace à travers les siècles*, Colmar, 1974, p.121.

24 LENHOF Jean-Louis, « L'âge d'or des campagnes françaises, du début des années 1830 à la fin des années 1870 », in *Les sociétés rurales face à la modernisation. Évolutions sociales et politiques en Europe des années 1830 à la fin des années 1920*, Sedes, 2005, p. 49.

25 LAVERGNE Léonce de, *Économie rurale de la France depuis 1789*, Paris, 1860, p. 166.

26 A.D.H.R., 7 M 1.

27 A.D.H.R., 7 M 4.

28 A.D.H.R., 7 M 27.

29 GAVIGNAUD Geneviève, *Les campagnes en France..., op.cit.*, p. 85.

30 TISSERAND Eugène, LEFÉBURE Léon, *Étude sur l'économie..., op.cit.*, p. 116.

31 A.D.H.R., 7 M 2.

32 A.D.H.R., 7 M 1.

33 TISSERAND Eugène, LEFÉBURE Léon, *Étude sur l'économie..., op.cit.*, p. 264.

34 A.D.H.R., 1 M 62.

35 Sur ce sujet, voir : ANCEAU Éric, *Napoléon III, un Saint-Simon à cheval*, Éditions Tallandier, 2008, 750 p.

36 GARRIGUES Jean, *La France de 1848 à 1870, op.cit.*, p. 96.

37 Cité in MULLER Claude, *L'Alsace et le Second Empire..., op.cit.*, p. 313.

38 CONRAD Olivier, « Le choléra sévit dans les campagnes de la Hardt (1831-1855) », in *Annuaire de la Société d'Histoire de la Hardt et du Ried*, n°20, 2007-2008, p. 115.

39 *Ibid.*, p. 118

40 A.D.H.R., 6 M 424.

41 A.D.H.R., 7 M 1.

42 LERCH Dominique, « Le paysan haut-rhinois au XIXe siècle », *op.cit.*, p. 306.

43 A.D.H.R., 1 M 62.

44 A.D.H.R., 1 P 393.

45 CONRAD Olivier, « Les crues du Rhin. Une lutte incessante et longtemps vaine au dix-neuvième siècle (1801-1852) », in *Annuaire de la Société d'histoire de la Hardt et du Ried*, n°23, 2010-2011, p. 77.

46 PELTRE Christine, « Cartes et territoires. L'approche réaliste » in VON DER BRUGGEN Viktoria et PELTRE Christine (sous la dir. de), *L'Alsace pittoresque. L'invention d'un paysage 1770-1870*, catalogue de l'exposition organisée au musée Unterlinden de Colmar (du 25 mars au 26 juin 2011), 2011, p. 75.

47 LALEVÉE Marc, « Il y a 160 ans, les inondations dans la plaine du Rhin en 1852 », in *Annuaire de la Société d'Histoire de la Hardt et du Ried*, n°24, 2011-2012, p. 94.

48 BOURGUINAT Nicolas, *Les grains du désordre. L'État face aux violences frumentaires dans la première moitié du XIX*[e] *siècle*, Éditions de l'École des Hautes Études en Sciences Sociales, 2002, p. 247.

49 A.D.H.R., 7 M 26.

50 HEILMANN Auguste, *Les paysans d'Alsace. L'impôt et l'usure*, Strasbourg, 1853, p. 17.

51 Sur ce sujet, voir CONRAD Olivier, Le *Conseil Général du Haut-Rhin au XIX*[e] *siècle. Les débuts d'une collectivité territoriale et l'influence des notables dans l'administration départementale (1800-1870)*, Presses Universitaires de Strasbourg, 1998, p. 590-595; CAHEN G., « Les juifs et la vie économique dans les campagnes (1648-1870), in *Revue d'Alsace*, n°97, 1958, p. 143-148; MARX Roland, « Les juifs et l'usure en Alsace », in *Saisons d'Alsace*, n°55-56, Strasbourg, 1975, p. 61-66.

52 A.D.H.R., 1 M 62.

53 A.D.H.R, 6 M 377.

54 IGERSHEIM François, *Politique et administration dans le Bas-Rhin, op.cit.*, p. 337.

55 KUENTZLER Valentin, « Le regain de l'espoir. L'enquête sur l'exode rural dans le Haut-Rhin en 1857 », in MULLER Claude (sous la dir. de), *Alsace. Espace, Identité, Frontière*, Éditions du Signe, 2016, p. 116-133.

56 A.D.H.R., 7 M 3.

57 Cité in CONRAD Olivier, « Les concours agricoles dans la Hardt. Éléments sur l'agriculture locale au milieu du XIXe siècle », in *Annuaire de la Société d'Histoire de la Hardt et du Ried*, n°14, 2001, p. 81.

58 A.D.H.R., 1 M 62.

59 A.D.H.R., 7 M 2.

60 LERCH Dominique, « Le paysan haut-rhinois au XIXe siècle », *op.cit.*, p. 320.

61 A.D.H.R., 7 M 41.

62 A.D.H.R., 7 M 42.

63 A.D.H.R., 7 M 3.

64 A.D.H.R., 7 M 36.

65 A.D.H.R. 7 M 29.

66 A.D.H.R., 7 M 29.

67 LERCH Dominique, « Le paysan haut-rhinois au XIXe siècle », *op.cit.*, p. 336.

68 *Ibid.*, p. 324.

69 YON Jean-Claude, *Le Second Empire…, op.cit.*, p. 119.

70 Cette expression est le titre de l'enrichissante exposition organisée du 27 septembre 2016 au 16 janvier 2017 au musée d'Orsay à Paris. Voir COGEVAL Guy, BADETZ Yves, PERRIN Paul et VIAL Marie-Paule (sous la dir. de), *Spectaculaire Second Empire*, Éditions Skira, 2016, 320 p.

71 MULLER Claude, *L'Alsace et le Second Empire …, op.cit.*, p. 54.

72 Cité in TISSERAND Eugène, LEFÉBURE Léon, *Étude sur l'économie…, op.cit.*, p. 283.

II

Anonyme, « Adolphe et Gaston Braun », s.d. Collection particulière.

DES ALSACIENS PHOTOGRAPHES DE L'ALSACE ET DU MONDE : ADOLPHE ET GASTON BRAUN

-

JEAN-LUC EICHENLAUB

« Insensiblement l'homme du XVIIIe siècle qui apprenait à voir, à regarder, a fait place à l'homme du XIXe siècle qui a trouvé le champ d'activité de cet exercice du regard : la photographie. Une image photographique est le fruit d'une perception, d'un instrument, du choix de son auteur, à la prise de vue, au laboratoire, des hasards techniques [...] mais aussi d'impératifs économiques et idéologiques »[1]. Par cette accroche de Sylvain Morand, nous entrons de plain-pied dans le domaine innovant de la photographie qui bouleversera l'histoire du XIXe siècle.

L'année 1839 est une date particulièrement importante : c'est l'année de la découverte de la photographie, mais aussi celle de la mise en service de la ligne de chemin de fer Mulhouse-Thann[2]. Progressivement à partir de cette date, le rapport à l'image et au temps est profondément modifié. Parmi les pionniers de la photographie ayant une reconnaissance internationale figure un Alsacien, Adolphe Braun (1812-1877). En 1861, le physicien Gustave-Adolphe Hirn décrit justement la découverte de l'atelier du photographe depuis le train[3] : « En allant de Mulhouse vers Colmar en chemin de fer [...], vous apercevrez sur votre droite, et non loin de la station de Dornach, une élégante petite maison d'habitation, placée dans un jardin : elle attire votre attention par une grande cage en verre, qui s'appuie contre elle, au sud-ouest, et que vous prendrez peut-être pour une serre chaude. Si le temps est clair, et si vous avez bonne vue, vous reconnaîtrez promptement que telle n'est pas la destination de ce singulier appendice vitré : vous y verrez des instruments aux formes bizarres ; vous y remarquerez des allées et des venues qui dénotent une grande activité interne, et qui vous sembleraient légitimement suspectes, si tout cela ne se passait pas dans une cage de verre. Ne vous laissez pas intimider par les apparences, et croyez-moi : si vous avez quelques heures de disponibles, descendez à Dornach, et allez droit à la maison dont je vous parle. Vous serez reçu par un artiste photographe dont le talent ne peut être comparé qu'à sa complaisance : si les quelques premières minutes de conversation vous montrent à lui, non comme un curieux ordinaire, propre seulement à coûter du temps à celui qui n'en a pas à perdre, mais comme un visiteur désireux d'étudier de belles choses, vous verrez s'étaler devant vous une douzaine d'épais volumes, grand in-folio, renfermant de quoi satisfaire les goûts les plus difficiles ».

L'établissement fondé par Adolphe Braun et qui portera son nom absorbe en 1874 l'établissement « Mayer et Pierson », célèbres photographes portraitistes, qui avait vu défiler toute la Cour et la haute bourgeoisie du Second Empire. Ces derniers étaient également auteurs de *La photographie considérée comme art et comme industrie. Histoire de sa découverte, ses progrès, ses applications, son avenir,* publié en 1862. Art d'abord sans aucun doute, industrie ensuite tout aussi sûrement, et, dans le cas qui nous occupe ici, la photographie comme industrie au service de l'art[4].

L'HISTOIRE DE LA PHOTOGRAPHIE ET L'ALSACE : REGARDS CROISÉS

Les principes de la photographie ont été précisés par le physicien colmarien Gustave-Adolphe Hirn en 1861 à destination des lecteurs de la *Revue d'Alsace*[5] : « Pour qu'un objet puisse être *vu* par la chambre obscure, pour qu'il puisse être vu par l'œil, il faut qu'il soit éclairé par une lumière propre, ou par celle que lui envoie un autre corps lumineux. Un corps éclairé par la lumière du jour, par exemple, renvoie cette lumière en lui donnant des qualités nouvelles, distinctives, en lui donnant son empreinte. Mais chaque point d'un corps éclairé renvoie dans toutes les directions cette lumière ainsi modifiée : des milliers d'yeux à la fois peuvent voir un même objet. Pour que l'empreinte des corps, renvoyée sous forme diffuse dans l'espace, puisse être vue sous forme nette, il faut, à l'aide d'un appareil spécial, séparer les rayons mêlés, et puis les concentrer, les localiser en un lieu précis. Dans la chambre obscure [...] cette fonction est remplie par l'objectif, qui n'est autre chose qu'une lentille convexe ou convergente. L'objet, éclairé et placé en avant de cette lentille, vient former son image en arrière d'elle ; et c'est cette image, reçue par une surface *sensible*, qui est ensuite fixée définitivement par les procédés de la photographie ».

En guise de préambule, il convient de présenter maintenant les grandes lignes de l'histoire de la photographie[6] qui commence en 1839 par l'invention du daguerréotype. Cette technique qui donne

Anonyme, « Atelier du photographe Adolphe Braun à Dornach », vers 1860.

une image sur du cuivre plaqué d'argent est unique et ne permet pas la reproduction en de multiples exemplaires. Bien que le temps de pose soit long, le daguerréotype propose une nouvelle manière de reproduire le monde extérieur. Il est abandonné à la fin des années 1850, de nombreux perfectionnements en particulier dans le domaine de l'optique ont permis de réduire considérablement le temps de pose. À ce sujet, les remarques de Gustave-Adolphe Hirn sont encore une fois intéressantes : « Lorsqu'il y a une vingtaine d'années, Daguerre fut assez heureux pour réussir à fixer sur une plaque métallique les images formées dans la chambre obscure, une acclamation générale accueillit cette grande conquête de la science et de la persévérance de l'homme. [...] Bientôt cependant cette science nouvelle devint réellement un art : un progrès immense s'y manifesta. Le papier se substitua au métal, pour recevoir les images. La durée excessive de la pose rendait impossible, nous ne dirons pas la copie d'une tête vivante, mais même la traduction vraie de la physionomie d'un monument d'architecture : physionomie beaucoup plus changeante, plus dépendante de l'heure et du jour, qu'on ne le croit en général ; cette durée de la pose fut considérablement réduite, et cette réduction rendit possible, je dirais presque, l'impossible »[7].

À partir de la décennie 1850 et jusqu'en 1866 est développé le calotype de Talbot sur papier, mais qui n'a qu'un temps bref et sera rapidement suivi par le négatif sur verre, procédé au collodion humide avec tirage sur papier salé ou albuminé. Il s'agit d'un net progrès mais les images ont tendance à pâlir dans le temps. Comme le rappellent

Christian Kempf et Sylvain Morand : « La photographie est passée en deux décennies d'une notion de besoin à une notion de moyen (multiplication, diffusion, communication) »[8] ; des livres illustrés par des photographies collées paraissent en effet dès 1855[9].

L'année 1866, marque un véritable tournant, lorsque Adolphe Braun acquiert les droits pour la France et la Belgique du brevet de Joseph Wilson Swan sur les tirages inaltérables au charbon. Désormais, les nouveaux tirages ne pâliront plus dans le temps et la maîtrise de cette technique assure à Braun une réputation inégalée. Après 1870, se développeront également de nombreux procédés photomécaniques qui permettent des tirages plus importants, mais la réelle diffusion de masse ne date que du début du XXe siècle (en noir et blanc ; l'autochrome des frères Lumière n'étant mis au point qu'en 1907).

En ce qui concerne l'histoire de la photographie croisée avec l'Alsace, les travaux de Pierre Tyl, de Sylvain Morand et surtout de Christian Kempf[10] sont ici un passage obligé ; le présent exposé leur doit tout. Si « les rapports [de Braun] avec le daguerréotype restent très mystérieux »[11], il n'en reste pas moins que cette technique a été connue très tôt en Alsace, spécialement à Mulhouse. Dès le 25 septembre 1839 (alors que l'annonce officielle de l'invention ne date que du 18 août 1839)[12], Daniel Koechlin-Ziegler présente les premiers daguerréotypes au comité des Beaux-Arts de la Société industrielle de Mulhouse et Jean Zuber offre un appareil de prise de vue et ce qu'il faut pour préparer et développer les plaques. Une exposition artistique qui se tient dans la foulée, présente des daguerréotypes. Les industriels mulhousiens se posent alors la question de l'éventuelle application à l'impression sur étoffes (ou papier peint), qui permettrait de faire l'économie du dessin (pour la reproduction) ou de la gravure (en imprimant directement). Mais c'était sans compter sur les limites du daguerréotype qui ont déjà été soulignées plus haut.

117 daguerréotypes réalisés par 21 photographes connus (certains clichés sont anonymes, de plus, certains photographes étaient itinérants) ont été repérés en Alsace ; ils ont été réalisés entre 1840 et 1856. Le plus ancien est conservé au musée historique de Mulhouse (1840) et est d'un photographe viennois, Anton Martin (1812-1882) ; une belle série datée de 1841 a été réalisée par Henri Ziegler (né à Mulhouse en 1820). Si on regarde de plus près les sujets traités, on trouve 77 portraits, 24 vues des Alpes (avec parfois des portraits de Daniel Dollfus-Ausset, glaciologue qui a constitué à Mulhouse une collection de daguerréotypes), 8 paysages (de Strasbourg et de Munster) et enfin 8 autres vues, dont l'intérieur de l'atelier de Winter, et déjà 5 reproductions de tableaux.

Dans la deuxième moitié du XIXe siècle il y eut à Mulhouse une quinzaine de photographes, particulièrement des portraitistes et l'un deux, Josué Dollfus coloriait ses photographies à l'aquarelle. En 1861, Gustave-Adolphe Hirn propose également une définition de ce que doit être un bon photographe[13] :

> « Il y a photographe et photographe ; il y a photographie et photographie. C'est ici le moment de montrer pourquoi. Le photographe sagace et habile sait modifier ses réactifs selon le jour, selon l'heure du jour ; il sait les approprier à chaque espèce de lumière. S'il ne peut rendre complètement *actifs* tous les rayons lumineux, il le peut du moins en partie, et il peut parer aux inconvénients qui résultent de *l'inactivité chimique* de quelques-uns. Voilà ce qui fait le photographe : je n'ai pas besoin d'ajouter que cela ne suffit point, et que, quoiqu'on dise, il faut aussi qu'il soit artiste, dans la vraie acception du terme, pour réussir ».

Dans son enquête centennale publiée en 1902 sous le titre suivant *Histoire documentaire de l'industrie de Mulhouse et de ses environs au XIXe siècle*, la Société industrielle de Mulhouse indique encore que « si la photographie a aujourd'hui ses ateliers dans les moindres petites villes [...] elle ne compte toutefois pas beaucoup d'usines présentant le caractère d'une véritable manufacture [...]. L'Alsace en possède cependant une dont la renommée est universelle et qui est, on peut le dire, le premier établissement photographique du monde : celui [...] fondé par Adolphe Braun [à Dornach] »[14].

ADOLPHE BRAUN (1812-1877)

(Jean) Adolphe Braun descend d'une vieille famille mulhousienne (d'origine wurtembergeoise), et est né le 13 juin 1812 à Besançon, où son père Samuel (Mulhouse, 1785 – Dornach, 24 janvier 1877) est gendarme à cheval ; sa mère, Marie-Antoinette Regard est originaire de Gex-la-Ville (département du Léman). Il commence sa carrière professionnelle comme dessinateur et graveur à destination de l'industrie textile à Paris. En 1834, il ouvre avec son frère un atelier de dessin, puis s'installe à Mulhouse après le décès de sa première épouse[15].

Il publie en 1842 un *Recueil de dessins servant de matériaux, destinés à l'usage des fabriques d'étoffes, porcelaines, papiers peints* et en 1843 il occupe le poste de premier dessinateur chez DMC, dont l'un des dirigeants est Daniel Dollfus-Ausset[16].

Le 13 décembre 1843, Adolphe Braun épouse en seconde noces, Pauline Baumann de la famille des pépiniéristes de Bollwiller[17]. Il développe ensuite une entreprise qui, sous différents noms, sera entre les mains de la famille jusqu'à la fin des années 1960. Son père Samuel, son frère Charles, ses fils Henri (1837-1876) et Gaston (1845-1928) y travaillent, ainsi que son neveu, Fernand. L'entreprise compte une centaine d'ouvriers (les opérateurs ne sont pas tous connus, et les archives de l'entreprise dans ce domaine n'existent plus).

« LE NADAR DE LA FLEUR »
Pierre Bonnard

En 1854, sa toute première série *Fleurs photographiées* remporte immédiatement un vif succès et montre une indéniable perfection technique du photographe. La fleur jouait alors un rôle essentiel dans le dessin industriel et en ce sens, Adolphe Braun réalisa un véritable coup de maître ; en 1855, il est notamment récompensé à l'exposition universelle de Paris. Dès 1857, il entreprend également une série de « fleurs » en format stéréoscopique, permettant avec l'aide d'un stéréoscope, de restituer la vision en relief par chevauchement optique des deux images.

Adolphe Braun, « Couronne de fleurs ; *Fleurs photographiées* (de la série) », papier charbon, s.d.
© Collection Christian Kempf.

Adolphe Braun, «Vase de fleurs ; *Fleurs photographiées* (de la série) », papier albuminé, vers 1857.
© The J. Paul Getty Museum, Los Angeles.

LE PHOTOGRAPHE DE SA MAJESTÉ L'EMPEREUR : *L'ALSACE PHOTOGRAPHIÉE*

En 1858, Adolphe Braun entreprend une grande campagne photographique, en choisissant de réaliser une série de vues de grandes dimensions de 120 paysages ou monuments remarquables d'Alsace[18]. Perçu avant tout comme un ouvrage documentaire faisant l'inventaire du patrimoine architectural et touristique de l'Alsace, il n'est pas un succès commercial, mais lui permet d'être honoré par Napoléon III de la Légion d'honneur.

Adolphe Braun, « Cour intérieure du château du Haut-Kœnigsbourg ; *L'Alsace photographiée* (de la série) », papier albuminé, 1859.
© Bibliothèque des Dominicains, Colmar.

Adolphe Braun, « Paysage Suisse », papier albuminé, vers 1860.
© Art Institute of Chicago.

PAYSAGES EUROPÉENS : L'EXEMPLE DES *VUES DE SUISSE*

À partir de 1859 Adolphe Braun, son frère Charles, son père Samuel et plus tard son fils Gaston, se lancent dans une grande entreprise de prise de vues de lieux touristiques suisses, allemands ou encore autrichiens. En 1862, c'est près de 15 000 vues qui auraient été produites ; et dès 1866, Édouard Delessert assure dans le *Moniteur de la Photographie* qu'il n'existe pas un seul lieu touristique suisse où on ne trouve pas de clichés de la maison Braun. Au sujet de ces photographies helvètes, Ernest Lacan notera : « Ici nous montons ; les habitations deviennent plus rares, la scène s'agrandit et la nature commence à se montrer à nous dans ses plus imposants aspects »[19].

Durant ses années d'exil, Gustave Courbet peint à de nombreuses reprises le château de Chillon sur les bords du lac Léman. Le peintre s'est servi d'une photographie commercialisée par la Maison Braun pour composer son tableau[20].

Adolphe Braun, « Le château de Chillon », papier albuminé, vers 1860-1865. © Collection Christian Kempf.

Adolphe Braun, « Trophée de chasse au héron ; *Panoplies de gibier* (de la série) », papier charbon, 1867. © The J. Paul Getty Museum, Los Angeles.

En 1867, au même moment où Braun réalise son panneau décoratif photographique en détournant les codes de la peinture animalière du XVIIIe siècle, Frédéric Bazille peint sa « Nature morte au héron ». Le photographe comme le peintre ont alors l'habitude de fréquenter le musée du Louvre où ils côtoient par exemple les modèles anciens de Jean-Baptiste Oudry[21].

Cette dramatique composition des ruines du palais des Tuileries au lendemain de l'incendie du 23 mai 1871 est quasi identique aux « Ruines des Tuileries » du grand peintre officiel de Napoléon III, Ernest Meissonier (huile sur toile conservée au musée national du château de Compiègne). Elle est le symbole de l'écroulement d'un régime et d'une époque ; alors qu'au niveau du point de fuite on aperçoit, comme émergeant d'une accumulation de débris, le sommet de l'arc de triomphe du Carrousel que couronne le Quadrige de Bosio et qui forme une ouverture sur l'avenir.

Ad. Braun & Cie, « Péristyle du palais des Tuileries ; *Théâtre de la guerre* 1870-1871 (de la série) », papier albuminé, 1871.
© Musée Unterlinden, Colmar (dépôt aux Archives départementales du Haut-Rhin) / Münchner Stadtmuseum, Sammlung Fotografie.

« Ce n'est pas exagérer que de comparer le service qu'Adolphe Braun rendit à l'art [...] à celui que rendirent aux lettres les premiers imprimeurs qui vulgarisèrent par la presse les classiques de l'Antiquité » (Paul de Saint-Victor).

À partir de 1864 Adolphe Braun (qui envisage le marché des écoles de dessin) commence à reproduire des œuvres d'art, à commencer par les dessins[22] qui sont plus facilement reproductibles. Il commence par les dessins de Bâle (1864), avant de continuer par les œuvres du Louvre, de l'Albertina de Vienne (1867), des Offices de Florence (1868), le plafond de la chapelle Sixtine (1869), les musées de Dresde, Oxford et Londres (1871-1872).

Adolphe Braun, « Musée du Louvre ; *Aphrodite, dite Vénus de Milo* », papier charbon, vers 1864-67.
© Collection Christian Kempf.

Adolphe Braun, « Chapelle Sixtine, La création d'Adam par Michel-Ange », papier charbon, vers 1869.
© Collection Christian Kempf.

GASTON BRAUN (1845-1928)

Comme son oncle Charles qui avait travaillé avec son frère, Gaston Braun sera associé aux travaux de son père. De ce fait, il travaille avec lui à la réalisation des « Vues panoramiques » (1865), au tour de force que sont les prises de vues du plafond de la chapelle Sixtine ou encore sur la série des « Costumes de Suisse ». Il est aux côtés de son père également pour la série « Théâtre de la Guerre 1870-1871 » qui montre des destructions à Paris, Belfort ou Strasbourg après la guerre contre la Prusse. Cependant, ses horizons sont plus larges ; en 1873, Gaston Braun épouse Élise Ernestine Pierson qui est la fille du célèbre portraitiste parisien du Second Empire, Pierre-Louis Pierson. Ce mariage permet au fils d'Adolphe Braun, dès 1874, de fusionner avec la célèbre entreprise de son beau-père « Mayer et Pierson ».

En 1898, l'entreprise possédait un stock d'environ 100 000 images (à la mort d'Adolphe Braun en 1877, on en comptait alors plus ou moins 50 000) et était également titulaire de toute une série de distinctions[23]. On estime qu'en 1870, la maison Braun réalisait entre 2 000 et 3 000 tirages par jour, mais ce seront surtout les reproductions d'œuvres d'art qui feront sa réputation. Rappelons encore que dès 1895, elle disposait, en plus de Paris et Dornach, d'une succursale à New-York sur la Cinquième Avenue, tenue par The Helman-Taylor Company.

En 1869, Adolphe Braun en tant que délégué aux Arts, est invité avec des peintres comme Léon Gérôme ou Eugène Fromentin par le khédive Ismaïl à l'inauguration du canal de Suez. Il renonce à effectuer lui-même le déplacement et cède sa place à son fils Gaston. Ce dernier, réalise à cette occasion, 80 vues de monuments et de paysages égyptiens, dont certaines inspireront le peintre orientaliste Eugène Fromentin pour ses toiles[24].

Gaston Braun, « Le Sphinx et les pyramides de Gizeh ; *Vues d'Egypte* (de la série) », papier albuminé, 1869.
© Collection Christian Kempf.

Ad. Braun & Cie, « Jules Bastien-Lepage, 'La Saison d'Octobre, Salon de 1879, No. 629' (aujourd'hui dans les collections de la National Gallery of Victoria) », papier albuminé, s.d. © Philadelphia Museum of Art, Gift of Sue Davidson Lowe.

Ad. Braun & Cie, « Musée de l'Ermitage à Saint-Pétersbourg ; Suiveur de Léonard de Vinci, 'La Joconde nue' », papier charbon, s.d. Musée Condé, Chantilly © RMN-Grand Palais (Domaine de Chantilly) / Michel Urtado.

L'INDUSTRIE PHOTOGRAPHIQUE AU SERVICE DE L'HISTOIRE DE L'ART

L'année 1883 est marquée par la signature d'un « Traité entre le ministère de l'Instruction publique et des Beaux-Arts et la Société Adolphe Braun et Compagnie […] afin d'acquérir le droit d'établir dans les dépendances du musée du Louvre, un atelier de photographie, une salle de vente et de régler les conditions de prises de vues et de vente ainsi que le droit de prendre le titre officiel de photographe du Louvre et des musées nationaux »[25]. En parallèle, Gaston Braun continue de reproduire les œuvres d'art d'autres musées, comme celles du musée de l'Ermitage de Saint-Pétersbourg en 1883, ou encore celles qui sont exposées dans les Salons.

Pour finir ce tour d'horizon des réalisations de la maison Braun, intéressons-nous à cette dernière série de Gaston Braun. Vers 1881-1882, il consacre un reportage au percement du premier tunnel du Saint-Gothard et l'ouverture de la ligne de chemin de fer, renouant ainsi avec les *Vues de Suisse* antérieurement réalisées et présentant, comme avait pu le faire son père avant lui, une des innovations majeures du XIXe siècle.
À noter également qu'en 1882, il devient photographe officiel de la cour royale de Bavière (depuis 1875, Braun était photographe officiel du Vatican).

Ad. Braun & Cie, « L'entrée du premier tunnel du Saint-Gothard à Airolo »,
papier albuminé, vers 1882.

À travers cette étude, nous avons montré comment la photographie a été conçue par Adolphe Braun et ses successeurs comme un art, puis une industrie mise au service des artistes et de l'histoire de l'art. D'un modeste atelier ouvert au milieu du XIXe siècle est née l'une des plus grandes maison de photographie, où se sont succédés un père et un fils, mais qui est également le fruit du travail de toute une famille industrielle.

Par ailleurs, il faut rappeler ici que la photographie a suscité très rapidement après le début de son développement, des débats liés aux goûts artistiques de l'époque et à la quête du « beau ». Dans son article consacré à Adolphe Braun, le physicien Hirn estime que « la photographie, nous le redisons une dernière fois, ne peut créer le beau ; mais la grande ressemblance, la presque identité de ses procédés de *perception* (passez-moi ce terme), avec ceux de l'œil, lui permet de reproduire le beau qu'on lui présente tout fait : bien différente en cela des mauvais peintres qui, s'ils étaient même capables de peindre le beau comme nous le voyons, se garderaient bien de le reproduire »[26]. En ce sens, il s'oppose à Charles Baudelaire qui, lors du Salon de 1859, était « convaincu que les progrès mal appliqués de la photographie ont beaucoup contribué, comme d'ailleurs tous les progrès purement matériels, à l'appauvrissement du génie artistique français, déjà si rare ». Ce court passage tiré d'une lettre adressée au directeur de la *Revue française* forme une véritable charge contre la photographie, Baudelaire la conclut ainsi : « Est-il permis de supposer qu'un peuple dont les yeux s'accoutument à considérer les résultats d'une science matérielle comme les produits du beau n'a pas singulièrement, au bout d'un certain temps, diminué la faculté de juger et de sentir ce qu'il y a de plus éthéré et de plus immatériel ? ».

Les récentes expositions[27] de Munich et Colmar consacrées aux Braun comme artistes et industriels majeurs de la seconde moitié du XIXe siècle et du début du XXe siècle témoignent du vif intérêt qui leur est porté aujourd'hui. Toutefois, si la figure d'Adolphe Braun reste encore un peu méconnue en Alsace, en dépit des nombreux travaux qui lui ont été consacrés par Christian Kempf, son talent était reconnu dès 1861 dans la *Revue d'Alsace* sous la plume de Gustave-Adolphe Hirn[28] : « M. Braun a accompli envers notre belle Alsace une œuvre de dévouement et de conscience, dont nous ne saurions trop le féliciter »[29].

1 KEMPF Christian, MORAND Sylvain, *Le temps suspendu. Le daguerréotype en Alsace au XIXe siècle*, 1989, (143 p.), p. 11.

2 Sur les origines de la photographie voir RECHT Roland, *La lettre de Humboldt : du jardin paysager au daguerréotype*, 1989 (2e éd. 2006), 163 p. On relira aussi avec intérêt BARTHES Roland, *La chambre claire. Note sur la photographie*, 1980, 193 p. Le daguerréotype a été présenté en petit comité en février 1839 et annoncé officiellement en août. La ligne de chemin de fer Mulhouse-Thann a été inaugurée le 1er septembre 1839 et Strasbourg-Bâle mise en service dès le 15 août 1842 ; voir STOSKOPF Nicolas, *Le train, une passion alsacienne 1839-2012*, 2012, 244 p.

3 HIRN Gustave-Adolphe, « Une fantaisie à propos des photographies de M. A. Braun », in *Revue d'Alsace*, 1861, p. 242-243.

4 Sur cette problématique voir aussi KEMPF Christian, « Adolphe Braun's photographic enterprise », in O'BRIEN Maureen C., BERGSTEIN Mary (sous la dir. de), *Image and Enterprise : The photographs of Adolph Braun*, catalogue de l'exposition organisée au Museum of Art, Rhode Island School of Design à Providence (du 4 février au 22 avril 2000) et au Cleveland Museum of Art (du 18 juin au 27 août 2000), Thames & Hudson, 2000, 160 p. Il n'est, sauf erreur, pas question de photographie dans les Actes des quatrièmes journées d'histoire industrielle (Mulhouse et Belfort, 18-19 novembre 2010) : LAMARD Pierre et STOSKOPF Nicolas (sous la dir. de), *Art et industrie XVIIIe-XXIe siècle*, Paris, 2013, 292 p.

5 HIRN Gustave-Adolphe, « Une fantaisie… », *op.cit.*, p. 324.

6 En matière de documents sur l'histoire de la photographie en France, voir DURAND Marc *et al.*, *De l'image fixe à l'image animée, 1820-1910*, Actes des notaires de Paris pour servir à l'histoire des photographes et de la photographie, 2015, 1 323 p., en deux tomes (A-K et L-Z). Indiquons des notations intéressantes (p. 21) sur les professions « parallèles » à la photographie, comme les aéronautes, les opticiens, les imprimeurs, les lithographes, les ingénieurs. On pourrait ajouter à la liste, les dessinateurs et graveurs pour l'industrie textile, ainsi que les glaciologues. Sur la famille Braun voir p. 158-160.

7 HIRN Gustave-Adolphe, « Une fantaisie… », *op.cit.*, p. 248-249.

8 KEMPF Christian, MORAND Sylvain, *Le temps suspendu…*, *op.cit.*, p. 39.

9 En ce qui concerne l'Alsace, voir KEMPF Christian, *Les alsatiques photographiques. Inventaire des ouvrages consacrés à l'Alsace et à la photographie originale et imprimée, des origines du procédé jusque vers 1920*, 2014, 339 p. Les noms d'Adolphe Braun, d'Adolphe Braun et Cie, de Charles Braun, de Braun et Cie, de Braun, Clément et Cie sont cités à 27 reprises, à des titres divers. On trouve bien sûr dans ces publications les *Fleurs photographiées* (p. 102-103), *L'Alsace photographiée* (p. 104-105), mais aussi le reportage sur l'établissement de pisciculture de Huningue (p. 26), la publication des « Souvenirs du Vieux Mulhouse » (p. 51), le « Sommaire analytique de chartes et documents relatifs à l'histoire de Mulhouse d'après les originaux appartenant aux archives de la ville » (p. 118), des photographies parues dans des revues, comme la *Revue catholique d'Alsace* (p. 128) ou les « Images du musée alsacien » (p. 135) dans diverses formes ou déclinaisons. Le catalogue de l'exposition des arts rétrospectifs de mai 1883 à la Société industrielle de Mulhouse est particulièrement intéressant (p. 107), de même que le Bulletin du photo-club de Mulhouse qui publie des autochromes entre 1910 et 1914. Personne ne saura surpris de voir l'ouvrage à la mémoire de Daniel Dollfus-Ausset illustré de reproductions de daguerréotypes (p. 133).

10 Il faut remonter aux mémoires de Christian Kempf (photographie, Essen 1979) et Pierre Tyl (histoire, Strasbourg 1982) sur Adolphe Braun, et rappeler ici que la revue artistique et littéraire *Le Point* avait, en 1958, consacré un numéro (LIII-LIV, texte de ROY Claude) consacré à des portraits de Braun (ainsi que de Mayer et Pierson) sous le titre « Le Second Empire vous regarde ». La première exposition sur Braun réalisée par Christian Kempf au musée Unterlinden en 1979 donnait à voir 57 agrandissements.
Voir également, KEMPF Christian, *Adolphe Braun et la photographie*, 1994, 199 p. ; ainsi que *L'Alsace photographiée*, 2003, 167 p. Rappelons également que Gérard Cenec, à l'époque où il était aux archives départementales du Haut-Rhin, puis quand il était à la ville de Saint-Louis, a aussi œuvré à la redécouverte d'Adolphe Braun. À noter aussi, l'exposition de Cécile Dupré « Positif / Négatif » au musée Unterlinden, ainsi que « L'Alsace d'Adolphe Braun revisitée par Dominique Tomasini », organisée au musée historique de la ville de Mulhouse en 2012, ou encore les travaux de Christian Kempf sur le fonds Braun et avec le restaurateur de photographies Christophe Vischi qui a consacré son mémoire de spécialité à la restauration de clichés de Braun. Enfin, voir EICHENLAUB Jean-Luc et KEMPF Christian, *Vues d'Alsace*, 2014.

11 KEMPF Christian, MORAND Sylvain, *Le temps suspendu…*, *op.cit.*, p. 50.

12 KEMPF Christian, « Mulhouse et les débuts de la photographie », in *Culture et industrialisation à Mulhouse au XIXe siècle, Bulletin de la Société industriell[e] de Mulhouse*, n° 831, 1993, p. 87-93.

13 HIRN Gustave-Adolphe, « Une fanta[i]sie… », *op.cit.*, p. 329.

14 *Histoire documentaire de l'industrie d[e] Mulhouse et de ses environs au XIXe siècl[e] (Enquête centennale)*, Société industriell[e] de Mulhouse, 1902, avec 261 photogra[-]phies dans le texte et 46 hors texte de Brau[n] Clément et Cie. Cette remarquable somm[e] traite de l'histoire de Mulhouse bien sû[r] et des différentes entreprises classées pa[r] branche d'activité : filature de coton, tis[-]sage, impression, laine peignée, laine ca[r]dée, soie, papiers peints, papeterie, atelie[rs] de dessin, gravure sur rouleaux, construc[-]tions mécaniques, imprimerie et lithogra[-]phie, photographie (p. 727 et suivantes[)], tannerie, meunerie, brasserie, industrie[s] diverses. Pour le chapitre consacré à [la] photographie on dispose d'un reportag[e] sur les établissements Braun, établisseme[nt] de Dornach restructuré en 1897-189[9 :] vue de l'établissement (p. 727), préparatio[n] du papier (p. 732), chargement des châss[is] (p. 733), tirage (p. 734), développement [et] lavage (p. 735), séchage (p. 736), montag[e], satinage, retouche (p. 737).
En 1876 la maison, avec comme g[é]rants Adolphe Braun, Gaston Braun [et] Henri d'Andiran, prend l'appellation [de] « Adolphe Braun et Cie ». Après le déc[ès] d'Adolphe Braun, Pierre-Louis Pierson [et] ses deux gendres, Gaston Braun et Léo[n] Clément, sont aux commandes. En 188[…] la raison sociale est Braun, Clément et C[ie] et après 1910 Braun et Cie. Des archiv[es] de la maison Braun sont conservées f[ort] peu de choses ; en revanche de très nom[-]breuses plaques et négatifs, tirages ([de] toutes époques) et albums. Parmi les g[i]sements les plus importants en Alsace, [la] partie du fonds qui appartient à la Socié[té] Schongauer (musée Unterlinden à Colma[r]) et qui est conservée aux archives départ[e]mentales du Haut-Rhin ; elle comprend d[es] portraits, des paysages, des vues d'archite[c]ture, des images d'Alsace principalemen[t], les plaques de reproduction d'œuvr[es] d'art, propriété du département du Hau[t-]Rhin, ainsi que leurs tirages respectiveme[nt] conservés à Wesserling et à Mulhouse, [les] fleurs photographiées sont conservées [au] musée de l'Impression sur Étoffes à Mu[l]house. De nombreux tirages se trouve[nt] aussi à la bibliothèque des Dominica[ins] de Colmar et à la bibliothèque nation[ale] et universitaire de Strasbourg, aux musé[es] de Mulhouse et de Strasbourg entre autr[es].
Voir les différentes versions du rép[er]toire de la sous-série 6 Fi des archiv[es] départementales du Haut-Rhin (Fon[ds] photographique Braun, Mayer et Pi[er]son) : en 1977 celle de KEMPF Chr[is]tian, WILSDORF Odile et TYL Pierre ; [en] 1986 celle de PETERMANN Françoi[s], KEMPF Christian et EICHENLAUB Je[an-]Luc ; et en 2007 celle de KEMPF Christian

EICHENLAUB Jean-Luc (254 p.). Voir aussi les répertoires de OTT Florence (archives Braun au CERARE et depuis 2009 aux archives de Mulhouse) et l'état sommaire des près de 2 000 caissettes de plaques de verre actuellement à Wesserling.

15 Les parents d'Adolphe Braun se sont mariés à Lons-le Saulnier le 14 septembre 1811. La famille est catholique, le père, protestant a choisi la religion de son épouse. Adolphe Braun a eu plusieurs enfants avec sa première épouse, dont Henri avec qui il travaillera ; voir notice in *Nouveau Dictionnaire de Biographie Alsacienne*.

16 Daniel Dollfus-Ausset (1797-1870), voir notice in *Nouveau Dictionnaire de Biographie Alsacienne*, ainsi que les travaux de LAGOLTIÈRE R.-M.

17 Archives Départementales du Haut-Rhin, 6 E 37 / 54, Contrat de mariage daté du 3 décembre 1843. Pauline Baumann est la fille d'Augustin Baumann et de Jeanne Madeleine Thomasine Hillenmeyer.

18 KEMPF Christian et MORAND Sylvain, « Le paysage photographique comme art de voir » in VON DER BRUGGEN Viktoria et PELTRE Christine (sous la dir. de), *L'Alsace pittoresque. L'invention d'un paysage 1770-1870*, catalogue de l'exposition organisée au musée Unterlinden de Colmar (du 25 mars au 26 juin 2011), 2011, p. 82-95.

19 KEMPF Christian, *Adolphe Braun et la photographie, op.cit.*, p. 29.

20 O'BRIEN Maureen C., « The influence of contemporary french painting », in O'BRIEN Maureen C., BERGSTEIN Mary (sous la dir. de), *Image and Enterprise…, op.cit.*, p. 67-91.

21 COLODIET Stanislas, « Nature morte au héron », in HILAIRE Michel et PERRIN Paul (sous la dir. de), *Frédéric Bazille (1841-1870). La jeunesse de l'impressionnisme*, catalogue de l'exposition organisée au musée Fabre de Montpellier, au musée d'Orsay ainsi qu'à la National Gallery of Art de Washington, Paris, 2016, p. 96-101.

22 BOYER Laure, KEMPF Christian, « La photographie au musée », in LECOQ-RAMOND Sylvie (sous la dir. de), *Histoire du musée Unterlinden et de ses collections de la Révolution à la Première Guerre mondiale*, 2003, p. 262-275 ; voir également BERGSTEIN Mary, « Art enlightening the world », in O'BRIEN Maureen C., BERGSTEIN Mary (sous la dir. de), *Image and Enterprise…, op.cit.*, p. 121-139.

23 Adolphe Braun est présent à l'exposition universelle de Paris en 1855 avec les Fleurs, à celle de Londres en 1862 avec ses Vues de Suisse, à celle de Paris en 1867 et de Vienne en 1873 avec ses reproductions d'œuvres d'art. En 1878, il est présent à celle de Paris avec ses grands tirages de la chapelle des Médicis de Florence et un portrait coloré du pape. Gaston Braun fait partie du comité ou est membre du jury des expositions universelles de Paris (1889), Chicago (1893) et Paris (1900). La maison Braun a obtenu 15 médailles d'or.

24 KEMPF Christian, *Adolphe Braun et la photographie, op.cit.*, p. 53.

25 DURAND Marc *et al.*, *De l'image fixe à l'image animée, 1820-1910…, op.cit.*, p. 160 (n°697).

26 HIRN Gustave-Adolphe, « Une fantaisie… », *op.cit.*, p. 330.

27 POHLMANN Ulrich et MELLENTHIN Paul, *Adolphe Braun. Ein europäisches Photographie-Unternehmen und die Bildkünste im 19. Jahrhundert*, catalogue de l'exposition tenue à Munich du mois d'octobre 2017 au mois de janvier 2018, 360 p. et 359 illustrations. Voir également l'édition française, *Une entreprise photographique européenne au 19e siècle*, qui accompagne l'exposition présentée au Musée Unterlinden de février à mai 2018. « L'évasion photographique », comprend 262 p., mais ne traite pas du chemin de fer du Gothard ou encore de Louis II de Bavière.

28 HIRN Gustave-Adolphe, « Une fantaisie… », *op.cit.*, p. 244.

29 N.B. : Les citations de Gustave-Adolphe Hirn et de Charles Baudelaire ont été ajoutées par Valentin Kuentzler, de même qu'il a rédigé un certain nombre de notices qui accompagnent les photographies réalisées par Adolphe et Gaston Braun.

Jean-Pierre-Alexandre Antigna, « L'Incendie », huile sur toile, 1850.
Musée des Beaux-Arts, Orléans © François Lauginie.

L'IMPACT DU PHÉNOMÈNE DE L'ASSURANCE EN ALSACE AU XIXE SIÈCLE

-

JEAN-LAURENT VONAU

Les hommes ont toujours cherché à se prémunir contre les catastrophes naturelles provenant des faits du hasard. Jusqu'en 1789, on considérait la survenue d'un fléau destructeur comme le résultat d'une punition divine, d'un mauvais sort jeté par une personne malfaisante, ou éventuellement la conséquence d'un cas fortuit. La survenance d'un sinistre dépourvu d'une obligation à réparation, provoquait le plus souvent un déclassement social du possesseur du bien qui en était la victime. Les maigres secours dont il pouvait bénéficier relevaient de la charité publique, sans qu'il puisse espérer reconstituer par ces aides, son capital détruit. La Révolution bouleversa entièrement cette conception en responsabilisant le possesseur de biens devenu pleinement un propriétaire. Désormais, la propriété était un tout sans démantèlement[1], sans restriction confiée, soit à une personne, soit à la famille, soit même à une collectivité[2]. Elle constituait un patrimoine et son détenteur disposait d'un droit absolu[3]. Ce droit nouveau, inscrit dans la Déclaration des Droits de l'Homme et repris par le Code civil de 1804, avait permis une redistribution des richesses grâce à la vente des biens nationaux dont bénéficièrent la bourgeoisie et la paysannerie aisée. La classe sociale des possédants - en ville comme à la campagne - fortement enrichie par la spéculation sur les assignats, achats des biens aux anciens privilégiés et la fourniture aux armées, aspirait au début du XIXe siècle au maintien de leurs avantages conquis sous la Révolution et l'Empire.

Tout perdre par l'action de la foudre, d'un feu mal surveillé ou d'une inondation subite était perçu comme une profonde injustice. Ne pouvant empêcher la survenue des phénomènes naturels, il fallait en atténuer l'impact, neutraliser les effets autant que faire se peut. Les progrès des mathématiques en matière de calcul des probabilités, et la constitution de séries statistiques, donnèrent naissance au concept moderne de l'assurance. Réunir un grand nombre de risques, analyser statistiquement les sinistres survenus sur une période donnée, projeter le résultat obtenu par les probabilités dans le futur, permettait d'approcher scientifiquement la fréquence de réalisation d'un événement néfaste. L'institution de l'assurance prenait ainsi une autre dimension, ouvrant des perspectives économiques. Mais la France accusait du retard[4]. Le 4 septembre 1816, une ordonnance royale autorisa le fonctionnement de la « Société d'assurance mutuelle immobilière de la ville de Paris ». Elle fut la première d'une longue liste de mutuelles contre l'incendie, qui allaient s'établir en ville et à la campagne. En 1817 fut fondée la « Mutuelle de la Seine-Inférieure et de l'Eure » dite « Ancienne mutuelle de Rouen » qui fut suivie par les mutuelles départementales du Haut-Rhin en 1818[5] et du Bas-Rhin en 1820[6]. Ainsi, l'Alsace après le Bassin Parisien et la Normandie, allait se révéler être le troisième foyer de l'assurance terrestre en France.

LA FONDATION DES MUTUELLES

Les mutuelles passèrent pour des entreprises philanthropiques, mais en réalité elles ne l'étaient pas. Très rapidement, elles provoquèrent l'apparition sur le marché de structures concurrentes : les compagnies à primes fixes. Les unes accusaient les autres de spéculations infâmes sur le malheur des gens, qui en retour dénonçaient l'intéressement déguisé et le danger de la sous-estimation des risques encourus chez les premières. Les compagnies à primes avaient toutes leur siège à Paris et furent d'emblée autorisées à exercer leurs activités sur tout le territoire national, tandis que les mutuelles devaient se contenter d'opérer uniquement dans le département où elles avaient été constituées. Mais quelle que fut la forme juridique adoptée, leur constitution n'était pas libre. Elles devaient avant de pouvoir prospecter, obtenir l'autorisation gouvernementale. Ainsi, à côté des mutuelles sont apparus dès 1818, la « Compagnie d'Assurance Générale » , « Le Phénix » en même temps que « La Compagnie Royale » en 1819, puis « L'Union » en 1828, « Le Soleil » en 1829, suivi par « L'Aigle » en 1843 et d'autres encore ultérieurement.

Pour les mutuelles, les figures de proue se trouvaient parmi les notables départementaux : Jean Zuber[7] pour le Haut-Rhin et Georges Humann[8] pour le Bas-Rhin. Le premier appartenait à la haute société protestante et franc-maçonne de Mulhouse et des proches environs. Établi à Rixheim, il dirigeait la fameuse manufacture de papier peint, ce qui était déjà une innovation à l'époque. Très sensible au sort des sinistrés, il s'inspira des statuts de la mutuelle de la Seine pour rédiger ceux de la mutuelle du Haut-Rhin. Il se basa sur les archives de la préfecture du Haut-Rhin, qu'il consulta sur la période 1803-1814 pour définir au mieux le risque incendie dans le département[9]. Il évalua à 190 millions de francs le capital immobilier du Haut-Rhin qu'il répartissait de la manière suivante : pour 100 millions de francs les habitations citadines et les manufactures et pour 90 millions de francs l'ensemble des fermes et maisons rurales. Par prudence, il considéra que le montant réellement assurable était réduit à 145 millions de francs, étant donné que la moitié des villages ne disposait pas de pompes à incendie ou d'un matériel de lutte contre l'incendie efficace et que certains bâtiments d'habitation ne présentaient pas les normes requises pour être assurables[10]. Compte tenu de tous ces éléments, il fixa le tarif à un taux très avantageux, sur la base de *0,5 pro 1000* de la valeur assurée. Pour la mutuelle du Bas-Rhin, on observe le même phénomène. Le second personnage, Georges Humann, fut un autodidacte doté d'une volonté de fer pour réussir ses entreprises. Ancien apprenti à la manufacture des tabacs de Strasbourg, il finit par s'établir comme épicier en gros. Grâce à son dynamisme, son affaire devint rapidement florissante et on le compta parmi les notables de la ville. Il entra alors dans le cercle très fermé de la haute société protestante et franc-maçonne. Il se lia avec les Saglio, les de Bussière et les de Turckheim. De ce milieu de négociants, de banquiers et de juristes, sortira la mutuelle du Bas-Rhin dont les statuts reprirent en grande partie les dispositions prévues pour le Haut-Rhin. La grande différence réside dans le fait qu'on limita d'emblée les opérations à la seule assurance immobilière, en excluant les machines, contrairement à la mutuelle du Haut-Rhin. Lors de la révision des statuts en 1850, on y ajouta les explosions dues au gaz d'éclairage, les impacts de foudre non suivis d'incendie et enfin en 1858, les risques mobiliers[11].

L'INSTALLATION DES COMPAGNIES À PRIMES

Quant aux compagnies à primes, l'Alsace ne fut pas en reste ; elle apporta à cette institution un promoteur Charles Xavier Thomas (1785-1870)[12]. Ce dernier, originaire de Colmar, fut intendant aux armées durant la campagne d'Espagne et du Portugal sous l'Empire. Il se révéla également fin mathématicien en inventant pour ses calculs, l'arithmomètre, c'est-à-dire la première machine mécanique à calculer. Après la fondation de la « Compagnie d'Assurances Générales » en 1818 - qui fut la première compagnie à primes à avoir obtenu l'autorisation d'exercer sur l'ensemble du territoire national -, « La Royale » vit le jour en 1819 en même temps que « Le Phénix ». De ce fait, elles furent les seules sociétés à primes à opérer dans les mêmes conditions que la précédente. Dans ce contexte, Charles Xavier Thomas assuma la direction générale pendant la première année d'existence du « Phénix ». Puis il passa dans le domaine des finances, avant de déposer les statuts d'une nouvelle compagnie à primes, « Le Soleil » qui vit le jour le 16 décembre 1829. Malgré l'existence déjà de trois compagnies à primes et de nombreuses mutuelles départementales, Charles Xavier Thomas fit preuve d'une grande prudence. Il estimait que les données statistiques n'étaient pas encore suffisantes pour fixer, sans erreur, un tarif en conséquence. Il émit donc l'idée de pratiquer « l'assurance participative », en encaissant une surprime auprès des assurés participants. Cependant, il permettait à ces assurés en cas de bons résultats au moment du bilan, de leur reverser une partie du bénéfice trop perçu. La formule fit le succès de cette société. D'ailleurs, selon les statuts, la moitié des membres du conseil d'administration et du comité des censeurs devait être choisie parmi les assurés participants qui étaient ainsi étroitement associés à la gestion de l'entreprise. De même, il décida de la création de comités d'assurance pour chaque localité où cela s'avéra nécessaire, afin de promouvoir l'institution et parfaire l'organisation des secours contre l'incendie. Il étendit les risques assurables de sa compagnie aux faits de guerre, aux émeutes et aux explosions. Dès l'origine, il fit insérer dans la police d'assurance, la clause de la tacite reconduction qui fut reprise par toutes les sociétés. Ainsi « Le Soleil » disposait, en 1838, d'une trentaine d'agences dans le Haut-Rhin, d'un agent général à Colmar et regroupait dans le département, après seulement neuf années de prospection, plus de 9 000 assurés[13].

En 1843, Charles-Xavier Thomas fonda pour son fils aîné, la compagnie de « L'Aigle », dont le principal actionnaire était « Le Soleil ». Dès 1848, les deux compagnies passèrent un accord de réassurance réciproque (soulignons le fait que Charles-Xavier Thomas fut également un des premiers réassureurs en France). En 1854, « L'Aigle » absorba une série de quatre compagnies[14], ce qui l'obligea à établir son siège social rue de Châteaudun à Paris et à y faire construire un vaste immeuble. Il était sur le point d'étendre ses opérations à la branche vie, lorsqu'il décéda en 1870, à l'âge de 84 ans.

L'Alsace n'était donc pas seulement un important foyer de développement de ce nouveau service économique, que fut l'assurance au XIXe siècle. Elle livra également des hommes remarquables, passionnés par cette innovation, luttant selon leur référence contre la paupérisation consécutive aux sinitres. En effet, la survenance de grands incendies ravageant des localités entières, devint l'argument publicitaire en faveur de la propagation de l'assurance. Après chaque catastrophe de cette nature survenue en Alsace[15], l'administration ainsi que les agents des compagnies chargées de la prospection, ne manquaient jamais de rappeler par l'intermédiaire des journaux les bienfaits de la prévoyance. Ils affirmaient haut et fort que les malheureux sinistrés ne seraient pas aujourd'hui en train de quémander des secours publics, de s'en remettre à la charité des autorités religieuses, s'ils avaient pris la précaution de s'assurer contre l'incendie. Après chaque catastrophe due au feu, le nombre des assurés connut, de ce fait, un bond spectaculaire.

DES MUTUELLES COMMUNALES ILLÉGALES

Pour un grand nombre de propriétaires, surtout ruraux, l'engagement auprès d'une mutuelle était conditionné à la participation aux frais de fonctionnement annuels et pour une compagnie à prime fixe, au versement d'un montant uniforme chaque année, ce qui amputait d'autant leur pouvoir d'achat. En milieu rural où les revenus sont très aléatoires, certains agriculteurs ne voulurent pas se lier par un paiement systématique. Cependant, convaincus des avantages que leur apporterait la couverture du risque provenant du feu, ils fondèrent en toute illégalité des mutuelles communales. Dans près d'une centaine de villages, surtout dans le Bas-Rhin, les intéressés se regroupèrent - sous l'impulsion de la municipalité - et signèrent les statuts d'une mutuelle locale clandestine[16]. Ces sociétés fonctionnaient comme une association ayant pour objectif de répartir la perte entre adhérents, en cas de malheur frappant l'un d'eux. On ne payait donc qu'en cas de sinistre, soit en argent, soit en nature. Certaines de ces mutuelles prirent la précaution, à partir du Second Empire de se réassurer auprès d'une compagnie à primes. Quelques-unes étaient encore en activité à la fin du XXe siècle. Naturellement, cette formule fut vigoureusement dénoncée par les sociétés légalement constituées, comme entraînant une concurrence déloyale[17]. L'administration souvent sommée d'intervenir, de faire respecter la loi et d'interdire ces pratiques, en général se garda bien de les dissoudre[18]. Tant que l'ordre public n'était pas directement menacé par un scandale financier consécutif à une impossibilité d'indemniser un sinistre, discrètement, on laissa faire...

LA STRUCTURATION DES RÉSEAUX

Au fil du temps, grâce à la structuration des réseaux d'assurance, à la prospection systématique de la clientèle et à l'implantation des nouvelles sociétés arrivant sur le marché, la souscription à de nouvelles polices fut de plus en plus difficile à obtenir. Vers 1830, on constate tant pour le Bas-Rhin que pour le Haut-Rhin une certaine saturation[19]. Tous les bâtiments publics sont alors assurés et la classe sociale aisée - tant en ville qu'en milieu rural - dispose de propriétés couvertes par contrats. L'année 1834 marque un premier tournant. L'administration fortement engagée jusqu'à cette date pour développer l'assurance, affiche désormais de plus en plus sa neutralité. Jusque-là, une mutuelle départementale et trois compagnies parisiennes à prime opéraient alors dans le Haut-Rhin contre une mutuelle départementale et six sociétés parisiennes à prime pour le Bas-Rhin. Puis ces chiffres explosèrent. En 1838, Jean Zuber se plaignit au préfet du Haut-Rhin de la présence dans le département de dix-sept sociétés d'assurance oeuvrant « avec des tarifs extraordinairement bas »[20]. Dans le Bas-Rhin également la concurrence fit rage. La mutuelle du Bas-Rhin fonctionna avec neuf agences jusqu'en 1840 puis elle les multiplia pour mieux s'enraciner localement. En 1847, elle couvrait pratiquement tout le territoire départemental avec au total vingt agences en activité. Le succès dépendait en grande partie du choix de ses agents. Pour remplir ces fonctions, il fallait des hommes inspirant confiance, des notaires, des juges de paix, des maires, des postiers, des percepteurs, bref des notables. La prudence qu'affichaient d'abord les compagnies fit place à une audacieuse témérité, chacune voulant convaincre le futur client des avantages supplémentaires qu'elle offrait. Non seulement les sociétés subventionnaient la dotation aux communes de matériel de lutte contre l'incendie et encourageaient l'organisation des secours, mais elles étendirent l'assurance à de nouveaux risques, voire carrément à de nouvelles branches[21].

Théophile Schuler, « Convoi de pompiers », 1856 (?).
Cabinet des Estampes et des Dessins de Strasbourg © Musées de Strasbourg / M. Bertola.

La plupart des sociétés parisiennes récemment autorisées à prospecter sur l'ensemble du territoire national, s'implantèrent rapidement dans les deux départements du Rhin. Elles savaient que la population était réceptive à l'assurance. Dès lors, il ne s'agissait plus de démontrer les bienfaits de cette institution, d'en vanter les avantages mais de convaincre le client potentiel que l'agent qui se présentait à lui représentait la meilleure compagnie, que la police qu'on soumettait à sa signature offrait les meilleures conditions. Pour soutenir cet argumentaire, il fallait recruter des vendeurs, des gens d'influence et charismatiques. Aussi, les sociétés n'hésitèrent-elles pas à s'adresser aux préfets afin qu'ils leur recommandassent les personnes susceptibles de remplir cette fonction. Cette aide apportée par l'administration territoriale, par sa fine connaissance du terrain, explique en grande partie, la vitesse à laquelle se constituaient alors les réseaux d'assurance. La preuve nous est fournie par l'implantation de « La Sécurité » et de « La Lyonnaise » dans le Bas-Rhin. La première fut autorisée le 15 mars 1838 et prospecta le Bas-Rhin dès 1839. En une année, elle implantait six agences; trois ans plus tard, elle avait doublé ce chiffre et elle atteignit déjà dix-sept agences après huit années de fonctionnement dans le département. « La Lyonnaise » , autorisée le 16 juin 1839, réalisa encore la même année ses premiers contrats dans le Bas-Rhin. Elle n'avait toujours qu'une seule agence dans ce département en 1840, mais déjà sept en 1842 puis dix-neuf en 1844 et enfin vingt-deux agences en 1847. Dans les deux cas, on peut dire qu'en l'espace de huit années on disposait d'un réseau dense qui couvrait quasiment tout le département. À la tête de ces deux structures, se placèrent des agents généraux. Ceux-ci furent établis dans les grandes villes: Strasbourg, Mulhouse, Colmar. Pratiquer des assurances devint alors une activité principale et non plus l'annexe d'une autre fonction. Payé au pourcentage des encaissements, l'agent principal ou général fit du placement des polices auprès du public, progressivement, sa seule profession. On constate ainsi qu'en 1850 presque toutes les maisons d'habitation étaient assurées. Dans un grand nombre de cas et selon les secteurs géographiques, les dépendances en étaient exclues[22], même si l'extension des domaines assurables progressait régulièrement. Ainsi la mutuelle du Bas-Rhin, lors du renouvellement de ses statuts en 1850, acceptait d'assurer dorénavant les dégâts causés par la foudre même non suivis d'incendie, la destruction par abattage des bâtiments pour arrêter la propagation du feu, la perte du mobilier lors d'un incendie.

L'ÉVICTION DES SOCIÉTÉS FRANCAISES APRÈS 1870

Un autre grand tournant dans l'histoire de l'assurance, fut la libération de la création des sociétés. En effet, la loi du 24 juillet 1867 rendit la constitution et la mise en activité des sociétés anonymes possibles sans requérir préalablement une autorisation gouvernementale. Dès lors le nombre des compagnies en activité explosa. En 1870, on dénombrait pas moins de 70 sociétés actives dans les départements de l'Est dont une dizaine d'étrangères[23]. Ce régime libéral fut cependant de courte durée en Alsace. Le changement de souveraineté lié au traité de Francfort provoqua le retour du contrôle et de l'autorisation étatique.

Désireux de nouer des liens économiques étroits le plus rapidement possible entre le nouvel état fraîchement conquis d'Alsace-Lorraine et les anciens territoires du *Reich* allemand, de l'intégrer à l'économie de l'empire allemand et de le couper de la France, le gouverneur général de la province, le comte Frédéric-Alexandre von Bismarck-Bohlen signe le 19 juin 1871 une instruction permettant aux sociétés allemandes d'y étendre sans grandes formalités leurs activités. En conséquence, on assiste à une arrivée massive des compagnies allemandes sur le marché régional de l'assurance incendie déjà saturé. En quelques semaines, 60 sociétés s'installèrent et pensèrent pouvoir prendre la place des 50 compagnies françaises, depuis longtemps actives en Alsace comme en Moselle. À deux reprises, en 1872 et en 1876, le président supérieur rappela à toutes les instances que l'administration devait favoriser l'installation des compagnies allemandes[24]. Cela fut ressenti à chaque fois comme une déclaration de guerre économique. Cependant, les autorités sous-estimèrent la force de résistance des compagnies françaises et autochtones qui, en faisant vibrer la corde patriotique, conservèrent contre toute attente une grande partie de leur clientèle. L'enjeu de l'assurance en Alsace-Lorraine devint politique. Le rejet de la germanisation par la population, se traduisit par sa fidélité aux sociétés anciennement implantées. L'attachement à la France se mesurait donc par les portefeuilles d'encaissement des cabinets d'assurance. Cette situation ne pouvait pas durer et les autorités impériales finirent par être excédées et décidèrent de prendre une mesure radicale. Le 11 mars 1881[25], le sous-secrétaire d'État à l'intérieur von Pommer-Esche signa une ordonnance qui prévoyait une autorisation gouvernementale pour toute société d'assurance désireuse de poursuivre ses activités en Alsace-Lorraine au-delà du 1er mai 1881.

Néanmoins ces dispositions ne concernaient pas les sociétés autrichiennes, belges, italiennes, suisses ou anglaises. Seules étaient visées les compagnies françaises auxquelles on fit savoir d'emblée qu'elles n'obtiendraient pas cette autorisation. On s'acheminait donc vers une expulsion des sociétés françaises purement et simplement. En conséquence, la rupture programmée du lien juridique existant entre assureurs français et assurés Alsaciens-Lorrains aurait dû favoriser la reprise des polices par les compagnies allemandes. Mais c'était sans compter le dynamisme, la faculté d'adaptation et la vivacité des agents de leurs réseaux qui organisèrent immédiatement la riposte. Pour éviter la spoliation pure et simple qui était planifiée, les agents généraux, appuyés par des banquiers, par de riches bourgeois et par des élus protestataires[26], se regroupèrent. Ils souscrivirent à un capital de sept millions et demi de franc-or réparti en 20 000 actions et fondèrent ainsi une nouvelle société qui vit le jour le 14 avril 1881 sous la dénomination de « Rhin et Moselle ». L'organisateur de cette nouvelle fondation ne fut autre que Jacques Kablé (1830-1887)[27]. Protestant, juriste de formation, avocat, agent général et ancien directeur régional du « Phénix », républicain libéral sous le Second Empire, adjoint au maire de Strasbourg, il fut élu député protestataire à l'Assemblée de Bordeaux. Ne pouvant empêcher la ratification du traité de Francfort, il continua à revendiquer au sein du *IIe Reich* un « droit des peuples à disposer d'eux-mêmes ». De ce fait, il fut également élu député au *Reichstag* en 1881, réélu en 1884 et même en 1887, année de sa mort. Parmi ses acolytes assureurs, il faut mentionner quatre autres professionnels de l'assurance : E. Mathis, ancien agent général de « L'Aigle » et futur directeur général de la nouvelle société, E. Steiner, ancien directeur de « La Nationale », J. Windisch, ancien directeur du « Soleil », Ch. Draber ancien directeur de « L'Union »[28]. Pour la première fois, en Alsace, apparaissait une compagnie à prime d'origine locale que les autorités allemandes, pris à leur propre jeu, durent accepter et qui se vantait ouvertement d'incarner la continuité de la présence française en Alsace-Lorraine. Cette nouvelle société reprit en très grande partie les portefeuilles des sociétés spoliées et gagna sa nouvelle clientèle parmi la population demeurée francophile.

Dans le Haut-Rhin, la situation s'avéra plus délicate. Les tractations furent plus longues à mener et plus difficiles à conclure : tant et si bien qu'on ne trouva plus sur le marché les portefeuilles de « La Foncière », qui représentait une certaine valeur, et ceux de « La Patrie » et de « La Paix » de bien moindre importance »[29]. On parvint néanmoins à les regrouper pour transférer leurs clientèles à une nouvelle compagnie basée à Mulhouse, dénommée « Alsatia », qui fut mise en activité le 1er août 1881. Bien plus modeste que sa grande sœur bas-rhinoise, elle éprouva bien des difficultés à tenir tête à la concurrence allemande qui voulut à tout prix l'éliminer. Sentant qu'elles avaient affaire au maillon faible de cette coalition économique patriotique, les compagnies venues d'outre-Rhin, espéraient en venir rapidement à bout pour pouvoir mieux s'attaquer ensuite à « Rhin et Moselle ». Sentant le danger et percevant la manœuvre, les deux nouvelles sociétés alsaciennes à prime fixe, se rapprochèrent. « Alsatia » transféra son siège social à Strasbourg en 1884 et devint ainsi une annexe de « Rhin et Moselle » en 1892[30].

-

L'assurance moderne est un phénomène du XIXe siècle qui a incarné un sentiment profond de progrès. L'innovation résultait d'un changement de mentalité qui créa, notamment en Alsace, un terreau favorable à son développement. Elle procura une vision rassurante de l'avenir, ce qui constituait un préalable à la croissance économique. Toujours en minimisant l'aléa des pertes encourues, l'assurance encouragea l'esprit d'entreprendre. Ainsi, elle favorisa les investissements en garantissant la valeur hypothécaire des immeubles[31] ; elle permit l'enrichissement des patrimoines en certifiant leur pérennisation. L'importante notion de « gestion en bon père de famille » incluait désormais la souscription à des polices d'assurance notamment contre l'incendie. De ce fait, l'assurance joua un grand rôle dans la révolution industrielle qui débutait sous la Restauration dans le Haut-Rhin.

Se manifestant d'abord sous forme de mutuelles, elle mettait en avant la valeur de la solidarité, de l'interdépendance des actions et de la nécessité de s'entre-aider. Ces vertus positives dont témoigna en premier la classe aisée, imprégnée d'humanisme et souvent éclairée par la franc-maçonnerie, pénétrèrent progressivement dans des milieux moins favorisés et devinrent alors des certitudes partagées par une très grande partie de la population. Pour les compagnies à prime, bien que d'efficiences plus spéculatives, la solidarité dans ce système n'était pas totalement absente, elle se trouva simplement limitée aux probabilités des sinistres pouvant survenir par rapport aux risques couverts. Ces sociétés présentèrent l'avantage d'encaisser un versement annuel d'un montant déterminé par avance. Comme cette somme était plus facile à inscrire dans un budget, elles eurent donc la préférence des pouvoirs publics - qui en souscrivant à leurs polices - montrèrent aux particuliers l'exemple à suivre. L'engouement pour l'assurance exprimé par l'administration favorisa également l'adhésion de la population. L'Alsace devenait ainsi, après l'Île-de-France et la Normandie, le troisième foyer d'assurance en France.

Le maillage du territoire régional au plus fin, constitua un objectif pour toute société établissant ses activités dans le Bas-Rhin ou le Haut-Rhin. La montée en puissance de la concurrence, eut pour conséquence des rivalités de tarif, d'extension de garanties, bref la nécessité de faire preuve de plus de technicité pour obtenir la signature du client. Cette lutte pour l'expansion des portefeuilles aboutissait à un abaissement des cotisations et des primes, qui permit autour de 1850 aux classes moyennes - tant en milieu urbain qu'à la campagne - d'accéder à l'assurance. On cerna de mieux en mieux, selon les catégories de personnes, les besoins à satisfaire et l'élargissement des risques couverts donna naissance à de nouvelles branches. Deux d'entre elles finirent par s'enraciner : l'assurance-vie sous forme d'assurance pour le remplacement militaire[32] et l'assurance agricole pour la grêle ainsi que les risques d'épizootie[33]. Toutefois, jusqu'à la fin du siècle, l'assurance incendie resta la plus répandue des assurances terrestres englobant à la fois la propriété immobilière et mobilière.

Enfin après 1870, l'affrontement concurrentiel prit la tournure d'une guerre économique larvée entre la France et l'Allemagne. L'enjeu en était la disparition ou le maintien de l'influence française en Alsace-Lorraine. L'assurance constitua alors un des rares domaines où l'on put mesurer ce phénomène avec précision[34]. Le recours aux autorités impériales pour développer l'implantation des compagnies allemandes, constitue un aveu d'échec de leur part. Ce patriotisme économique conduisit à la création de deux sociétés, incarnant après 1881, la continuité de la présence française. Cette image de marque ne s'estompera qu'au tournant du siècle.

Théophile Schuler, « Le cavalier d'alarme », Salon de 1861.
Cabinet des Estampes et des Dessins de Strasbourg © Musées de Strasbourg / M. Bertola.

J. Regnier

Gustave Brion, « Femme au rosier », huile sur toile, 1875.
Musée des Beaux-Arts de Strasbourg © Musées de Strasbourg / M. Bertola.

J. Regnier

1 Le droit de propriété était connu en France avant 1789. Il se basait même sur le droit romain qui en faisait un droit absolu mais le plus fréquemment, il était démantelé selon ses trois composantes: l'*usus*, la possession de la chose; le *fructus*, le droit d'en percevoir les fruits; et l'*abusus*, le droit d'en disposer. Certains de ces éléments pouvaient appartenir à des personnes différentes.

2 Seul un individu ou un groupement d'individus pouvait disposer de la personnalité juridique et donc détenir un droit de propriété.

3 Seul le propriétaire peut librement jouir de son bien. Il peut l'utiliser; il peut en percevoir les revenus; il peut le vendre, le donner ou le léguer.

4 La France avait du retard par rapport à l'Angleterre où, suite au grand incendie de Londres de 1666, on créa dès l'année suivante un «*Fire Office*» et un peu plus tard, en 1684 une compagnie d'assurance contre l'incendie, la «*Friendly Society Fire Office*». De même en Allemagne, les grandes principautés et les villes importantes, se dotèrent de sociétés d'assurance obligatoires contre l'incendie. La référence semble avoir été la «Caisse générale d'incendie» de la ville de Hambourg qui fonctionna dès 1677 sous le contrôle du magistrat. Malgré des tentatives d'implanter en France des institutions identiques, tout au long du XVIIIe siècle, contrairement à ce qu'on observe à l'étranger, aucune ne parvint à s'installer durablement.

5 Par ordonnance royale du 20 mai 1818. Les statuts de la mutuelle de Paris de 1816 lui servirent de modèle.

6 Par ordonnance royale du 2 février 1820. Sa constitution se fit sur exemple des statuts de la mutuelle du Haut-Rhin.

7 Sur Jean Zuber père (1773-1862), voir sa notice dans le *Nouveau Dictionnaire de Biographie Alsacienne* [= *N.D.B.A.*]; Archives Départementales du Haut-Rhin [= A.D.H.R.], 1 M 20 (1); son livre autobiographique *Souvenirs et Réminiscences*, 1895, p. 64-65. L'auteur explique ainsi, que ce fut au mois de septembre 1817, «lorsque, je pris pour la première fois part aux élections à Colmar, que je saisis l'occasion de cette grande assemblée de gens, pour m'occuper d'un plan que je caressais depuis longtemps: la fondation d'une société d'assurance contre l'incendie dans notre contrée.»

8 Sur Georges Humann (1780-1842), voir sa notice dans le *N.D.B.A.*; *Encyclopédie de l'Alsace*, p. 4 120; WENGER-CHARPENTIER Germaine, «La famille Humann» in *La vie en Alsace*, 1933, p.169-178.

9 A.D.H.R., 1 M 20 (1), pièce 71 et 79.

10 VONAU Jean-Laurent, *Contribution à l'histoire de l'assurance en France: l'assurance-incendie en Alsace XIXe-XXe* siècles, Grenoble, 1980, p. 270 et s.

11 *Ibid.*, p. 280-281. Voir également Archives Départementales du Bas-Rhin [= A.D.B.R.], 13 M 99.

12 Sur Charles Xavier Thomas (1785-1870), voir sa notice dans le *N.D.B.A.*; *Encyclopédie de l'Alsace*; JOLY J., «Un grand inventeur alsacien Charles-Xavier Thomas» in *La Vie en Alsace*, 1932, p. 129-136.

13 *Annuaire administratif, judiciaire, industriel et agricole du Haut-Rhin*, 1838, p. 329.

14 Fin 1854, «L'Aigle» absorbe «Le Globe», «La Lyonnaise», «Le Palladium» et la société mutuelle «La Nivernaise». Voir JOLY J., *op.cit.*, p. 134.

15 Le nombre de grands incendies est impressionnant pour le XIXe siècle. À titre d'exemple on peut citer: Belmont en 1813, Brumath en 1814, Goldbach en 1821, Meistratzheim en 1822 et 1835, Grendelbruch en 1836, Masevaux et Illfurth en 1842, Schweighouse près de Thann en 1857, Geispolsheim en 1858, Châtenois en 1879, Mussig près de Sélestat en 1891.

16 L'attachement des Alsaciens à la légalité est pourtant légendaire. Décider dans ce cas de se passer de l'autorisation gouvernementale, montre à quel point le besoin d'assurance se faisait sentir dans la population. Parmi les plus anciennes, on peut citer: Mietesheim (1847), Retschwiller (1847), Keffenach, Hoffen et Betschdorf (1851), Romanswiller (1857), Rountzenheim et Oberhoffen sur Moder (1858).

17 Ces mutuelles communales n'étaient soumises à aucun contrôle étatique. Elles étaient animées par des bénévoles, ce qui leur permettait de n'encaisser aucune cotisation, tant qu'on ne déplora pas de sinistre parmi les souscripteurs. Cette situation fut dénoncée par les sociétés légalement constituées desquelles on exigeait une accumulation de réserves.

18 Convaincue de l'importance de l'assurance et des avantages qu'elle apportait au milieu rural, l'administration les laissa opérer clandestinement car ce fut pour la classe sociale la moins aisée en milieu rural, le seul moyen de bénéficier d'une couverture contre l'incendie. On leur demanda simplement d'être prudents par rapport aux risques acceptés et de demeurer discrets.

19 VONAU Jean-Laurent, *op. cit.*, p. 346 et s., ainsi que p. 388 et s.

20 A.D.H.R., 1 M 20 (3), Lettre de Jean Zuber père au préfet du Haut-Rhin en date du 10 octobre 1838.

21 Selon le bulletin des lois, entre 1834 et 1843, on répertorie sur le plan national, les créations suivantes: 46 nouvelles sociétés contre l'incendie, 8 contre la grêle, 4 contre les épizooties des cheptels et 1 seulement sur la vie. Voir également VONAU Jean-Laurent, *op. cit.*, p. 390 et s.

22 VOGT Jean, «Les toits de chaume dans les plaines et collines du Haut-Rhin» in *Annuaire de la Société d'histoire du Sundgau*, 2001; complété par «Encore les toits de chaume du Sundgau et son voisinage» in *Annuaire de la Société d'histoire du Sundgau*, 2012, p. 85-94.

23 Sur le maintien de la législation française en matière d'assurance après 1871, voir VONAU Jean-Laurent, *op. cit.*, p. 166 et s.

24 *Amtsblatt des Bezirks Unter-Elsass*, n° 29, 3 août 1872, p. 146; Circulaire du 25 août 1876 qui ne fut pas publiée mais que l'on trouve dans *Les compagnies d'assurances françaises devant la Délégation d'Alsace-Lorraine*, Strasbourg, 1879, p. 2 et 42.

25 *Amtsblatt des Bezirks Unter-Elsass*, n° 7, 18 mars 1881, p. 22-23.

26 Une analyse des membres du conseil de surveillance a été publiée dans le journal *Die Presse*, 12 mai 1881. Voir également la liste des 16 souscripteurs aux 20 000 actions de «Rhin et Moselle» in *Cinquantième anniversaire de la compagnie Rhin et Moselle-Assurances françaises*, 1931, p. 8; ESPEISSE Renaud (sous la dir. de), *Le Livre du centenaire (1881-1981), Rhin et Moselle-Assurances françaises*, Strasbourg, 1981, p.48.

27 Sur Jacques Kablé (1830-1887), voir sa notice dans le *N.D.B.A.*; *Encyclopédie de l'Alsace* p. 4 399-4 400.

28 VONAU Jean-Laurent, *op. cit.*, p. 126-127.

29 *Ibid.*, p. 138-139 et 537 et s.

30 ESPEISSE Renaud (sous la dir. de), *op.cit.*, p. 48.

31 En effet, la destruction de l'immeuble hypothéqué anéantissait la garantie offerte au prêteur. Le risque d'incendie freinait donc l'expansion du marché hypothécaire, qui seul pouvait procurer sous forme de prêts les sommes importantes dont l'industrie avait besoin. L'assurance immobilière apportait au prêteur la confiance nécessaire à la réalisation des transactions. En cas de sinistre, l'emprunteur obtenait soit la reconstruction de l'immeuble, soit la remise d'une somme d'argent correspondant à la valeur du bien perdu, ce qui neutralisait pour lui la perte subie et lui permettait de poursuivre le remboursement du prêt.

32 Bien que la branche assurance-vie végétait tout au long du XIXe siècle, une

forme particulière concernait l'assurance pour le remplacement militaire, autorisée par la loi du 22 mars 1832, et qui connut un certain succès auprès de la bourgeoisie et des paysans aisés jusqu'en 1872 (mise en place de la conscription obligatoire en France).

33 L'assurance agricole apparaît dès 1823 avec la société mutuelle « La Cérès » mais ce ne fut que sous le Second Empire que le décollage de cette branche se fit par l'intermédiaire des compagnies à primes. Ainsi, « Les Assurances Générales contre l'incendie » adoptèrent une filiale « grêle » en 1854 et « L'Abeille Bourguignonne » , qui vit le jour en 1856, s'adjoignit un peu plus tard « L'Abeille-Grêle » . La mortalité du bétail était presque toujours rattachée à l'assurance contre la grêle.

34 Les archives privées de « Rhin et Moselle » renfermaient encore dans les années 1970, un nombre impressionnant de plans des villages alsaciens qui avaient été prospectés sur la base de « la présence patriotique française » et chaque maison assurée par la compagnie était indiquée. Malheureusement, ils ne firent pas l'objet d'une étude approfondie.

Gustave Brion, « Femme au rosier », huile sur toile, 1875.
Musée des Beaux-Arts de Strasbourg © Musées de Strasbourg / M. Bertola.

UN ÉCRIN DE VERDURE POUR CHAQUE HABITAT BOURGEOIS ? UNE OPPORTUNITÉ DE MARCHÉ POUR L'ÉMERGENCE DE L'INDUSTRIE HORTICOLE EN ALSACE AU XIXE SIÈCLE

-

CÉCILE MODANESE

Alors que les intérieurs bourgeois du XIXe siècle se parent de tissus d'ameublement, de vaisselles, de faïences et de papiers-peints, les espaces extérieurs bénéficient également d'aménagements de goût. Ils conjuguent les usages et les agréments. Les mutations urbaines et sociales du XIXe siècle s'associent à l'arrivée massive de nouvelles plantes venues du bout du monde, mais également aux progrès techniques tels que le début des constructions de fer et de verre. Cette conjonction permet l'émergence d'un nouveau marché, largement méconnu par l'historiographie : celui de l'horticulture, pour lequel un établissement alsacien, les pépinières Baumann de Bollwiller, a particulièrement été à la pointe des connaissances et de l'innovation. Si cette entreprise initie une nouvelle économie, dans quelle mesure peut-on parler à son propos d'industrie horticole ? On entend par là une activité à grande échelle, répandue sur l'ensemble du territoire, en particulier à proximité des grandes villes, où consomme la bourgeoisie industrielle et financière.

Le développement de l'économie horticole trouve en effet une explication tout d'abord dans l'évolution urbaine des villes alsaciennes mais également par le développement d'un goût naissant pour les végétaux d'ornement. Ces deux facteurs se conjuguent pour provoquer l'émergence d'établissements horticoles qui, à l'instar des usines, quadrillent le territoire alsacien.

Sous l'effet de l'industrialisation, mais également des mutations démographiques, les villes sortent de leurs corsets médiévaux. L'industrialisation naissante entraîne des extensions urbaines, dont le cœur est l'usine et autour desquels se constituent des quartiers complets. À proximité des sites usiniers, au-delà des ceintures des centres bourgs, le patronat se fait édifier de belles propriétés. L'espace nécessaire à l'aménagement d'un jardin privé devient accessible et disponible. Plusieurs villes alsaciennes connaissent le même développement urbain : Mulhouse, Guebwiller, Cernay et Munster. L'exemple strasbourgeois a été étudié à l'occasion de l'exposition « *Parchemins et Jardins* », mettant en lumière une première phase d'extension urbaine après le passage à la France de la ville, puis durant le XIXe siècle. Les cartographies réalisées à l'occasion du livre *Jardins en Alsace, quatre siècles d'histoire*[1] expriment le même développement dans des proportions naturellement plus importantes et affranchies de la topographie des vallées.

En dehors des centres-bourgs au tissu urbain resserré, les tailles conséquentes[2] de propriétés redéfinissent la façon d'aménager les demeures bourgeoises, plongeant l'espace résidentiel des élites dans le « second âge d'or du château »[3]. Elles permettent la construction de vastes bâtisses, avec dépendances, mais également l'aménagement de jardins. Ces lieux sont non seulement destinés à l'agrément de la famille, mais également à la convivialité. Les maîtres des lieux les font visiter avec fierté. Arrivé à l'emplacement le plus bucolique, on sirote une orangeade entre amis. Les conceptions sont soit l'œuvre du propriétaire lui-même, soit de l'architecte ou encore de paysagistes. Les parcelles jouxtent quelquefois les vignes ou la forêt, faisant le bonheur des aménageurs qui dégagent alors des points de vue vers ces zones. Bien souvent, les paysagistes demeurent malheureusement inconnus. Des noms émergent cependant : Évariste Mertens[4] œuvre à Guebwiller, Auguste-Napoléon Baumann à Sainte-Marie-aux-Mines. L'horticulteur Charles Hodel propose également ses services en matière d'aménagement de jardins. Ces trois créateurs de jardins sont issus du monde de l'horticulture, à l'image du parcours du pépiniériste-paysagiste angevin André Leroy[5].

Les communes ayant un statut de « ville » durant la période médiévale se sont protégées derrière des remparts médiévaux impliquant un tissu urbain resserré dans ce périmètre. L'évolution géopolitique annihile l'utilité de ces moyens défensifs et permet une extension urbaine. Le XIXe siècle connaît une explosion urbaine. Dans les villes de vallées, la forme urbaine s'allonge par l'adjonction de faubourgs gris et verts. Le gris est généré par la présence des usines alors que le vert provient des aménagements paysagers publics et privés qui les jouxtent. Le cas de la commune de Guebwiller illustre parfaitement cette évolution urbaine : en périphérie de la ville, et notamment le long de la Lauch, les quartiers usiniers prolongent le centre ancien. Des faubourgs, composés des bâtiments productifs, des cités ouvrières et du logement patronal reconfigurent l'aménagement de la ville. Les parcelles dédiées à l'aménagement de jardins d'agrément sont vastes. À Munster, la famille Hartmann, férue de botanique sur plusieurs générations, impulse la création de demeures urbaines et campagnardes. Frédéric et Henri Hartmann dotent leurs villas de parcs aux essences remarquables permis par l'étendue des surfaces dédiées à cet agrément[6].

À Mulhouse, les faubourgs attirent les industriels dans la première moitié du XIXe siècle. Ils investissent les terrains au-delà des Porte du Miroir, Porte Jeune, Porte de Bâle. Ces constructions situées dans des secteurs de jardins fuient le tissu urbain resserré du centre-ville. Les villas de cette période n'ont, pour la plupart, pas traversé le temps. Un exemple demeure encore : la villa Mantz, rue Clemenceau. Suivant le schéma des *jardins de l'industrie* mis en lumière par Pierre Fluck dans son ouvrage *Les Belles fabriques*[7], les abords d'usines sont également agrémentés par des aménagements paysagers.

Ces parcs en périphérie de villes se dotent d'espèces végétales venues du bout du monde, grâce à des réseaux qui diffusent les végétaux ramenés par les explorateurs botaniques. D'abord réservés aux jardins botaniques et botanistes, ces plantes se diffusent grâce au développement d'établissements de multiplication végétales, pépinières et horticultures mais également de vecteurs de promotion à savoir les sociétés d'horticulture.

LE GOÛT NAISSANT POUR L'HORTICULTURE

Reflets de la société dans laquelle ils vivent, ces jardins connaissent des remaniements afin de les faire évoluer et rester conforme à la mode, particulièrement changeante au courant du XIXe siècle. Ainsi, un massif d'arbustes de bruyère peut être ajouté vers 1850, des parterres à vivaces et un groupement de grands arbres nord-américains tels que les séquoias géants dans les années 1860 et enfin une roseraie à la fin du siècle. Certains de ces propriétaires développent, en outre, une passion pour la botanique.

L'horticulture passionne la bourgeoisie et notamment celle industrielle et financière présente en Alsace. Leur goût commun amène ces amateurs à se rassembler en sociétés d'horticulture. Le nombre considérable de créations de sociétés d'horticulture en Europe, entre 1830 et 1870, témoigne de cet engouement. D'un point de vue national, la société d'horticulture de Paris est fondée en 1827. Cette initiative fait des émules en province et notamment en Alsace.

Dès 1845, la société d'horticulture de Strasbourg est fondée à l'initiative de professionnels et notamment Adolphe Weick, jardinier fleuriste à Strasbourg[8]. Le 2 novembre 1845, 22 jardiniers signent des statuts provisoires d'une *Société d'horticulture alsacienne*. Messieurs Augustin et Napoléon Baumann y adhèrent dès le mois de décembre, tout comme leur confère Koenig et Ohl de Colmar et même, le membre très honorifique Victor Paquet[9]. La société est étendue le 30 septembre 1853, par accord du préfet à l'ensemble du département et porte alors le nom de « Société d'horticulture du Bas-Rhin »[10].

Près de dix années plus tard, la création de la Société d'horticulture de Mulhouse crée un second pôle en haute Alsace, regroupant quant à lui davantage d'amateurs aisés, passionnés par la discipline.

Lors de l'assemblée générale du 21 février 1855 sont désignés Messieurs Weiss Schlumberger comme président, Édouard Vaucher et Frédéric Zuber comme vice-présidents, Iwan Schlumberger comme secrétaire et Jules Dollfus comme trésorier. Figurent également de belles personnalités guebwilleroises comme Henry Schlumberger passionné de botanique et d'agronomie qui réaménage entièrement le château de la Neuenbourg et le voue à sa passion. Le clan Baumann[11] est largement présent dans cette nouvelle société positionnant la famille comme incontournable de l'horticulture haut-rhinoise. Presque une histoire de famille, si on ne tenait pas compte du nombre de membres : 292 membres fondateurs, 3 membres honoraires, 41 dames patronnesses[12]. La société progresse rapidement et les membres sont au nombre de 401 en 1864[13].

À Colmar, les amateurs d'horticulture attendent le 4 décembre 1869 pour qu'une telle société soit fondée[14] à l'initiative de Camille Schlumberger. Les premières années de la Société, en plein bouleversement géopolitique, se révèlent néanmoins quelque peu chaotiques. En 1874 à Belfort, la société d'agriculture et d'horticulture[15], regroupe sans doute également des Alsaciens optants.

L'objectif commun de ces sociétés est de répandre la connaissance horticole. Les statuts, comme ici ceux de la société mulhousienne, fixent ces intentions :

> « La société a pour objet d'encourager et de protéger toutes les espèces de culture dans les jardins et dans les serres, de propager des bonnes méthodes, de répandre le goût des fleurs, de favoriser l'introduction des végétaux exotiques, d'améliorer ceux déjà possédés et de perfectionner la culture des arbres fruitiers et des plantes maraîchères ».

Les statuts prévisionnels de la société colmarienne présentent également les buts de l'association[16]. Cette dernière présente la particularité d'encourager la culture des fleurs, des fruits, mais aussi des légumes et de la vigne ainsi que de propager les bonnes méthodes, le perfectionnement des outils instruments et machines employés dans l'horticulture.

Les activités et le fonctionnement des sociétés d'horticulture s'orientent dans un objectif de diffusion dont le moyen largement utilisé consiste en l'organisation d'expositions horticoles. Dès sa fondation, la société strasbourgeoise en initie une. Dans son bulletin, elle évoque l'exemple haut-rhinois. L'allusion est faite à la fête agricole et horticole de Colmar, qui pour la première fois met en avant la discipline en septembre 1845. À Strasbourg, la première exposition est organisée le 1er mai 1846. Ces expositions occasionnent l'attribu-

Imlin, « Femme et enfant dans un parc », aquarelle, s.d.
Cabinet des Estampes et des Dessins © Musées de Strasbourg / M. Bertola.

tion de différentes médailles destinées à encourager les progrès horticoles. Elles peuvent être attribuées aux propriétaires des végétaux, qu'ils soient établissements ou privés, ou encore à des jardiniers. Les grands horticulteurs des départements voisins sont sollicités pour constituer le jury. Auguste-Napoléon Baumann a l'honneur de faire partie des membres du jury, aussi ne concourt-il pas[17]. Ces expositions sont également des vitrines pour les horticulteurs professionnels dont les envois sont décrits et salués dans les comptes-rendus des expositions publiés dans les bulletins des sociétés. Joseph-Bernard Baumann par exemple se sert de l'exposition du 6 et 7 juin 1847 pour faire connaître ses plantes exotiques. Son envoi « se composait de Palmiers, de Fougères, de Cycadées, de Conifères exotiques, de Liliacées, etc. Ces plantes étaient surtout remarquables par leur rareté, leur grande fraicheur et leur excellente culture »[18]. « MM. Baumann et fils ont de plus offert à l'exposition comme prix remis à la disposition du jury, les plantes suivantes : *Araucaria brasiliana, Araucaria imbricata, Taxodium sempervirens, Calamus Draco, Rhapis flabelliformis, Juniperus torulosa* »[19]. Les expositions strasbourgeoises se poursuivent annuellement et sont l'activité principale de la société[20]. Très rapidement également après sa création, la Société d'horticulture de Mulhouse initie sa première exposition le 25 mai 1855. Réelle opportunité en matière de communication, Napoléon Baumann y expose[21]. Chaque année, une exposition de ce type est organisée[22] au cours des dix premières années de la société. Les statuts prévisionnels de l'association colmarienne expriment également l'intention d'organiser des expositions[23]. Une d'entre elles est documentée[24] : l'exposition d'apiculture et d'horticulture du 13 septembre 1879. L'établissement Baumann expose et est primé pour ses fougères. Des animations festives gravitent autour de l'exposition : concerts, loterie, et apportent de la convivialité à la manifestation.

Ces sociétés éditent des revues destinées à diffuser le savoir horticole. Un bulletin, sous le nom d'*Archives de la Société d'horticulture de Strasbourg* est édité à partir de mars 1846 chez l'imprimeur Silbermann. Il informe les membres sur les expositions à venir, évoque quelques techniques horticoles et décrit les établissements horticoles des environs de Strasbourg. L'édition en est rapidement suspendue en janvier 1849, après six numéros. Alors que la société est transformée en Société d'horticulture du Bas-Rhin, les publications reprennent en 1853 sous le nom de *Journal de la Société d'horticulture de Strasbourg* puis du *Bas-Rhin* en 1855 chez l'imprimeur Silbermann. Le rythme est d'une sortie tous les deux mois et comporte 32 pages *in-octavo*[25]. Dès 1855, un bulletin est publié à Mulhouse. Le premier numéro transcrit les statuts et la liste des membres fondateurs : il rapporte alors le compte-rendu de l'exposition et publie, et traduit dans certains cas, des articles d'autres revues horticoles. Il est imprimé chez Baret, imprimeur à Mulhouse, lui-même fondateur de la société. En revanche, les parutions ne se pérennisent pas. L'ensemble de ces revues horticoles, de niveau local, national ou même européen pour certaines, mettent à l'honneur les nouvelles obtentions et la mode horticole. De la sorte, des pages complètes décrivent les rhododendrons dans les revues horticoles des années 1840, suivies par les verveines et dahlias dans les années 1850, eux-mêmes remplacés par les rosiers. Ces sociétés d'horticulture par leurs différents moyens d'action propagent les goûts horticoles, les nouveautés venues du bout du monde ou encore les plantes récemment obtenues.

Les jardins d'agrément deviennent alors également un écrin pour ces collections. Les exemples sont nombreux à travers l'Alsace et notamment dans les villes industrielles. Citons les collections particulières d'Édouard Vaucher à Mulhouse, qui, passionné d'horticulture fait aménager un parc par Auguste-Napoléon Baumann vers 1829, dans lequel un des premiers marronniers doubles est planté par ses soins. Les industriels Frédéric et Henri Hartmann à Munster ou encore Hertzog à Logelbach sont eux aussi réputés pour la richesse de leur jardin[26].

À Guebwiller, le parc de l'ancien château abbatial de la Neuenbourg est réaménagé par la famille Schlumberger. La transformation du jardin classique de la Neuenbourg en jardin paysager est réalisée en plusieurs étapes, impulsées par la famille Schlumberger, propriétaire des lieux au XIXe siècle. Daniel Schlumberger, frère du célèbre Nicolas Schlumberger, a sans doute amorcé la création du jardin paysager à proximité du château. Son rôle est moins évident que celui de son gendre Henry Schlumberger, propriétaire à partir de 1854. Il abandonne sa carrière dans l'industrie pour se consacrer à la vie municipale et sa passion : la botanique. Membre actif des différentes sociétés d'histoire naturelle et agricoles, il enrichit ses collections grâce à de nombreux voyages et échanges. Outre les espèces végétales qu'il acclimate, il constitue un énorme et rare herbier qu'il a légué à sa mort à la Société d'histoire naturelle de Colmar. Henry Schlumberger est à l'origine de la plantation de nombreuses variétés végétales, qui sans en porter le nom est une collection digne d'un *arboretum* ! Cèdres du Liban et séquoias géants côtoient des sujets plus rares, comme le paulownia ou le pruche du Canada. Dans ses serres, il abrite de nombreuses variétés exotiques qui ont fait en son temps l'objet de visites de prestigieux visiteurs tel le professeur Kirschleger en 1864[27] : « Nous eûmes alors à peine le temps d'admirer les jardins de M. Schlumberger. Que vous dirais-je des serres à orchidées, palmiers, fougères, bananiers, aroïdées et autres espèces des zones torrides ? C'est vraiment féerique. Ce qui frappa le plus les visiteurs, ce fut la beauté des conifères exotiques nouveaux, déjà très développés. Puis des aquariums remplis de victorias, nymphéas blancs et roses, de nelumbium etc. [...] ».

Son neveu, Léon Schlumberger, qui s'installe au château à la fin du XIXe siècle assure, une continuité dans l'entretien du parc. Il complète même la collection en plantant un rarissime Pin Jaune : Pinus Ponderosa, pour lequel les dendrologues se déplacent encore aujourd'hui ! Ces industriels passionnés de botaniques participent aux concours agricoles ou horticoles. Henry Schlumberger par exemple, se voit récompenser d'un impressionnant nombre de prix. En 1856, il expose des orchidées qui font sensation. En 1864, lors de la neuvième exposition d'horticulture de Mulhouse, il cumule trois médailles ; une d'argent pour ses rhododendrons, une de bronze pour ses pensées et une de vermeil pour ses azalées !

Adolphe Braun, « Étude de fleurs. Roses ; *Fleurs photographiées* (de la série) », papier charbon, s.d.
© Collection Christian Kempf.

Adolphe Braun, « Étude de fleurs. Pivoines ; *Fleurs photographiées* (de la série) », papier albuminé, vers 1855.
© Bibliothèque des Dominicains, Colmar.

En 1843, Adolphe Braun épouse Pauline, la fille d'Augustin Baumann. La parution de ces études de fleurs précède de quelques mois seulement la création de la Société d'horticulture de Mulhouse en 1855 et dont leur auteur sera membre fondateur. On ignore cependant si les fleurs ayant fait l'objet des planches photographiques proviennent de chez son beau-frère, Auguste-Napoléon Baumann. (V.K.)

Adolphe Braun, « Étude de fleurs. Bouquet d'Iris ; *Fleurs photographiées* (de la série) », papier albuminé, vers 1855. Musée d'Art moderne et contemporain © Musées de Strasbourg / M. Bertola.

Dans bien des propriétés, les jardins d'hiver, les vérandas, voire les serres ou orangeries permettent d'abriter les végétaux durant les mois rigoureux de l'hiver alsacien. Jardins d'hiver et vérandas adjacents à l'habitat sont des espaces chauffés intégrés aux espaces à vivre propices à la culture de plantes exotiques. Elles mènent au-delà de l'imaginaire l'évasion mentale liée à l'exotisme. Alors que les papiers peints évoquent par la représentation les contrées lointaines[28], les plantes agrémentent réellement le cadre de vie comme un loisir à la mode. Certains véritablement passionnés, commanditent la construction d'une serre, dont l'usage est davantage tourné vers la botanique qu'un agrément domestique. Les premières ne relèvent au départ que d'une technique simple : celle du châssis en bois. Elles adoptent ensuite les techniques de construction en fer et en verre permettant d'introduire une véritable recherche esthétique dans les constructions. Même si dans un premier temps, leur efficacité est remise en question par certains horticulteurs, les industriels cèdent à la mode de ces aménagements onéreux. À Rothau, M. Steinheil en aménage une, de même que dans l'emprise de la villa Steinbach à Mulhouse[29]. Un exemplaire de serre particulièrement ancienne est conservé dans le parc de la Commanderie à Rixheim. Elle doit son origine à la famille Zuber, qui, au XIXe siècle réaménage le jardin du XVIIIe siècle en un jardin paysager comprenant une serre et un kiosque. La serre, datant de 1852 environ, a la particularité de se diviser en trois parties : une orangerie, une serre chaude et une serre tempérée afin de répondre aux nécessités horticoles. Elle succède à une serre encore plus ancienne, présente sur la propriété dès 1824[30]. Les propriétaires successifs entretiennent ainsi une tradition familiale de passion pour la botanique. Nicolas Schlumberger à Guebwiller fait dessiner par l'entreprise d'Auguste-Napoléon Baumann, et en particulier leur paysagiste attitré Julius Niepraschk, un réaménagement comprenant une serre de style néogothique, mise à température par une chaufferie. L'espace central sert de salon, à l'instar des pratiques de l'impératrice Joséphine quelques décennies plus tôt qui a impulsé un art de vivre nouveau. Le projet n'a cependant pas été exécuté en l'état.

Dans le domaine de la Neuenbourg, une immense serre de plusieurs mètres de haut, est accolée au bâtiment à la fin du siècle. Attenante au bâtiment et accessible depuis l'étage noble, elle constitue une illustration parfaite de cet art de vivre. À Sainte-Marie-aux-Mines, Léon Baumgartner se fait non seulement aménager une véranda connexe à l'habitat dont l'ouverture permet un point de vue vers le parc paysager[31], mais également une serre davantage dédiée à la culture. Cette société aisée et amateur d'un art de vivre dont les plantes et végétaux font partie intégrante, ouvre un nouveau marché économique : celui de l'horticulture.

L'HORTICULTURE : UNE ACTIVITÉ ÉCONOMIQUE

Cet engouement crée un marché sur lequel se positionne très vite un établissement alsacien : les pépinières Baumann de Bollwiller. Une dynastie d'horticulteurs se succède à partir de 1740. Tout d'abord spécialisés dans les arbres fruitiers, leur production prend un tournant vers l'ornemental dès les premières années du XIXe siècle. Ces entrepreneurs de père en fils, saisissent ces opportunités de marchés en multipliant les plantes venues d'ailleurs et en développant leur commerce. En 1801, Joseph-Bernard et Augustin Baumann fondent les *Frères Baumann*. Dès lors, ils développent parallèlement à la production d'arbres fruitiers, celle des plantes ornementales destinées aux jardins paysagers et aux serres froides et chaudes. Ces cultures nécessitent de gros investissements en serres, terrains et plantes nouvelles.

Une veille constante, les échanges avec leurs confrères et avec des botanistes, conjuguée à la participation aux sociétés d'horticulture et expositions spécialisées leur permettent de garder un train d'avance et anticiper constamment les futurs engouements. Un exemple significatif est celui du *camellia*. Plantes prisées des botanistes dès la fin du XVIIIe siècle, les *Frères Baumann*, par une production massive en permettent la diffusion. Ces végétaux asiatiques sont alors non seulement cultivés, mais également multipliés et même hybridés à Bollwiller. Ils diffusent le goût pour cette plante par l'édition d'un recueil de lithographies peintes à la main en plusieurs livraisons : *Les camellia de Bollwiller*.

Dans les années 1830, les *Frères Baumann* s'essaient à diverses greffes[32], notamment des pivoines arbustives et participent ainsi à leur diffusion. Suivant le même schéma que pour les plantes de bruyère, alors que les séquoias débarquent en Europe, les pépinières Baumann misent très rapidement dans ce conifère à fière allure, résistant au froid et à la croissance rapide, idéal pour l'aménagement des parcs paysagers d'alors. Grâce à ses relations botaniques, Auguste-Napoléon Baumann se procure des graines de séquoias géants. Visionnaire, il investit dans cette culture, les reproduisant par semis ou par boutures. Il propose dès 1858 dans son catalogue le *Wellingtonia Gigantea* (le nom est encore hasardeux. Il s'agit du *sequoia gigantea*, aussi appelé *wellingtonia*), très recherché à cette époque parmi les conifères. La qualité des plans obtenus de graines est de qualité supérieure si bien qu'ils sont vendus entre 8 et 15 francs, alors que les boutures ne coûtent qu'entre 2 et 5 francs. La reproduction par bouture, qui présentait l'avantage de production rapide, est abandonnée à partir de 1868. Sans doute les arbres n'ont-ils pas donné satisfaction notamment quant à leur résistance hivernale.

Précédant l'important engouement pour les roses et la plantation de roseraies du dernier quart du XIXe siècle, les pépinières de Bollwiller obtiennent de nouvelles variétés de roses dès les années 1830 : une blanche, dénommée *Le triomphe de Bollwiller* et plus tard la rose Marie Baumann en 1863 et *James Gros* en 1864. La rose *Marie Baumann* fait la une des revues et concours horticoles. Ces difficiles mais lucratives cultures positionnent l'établissement parmi les meilleurs d'Europe. Ses mérites sont vantés par le botaniste de Candolle en 1810[33], ou encore par leur confrère Monsieur Bosc en 1822[34], mandaté pour une visite par la Société royale d'agriculture. Leur rayonnement s'étend bien au-delà de l'aire alsacienne.

Pour diffuser leur production, l'établissement utilise les voies de communication existantes : les routes royales, reliant Bollwiller à Mulhouse et Bâle, puis à partir de 1841, la voie ferrée. Une succursale

Rosa hybrida remontante

Marie Baumann.

Diese durch Herrn Baumann in Bollwiller aus Samen gezogene sehr gute Rose mit dem leuchtenden Colorit im lebhaftesten Roth, trägt sehr schöne, gefüllte, gut gebaute Blumen, die besonders als Knospen, umgeben von üppigem Blattwerk, prachtvoll sind.

Diese Sorte wird, Winters getrieben oder Sommers im freien Lande, gleich auffallend schön und darf als dankbar blühende Sorte bestens empfohlen werden.

Gemalt v. Otto Baisch. Farbendruck v. W. G. Baisch

Rosa hybrida remontante

Marie Baumann

Aus der Rosengärtnerei von H. Nestel

est créée à Mulhouse en 1841, sans doute pour répondre à plusieurs objectifs simultanément. Le premier est évidemment de se rapprocher géographiquement de la clientèle du patronat industriel particulièrement friande des nouveautés végétales venues de pays lointains. La création en 1841 coïncide avec l'ouverture de la voie ferrée, simplifiant les flux entre Bollwiller et Mulhouse. Conçu comme un établissement de vente et d'exposition, la production est maintenue à Bollwiller. Un deuxième objectif est sans doute de mettre en œuvre une stratégie de développement de l'entreprise vers l'étranger. Sa localisation, rue d'Altkirch, actuelle rue Clémenceau, à proximité de la gare de Mulhouse en dit long sur les intentions d'Auguste-Napoléon Baumann. À cette même époque, les catalogues sont diffusés activement en deux langues. S'appuyant sur le réseau ferré, l'établissement livre à travers l'Europe entière.

Seul établissement d'une telle envergure durant le début du XIXe siècle, la concurrence n'existe à ce moment-là quasiment pas pour eux. Les pépinières départementales notamment développées sous l'impulsion de Félix Desportes sont davantage destinées à des usages utilitaires pour les plantations d'arbres le long des routes par exemple. Un certain Charles Hodel émerge cependant à Strasbourg. La première mention identifiée date de 1816[35]. L'établissement d'Étienne Gény se revendique également de cette époque, mais l'ancienneté de l'entreprise n'est nulle part attestée[36].

Suivant le chemin tracé par les pépiniéristes Baumann, d'autres jardiniers se lancent dans l'aventure de l'horticulture capitaliste aux abords des principales villes alsaciennes. Trois principaux schémas de création de ces établissements se distinguent. Le premier, à l'instar du parcours de Jean Baumann au XVIIIe siècle à Bollwiller, est l'itinéraire d'un jardinier employé dans un domaine privé ou public, fondant son propre établissement dans un but lucratif. De la sorte, Étienne Gény de Strasbourg occupait le poste de jardinier en chef de la faculté de médecine au moins jusqu'en 1840. Il fonde son établissement horticole dans les années qui suivent[37]. Martin Müller, qui occupait le même poste à quelques années d'écart, évolue exactement de la même façon. Quelques décennies plus tard, Jean Gissinger, jardinier du château d'Isenbourg à Rouffach créé une pépinière d'arbres fruitiers en 1880.

Un deuxième schéma de développement est celui d'employés d'établissements plus anciens, au sein desquels ils acquièrent une expérience et un savoir-faire, avant de fonder leur propre établissement. Plusieurs jardiniers travaillant chez Baumann ont ainsi développé leur propre activité: François Emmanuel Gay à Bollwiller et Joseph Hans à Mulhouse. Joseph Herrisé, ancien employé chez François Emmanuel Gay fonde à son tour un établissement à Bollwiller en 1869. Jean Kürssner établit une horticulture à Colmar vers 1853. Le jeune homme, originaire de Colmar était en 1847 contremaître jardinier puis chef de culture chez l'horticulteur Jacquin à Charonne[38]. Riche de cette expérience, il retourne dans sa ville natale afin d'y lancer sa propre activité. Enfin, certains jardiniers ou maraîchers se spécialisent dans l'horticulture, y voyant sans doute une culture plus lucrative. De la sorte, Charles Guyot, jardinier à Colmar, reprend par adjudication la pépinière départementale située à Colmar. Son activité perdure jusqu'en 1855[39].

Ces établissements se multiplient à proximité des grandes villes et en particulier celles dont une activité industrielle implique le développement d'une bourgeoisie adepte de la consommation de végétaux en tout genre, destinés à parer leur habitat. Autour de Mulhouse, dans un premier temps, peu de concurrents des établissements Baumann s'épanouissent. La proximité géographique de Bollwiller, la circulation rapide des marchandises grâce à l'aménagement de la voie ferrée et de la station de Bollwiller en est sûrement la raison principale. Misant sur le marché mulhousien, Augustin et Auguste-Napoléon Baumann ouvrent en outre une succursale à Mulhouse en 1841. Autour de Colmar en revanche, se développent dans la première moitié du XIXe siècle, deux entreprises horticoles : l'une, déjà évoquée, celle de Charles Guyot ainsi que celle de Koenig & Ohl à partir de 1826[40]. Dans le Bas-Rhin, à l'instar du quasi-monopole de Baumann dans le sud de l'Alsace, Charles Hodel demeure le seul horticulteur-pépiniériste à Strasbourg jusqu'à la décennie 1840. En revanche, les années 1845-1855 sont témoins de l'éclosion de cette activité économique. Durant ces dix années, une dizaine d'entreprises horticoles sont fondées aux portes de la ville. Adolphe Weick se spécialise dans les plantes fleuries, vivaces, de serres froides et chaudes telles que *pelargonium, verbena,* et surtout les dahlias jusqu'à en proposer 150 variétés[41] ! Par une politique de promotion très offensive, il se fait remarquer par les amateurs d'horticulture en particulier à proximité de Strasbourg. Ainsi, les pépinières Baumann sont progressivement confrontées à une concurrence qui s'inspire largement des outils de promotion initiés par la doyenne des pépinières, tels que la participation aux sociétés d'horticulture ou encore l'édition et l'envoi de catalogues.

-

À l'instar des arts décoratifs régnant de l'autres côté des murs, les jardins sont aménagés avec goût mêlant les usages et la création artistique. Les établissements Baumann ont certes anticipé mais également impulsé les goûts horticoles. Ces notions « marketing » d'aujourd'hui : créer l'envie et le besoin, ont été les clés de leur succès dans la première moitié du XIXe siècle. Ils ont ouvert en Alsace un marché nouveau, celui de l'horticulture à fin mercantile, activité économique liée à une clientèle essentiellement issue de la bourgeoisie industrielle et financière. Le XIXe siècle, qualifié d'âge d'or de l'horticulture, s'exprime également en Alsace. Sur les traces des pépinières Baumann de Bollwiller, des entrepreneurs alsaciens s'élancent dans ce « *green-rush* »… Leur réussite, dans la lignée de l'établissement Baumann vaut le commentaire de Monsieur Otto de Berlin dans la revue horticole allemande *Gartenflora* en 1853[42] : « L'Alsace a brillamment maintenu dans cette circonstance, son ancienne et juste réputation comme siège d'établissements horticoles des plus importants ».

L'horticulture alsacienne a suivi l'évolution des attentes : de l'horticulture botanique, produisant des plantes à faible diffusion, à l'horticulture capitaliste, aux importants volumes de produits de consommation.

Henri Zuber, « La Commanderie de Rixheim côté jardin », huile sur toile, 1876.
Collection particulière.

1 BENETIERE Marie-Hélène, BOURA Frédérique (sous la dir. de), *Jardins en Alsace, quatre siècles d'histoire*, Lyon, 2010, p. 125-134.

2 Ce phénomène s'applique aussi aux sites usiniers eux-mêmes, comme cela a été montré dans *Jardins en Alsace…, op.cit.*, p. 157-158. À Mulhouse, près de la porte du Miroir, la propriété usinière de Charles Naegely comporte un hectare de terrain.

3 BERCE Françoise, *Le château au XIX*[e] siècle, in BABELON Pierre, *Le château en France*, Paris, 1986, p. 371-384.

4 Evariste Mertens (1846-1907), originaire de Belgique, il s'installe en Suisse où il fonde un établissement d'horticulture à Schaffhouse avec Arnold Neher en 1870. En collaboration avec le paysagiste Otto Karl Froebel, il crée le parc public du *Zurichhorn* à Zürich. Il est à l'origine de nombreux jardins privés en Suisse. RUOFF Eeva, « Evariste Mertens, ein bedeutender Gartenarchitekt », in *Unsere Kunstdenkmäler : Mitteilungsblatt für die Mitglieder der Gesellschaft für Schweizerische Kunstgeschichte*, n° 44, 1993, p. 87-97.

5 LEVEQUE Isabelle, *André Leroy, une gloire française du renouveau horticole et paysager au XIX*[e] *siècle*, exposition itinérante, Val de Loire, patrimoine mondial de l'Unesco, 2017.

6 Lettre à Monsieur G. Silbermann de Frédéric Kirschleger du 17 mai 1853, in *Journal de la société d'horticulture du Bas-Rhin*, Strasbourg, 1853, p. 73.

7 FLUCK Pierre, *Les belles fabriques, un patrimoine pour l'Alsace*, Colmar, 2002, p. 81-84.

8 *Archives de la société d'horticulture de Strasbourg*, n°1, 20 mars 1846, p. 2.

9 *Archives de la société d'horticulture de Strasbourg*, n°1, 20 mars 1846, p. 2. Victor Paquet (1812-1849), rosiériste, membre de la Société royale d'horticulture de Paris.

10 *Archives de la société d'horticulture du Bas-Rhin*, Strasbourg, 1853, p. 109.

11 Parmi les membres fondateurs, Auguste-Napoléon Baumann, Auguste Baumann (fils) et JE Gay, Charles et Adolphe Braun, les beaux-frères, Victor Lemoine, ancien apprenti et enfin Joseph Hans, ancien gérant de leur succursale mulhousienne. Madame Napoléon Baumann, quant à elle, rejoint le groupe des « dames patronnesses ». Auguste-Napoléon Baumann, fait partie des membres du conseil d'administration.

12 *Bulletin de la société d'horticulture de Mulhouse*, n°1, 1855.

13 Archives Départementales du Haut-Rhin [= A.D.H.R.], 7 M 37. Lettre du 15 janvier 1864 du président de la société d'horticulture de Mulhouse, M. Weiss Schlumberger au préfet.

14 Bibliothèque Municipale de Colmar [= B.M. Colmar], A 5525(2). Article de presse du 10 décembre 1869.

15 B.M. Colmar, A 20729. Statuts de la société d'agriculture et d'horticulture du territoire de Belfort, 1877.

16 B.M. Colmar, A 5525(2). Article de presse du 10 décembre 1869.

17 *Archives de la société d'horticulture de Strasbourg*, Strasbourg, mars 1847, p. 64.

18 *Ibid.*, Strasbourg, août 1847, p. 77.

19 *Ibid.*, Strasbourg, août 1847, p. 74.

20 *Journal de la société d'horticulture de Strasbourg*, Strasbourg, 1855, p. 2.

21 C'est sans doute dans cet objectif que Napoléon Baumann ne figure pas dans le jury du concours. Il est composé de professionnels extérieurs au département, tels Victor Lemoine de Nancy ou encore Adolphe Weick de Strasbourg.

22 A.D.H.R., 7 M 37. Lettre du président de la société d'horticulture de Mulhouse au préfet.

23 B.M. Colmar, A 5525(2). Article de presse du 10 décembre 1869.

24 B.M. Colmar, A 5525(1). Dossiers de coupures de presse, exposition d'apiculture et d'horticulture 13 septembre 1879.

25 *Journal de la société d'horticulture de Strasbourg*, Strasbourg, 1855, p. 2.

26 *Ibid.*, Strasbourg, 1853, p. 73.

27 *Bulletin de la Société d'histoire naturelle de Colmar*, Volume 12, 1874, p. 350.

28 Citons les panoramiques *Vues du Brésil* de Julien Deltil en 1829, ou encore *Isola Bella*, de Eugène Ehrmann et Georges Zipelius en 1842, tous deux produits par la manufacture Zuber à Rixheim.

29 BENETIERE Marie-Hélène, BOURA Frédérique (sous la dir. de), *Jardins en Alsace…, op.cit.*, p. 165.

30 JACQUÉ Bernard, « Notes pour une histoire du parc de la Commanderie », in *Bulletin de la société d'histoire de Rixheim*, n°19, 2003, p. 35-42.

31 Archives Municipales de Sainte-Marie-aux-Mines, Projet d'aménagement par Auguste-Napoléon Baumann (1864) et plan du site (1880).

32 Bibliothèque des conservatoire et jardin botanique de Genève. Correspondance de Candolle-Joseph Bernard Baumann.

33 BEAUJEAN, J., « *Le Voyage de Liège* de A. P. de Candolle, 2 Juin - 2 Octobre 1810 », in *Lejeunia, Revue de Botanique*, [en ligne], n° 184 (XII 2008).

34 *Mémoires d'agriculture, d'économie rurale et domestique*, 1822, tome I, Paris, Société royale et centrale d'agriculture, p. 11-12.

35 Archives Région Grand Est, fonds de Turckheim. Pièces relatives au domaine de Truttenhausen.

36 Une note dans le catalogue de 1846 (BNF S 33) indique que l'établissement a été fondé par le père d'Étienne Gény depuis 30 ans, soit en 1816. Aucune autre source n'en atteste. Il s'agit alors peut-être d'un maraîcher, jardinier par exemple.

37 Étienne Gény reprend en 1852-53 la graineterie réputée Goffiné de Strasbourg. Il ajoute à son activité la vente de bulbes et en fait l'annonce dans son catalogue de 1852.

38 *Annales de Flore et de Pomone ou Journal des jardins et des champs*, Paris, 1847, p. 374 ; *Annales de la Société royale d'horticulture*, Paris, 1845, p. 504.

39 LICHTLÉ Francis, « La pépinière et l'Orangerie de Colmar », in *Mémoires colmarienne*, n°136, 2014, p. 7.

40 Le catalogue de Charles Koenig de 1854 porte la précision : « L'établissement fondé en 1826, conjointement avec M. Ohl et qui a été exploité jusqu'à ce jour sous la dénomination de «Koenig et Ohl» est devenu dorénavant ma pleine et entière propriété ». À partir de 1829 l'établissement fait éditer un catalogue.

41 *Journal de la société d'horticulture du Bas-Rhin*, 1853, p. 39, p. 58, p. 153-154.

42 *Ibid.*, 1853, p. 146.

Eduard Gaertner, « Cour d'auberge à Colmar », aquarelle sur un croquis à la mine de plomb, vers 1840.
© The MET, New York.

COLMAR RELÈVE LE DÉFI DE LA MODERNITÉ (1830-1848), UN PROJET URBAIN D'ART ET D'HISTOIRE

-

FRANÇOIS IGERSHEIM

Le dimanche 1er septembre 1839 a lieu l'inauguration de la première ligne de chemin de fer de l'est de la France : le Mulhouse-Thann. Il a plu du matin au soir, rappelle, un peu méchamment, le rédacteur du journal colmarien, le *Glaneur du Haut-Rhin*, ce qui a bien arrosé le convoi, composé d'une berline, d'une diligence sur rails soit deux voitures couvertes plus deux chars-a-bancs[1].

En 1840, Colmar n'est déjà plus la ville principale du département[2]; mais elle en est encore la ville centrale. C'est là qu'aboutissent les réseaux de la notabilité départementale, si fortement structurés par sa géographie judiciaire. Mais elle fait face au défi le plus important de son histoire : celui que lui lance Mulhouse; plus encore, celui du projet de faire de l'Alsace une des premières régions françaises équipées du chemin de fer. Mais c'est un chemin de fer qui relie Mulhouse et Strasbourg. Il risque de laisser Colmar sur la rive.

Le *Glaneur du Haut-Rhin*, rédigé par l'ancien assureur Chrétien-Frédéric Meyer, se félicite : « Cette initiative dote l'Alsace d'une des merveilleuse inventions du XIXe siècle. » Mais il ne peut s'empêcher d'exprimer son amertume devant ce triomphe de l'initiative mulhousienne, qu'il attribue à la politique volontariste de la *Société industrielle*[3]: « Il y a douze ans, à peine on pouvait encore mettre en parallèle l'importance commerciale de Colmar avec celle de Mulhouse. La différence qui d'ailleurs existait entre ces deux villes, sous le rapport de leur position géographique, du nombre des habitants, de leurs ressources et de leurs agréments, était tout à fait à l'avantage de Colmar. Aujourd'hui, il n'y a plus aucune comparaison à faire, l'activité qui règne dans la foule dont les rues de Mulhouse sont encombrées et les belles constructions qu'on y a fait depuis quelque temps ne se retrouvent nulle part qu'à Paris. Le Colmar industriel est à peu près effacé, et il semble que sa mission ne consiste plus aujourd'hui qu'à nourrir de ses denrées nombreuses, Mulhouse et les autres villes industrielles du Haut-Rhin. L'agriculture est maintenant sa principale richesse, comme l'industrie est celle de Mulhouse». Que faire pour relancer Colmar, renforcer son attractivité?

COLMAR ET LE CHEMIN DE FER

Le futur secrétaire général de la ville de Colmar et auteur du premier guide du musée Unterlinden, alors élève du collège d'Altkirch, Charles Goutzwiller, rappelle dans ses mémoires que le 29 octobre 1836, il avait passé son baccalauréat à Strasbourg et revenait chez lui. Il avait pris la diligence à 21 heures et était arrivé à Mulhouse à 10 heures du matin. Il neigeait : c'est ce soir-là qu'avait eu lieu l'affaire du Prince Louis-Napoléon à la Finkmatt[4].

La plupart des voyageurs s'arrêtaient à Colmar. En 1842, le voyage en train de Strasbourg à Mulhouse se ferait dans la matinée et le trajet de Colmar à Mulhouse en une heure. L'abbé Holzwarth, professeur au collège de Colmar, souligne dans ses *Annales*[5] :

> «Ce nouveau moyen de transport, en amenant la suppression des diligences, et en rendant moins fréquent le séjour des étrangers à Colmar, nuisit notablement aux intérêts d'un grand nombre d'industries, ainsi qu'au commerce de cette ville, au profit de Strasbourg et de Mulhouse, vers lesquelles se porta tout le mouvement commercial».

Et le *Glaneur* de renchérir : «Les villes relais de postes ont décliné depuis l'arrivée du chemin de fer : Sélestat, Cernay, Ensisheim... qui tiraient avantage des relais de poste»[6].

L'extension de Colmar s'est produite principalement par la croissance de ses faubourgs. Alors qu'en 1846, la ville *intramuros* - celle qui est enserrée dans ses boulevards - rassemble 14 144 personnes, la ville *extramuros* en rassemble 4 998. «Dès qu'on veut sortir des portes de la ville, se plaint le *Glaneur du Haut-Rhin*, on est arrêté par la boue épaisse qui couvre les routes pendant les trois quarts de l'année»[7]. L'implantation du chemin de fer a également des répercussions pour l'activité et la circulation dans la ville *intramuros*. L'ancienne route des diligences de Strasbourg à Colmar et Mulhouse-Bâle ou Lyon, passait dans la ville. Venant du nord, on y entrait par la porte de Sélestat jusqu'aux relais de poste, situés au croisement de la rue Vauban et la rue des Clés, soit à l'*Hôtel des Deux Clefs* ou à l'*Hôtel de l'Ange*. On y passait souvent la nuit, pour le lendemain, reprendre la route du sud, par la rue des Clés jusqu'à la porte de Rouffach. En 1839, le plan d'alignement que l'on vient de dresser, fixe l'emplacement du débarcadère du chemin de fer sur la route de Wintzenheim, à l'ouest du Champ de Mars. Il est mis en chantier en 1840.

Au mois de juin de la même année, les électeurs procèdent au renouvellement de la moitié du conseil municipal. *Le Glaneur* dresse au même moment un véritable audit de la situation de la ville[8] :

> « Colmar n'est donc ni une ville industrielle, ni une ville commerçante, c'est une ville agricole. Colmar est la mère nourricière du département, elle fournit des denrées diverses et surtout des légumes pour les marchés de presque toutes les grandes localités de la Haute-Alsace. Ce genre de commerce ou d'industrie, n'a rien d'attrayant pour l'étranger, surtout dans l'état où il se trouve aujourd'hui ».

Le Glaneur ne trouve dans la ville aucune des aménités qui attireraient le voyageur et l'engageraient à y séjourner : « Reste donc à examiner si Colmar offre à l'étranger un séjour agréable et intéressant. Tandis que presque toutes les petites villes des environs sont bien pavées, on a peine à marcher dans nos rues, malgré les sommes considérables que nous coûte la simple pose, mal exécutée, de cailloux bruts et difformes. Le soir nos rues, toujours mal éclairées, ressemblent généralement à des coupe-gorges. Un règlement de police trop rigoureux, qui ordonne la fermeture des lieux publics à dix heures n'augmente pas les agréments que cherche l'étranger. Nos casernes mal entretenues ne peuvent recevoir qu'une faible garnison. Notre promenade si belle et si agréable est déserte. Il y a dix ans, elle était peuplée de promeneurs, elle le serait encore si l'on voulait avoir ici un état-major de régiment, dont la musique, comme autrefois, jouerait le soir dans nos allées, si l'on voulait l'embellir, l'orner convenablement, et par exemple, en plaçant dans l'allée principale, nos nombreux orangers qui végètent misérablement à la Pépinière. Nous avons une bibliothèque qui renferme des manuscrits, des livres, des objets d'antiquités curieux et intéressants, des peintures remarquables, mais logés dans un local trop étroit et si mal disposés, si mal classés, si mal conservés, que personne ne veut même les voir, et que les journaux de Paris, ont déjà à ce sujet, traité les Colmariens de barbares, qui ne savent pas apprécier les trésors qu'ils possèdent et auxquels il serait bon d'enlever ces chefs-d'œuvre. Nous n'avons en fait de beaux monuments que l'hôpital civil, et celui-ci est complètement caché derrière un groupe de maisons vieilles et hideuses. Nous avons un hôtel de ville comme on n'en souffrirait pas dans une commune rurale. Nous n'avons ni théâtre ni salle de concert convenables. Ainsi, sous le rapport de l'agrément et de l'intérêt, nous ne saurions trop nous attendre à fixer sérieusement l'attention des étrangers, à les attirer dans nos murs... Nous serait-il réservé de ne trouver dans l'établissement du chemin de fer de Strasbourg à Bâle, aucun avantage, aucune différence, sinon de voir passer à l'avenir les voyageurs plus vite par Colmar que maintenant. Que les hommes qui sont appelés à décider de l'avenir de la cité, y réfléchissent : notre position est difficile en ce moment. De leur vote éclairé et énergique, il dépend que nous sortions de cette funeste apathie »[9].

Et *Le Glaneur* insiste de façon répétée sur la saleté de la ville et ses « miasmes » :

> « La ville de Colmar est sillonnée de rigoles qui sont fort utiles, mais qui dans deux saisons de l'année présentent de grands inconvénients : en été, elles sont remplies d'une eau stagnante qui exhale des miasmes infects, en cas de grandes pluies, certaines rues sont entièrement submergées... Il serait en outre, nécessaire de défendre de jeter des eaux ménagères dans les rues, on est partout à Colmar, assez à proximité d'une rivière pour qu'on puisse les y porter, et d'ailleurs, il n'est pas tolérable de voir dans une ville, autant d'ordures étalées sur la voie publique »[10].

Jusqu'en 1845, l'éclairage des rues est assuré par les lampes à huile. Les employés d'un concessionnaire d'éclairage procèdent à l'allumage des lampes à huile qui restent allumées de 18 heures à 2 heures du matin en hiver, de 21 heures à 2 heures en été, et les nuits de pleine lune, on allume que la moitié des réverbères. De Colmar, on peut voir les bûchers de la montagne, et ils seront interdits pendant les périodes révolutionnaires.

L'inauguration de la nouvelle gare de Colmar, du tronçon Colmar-Benfeld et du Strasbourg-Mulhouse a lieu en septembre 1840. Cependant, la ville de Colmar a refusé de financer les festivités : le maire Morel et une partie du conseil municipal ne participent pas aux cérémonies. Le préfet et les commerçants de la ville y prennent part avec les Strasbourgeois et les Mulhousiens. De la porte de Rouffach à la nouvelle gare, le boulevard est décoré d'arcs de triomphes et de banderoles qui célèbrent l'Alsace et ses grands hommes, catholiques et protestants, Mulhousiens, Colmariens, Strasbourgeois, entre autres : Léon IX, Erwin de Steinbach, Martin Schoen, Lazare de Schwendi, Daniel Specklin, Geiler de Kaysersberg, Mentel, Schœpflin et Grandidier, Kléber, Kellermann, Lefebvre et Rapp, les industriels mulhousiens Koechlin et colmariens Haussmann. Une banderole représente même la ville de Colmar couronnant Watt, à qui l'on doit l'invention des machines à vapeur. Et au théâtre alsacien, on donne une pièce en Alsacien : *Der Isäbahn oder Viärsigär*[11]. Au banquet servi à l'*Hôtel des Deux-Clés*, alors haut lieu des sociabilités politiques et économiques, se succèdent les toasts des fondateurs de la *Compagnie de l'Est*, Nicolas Koechlin de Mulhouse et le banquier Javal de Paris, ainsi que du président du Tribunal de Commerce de Colmar, Chappuis. Le préfet du Haut-Rhin Charles-Wangel Bret a invité à boire :

> « À la ville de Colmar, non pas la ville riche de ses souvenirs historiques, non pas la Cité impériale, résidence d'une Cour souveraine, non pas la ville heureuse et fière de sa belle agriculture, mais à la ville qui renferme une jeunesse ardente qui aime le progrès. »[12].

On est alors en pleine crise franco-allemande et sous les murs de Strasbourg, on achève d'élever un grand camp militaire. Les affaires vont mal et en novembre, on fait appel à la Garde nationale devant l'émeute populaire qui s'affole de la montée du prix des pommes de terre.

UNE JEUNESSE ARDENTE

En 1832, le département du Haut-Rhin compte 2 100 électeurs. Jusqu'en 1848, ce nombre ne varie que très peu. On y lit 760 quotidiens politiques. *Le Courrier du Bas-Rhin* strasbourgeois, s'y taille la part du lion. En 1836, la parution d'un hebdomadaire, *Le Glaneur du Haut-Rhin - Sammler des Oberrheins* crée à Colmar un espace public local où résonnent les débats locaux.

« Dans les dix premières années qui suivirent la Révolution de 1830, écrit Liblin en 1897, il y avait à Colmar un groupe remarquable de jeunes hommes, mécontents de la meilleure des Républiques présentée par le général Lafayette et acclamée par le Pays [la monarchie

Frédéric Henri Schœnfeld, «Vue de Colmar prise de l'est», lithographie, 1835.
Collection André Waltz © Bibliothèque des Dominicains, Colmar.

de Juillet]. La vie locale a gardé le souvenir des principaux et cela nous dispense de les nommer. Mais il en est deux qui appartiennent à cette notice : le premier était docteur en médecine et par dessus le marché artiste, dans le vrai sens du mot, ainsi que littérateur critique éclairé et fort érudit; le second était l'aîné des trois fils d'un pasteur décédé prématurément. Son instruction et son éducation ne furent pas dirigées vers la théologie, mais vers le négoce et l'industrie. Le premier s'appelait Alexandre Richard et le second Chrétien-Frédéric Meyer »[13].

À partir de 1838, *Le Glaneur* adopte la maquette classique - depuis la Révolution - des journaux alsaciens: le double colonnage pour les articles, texte français et allemand[14], séparés par un filet. Secondé par de nombreux feuilletonistes, le jeune Chrétien-Frédéric Meyer, ancien assureur, en est le rédacteur. *Le Glaneur* sera le porte-parole de cette ardente jeunesse colmarienne qu'a célébré le préfet Bret.

Chrétien-Frédéric Meyer fait de cette génération de trentenaires qui entretiennent les vifs débats de la capitale haut-rhinoise des années quarante; ils se prolongent dans la Révolution de 1848. Anciens élèves des collèges royaux alsaciens, ils écrivent bien et vite et dans les deux langues. Élèves du collège de Colmar, les frères Chauffour - Ignace et Victor - qui seront tous deux députés, Auguste Nefftzer, le fondateur du *Temps*, Paul Wendling, auteur de l'*Annuaire du Haut-Rhin*, ou encore Xavier Mossmann, archiviste de la ville. On peut leur adjoindre les Colmariens d'adoption, anciens élèves du collège de la sous-préfecture d'Altkirch, dans le sud du Haut-Rhin[15], Liblin et Goutzwiller (futur secrétaire général de Colmar).

Il y a cinq librairies à Colmar, qui sont aussi des salons de lecture et des bibliothèques de prêt. La plus grande, la librairie Reiffinger annonce la parution de l'*Histoire de France* d'Henri Martin mais également les œuvres complètes de Schiller et Goethe, Herder, Hoffmann, Wieland, ainsi que la nouvelle *Histoire de l'Alsace* du professeur strasbourgeois Strobel, que le recteur d'académie Cottard se propose de traduire en français[16]. C.-F. Meyer et Liblin quittent *Le Glaneur* en 1841 pour fonder le *Courrier du Haut-Rhin*. Le titre est éloquent : il s'agit de faire pièce au *Courrier du Bas-Rhin*[17]. Les actionnaires sont les principaux conseillers généraux, maires et maîtres de poste, qui forment le « parti agricole » du Haut-Rhin[18]. En 1839, le comice agricole départemental a pris le nom de *Société d'agriculture*, dénomination adoptée pour créer le pendant de la *Société industrielle* mulhousienne.

Les locaux du collège de Colmar, chef-lieu de département, ont recueilli les livres et les objets d'art saisis dans les châteaux, abbayes et couvents vendus comme biens nationaux. Peu nombreux sont ceux qui les consultent ou les visitent, car l'inventaire des archives et livres n'est pas achevé, et l'espace manque pour exposer les objets d'art. Préfet et maires s'en préoccupent, au rythme des injonctions ministérielles et académiques et des initiatives locales d'amateurs distingués, savants, magistrats ou professeurs. Le département du Haut-Rhin a été l'un des premiers départements français à établir en 1838 sa liste des monuments historiques classés: le député Golbéry, membre de l'Académie des Inscriptions et Belles-Lettres, y a pourvu.

En 1838, le jeune chartiste Louis-Philippe Hugot est nommé bibliothécaire et archiviste municipal[19], mais également membre du Comité départemental des monuments publics du Haut-Rhin, que le préfet vient de créer autour de lui[20]. Il propose aussitôt de constituer et d'exposer une collection de moulages de sculptures antiques. Souvent en conflit avec la municipalité et son conseil ou avec les membres éminents de son comité des bibliothèques, Hugot s'appuie volontiers, pour faire avancer ses projets, sur les préfets et le Conseil général.

Comme dans toutes les villes d'Alsace, les Messieurs de Colmar vont le soir au cercle ou casino. C'est souvent une salle attenante au débit de boissons, où l'on peut prolonger la soirée au-delà de l'heure du couvre-feu, dont l'application soulève tant de mécontentements à Colmar de la part des fêtards qui ne veulent pas rentrer chez eux ou du voisinage qui veut dormir sans les éclats de voix de la rue. Leurs bureaux y collectent les cotisations pour les locations de salles, l'achat et l'entretien des tables de jeu et de billard et les abonnements aux journaux. Les dames ne sont admises que pour les bals annuels. Commerçants et artisans se réunissent à la réunion du *Griffon* ou au *café de la Réunion* ; les magistrats, avocats, médecins, fonctionnaires au *casino Schmutz*[21].

En 1840, une dissidence du *casino Schmutz* créée la Société littéraire[22]. Elle se réunit dans une salle du collège, annexe de la bibliothèque publique. Ce qui explique l'importance des abonnements aux revues savantes françaises et allemandes ainsi que le grand nombre de ses adhérents professeurs du collège et de l'École normale. La Société littéraire se constitue également en sous-comités de spécialités, dont le sous-comité d'histoire. En font partie, les professeurs et les bibliothécaires et archivistes, dont le titulaire, Louis-Philippe Hugot et son adjoint, Xavier Mossmann. On y fait le projet de publier une *Histoire d'Alsace*, des volumes de documents relatifs à l'histoire de l'Alsace, ou encore un *Annuaire du Haut-Rhin* qui renseignerait sur - et illustrerait - le département et son chef-lieu. Hugot, le premier secrétaire de la Société y développe son projet de musée de sculpture. Il souhaite exposer le moulage des principaux monuments locaux, car nombreux sont ceux qui semblent promis à la démolition par les projets de construction de la municipalité.

La *Société Schongauer*, créée en 1847, prolonge la *Société littéraire* ; elle a pour but « la formation d'un cabinet d'estampes » et demandera de ce fait à la municipalité « la mise à disposition d'un local destiné à loger ses collections »[23].

Concernant la création de nouvelles infrastructures culturelles, ce que les Colmariens veulent d'abord, c'est avant tout un nouveau théâtre. En effet, le bâtiment actuel dédié au théâtre de Colmar est étriqué, vétuste et les machineries y sont obsolètes. La ville de Colmar est le siège d'un arrondissement théâtral, qui regroupe outre le département du Haut-Rhin, ceux des Vosges, du Doubs et de la Haute-Saône[24]. C'est l'une des étapes principales de la troupe ambulante qui parcourt l'arrondissement et y joue un répertoire de pièces en français, avec un succès plus ou moins grand. Par contre, le nombre de petites troupes allemandes est surprenant. Ces dernières, au sort variable et au personnel souvent interchangeable - quelquefois d'origine alsacienne - parcourent les petites villes de la région jusqu'en 1870. Leur répertoire, souvent traduit du français, exerce sur le théâtre alsacien proprement dit une influence indéniable. Pourtant, « le gouvernement estime qu'il serait plus convenable de faire desservir les théâtres par des troupes françaises et de n'admettre les troupes allemandes qu'en représentations extraordinaires ». L'opéra allemand de Fribourg est l'unique exception. Tous les ans, ce dernier vient donner quelques représentations à Colmar, où selon le préfet, « le goût de la musique est vif ». En effet, au cours des deux saisons 1838 et 1839, les Colmariens ont entendu douze nouveaux opéras romantiques[25] et au printemps 1841, la troupe de Fribourg joue le *Freischutz* de Carl Maria von Weber. Tout ceci nous conduit à penser que les Colmariens veulent un nouveau théâtre, d'abord pour l'opéra.

En février 1839, une *Société philharmonique* est créée ; elle forme la « réunion de tout ce que la ville renferme de personnes honorables dans la population, [et] son établissement a une heureuse influence sur la jeunesse des deux sexes, assure le maire en 1845 »[26]. Seule société mixte de la ville de Colmar[27], elle compte alors 470 membres.

LE PROJET URBAIN DE VILLE D'ART ET D'HISTOIRE

La question des constructions nouvelles constitue, pour *Le Glaneur*, la « question de cabinet » de la ville depuis plusieurs années : un nouveau tribunal et un nouveau théâtre sont nécessaires. Depuis plusieurs années, on évoque les emplacements du *Koïfhus* et de l'église des Dominicains qui sert de halle aux blés. Cependant, il faudrait procéder au préalable à la démolition de ces deux monuments. Les élections municipales de 1840 ne bousculent pas ces questions urbanistiques, d'autant que le préfet n'a pas changé le vieux maire Morel. Ce dernier ne veut pas de théâtre, à Strasbourg il est déficitaire : il le serait bien plus à Colmar !

Un nouvel épisode se produit lorsque, furieux du jugement en séparation de corps et de biens qui l'expulse de sa maison, le vieil officier légitimiste Hürth s'y immole par le feu et libère donc son terrain pour le tribunal. De ce fait, le *Koïfhus*, à démolir, serait destiné au théâtre, mais le préfet et le Conseil général s'y refusent : rien ne change, le statu quo est maintenu.

Finalement, au début du mois de mai 1841, le maire Morel se décide à démissionner. Le préfet nomme donc une nouvelle administration municipale, confiée au président du tribunal de commerce, Chappuis, marchand de mode, d'origine belfortaine, devenu Colmarien par mariage. *Le Glaneur* s'enthousiasme : « Jamais à aucune époque, notre cité n'a vu ses magistrats prendre la direction de ses affaires sous de plus beaux auspices... tout le monde comprend qu'une ère nouvelle va s'ouvrir »[28].

Halte à la démolition des grandes œuvres du passé colmarien ; huit jours après l'installation de la nouvelle municipalité, *Le Glaneur* publie la première des *Cinq lettres à Monsieur le rédacteur du Glaneur*, où ce (ces) lecteur(s) développe(nt) un véritable projet urbain pour Colmar, centré autour de la mise en valeur de son patrimoine d'art et d'histoire : « Là où l'on n'a pas de monuments, on s'efforce d'en conserver les moindres. En Alsace c'est tout le contraire, il y aurait beaucoup à conserver, et l'on démolit. Conçoit-on que nous ayons détruit plus en cinquante ans que n'avaient fait en pleine guerre les Huns, les Burgondes, les Anglais, les Armagnacs, les paysans révoltés au XVIe siècle, les généraux de Louis XIV. Connaissez-vous rien de plus odieux que cette haine du passé, dans un pays dont le passé a été si beau, a fait et laissé de si grandes choses.

Les besoins de Colmar sont devenus immenses ; mairie, tribunal, justice de paix, tribunal de commerce, théâtre, halle aux blés, tout demande à être fait promptement. Mais surtout il importe de ne pas remplacer ces monuments par des édifices du style de l'école normale [...]. C'est pour faire place à des œuvres de cette force-là, qu'il faudrait abattre et raser aveuglément autour de nous. Cela au moment où la grande architecture s'en va, où les monuments deviennent à peu près impossibles. Voyez seulement ce que nous a légué le passé, et ce que nous fait le présent et comparez : au XIIIe siècle, le cloître des Unterlinden et la belle église des Dominicains ; au XVe siècle l'ancien Hôtel de Ville ; au commencement du XVIIe, la maison aux Arcades ; au XVIIIe, le Palais de Justice et l'Hospice civil. Depuis 1830 : l'école normale... *Decrescendo* architectural !...

Or, maintenant que la nouvelle administration municipale sent le besoin de doter Colmar de tous les édifices publics qui lui manquent, puisse-t-elle se garder de l'influence des démolisseurs. Alors il se pourra, Monsieur, qu'un de ces édifices sauvés de la destruction, relique lui-même, serve à abriter toutes nos autres reliques et devienne selon votre généreuse intention, un musée historique alsacien »[29].

Le 8 août, seconde *Lettre du lecteur* qui fait appel à l'autorité de Mérimée :

« Nous avons à Colmar trois monuments respectables par l'âge, leur beauté, par le rôle qu'ils ont joué dans notre histoire : l'église des Dominicains, des Unterlinden, l'ancien Hôtel de ville [*Koïfhus*]... Ces trois monuments semblent être devenus tout à coup inutiles ou odieux. Celui qui est aujourd'hui le plus menacé c'est l'église des Dominicains. On veut construire à sa place une halle aux blés, et une école de garçons. Elle n'est pas belle dit-on, mais j'y ai conduit en 1836, M. Mérimée, et notre savant compatriote Reiner de Strasbourg [architecte départemental du Bas-Rhin rédacteur de la première *Revue d'Alsace*], ces MM. qui ont vu assez de belles églises dans leur vie en ont parlé comme d'un monument fort remarquable »[30].

Peine perdue, le maire fait distribuer un rapport où il maintient la nécessité de raser les Dominicains et le *Koïfhus*, pour y établir halle aux blés et théâtre[31].

Toutefois, on sait le préfet hostile à ces projets de démolition : lors de la session de 1841, il a soumis au Conseil général le projet d'un musée départemental où l'on pourrait réunir et conserver des objets d'antiquité, dont ceux issus de la fouille d'une villa romaine qu'un inspecteur des forêts vient de faire à Offemont. Ces derniers sont placés provisoirement à la bibliothèque de la ville qui fait partie du collège.

Le 3 octobre, *Le Glaneur* publie la quatrième *Lettre d'un lecteur à Monsieur le Rédacteur du Glaneur*. Dans son courrier, l'auteur commente la décision du Conseil général de créer un musée départemental, abrité provisoirement à la bibliothèque du collège, et propose un local plus convenable pour le loger :

« Il existe à Colmar un édifice qui remplit toutes les conditions voulues, et qui n'aurait pas son pareil pour le but qu'on se propose. Monument archéologique lui-même et d'une valeur incontestable, il servirait merveilleusement d'asile à toutes nos antiquités. De plus il est assez vaste pour renfermer la bibliothèque et le musée, deux choses qui ne doivent pas être séparées… Qualités essentielles enfin, on n'aura la peine ni de le chercher puisqu'il est tout trouvé, ni de le bâtir, puisqu'il existe. Je ne parle de rien moins que de l'ancien couvent des Unterlinden. Deux objections cependant, 1- il y a au collège un local qui sert à la bibliothèque publique, donc le nouveau projet n'est que du luxe, 2- les Unterlinden appartiennent au génie militaire et la ville ne peut pas s'en emparer. Première objection. Le local du collège présente des inconvénients graves : les tableaux, la principale richesse de la bibliothèque, sont exposés dans un jour faux, plusieurs ne reçoivent jamais le jour. La place destinée aux livres est trop restreinte, et on est forcé d'en laisser un grand nombre sur les greniers... Deuxième objection : le Génie a besoin d'une caserne et les Unterlinden lui appartenant, il veut les démolir pour utiliser, et l'emplacement et les matériaux. Le Génie n'a pas pour mission de conserver les monuments historiques, si c'était son affaire, je ne doute pas qu'il s'en acquittât avec plus de chaleur que bien d'autres... Mais un accommodement est possible. Dans son rapport au conseil municipal du 14 juillet, le maire dit expressément que s'il fallait une halle aux blés provisoire, on pourrait obtenir à bail les Unterlinden. Donc le maire a déjà entrepris des négociations avec le Génie pour obtenir que le cloître soit sauvegardé... Mais il faut que l'église soit sauvée aussi. L'église pour le musée, le cloître pour la bibliothèque, cela est indispensable »[32].

Charles Goutzwiller, « Le musée de Colmar », lithographie parue dans *L'Illustration* (14 janvier 1860).

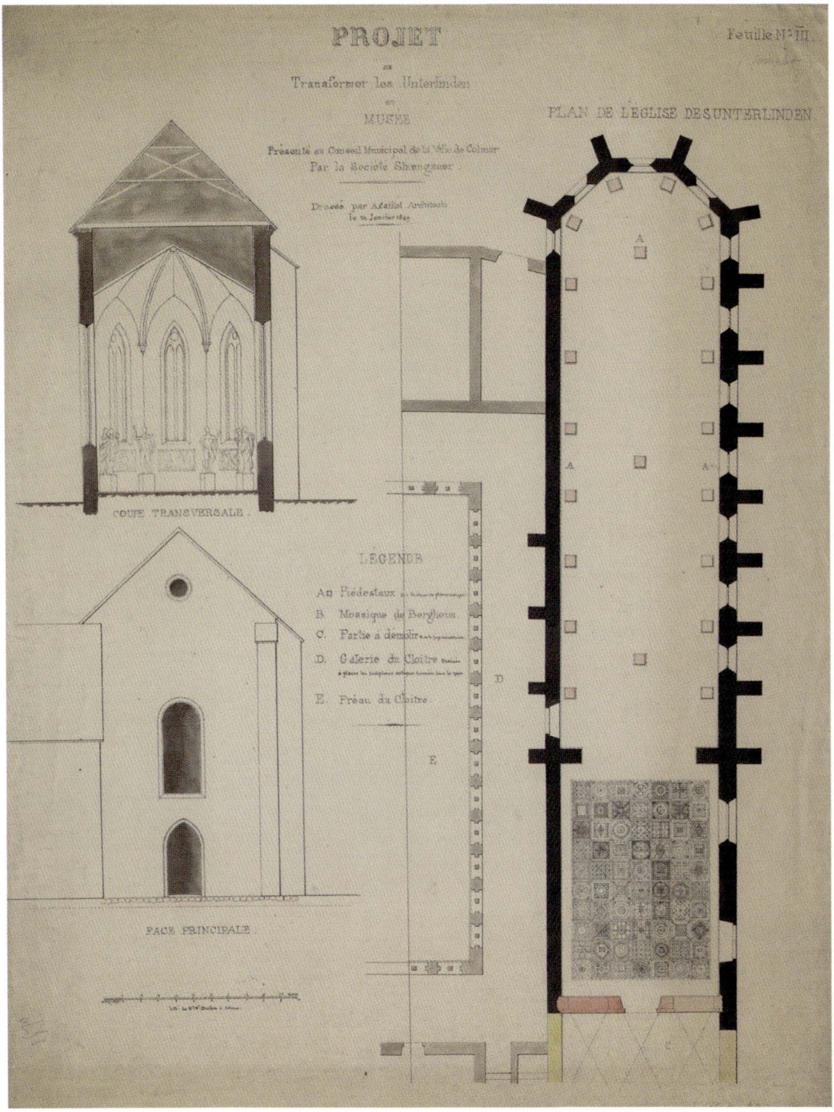

A. Caillot, « Projet de transformer les Unterlinden en Musée », 1849.

Enfin, le 10 octobre *Le Glaneur* publie la cinquième *Lettre d'un lecteur*, dans laquelle ce dernier développe un plan de mise en valeur du théâtre et du couvent d'Unterlinden, par rapport au futur emplacement du théâtre: « Placez-vous dans la rue Kléber, sur la ligne médiane du pavé, le dos tourné à la porte de Rouffach. Nivelez par la pensée toute cette cour des Unterlinden... de manière à ce qu'il ne reste qu'une immense place comprise entre le cloître et la rue des Bains, jusqu'au Canal. Au delà du canal, vous voyez se toucher la maison Boch et les écuries de l'Ackerhof. Faites une percée entre les deux, et arrivez au mur d'enceinte de la ville, ouvrez-y une porte, au lieu de celle que l'on veut pratiquer au fond de la rue du Rempart, et qui mènerait on ne sait où. Là il vous reste une dernière tranchée à faire à travers la rue Valdejo, et vous vous trouverez à l'angle du magasin à fourrages, c'est-à-dire sur la route de Strasbourg. Ainsi vous embrassez d'un seul coup d'œil une rue immense, et qui pourra devenir la plus belle de Colmar ».

Voilà pour l'axe nord-sud. Mais il faudrait également absorber la route des Vosges au Rhin: « Colmar engloutirait donc là deux routes royales qui jusqu'à présent se détournaient de lui. L'armée veut doter Colmar d'une caserne, qui lui sera fort utile, il faut lui tendre la main, la remercier, venir à son aide, nous saigner, si besoin est, pour qu'elle accomplisse son projet… mais à condition qu'elle nous conserve nos Unterlinden. Nos Unterlinden, un monument, dont toute autre ville serait fière… Signé un de vos lecteurs »[33].

En réalité, les auteurs des *Lettres* sont deux. Le premier est le docteur Richard, médecin des prisons et médecin des pauvres de Colmar, co-fondateur du *Glaneur*[34]. Le second est le fils de l'ancien directeur de la maison centrale d'Ensisheim, Édouard Bavelair. Ce dernier se définit comme architecte « formé aux leçons des habiles et savants professeurs des écoles de Paris et particulièrement de l'École royale des Beaux-Arts »[35], mais également préparé par des « recherches appropriées dans l'état des monuments historiques de l'Alsace » et en particulier par la consultation des travaux de Golbéry[36]. Bavelair a participé à toutes les entreprises de la Renaissance colmarienne : le *Courrier du Haut-Rhin* et le *Courrier d'Alsace* de Chrétien-Frédéric Meyer; la Société Littéraire et la *Société Schongauer*, et l'*Annuaire du Haut-Rhin* de Wendling et Liblin. Devenu avoué à Colmar, il continue volontiers d'intervenir dans la *Revue d'Alsace* de Liblin, sous le pseudonyme de l'« Iconophile ».

Finalement, c'est le projet des deux lecteurs du *Glaneur* qui sera retenu. En 1842, le gouvernement décide de construire sa nouvelle caserne de cavalerie au nord de Colmar, éloignant provisoirement la menace de démolition des Unterlinden, qui ressurgit encore en 1843 et qui provoque une nouvelle intervention, cette fois-ci dans le *Courrier du Bas-Rhin* : « Grâce, Grâce pour les Unterlinden ». Le théâtre sera inauguré en 1849 : à son sujet, l'abbé Holtzwarth note qu'« il a coûté fort cher ». La caserne de cavalerie, quant à elle, l'est en 1850: « projet irréfléchi », précise l'abbé, professeur logé au Collège, qui n'est pas non plus un partisan du musée : « La ville aurait pu faire agrandir et approprier l'ancienne caserne d'Unterlinden avec l'argent du gouvernement ».

Alors que le plan d'alignement avait été dressé en 1838 et 1839, l'essentiel des travaux urbanistiques de Colmar a lieu pendant le Second Empire[37]. Le musée Unterlinden ouvre ses portes au public le 3 avril 1853.

-

En 1840, les jeunes Colmariens faisaient volontiers le procès à leurs aînés d'avoir raté les débuts de la Révolution industrielle : « Oh nous savons bien qu'à une certaine époque, l'occasion s'est présentée pour Colmar de prendre un rang parmi les villes de commerce, d'acquérir du développement, de l'importance : nous savons qu'alors que l'on offrait à notre ville d'y faire passer le canal du Rhône au Rhin et d'y établir l'entrepôt de marchandises, choses que Mulhouse a acceptées plus tard avec un empressement méritoire, et qui ont été les premiers fondements de la puissance actuelle, nous savons fort bien qu'à cette époque, certains hommes qui avaient voix délibérative se sont rendus célèbres par un refus de ces faveurs, motivé chez les uns par une coupable ignorance des besoins de la localité, et chez d'autres par un coupable esprit d'intérêt personnel mal entendu. Mais il n'est plus possible aujourd'hui de revenir sur cette monstrueuse turpitude ; nous devons en subir les conséquences. Nous devons seulement veiller à ce que l'on ne laisse plus échapper dorénavant les occasions favorables, pour l'avenir de notre cité, qui peuvent se présenter »[38].

C'est ainsi que la révolution du chemin de fer menace à nouveau la ville de Colmar : le train la contourne et elle se retrouve mise à l'écart des voies de communication rapides, le déclassement définitif est imminent ! Devant la crise, les « jeunes ardents » de Colmar imposent un projet de développement adapté qui mise sur le patrimoine monumental et artistique, conservé et mis en valeur. Ces Colmariens font partie de ces cohortes de jeunes Français, produits des courants intellectuels et artistiques français de la génération Mérimée ou plutôt Arcisse de Caumont[39]. Sous la Restauration et la monarchie de Juillet, ils imposent ces orientations dans de nombreuses villes de France. Leurs campagnes ont-elles aujourd'hui plus d'importance dans le patrimoine mémoriel des villes restées moyennes ? Une enquête pourrait le mettre en relief. Leur régionalisme militant est celui de tous ces jeunes ardents des provinces de France, à un moment où la France fut plus ardemment régionaliste.

À Colmar, leur argumentaire est avant tout culturel : ils promeuvent fortement les liens avec le passé médiéval de l'Alsace, avec la langue allemande et avec l'Allemagne libérale en train de se faire. Mais ce faisant, ils promeuvent également les intérêts de développement de leur ville, pour laquelle ils élaborent un projet urbain d'art et d'histoire. En réclamant le couvent d'Unterlinden pour accueillir les objets d'art de la bibliothèque municipale et le sauver, ils répondent à la question posée : « Comment attirer des visiteurs dans la ville ? »

1 *Le Glaneur du Haut-Rhin*, 8 septembre 1839.

2 Colmar a 14 300 habitants en 1825 et 19 908 en 1841 ; Mulhouse en compte alors plus de 20 000, et 50 000 avec sa banlieue.

3 La fondation de la Société industrielle de Mulhouse date de 1825.

4 GOUTZWILLER Charles, *Souvenirs d'Alsace, portraits d'Alsace, paysages*. Belfort, 1898.

5 Bibliothèque Municipale de Colmar [= B.M. Colmar], MS 743. *Annales de la ville de Colmar*, par HOLTZWARTH J.-B., professeur au collège de Colmar, (copie du manuscrit 70 du Fonds I. Chauffour, exécuté par Me Rencker).

6 *Le Glaneur du Haut-Rhin*, 20 juin 1841. Le 31 décembre 1843, *Le Glaneur* signale la condamnation à 18 mois de prison d'un maréchal-ferrant et d'un sellier qui avaient déboulonné des rails du Strasbourg-Mulhouse : cas de luddisme ferroviaire.

7 *Le Glaneur du Haut-Rhin*, 30 novembre 1843.

8 Sous la Monarchie de juillet (loi de 1831), le Conseil est élu pour 6 ans, renouvelable par moitié tous les 3 ans, par scrutin de section (la ville de Colmar est divisée en cinq sections de vote). 683 électeurs ont pris part aux élections de juin 1840 : le corps électoral est composé d'un pourcentage réduit des imposés. Maire et adjoints sont désignés par le préfet, parmi les conseillers municipaux élus.
Le Glaneur du Haut-Rhin, 29 juin 1840 : « À condition que l'étranger trouve dans une ville, pour s'y arrêter, des ressources suffisantes sous plusieurs rapports, suivant le but de son voyage. Pour le négociant, des moyens d'établir ou d'étendre ses relations d'affaires ; pour le touriste, les moyens de satisfaire sa curiosité d'amateur ou d'artiste ; pour tout le monde, le plus d'agréments possibles ».

9 *Le Glaneur du Haut-Rhin*, 12 juillet 1840.

10 *Ibid.*, 19 janvier 1840.

11 *Ibid.*, 17 octobre 1840.

12 *Ibid.*, 22 octobre 1840.

13 LIBLIN Joseph, « Le Glaneur du Haut-Rhin » in *Revue d'Alsace*, 1897.

14 Aux textes théoriquement identiques, mais ce n'est pas toujours le cas.

15 Mulhouse n'est alors que chef-lieu de canton. Le transfert de la sous-préfecture d'Altkirch à Mulhouse date du 17 novembre 1857.

16 *Le Glaneur du Haut-Rhin*, 12 avril 1840.

17 *Ibid.*, 26 décembre 1841.

18 *Le Courrier du Haut-Rhin*, 6 février 1842.

19 Archives Départementales du Haut-Rhin [=A.D.H.R.], 4 T 60.

20 A.D.H.R., 4 T 19.

21 Archives Municipales de Colmar [= A.M. Colmar], 2 R 6, Associations de la ville.

22 B.M. Colmar, MS 884. Archives de la Société littéraire.

23 A.D.H.R., 4 T 78, Société Schongauer, statuts.

24 A.D.H.R., 4 T 93. Le décret du 13 mai 1815 a repris les dispositions arrêtées par le Premier empire qui réglementaient l'activité des troupes des 25 arrondissement de théâtre. Les directeurs doivent donner la liste de leurs acteurs et actrices, leurs répertoires et pour les troupes ambulantes leurs itinéraires, qui doivent être autorisés.

25 *Le Glaneur du Haut-Rhin*, 18 août 1839 : donne les titres des opéras joués en 1839 : « Titus et Bérénice, Oberon, Guillaume Tell, Moise, Robert le Diable, Les Huguenots, Roméo et Juliette, la Somnambule, les Puritains, Norma, Anna Bolena et le Postillon, ainsi que Tancrède. Grâce à eux, les plus entêtés ont acquis la conviction que le théâtre de Colmar est trop petit ».

26 A.M. Colmar, 2 R 6-5, Société philharmonique et Académie de Chant.

27 Mais il faudrait voir du côté des chorales d'église.

28 *Le Glaneur du Haut-Rhin*, 6 juin 1841.

29 *Ibid.*, 18 juin 1841.

30 *Ibid.*, 8 août 1841.

31 *Ibid.*, 15 août 1841.

32 *Ibid.*, 3 octobre 1841.

33 *Ibid.*, 10 octobre 1841.

34 Richard Alexandre (Ribeauvillé 1804 - Colmar 1858), docteur en médecine, sera président de la Société populaire républicaine en 1848. Il a laissé les fiches d'une « Histoire d'Alsace » dont la parution avait été annoncée en 1839. B.M. Colmar, MS 702 à 706. Également compositeur, ses biographes soulignent sa très grande culture musicale ; MEYER Antoine, *Biographies alsaciennes avec portraits en photographie*, 1ère série, Colmar 1883.

35 Il ne figure pas dans le répertoire de PENANRUN David de, DELAIRE Edmond Augustin, ROUX Louis François, *Les architectes élèves de l'École des beaux-arts 1793-1907*, Paris, 1907.

36 A.D.H.R., 4 N 138, 26 janvier 1840. Candidature de Bavelair au poste d'architecte départemental du Haut-Rhin rendu vacant par le décès de Griois. Trois candidats sont retenus, tous architectes déjà en fonction, dont Lejeune, ancien élève de l'École des Beaux-Arts, architecte à Versailles, retenu.

37 ACKERMANN Étienne, *La gestion de l'urbanisme par la municipalité à Colmar*, 1815-1870, Strasbourg, maîtrise 2005 et avec le même titre in *Annuaire de la Société d'histoire et d'archéologie de Colmar*, 2007/2008, p. 7-34.

38 *Le Glaneur du Haut-Rhin*, 12 juillet 1840.

39 IGERSHEIM François, *L'Alsace des Historiens, la fabrique des monuments*, Strasbourg, 2006. Arcisse de Caumont est à l'origine de trois types d'institutions savantes qui prirent également racine en Alsace : les Congrès Scientifiques, la Société Archéologique et l'Institut des Provinces (qui se voulait le pendant provincial de l'Institut de France).

III

Jean-Baptiste Wicar, « Pie VII remet au cardinal Consalvi le Concordat ratifié », Pierre noire et rehauts de blanc sur papier, 1802-03.

LES VELLÉITÉS CONCORDATAIRES DES MENNONITES ALSACIENS

-

FRANÇOISE FISCHER

Le régime concordataire perdure en Alsace depuis près de deux siècles, bien qu'il soit régulièrement remis en question. Le 15 juillet 1801, c'est après treize mois de négociation que cette convention fut signée entre le gouvernement français et le Pape Pie VII. Son objectif était multiple et selon André Latreille, « un accord avec le Saint-Siège importait autant au rayonnement extérieur de la nation qu'à sa consolidation intérieure »[1]. En effet, Napoléon Bonaparte avait fait le constat que malgré une certaine déchristianisation, la France était restée catholique. L'expérience révolutionnaire avait creusé la séparation entre l'Église constitutionnelle et le clergé resté fidèle à l'épiscopat émigré[2]. Il était donc nécessaire de pacifier les esprits. Par ailleurs, la France du Consulat comportait également les pays belges et rhénans « où l'on ne croit à l'autorité que quand la religion l'a consacrée »[3].

D'autre part, le Concordat impliquait également la réorganisation de l'épiscopat français, mais une réorganisation dans laquelle s'affirmait l'autorité de l'État. De ce fait, lorsque dans son discours au clergé de Milan en 1800, Napoléon affirme qu'« une société sans religion est comme un vaisseau sans boussole »[4], présentant ainsi la religion comme un élément de stabilité sociale[5], le clergé et l'épiscopat applaudirent mais ne saisirent pas encore qu'il avait la volonté de tenir cette boussole entre les mains du pouvoir. C'est d'ailleurs ce qui conduira Antonin Debidour[6] à écrire, de façon peut-être exagérée mais non sans fondement, que ce que Napoléon souhaitait, « ce n'était pas que la religion fût libre en France, c'était qu'elle fût organisée comme un service public et qu'il pût user d'elle comme d'un rouage administratif pour fonder la monarchie de ses rêves et en assurer le fonctionnement »[7]. Il n'en est pas moins vrai que le futur empereur endosse le rôle de pacificateur et de restaurateur des cultes en signant cette convention avec le pape. Chateaubriand dédia son *Génie du Christianisme* à Bonaparte en ces termes : « La France agrandie par vos victoires a placé en vous son espérance, depuis que vous appuyez sur la religion les bases de l'État et de vos prospérités ».

Que préconise ce texte, signé « tant pour le bien de la religion que pour le maintien de la tranquillité intérieure »[8] ? Il reconnaît « que la religion catholique, apostolique et romaine est la religion de la grande majorité des citoyens français ». Les évêques sont nommés par Napoléon et l'investiture canonique est donnée par le pape. Tous les ecclésiastiques doivent prêter serment (article 6). À la fin des offices divins, la formule de prière « *Domine, salvam fac Rempublicam ; Domine, salvos fac Consules* » doit être récitée (article 8) et par l'article 14, le gouvernement assure « un traitement convenable aux évêques et aux curés », qui sera précisé un an plus tard dans les articles organiques du 18 germinal an X (8 avril 1802).

Les articles organiques donnent des précisions sur le régime de l'Église catholique en différents points (curés, archevêques, cultes, etc.) et étendent le Concordat aux cultes protestants. Ces derniers articles concernent les Églises de la Confession d'Augsbourg et les Églises réformées. Comme l'article 14 précédemment cité, l'article 7 relatif aux *Dispositions générales pour toutes les Communions protestantes* prévoit qu'« il sera pourvu au traitement des pasteurs des Églises consistoriales ». Pendant le culte, les pasteurs doivent veiller à faire prier « pour la Prospérité de la République française et pour les Consuls » (Titre Ier, art. III). Pour la Confession d'Augsbourg, l'un des trois consistoires généraux est situé à Strasbourg, les deux autres à Mayence et Cologne. Une division propre est consacrée aux protestants dans l'administration des cultes dès 1802.

En 1808, le culte israélite est réorganisé, mais ce n'est qu'à partir de la monarchie de Juillet, en 1831, que les rabbins bénéficieront d'un traitement. La réorganisation tardive de ce culte fait suite à un rapport de Jean-Étienne-Marie Portalis daté de 1801 (donc en amont de la signature du Concordat), dans lequel il considérait les israélites, comme formant dans toutes les nations « bien moins une religion qu'un peuple; ils existent chez toutes les nations sans se confondre avec elles »[9].

Comme l'écrit Jean-Pierre Chantin, en dehors de ces trois confessions : « Pas de salut ! »[10]. Le droit public fait une « distinction fondamentale des cultes, en cultes légalement reconnus et autorisés, et cultes non reconnus »[11]. Le droit concordataire s'adresse aux cultes reconnus (catholique, protestants, israélite) sans pour autant interdire les cultes non reconnus[12]. Il s'agit pour la majeure partie d'entre eux de confessions issues de la mouvance protestante : baptistes, darbystes, méthodistes, mais aussi mennonites. Ces derniers relèvent, selon le

Code pénal (articles 291, 292 et 294), des ministères de l'Intérieur et de la Police comme toute association dépassant vingt personnes. Pour avoir le droit d'exister, elles ne demandent pas une autorisation de culte, mais une autorisation de simple réunion. Ces confessions sont autorisées puisque la liberté de conscience est absolue et qu'un culte n'a pas besoin d'être reconnu pour exister. Cependant ils ne bénéficient pas des avantages spéciaux que met à disposition la puissance publique à l'égard des cultes reconnus.

Les mennonites de l'est de la France ont tenté au cours du XIXe siècle de franchir cette frontière entre concordataires et non-concordataires, quitte à passer outre certains des principes fondateurs du mouvement. Nous allons tout d'abord nous attacher à montrer en quoi cette volonté de devenir un culte concordataire se trouvait en porte-à-faux avec les principes mennonites, notamment ceux concernant la place du ministre des cultes, ainsi que la position de l'assemblée mennonite par rapport à l'État. Nous analyserons la demande mennonite et les arguments qui y sont développés en les situant dans le contexte de l'histoire des assemblées mennonites. Enfin, en confrontant les réponses des autorités à d'autres documents, nous tenterons de comprendre les raisons profondes des décisions prises suite à cette demande.

LES MENNONITES ET L'*OBRIGKEIT*

La volonté de séparer le temporel (ce qui relève du monde et donc du mal) et le spirituel (ce qui relève de Dieu) est un des principes fondateurs du mouvement anabaptiste. En effet, à Zurich en 1525, ceux qui furent les premiers anabaptistes après avoir soutenu Zwingli, entre autres Conrad Grebel, Felix Mantz et Andreas Castelberger, ne s'étaient pas seulement opposés au réformateur sur la question du baptême, mais aussi sur celle du pouvoir temporel et de son immixtion dans le spirituel. Zwingli s'appuyait sur les autorités de la ville de Zurich pour mettre en place sa rénovation religieuse. Il ne s'agissait plus, comme dans un premier temps, de former une Église de volontaires, mais de bâtir une *Volkskirche*, une Église d'État. Qui devait la réformer ? Selon Zwingli, le fondement du *jus reformandi* était que l'Église se réforme d'elle-même avec l'autorité des Saintes Écritures, tout en partant du principe que l'Église n'était pas un élément séparé de la *civitas christiana*, ce qui soumettait la Réforme à l'approbation des autorités de la ville. Conrad Grebel et Felix Mantz lui reprochèrent ses incohérences. Ils reconnurent que nul autre n'était parvenu aussi loin dans la dénonciation de ce qui n'était pas conforme aux Écritures, mais dans le même temps, ils s'indignèrent que l'autorité de ces mêmes Écritures dut céder le pas à l'autorité de l'État.

En septembre 1524, le groupe écrivit une lettre à Thomas Müntzer[13], lettre qu'il ne recevra jamais, mais qui peut être considérée comme la première expression écrite des idées anabaptistes[14]. Elle donne les lignes directrices de leur foi et insiste sur l'importance de l'obéissance et d'une Église fidèle, sur la séparation de l'Église et de l'État, la nécessité du baptême d'adultes conscients de leur engagement. Cette lettre montre déjà la scission entre le groupe, formant

François Gérard, « La signature du Concordat, 15 juillet 1801 », Plume, crayon et lavis de bistre rehaussé de blanc, 1803-04.

l'Église des vrais chrétiens, et l'Église d'État de Zurich, quitte à en payer le prix[15]. Dans le post-scriptum de la lettre, Grebel ajoute : « Nos pasteurs [...] sont tellement irrités et furieux contre nous, qu'ils nous traitent en pleine chaire d'êtres maléfiques et de *Satanas in angelos lucis conversos*. Nous aussi devrons voir le moment où la persécution nous atteindra par leurs soins »[16]. C'est en effet le sort qui leur fut réservé plus tard. Cette séparation entre ce qui relève de l'Église et l'État est donc bien prégnante dans le mouvement anabaptiste dès le berceau zurichois.

Un peu plus tard, en 1527, l'article 6 de la confession de foi de Schleitheim l'exprime ainsi : « Le gouvernement de l'autorité est selon la chair, mais celui des chrétiens, selon l'Esprit [...], leur citoyenneté est dans ce monde, celle des chrétiens au ciel (Ph 3:20) »[17]. La confession de foi de Dordrecht de 1632, dans son article 13, considère que l'État n'est établi que pour la gestion du temporel. Elle ne présente pas l'État comme garant de la protection des Églises, mais de celle des citoyens : « Dieu [...] a établi [l'État] pour le châtiment des méchants et la protection des bons et en outre pour régir le monde, pays et villes, comme aussi pour maintenir ses sujets en bon ordre et police ».

L'Autorité, ou *Obrigkeit*, n'intervient en rien dans la vie des communautés mennonites et on n'attend d'elle que de pouvoir exercer son culte dans la paix et la liberté. Par contre, les communautés mennonites se placent en marge du monde, notamment des centres urbains dans l'est de la France jusqu'au début du XIXe siècle. Le terme *Absonderung* qualifie cette attitude de mise à l'écart volontaire. John Milton Yinger donne une définition de la secte - en opposition à l'église - qui correspond parfaitement à l'anabaptisme. Il s'agit selon lui d'un groupe qui rejette les compromis de l'église, préférant l'isolement au compromis. Ses membres sont peu nombreux et tous volontaires, insistant sur la perfection individuelle et l'ascétisme. La secte est soit hostile, soit indifférente à l'État et elle s'oppose à l'ordre ecclésiastique. C'est une religion laïque, dégagée de toute autorité terrestre, capable par conséquent, soit d'oublier le monde par ascétisme, soit de le combattre par le radicalisme[18].

Dans son *Fundamentbuch*, Menno Simons a abordé le rapport des ministres du culte à l'argent. Dans un chapitre intitulé *Von dem Leben der Prediger*, il dénonce le clergé de son temps, engagé dans une course aux honneurs et à l'argent. Selon lui, les modèles de tout clergé sont les prophètes et les apôtres, eux qui « ont pénétré dans le jardin du Seigneur sans argent et sans beaucoup d'atours qui sont le drame du monde, personnages qui ont dû supporter le mépris et l'infamie »[19] car ils se détachaient des préoccupations du monde. Le modèle proposé par Menno Simons, réformateur de l'anabaptisme, induit l'absence de hiérarchie et d'organisation en diocèse, en consistoires etc. Par ailleurs, Menno Simons essaie aussi dans ses écrits de s'assurer la bienveillance des autorités en s'adressant dans plusieurs de ses ouvrages à l'*Obrigkeit*, en tentant de lui expliquer le bien fondé des principes anabaptistes et de la convaincre d'agir pacifiquement avec les anabaptistes en cette période de persécutions[20].

LES DEMANDES MENNONITES

En 1834, les mennonites haut-rhinois envoient au ministre des cultes Jean-Charles Persil une pétition concernant le traitement des *Anciens*. Cette pétition, datée du 26 août 1834, est appuyée par différents témoignages et part d'un présupposé qui s'avère erroné : le culte mennonite ferait partie des cultes autorisés et protégés par la loi. C'était sans savoir que le ministère des cultes avait confié le dossier des mennonites à la division des cultes non-reconnus de son administration, au même titre que les baptistes ou les darbystes. Alors que le culte israélite avait déjà été réorganisé sous l'Ancien Régime, ce qui marquait une forme de reconnaissance, les mennonites étaient considérés comme membres d'une secte tolérée.

Les pétitionnaires souhaitent attirer la bienveillance du gouvernement et, pour ce faire, mettent d'abord en avant leurs qualités morales, ainsi que leur civisme. Ils soulignent donc leur soumission aux lois, leur amour de la patrie, la constance de leurs mœurs et une existence consacrée à l'agriculture, domaine dans lequel ils excellent. Preuve en est le prix de la Société d'Agriculture de Paris reçu par Jacques Klopfenstein[21] qui soutient leur demande. Ce patriotisme est illustré par les différentes marques de civisme dont ils font preuve, comme l'acquittement de toutes les charges publiques en tant que bons citoyens. La façon dont ils se présentent comme « concourant avec empressement au service de la garde nationale, au recrutement de l'armée » est plus étonnante. En effet, la dernière demande mennonite d'exemption du service militaire armé date de 1829. On ne peut donc pas parler d'empressement véritable et Jacques Klopfenstein lui-même avait été condamné le 13 vendémiaire de l'An III à une amende pour n'avoir pas porté les armes. Ses fils, par contre, rejoignirent la Garde Nationale de Belfort dans les années 1830[22].

Selon les rédacteurs de la pétition, la population mennonite du département du Haut-Rhin s'élève à 2 000 personnes réparties dans six assemblées (Sainte-Croix-en-Plaine, Sainte-Marie-aux-Mines, Bollwiller, Altkirch, Grandvillars, Eguenigue). Ces données permettent de souligner que la population mennonite n'est pas nombreuse et que l'aide financière de l'État ne serait donc pas conséquente. Cependant, le gouvernement retiendra que les sommes engagées sont modiques et qu'elles peuvent donc rester à la charge des assemblées. Ces frais concernent le loyer des salles d'assemblée, le culte ne se faisant plus dans les maisons particulières, mais aussi les traitements des *Anciens*, chargés de « leur prêcher la morale et de leur expliquer l'Évangile »[23].

Tout d'abord, une lettre d'un prédicateur de la paroisse d'Eguenigue[24] demande la prise en considération de la demande des anabaptistes du Haut-Rhin[25], compte tenu des frais modiques liés à leur culte. Ce prédicateur est Jacques Klopfenstein[26] (1763-1843), conseiller municipal de Belfort sous l'Empire, décoré par le sous-préfet Mergaud au nom de l'Empereur Napoléon Ier en 1810 pour ses mérites agricoles. À ce titre, il connaît les rouages de l'État. Par ailleurs, lors de la remise de la médaille d'or de la Société d'Agriculture de Paris, le sous-préfet et Louis Ordinaire avaient témoigné leur soutien aux anabaptistes, leur promettant d'obtenir d'autres faveurs et d'autres reconnaissances.

En marge du document, deux personnalités de la vie publique belfortaine ont accepté d'apporter leur soutien à la demande des anabaptistes. Le maire de Belfort, Charles Blétry, atteste d'une part que les signataires de la pétition sont tous des mennonites de Belfort et des environs, et d'autre part, « qu'ils sont tous des cultivateurs et jouissent d'une bonne réputation méritant à juste titre recommandation ». Enfin, le dernier soutien vient du sous-préfet de l'arrondissement de Belfort, Pierre Tinel, qui souligne la « moralité exemplaire » des signataires et la réussite de leur agriculture.

Enfin rappelons qu'en juillet 1829, une demande similaire était déjà parvenue aux autorités. Cette dernière émanait alors de Jean Locbuhl de Montbéliard et était adressée au baron Georges Cuvier, conseiller d'État, directeur des cultes protestants. Comme le précise l'en-tête de son courrier, Locbuhl « demande à être assimilé aux autres pasteurs chrétiens et réclame un traitement » conformément aux articles organiques de la loi du 8 avril 1802 appliqués aux Églises consistoriales[27]. On peut alors imaginer que les mennonites du pays de Montbéliard avaient peut être eu connaissance du projet de rémunération des rabbins. Il est certain cependant que l'application du Concordat aux israélites était connue des mennonites haut-rhinois; c'est ce qui a sans doute motivé cette demande de financement des ministres et des lieux de culte mennonites. De même que Jean Locbuhl avait obtenu une réponse négative de la part des autorités, ces dernières réutiliseront les mêmes arguments pour répondre aux frères du Haut-Rhin en 1834.

LES RÉPONSES APPORTÉES PAR LES AUTORITÉS

Adressé au ministre des Cultes Persil, un rapport daté du 6 novembre 1834 fait suite à la pétition des mennonites haut-rhinois. Son rédacteur, le chef de la division des cultes non catholiques, retient bien le petit nombre des assemblées, « une fraction à peine aperçue de la population du Royaume »[28]. Il ne considère pas les *Anciens* comme des ministres du culte à part entière, dans la mesure où ils ne suivent aucune formation théologique, ne sont consacrés d'aucune manière et sont choisis par leurs coreligionnaires.

Au regard de la loi et contrairement à ce qu'écrivent les pétitionnaires, le culte mennonite n'est pas reconnu, puisqu'il est considéré comme une « secte ». Derrière ce terme se cache la crainte de devoir entretenir une multitude de subdivisions de ladite secte, si elle devait être prise en compte par le Concordat. Il souligne également le caractère diffus et marginal du mouvement mennonite, qui poserait problème pour le rattachement des assemblées au Concordat.

L'auteur de ce rapport énonce deux conditions pour mettre en place le traitement des ministres du culte: 1. Le culte doit pouvoir justifier d'une « longue possession » dans le pays. Cependant cet argument est relatif, dans la mesure où la naissance du protestantisme, tout comme celle de l'anabaptisme, date du XVIe siècle; 2. Le gouvernement doit pouvoir trouver un intérêt à organiser le culte et à salarier ses ministres. De ce fait, ses membres doivent être suffisamment nombreux, et donc l'argument du petit nombre avancé par les mennonites joue plutôt en leur défaveur. Pour le rédacteur du rapport, il est donc hors de propos d'accéder à la demande des mennonites haut-rhinois, non seulement à cause du peu de frais engendrés par leur culte, mais aussi parce que « les principes qu'ils professent semblent répugner à toute organisation », contrairement aux Églises catholiques et protestantes, voire au culte israélite. Déjà le conseiller d'État Portalis, dans ses discours sur l'organisation des cultes[29], avait ébauché les critères de reconnaissance des cultes. En effet, abordant la question du culte israélite, il écrit : « Dans chaque religion, il existe un sacerdoce ou un ministère chargé de l'enseignement du dogme, de l'exercice du culte et du maintien de la discipline », puis il évoque la hiérarchie et les interlocuteurs des différentes confessions ayant permis l'élaboration du Concordat. Or, dans le rapport du 6 novembre 1834 envoyé par le chef de la division des cultes non-catholiques au garde des Sceaux, il apparaît que pour être reconnu par l'État[30] :

> « Il faut non seulement [que le culte] ait une longue possession dans le pays, mais que ses adhérents soient assez nombreux pour que le gouvernement soit intéressé à régler son ordre religieux et à entretenir ses ministres. [Concernant les mennonites,] leur nombre est trop minime et indépendamment de cette considération les principes qu'ils professent semblent répugner à toute organisation. Les frais de ce culte sont d'ailleurs si modiques qu'il est impossible de les considérer comme une charge onéreuse pour ses adhérents ».

L'autre pierre d'achoppement avec les autorités concerne la formation des « chefs » mennonites qui « ne sont soumis à aucunes études théologiques et ne reçoivent aucune consécration ». Les *Anciens* sont des membres choisis au sein des assemblées et il n'y a donc pas de clergé établi comme dans les autres confessions intégrées au Concordat. Il est donc difficile pour l'État d'interférer dans les assemblées mennonites et de s'appuyer sur une hiérarchie, ne serait-ce que comme un interlocuteur crédible[31].

Par ailleurs, rappelons que les mennonites s'étaient déjà fait remarquer quelques décennies auparavant par des pétitions demandant l'exemption du service militaire armé, ce qui n'allait pas dans le sens d'un dévouement sans limite à la patrie. Enfin, précisons qu'il aurait été difficile pour les mennonites français de prêter serment, comme les ministres du culte des autres confessions, puisqu'ils refusent le serment[32].

Anonyme, « Anabaptistes de la vallée de Sainte-Marie-aux-Mines », vers 1830.
© Bibliothèque de la Société industrielle de Sainte-Marie-aux-Mines / Médiathèque du Val d'Argent ; albums Lesslin – Af 1.

Par le Concordat et sous couvert de pacification religieuse, Napoléon imposait un clergé pour l'utiliser à des fins politiques. Il espérait réunir autour de lui la France entière à travers les cultes catholiques, protestants et israélites. Cependant, comme l'écrit Edmond de Pressensé[33], « la tolérance positive envers les cultes reconnus est une positive intolérance à l'égard des cultes non reconnus »[34]. En tant que « poussières protestantes »[35], plusieurs assemblées mennonites (Montbéliard en 1829, Haut-Rhin en 1834, Commercy et Saint-Mihiel en 1850) s'adressèrent donc au ministre des Cultes pour demander un salaire pour les *Anciens*, mais aussi des fonds pour financer les lieux de culte.

Enfin, il faut replacer ces requêtes dans le contexte de l'histoire des assemblées mennonites. Le XIXe siècle est une période d'explosion démographique et d'émigration, notamment vers les États-Unis. En ce qui concerne les mennonites, ce sont à la fois des considérations religieuses et l'incapacité à exercer des activités agricoles, due en partie à des partages excessifs et à un manque de terres, qui ont pu les pousser à partir. Cette émigration a vidé les assemblées de ses forces vives, ce qui a alors eu des conséquences dans le domaine spirituel, avec la naissance de dissensions dans les assemblées[36]. Du fait de l'évolution de la société, des libertés sont également prises avec la diversification des activités professionnelles, la prise de fonction au sein des conseils municipaux, les mariages mixtes, ou encore l'installation dans les villes.

Ainsi, il faut resituer la demande des mennonites haut-rhinois dans l'histoire globale des assemblées mennonites, à une période où leur nombre et leurs moyens financiers diminuaient et où la fonction d'*Ancien* avait besoin d'être valorisée pour être assurée avec le sérieux attendu. Cependant, la multiplication des démarches individuelles par les petites assemblées souligne l'absence d'interlocuteur unique, de réelle démarche collective et d'autorité dans ce culte, condition *sine qua non* pour être reconnu.

1 LATREILLE André, *L'église catholique et la Révolution française*, t. II, *L'ère napoléonienne et la crise européenne* (1800-1815), Paris, 1950, p. 21.

2 CHOLVY Gérard, *Christianisme et société en France au XIX*e *siècle (1790-1914)*, Paris, 2001, p. 22.

3 *Ibid.*, p. 21.

4 THEINER Augustin, *Histoire des deux concordats de la République française et de la République cisalpine conclus en 1801 et en 1803 entre Napoléon Bonaparte et le Saint Siège*, Bar-le-Duc, 1869, t. I, p. 63.

5 BOUDON Jacques-Olivier, *Napoléon et les cultes. Les religions en Europe à l'aube du XIXe siècle (1800-1815)*, Paris, 2002, p. 44.

6 Antonin Debidour (1847-1917) était un farouche défenseur de la séparation de l'Église et de l'État. Il était professeur d'histoire à l'université de Nancy et a publié une *Histoire diplomatique de l'Europe du Congrès de Vienne au Congrès de Berlin (1814-1878)*, en deux tomes en 1891.

7 DEBIDOUR Antonin, *Histoire des rapports de l'Église et de l'État en France de 1789 à 1870*, Paris, 1898, p. 188.

8 Le texte du Concordat, mais aussi ceux règlementant le culte israélite et les articles organiques sont reproduits en annexes in CHANTIN Jean-Pierre, *Le régime concordataire français*, Paris, 2010, p. 213-240.

9 SIMEON Joseph-Jérôme, *Rapports et discours des CC. Portalis, Siméon et Lucien Bonaparte sur l'organisation des cultes*, Paris, 1802, p. 58.

10 CHANTIN, *Le régime concordataire…, op.cit.*, p. 27.

11 LEDRU-ROLLIN Alexandre, *Répertoire général : contenant la jurisprudence de 1791 à 1845 [-1850], l'histoire du droit, la législation et la doctrine des auteurs*, Paris, Bureau du Journal du Palais, vol. 4, 1846, p. 998.

12 LENIAUD Jean-Michel, *L'administration des cultes pendant la période concordataire*, Paris, 1988, p. 27.

13 Thomas Müntzer a été longtemps considéré comme le fondateur de l'anabaptisme. Les rapports du XIXe siècle et les ouvrages d'histoire de cette époque colportent cette idée. Ces éléments montrent que ce n'est pas le cas.

14 Texte publié in SEGUY Jean, *Les assemblées anabaptistes-mennonites de France*, Paris, 1977, p. 299-306.

15 « *Rechte gläubige Christen sind Schafe mitten unter den Wölfen, Schafe zum Schlachten, müssen in Angst und Not, Trübsal, Verfolgung, Leiden und Sterben getauft werden, sich im Feuer bewähren und das Vaterland der ewigen Ruhe nicht durch Erwürgen leiblicher Feinde erlangen, sondern durch Tötung der geistlichen* ».

16 « *Denn unsere Hirten sind auch so grimm und wütend gegen uns, schelten uns auf offener Kanzel Bösewichter und 'Satanas in angelos lucis conversos'* ».

17 « *Der oberkeyt regiment ist nach dem fleysch / so ist der Christen nach dem geyst / Ih heuser unnd wonug ist bleiblich in diser welt / so ist der Christen im himel / Ir buergerschafft ist in diser welt / So ist der Christen burgerschafft im himel* ».

18 YINGER John Milton, *Religion, société, personne*, Éditions universitaires Flers, 1964, p. 169-171.

19 *Die Schriften des Menno Simons*, Mennonitische Forschungsstelle Weierhof, Samenkorn Steinhagen, 2013, p. 327.

20 *Der Ausgang oder Bekehrung Menno Simons*, Frankfurt / Leipzig, 1690, p. 50-51. Dans un chapitre *Vom Ampt der Obrigkeit*, il écrit : « *Denn es ist keine Obrigkeit ohne von Gott / wo aber eine Obrigkeit ist / die ist von Gott verordnet ; Wer sich nun wider die Obrigkeit setzt / der widerstrebt Gottes Ordnung / die aber widerstreben / werden über sich ein Urtheil empfahen* ».

21 Le récit de cette remise de médaille se trouve in TESSIER et BOSC, *Annales de l'Agriculture française*, t. XLV, Paris, 1811, p. 217-221. Louis Ordinaire, « correspondant du gouvernement pour l'Agriculture », a remis le 30 septembre 1810 en « l'église des anabaptistes du canton de Belfort » la médaille d'or accordée par la Société d'agriculture de Paris à Jacques Klopfenstein, « membre du corps municipal de Belfort et du conseil ecclésiastique des anabaptistes ». Ordinaire s'exprime ainsi : « Tout vous prouve combien notre auguste Empereur protège l'art agricole. Continuez à être les modèles des bons cultivateurs ; c'est cette existence qui procure le vrai bonheur. J'aurai soin de faire connaître à S. Ex. ceux qui seront dignes de ses bontés. J'aime à croire que la récompense qui vous est donnée aujourd'hui n'est pas la seule que j'obtiendrai pour vous ». Le sous-préfet engage les anabaptistes « à continuer de mériter la bienveillance du gouvernement, tant par leurs mœurs simples, douces, honnêtes, que par leur travaux agricoles » ; « Vous trouverez toujours en moi, leur a-t-il dit, un appui sur lequel vous pouvez compter : par goût comme par devoir j'aime à protéger le mérite, la vertu ».

22 VARRY Dominique, « Jacques Klopfenstein et l'édition des almanachs anabaptistes », in *Souvenance Anabaptiste*, n°3, 1984, p. 46.

23 Archives Nationales [= A.N.], F 19 10 099, Pétition des mennonites du Haut-Rhin.

24 C'est le village où se trouvait la ferme de La Maie qui donna son nom à la communauté anabaptiste de Belfort sous l'appellation « assemblée de La May/La Maie/Lammay » et autres variantes orthographiques.

25 À cette époque le Haut-Rhin comprenait aussi les cantons de Belfort, Delle et Giromagny.

26 Il est à l'origine de l'Almanach *L'Anabaptiste ou le cultivateur par expérience*.

27 CHANTIN, *Le régime concordataire…, op.cit.*.

28 A.N., F 19 10 099.

29 SIMEON, *Rapports et discours des CC…, op.cit.*, p. 58.

30 A.N., F 19 10 099.

31 FATH Sébastien, *Du ghetto au réseau. Le protestantisme évangélique en France (1800-2005)*, Genève, 2005, p. 89.

32 Le refus mennonite du serment trouve son fondement dans le septième article de la confession de foi de Schleitheim, s'appuyant sur les versets bibliques tirés de l'Évangile selon Saint Matthieu (5, 34-37) : « Eh bien ! Moi je vous dis de ne pas jurer du tout : ni par le Ciel, car c'est le trône de Dieu ; ni par la Terre, car c'est l'escabeau de ses pieds ; ni par Jérusalem, car c'est la Ville du grand Roi. Ne jure pas non plus par ta tête, car tu ne peux en rendre un seul cheveu blanc ou noir. Que votre langage soit : « Oui ? oui », « Non ? non » : ce qu'on dit de plus vient du Mauvais ».

33 Edmond de Pressensé (1824-1891) était un pasteur évangélique, député et sénateur de la IIIe République.

34 PRESSENSE Edmond de, *L'Église et la Révolution française. Histoire des relations de l'Église et de l'État de 1789 à 1802*, Paris, 1864, p. 426.

35 FATH, *Du ghetto au réseau… op.cit.*, p. 89.

36 Dissensions qui se manifestent notamment dans la différenciation des vêtements entre *Häftler* (ceux qui ferment leur vêtements avec des crochets ou des agrafes) et *Knöpfler* (ceux qui ferment leurs vêtements avec des boutons).

Godefroy Engelmann, « Intérieur de la nouvelle église de Guebwiller », lithographie, 1828.

LE DÉCOR DES ÉGLISES ET DES SYNAGOGUES ALSACIENNES AU XIXE SIÈCLE

-

BENOÎT JORDAN

On dit souvent que le XIXe siècle n'a pas créé de style nouveau, mais a reproduit des styles anciens. Un siècle de styles « néos » ? Certes, mais pourquoi et selon quelle signification ? Avec quels moyens, quels artistes, quels commanditaires ?

Partons d'abord d'un constat : le nombre de reconstructions ou de constructions d'églises catholiques, d'églises protestantes ou de temples réformés, de synagogues, est particulièrement important au XIXe siècle. Les conditions générales sont connues : le cadre légal des articles organiques, l'augmentation de la population, une richesse généralisée, le développement des villes et, pour les chrétiens, le souhait de mettre fin au *simultaneum*[1]. Sans doute n'a-t-on jamais autant construit en Alsace qu'au XIXe siècle, de manière aussi soutenue et aussi dense. Les beaux édifices ne manquent pas, et parmi eux figurent les édifices cultuels.

Entrons donc dans les églises et les synagogues de notre région pour regarder leur décor et saisir sa signification.

UN SIÈCLE AUX MULTIPLES STYLES

Jusque dans les années 1840, les édifices sont élevés et aménagés dans le style classique déjà présent avant la Révolution : l'église Saint-Louis de Sainte-Marie-aux-Mines pourrait être l'une des dernières dévolues à cette atmosphère. La redécouverte du gothique, du romano-byzantin, de l'art du proche Orient procèdent d'abord d'observations faites par des archéologues. Ils créent des corpus qui permettent aux architectes de trouver des exemples, des modèles, alimentant par la même occasion l'imaginaire en vogue, né tout à la fois du *Génie du christianisme* de Chateaubriand et des romans de Walter Scott, le goût pour le médiéval[2].

Mais dans cette démarche, le poids du passé à travers différents systèmes de références est très présent. Y a-t-il encore une place pour la création ? Si l'on regarde la chapelle du Logelbach et si on lit les commentaires contemporains de son élévation, on constate que la forme générale se veut gothique, mais que l'architecte van Soolen a laissé une certaine latitude à son inspiration personnelle. On ne manque pas de le lui reprocher. Même chose pour le baroque qui ne disparaît pas : l'église Saint-Fridolin de Mulhouse reproduit l'église de Saeckingen, de même que certains éléments de mobilier créés à la fin du XIXe siècle et qui se rapportent à l'époque de Louis XIV ou de Louis XVI, pour reprendre les désignations contemporaines.

Outre la construction de nouveaux édifices, se pose la question des restaurations. Des églises trop petites sont sacrifiées, comme celle de Barr ou l'église Saint-Etienne de Mulhouse, ou encore le chœur de Saint-Pierre-le-Vieux de Strasbourg. Les exemples de ce vandalisme archéologique sont légion : à Altkirch, on jette bas l'église paroissiale Notre-Dame puis l'église Saint-Morand, à trente ans d'intervalle. On récupère et on protège, rarement, comme le chanoine Straub le fit pour l'église de Mutzig dont les vestiges se trouvent au musée de l'Œuvre Notre-Dame à Strasbourg. Mais on restaure aussi : l'abbatiale d'Andlau[3], l'église Saint-Martin de Colmar, celle de Saint-Hippolyte, ou encore les deux édifices de Sélestat[4] et, bien sûr, la cathédrale de Strasbourg. À Balbronn, la fin du *simultaneum* permet un nouvel agencement de l'église protestante dans une forme qui conserve, malgré tout, le souvenir de l'histoire récente.

DERRIÈRE LE DÉCOR, DES HOMMES ET DES FEMMES

Nombreuses, ces églises et ces synagogues ne naissent pas de rien : un substrat humain est présent, nombreux, aisé voire riche, avide de beauté. Les commanditaires sont d'abord des représentants des autorités : les maires, les ministres du culte. La nécessité fait parfois loi, mais pas toujours. Le souhait d'avoir une belle église, à condition que cela ne coûte pas trop cher, est une constante. On le voit avec les atermoiements qui président à l'agrandissement de l'église de Ribeauvillé, dont il est dit qu'elle est trop petite[5]. On se détermine donc, après bien des hésitations et des conflits, à reconstruire un demi-transept et un chœur, le tout dans un style gothique d'assez belle venue, mais qui transforme l'édifice dont seule la nef du XVe siècle et la tour, peut-être du XIIIe siècle, subsistent des temps anciens.

Un projet doit être suscité, énoncé, contrôlé, exécuté. Autant dire que les intervenants sont nombreux : le clergé et les élus, mais aussi l'administration préfectorale, les autorités religieuses supérieures... et les financeurs, soit l'autorité publique, soit des mécènes. La commission d'art sacré n'est créée pour les catholiques qu'en 1894. Auparavant, les architectes d'arrondissement, en quelque sorte des architectes publics, ont la haute main sur la construction, le choix des styles, voire l'aménagement[6]. C'est ainsi que les frères Poisat, prénommés Aristide et Diogène, construisent plusieurs églises dans le sud de l'Alsace, à Willer-sur-Thur ou à Ensisheim. Ils font appel à un sculpteur, Meigret, de Belfort, alors que d'autres ateliers comme celui des frères Laurent, de Nancy, ont déployé leur savoir-faire à l'église collégiale de Thann ou à l'église catholique Saint-Étienne de Mulhouse[7]. Il faut attendre les années 1860 pour que l'atelier de Joseph Muller, de Strasbourg, réalise les autels de Marienthal, puis que Théophile Klem, en de nombreux endroits, n'érige ses autels et son mobilier qui s'inspire du Moyen Âge, comme à Wattwiller ou à l'institution Saint-Jean de Colmar, ou encore au pèlerinage du Dusenbach.

Ce soin apporté au mobilier est un trait particulièrement catholique. Les protestants restent bien en retrait dans ce domaine, tel Émile Salomon qui réalise une œuvre complète au Temple-Neuf, reconstruit entre 1874 et 1877, après le désastre de 1870. De même, le décor des synagogues reste riche, mais le mobilier sobre. En revanche, les donateurs jouent un rôle d'une grande importance. Si l'architecture est le fait de la commune ou du consistoire, le mobilier et le décor sont, souvent, offerts par des membres de la communauté et notamment les vitraux. Ce dernier domaine mobilise souvent les dons, confortés par les inscriptions commémoratives, de même que celui des cloches qui permet aux parrains et marraines de voir leurs noms figurer sur l'objet né de leur générosité.

Derniers intervenants, les commentateurs. Ce sont souvent des spécialistes en art qui apportent un œil critique sur l'ensemble de la construction ou tel détail. Les commentaires sont parfois publiés, notamment dans la *Revue catholique d'Alsace*, les articles de la presse restant souvent assez superficiels.

SIGNIFICATIONS

La rupture avec la période qui précède 1840 est franche : la veine néo-classique qui s'impose entre 1780 et 1840 est remplacée par une fascination pour le gothique et le roman. Cette fascination doit être mise en rapport avec le goût pour le Moyen Âge qui possède la chrétienté occidentale à partir de la parution du *Génie du Christianisme* de Chateaubriand. C'est un rappel de la chrétienté médiévale, celle d'une société dans laquelle la religion domine, une sorte d'aspiration à un idéal d'éternité alors que la société est secouée par des transformations empreintes de modernité. Cette modernité n'est acceptée que de manière exceptionnelle : la fonte n'entre dans l'architecture religieuse qu'en de rares endroits, dont l'église Saint-Joseph de Mulhouse est un cas presque d'exception. En revanche, les décors rapportés composés de fausses voûtes (du plâtre sur lattis) ou de chapiteaux en terre cuite ne sont pas rares, comme à l'église catholique de Wesserling.

Le développement de l'approche archéologique ne va pas sans des fondements idéologiques. On le perçoit notamment avec les synagogues. Il est assez remarquable que les architectes leur donnent une allure certes basée sur la tradition classique, comme à Mulhouse,

Émile Lemaître, « Église protestante de Saverne », lithographie, vers 1860.

parfois avec une influence chrétienne (par la création d'une sorte de chœur dominé par l'arche sainte et la construction d'un orgue), mais avec des éléments repris de l'art islamique ou perse. À dire vrai, on ne connaît pas d'art juif, aussi les architectes projettent-ils des éléments de Palestine ou de Syrie, mais sans fondement israélite, dans ces constructions certes imaginatives. Serait-ce une manifestation d'un sionisme qui ne s'est pas encore exprimé politiquement ? Toujours est-il que les synagogues sont bien visibles dans le paysage urbain, alors qu'au XVIIIe siècle, elles sont encore anonymes. Seule la synagogue de Mutzig était sortie de ce cadre. À Westhoffen ou à Rosheim, les synagogues occupent une place marquante. À Strasbourg, la synagogue du quai Kléber est d'inspiration romane rhénane, et pourrait être prise pour un édifice chrétien[8].

Et les églises luthériennes ou réformées ? La dominante archéologique est largement présente, avec des adaptations nécessaires au culte protestant. Au temple Saint-Étienne de Mulhouse[9], l'architecte Schacre se tourne vers le XIVe siècle pour développer une architecture improbable, avec trois côtés dotés d'une tribune, sans chœur, l'extérieur orné de pinacles et de clochetons. Mais cette dominante est parfois minimaliste, comme pour le temple du Climont, récemment restauré, l'église protestante du Hohwald, ou encore le temple d'Altkirch. À Plobsheim, le plan est centré, efficace, avec une grammaire décorative limitée au nécessaire.

Mais, quel que soit le culte, on repère dans tous les cas la volonté d'établir un décor dont l'unité esthétique est en harmonie avec l'architecture. Cette recherche esthétique est une caractéristique qui tranche avec les aménagements du XVIIIe siècle dans des édifices plus anciens, mais qui s'inscrit dans les constructions nouvelles de l'art baroque ou classique. Finalement, les concepteurs du XIXe siècle se sont révélés être des gens de goût.

-

L'Alsace se transforme intensément au long d'un XIXe siècle qu'il est de coutume de prolonger jusqu'en 1914. Certainement, l'industrialisation, l'expansion urbaine, la découverte d'un patrimoine qui suscite la prise de conscience d'une « petite patrie », constituent des éléments essentiels. Mais les paysages se transforment et les clochers sont, à côté des cheminées, des repères inscrits dans l'imaginaire collectif. Les synagogues elles-mêmes ont désormais pignon sur rue.

Ainsi, l'Alsace dont nous admirons les paysages a trouvé, au long du XIXe siècle, un visage renouvelé à travers les clochers et les façades de ses monuments, essentiels à l'équilibre de sa société, les lieux de culte. Si les clochers des grandes villes sont, pour la quasi-totalité, des héritages d'avant la Révolution, en revanche, les clochers des villages et des villes sont neufs. C'est un signe toujours visible de la richesse de la région. Les synagogues, quant à elles, sont sorties de l'anonymat : elles montrent à qui veut les voir que les citoyens français puis alsaciens sont désormais égaux en droit.

Anonyme, « Temple israélite de Strasbourg », lithographie, vers 1860.

1 MULLER Claude, *Catholiques et protestants en Alsace, le simultaneum de 1802 à 1982*, Strasbourg, 1983.

2 La belle exposition « *Néogothique !* » présentée à la Bibliothèque nationale et universitaire de Strasbourg en 2018 a magnifiquement illustré ce thème.

3 DEHARBE Charles, *Sainte Richarde, son abbaye d'Andlau, son église et sa crypte*, 1874.

4 VUILLEMARD Anne, « Badigeons et polychromies néogothiques à Saint-Georges de Sélestat », in *Annuaire des amis de la Bibliothèque humaniste de Sélestat*, 2005, p. 129-135.

5 BLATT Christophe, *L'acheminement des grands travaux de restauration de l'église paroissiale Saint-Grégoire à Ribeauvillé 1863-1878 : une étude descriptive*, mémoire de maîtrise, Université de Strasbourg, 1995.

6 RIEGER Théodore, « L'architecture néo-gothique dans l'arrondissement de Molsheim », in *Société d'histoire et d'archéologie de Molsheim et environs*, annuaire 1984, p. 5-14; RIEGER Théodore, « Charles-Alexandre Morin et l'épanouissement du néo-gothique alsacien sous le Second Empire », in *Cahiers alsaciens d'archéologie, d'art et d'histoire*, XXXIV, 1991, p. 151-166.

7 Dans ce cas, sur les autels secondaires. L'autel principal est réalisé par Théophile Klem en 1898.

8 DALTROFF Jean, *La synagogue du quai Kléber de Strasbourg (1898-1941)*, ID-L'Édition, Bernardswiller, 2012.

9 SPECKLIN Joseph, *Le temple et la cité : genèse de trois lieux de culte au XIXe siècle : la synagogue, l'église catholique et le temple allemand de Mulhouse (1835-1870)*, Société académique du Bas-Rhin pour le progrès des Sciences, 2009, t. 129-130.

Henri Le Secq, « Le Pilier des Anges, Cathédrale de Strasbourg (prise de vue réalisée lors de la Mission héliographique lancée par la Commission des Monuments historiques) », papier salé d'après négatif, 1851.
Bibliothèque du MAD, Paris © MAD

LES SPLENDEURS DU CATHOLICISME EN ALSACE AU XIXE SIÈCLE. MGR ANDRÉ RAESS ET MGR CÉSAIRE MATHIEU (1840-1874)

-

CLAUDE MULLER

Mgr André Raess, évêque de Strasbourg de 1842 à 1887, a indéniablement marqué une grande partie du XIXe siècle alsacien de son empreinte[1]. Né à Sigolsheim le 6 avril 1794, dernier des sept enfants du vigneron Bernard Raess, il entre en 1811 au grand séminaire de Mayence[2]. Ordonné prêtre en 1816, il enseigne les humanités, puis la rhétorique au petit séminaire de Mayence; en 1819, Liebermann lui confie d'abord la chaire de philosophie, puis celle de théologie dogmatique du grand séminaire qu'il dirige de 1824 à 1830. Raess participe au développement de « l'École de Mayence »[3], publie d'innombrables articles et ouvrages, fonde avec Weis le Katholik, entre en correspondance avec de nombreuses personnalités allemandes[4], pénétrant ainsi de toutes ses fibres le monde cultuel germanique.

Revenu en Alsace, il se voit confier en février 1830 la direction de la Petite Sorbonne[5] par Mgr le Pappe de Trévern[6]; dès l'automne l'évêque le place à la tête du grand séminaire de Strasbourg. Chanoine titulaire en 1831, il est disgracié en 1836 pour des raisons obscures. Mgr le Pappe de Trévern devenant trop âgé pour diriger le diocèse, Raess est choisi comme coadjuteur le 5 août 1840 après des péripéties qui en font sans doute l'un des plus beaux cas de la monarchie de Juillet[7]. Préconisé le 11 décembre 1840, il est sacré le 14 février 1841, prenant de suite en main l'administration diocésaine. Devenu évêque le 27 août 1842, Mgr Raess va entreprendre un long épiscopat particulièrement fécond marqué par l'affirmation de l'ultramontanisme[8] et la querelle avec les protestants[9]. Parallèlement la vitalité spirituelle du diocèse est remarquable : afflux des vocations, essor des congrégations religieuses, multiplication des dévotions et des confréries, grandes cérémonies destinées à raviver la foi des fidèles.

En 1856, Mgr Raess fait son premier voyage ad limina à Rome, puis en 1862 son deuxième. En 1866, il fête avec éclat le cinquantième anniversaire de son ordination sacerdotale ; en 1867, il se rend une troisième fois à Rome et à son retour en Alsace, il reçoit une ovation triomphale. Durant son épiscopat, l'évêque connaît plusieurs changements de régime : s'il passe avec bonheur la monarchie de Juillet, la Seconde République et le Second Empire grâce à un opportunisme certain[10], en revanche il semble briser sa carrière ecclésiastique à la suite de sa déclaration du 18 février 1874 au Reichstag, où il affirme que « les Alsaciens-Lorrains de sa confession n'ont eu aucune manière l'intention de remettre en question le traité de Francfort ». Cette démarche est considérée comme une trahison par la population et le clergé. La fin de règne devient dès lors pénible. Mgr Raess se crispe, refusant toute idée d'un coadjuteur. Lorsque Rome lui en impose un en 1881, il l'ignore et le dénigre même[11], au point qu'il est quasiment mis à la retraite en 1883, Mgr Stumpf administrant dès lors le diocèse[12].

Durant son long épiscopat, Mgr Raess reste en relations épistolaires suivies avec son métropolitain, Mgr Mathieu[13]. Né à Paris le 20 janvier 1796, Jean Marie Adrien Mathieu devient avocat dès l'âge de 19 ans et gère d'abord dans les Landes les biens de Montmorency. Attiré par la vocation sacerdotale, il entre à Saint-Sulpice en 1819, est ordonné prêtre le 1er juin 1822, puis se rend à Évreux. Son jeune talent est rapidement reconnu, car bientôt il rédige les lettres pastorales de l'évêque. En 1831, il est nommé curé de la Madeleine à Paris, puis en septembre 1832 évêque de Langres. Sacré le 18 février 1833, il adopte le prénom de Césaire. Le 22 juin 1834, il devient archevêque de Besançon, succédant au cardinal de Rohan Chabot. Autoritaire, gros de corps, mais fin d'esprit, vif de tempérament, Mgr Mathieu est le type de prélat de la monarchie de Juillet appartenant à la bourgeoisie. Une amitié intime l'unit au nonce Garibaldi[14], lequel note d'ailleurs au cardinal Lambruschini : « Je le consulte souvent confidentiellement sur les affaires ecclésiastiques et reçoit des lumières et des nouvelles, d'autant plus précieuses que c'est un prélat informé comme pas un des choses religieuses en France, doué d'un jugement très sûr, d'une prudence angélique et d'intentions très pures »[15]. Aussi n'est-il pas surprenant de constater son influence grandissante dans les nominations épiscopales. Devenu cardinal le 30 septembre 1850, Mgr Mathieu décède à Besançon le 9 juillet 1875.

Du point de vue canonique, Mgr Mathieu est le supérieur hiérarchique de Mgr Raess ; à ce titre, il reçoit de l'évêque de Strasbourg un certain nombre de missives, lesquelles ne sont pas des rapports stéréotypés et circonstanciés sur la situation du diocèse, mais évoquent les grands événements religieux locaux, souvent de manière précise, parfois de manière allusive. À travers cette correspondance de plus d'une centaine de lettres, car les réponses de Mgr Mathieu nous sont aussi connues[16], il est possible d'appréhender tout un pan de l'histoire du catholicisme alsacien du siècle dernier, sans négliger un apport intéressant dans la connaissance de ce grand évêque qu'était Mgr Raess ainsi qu'une meilleure connaissance de l'épiscopat et de la vie religieuse française. Plutôt que de les regrouper par thèmes, ces lettres sont présentées de manière chronologique, afin de permettre de saisir l'évolution des rapports unissant les deux hommes, même si parfois plusieurs questions s'entremêlent.

L'ÉTABLISSEMENT DE LIENS AMICAUX

Devenu coadjuteur de Mgr Le Pappe de Trévern le 5 août 1840, Mgr Raess entre en relations épistolaires pour la première fois avec Mgr Mathieu le 30 novembre 1840 : « Depuis que Bautain[17] et ses disciples ont fait leur soumission, j'ai toujours eu l'intention de faire le voyage de Besançon, tant pour présenter moi-même leur déclaration à Votre Grandeur que pour avoir recours à vos lumières. J'inviterai les évêques de Saint-Dié et de Nancy pour assister Votre Grandeur au sacre. Je ne puis avoir recours à notre vénérable évêque qui n'a plus de suite dans ses idées ». La réponse de Mgr Mathieu date du 3 janvier 1841 : « Je félicite le diocèse de Strasbourg de l'arrivée de vos bulles : l'état présent de Mgr Le Pappe de Trévern rend d'après ce que vous me dîtes la conclusion de cette affaire encore plus urgente. Je me tiendrai prêt pour le 10 février. Il est fâcheux que Mgr de Verdun soit malade et ne puisse venir faire le sermon. Dans une ville, surtout où il y a beaucoup de dissidents qui attachent un si grand prix aux instructions et qui prétendent que les évêques ne prêchent pas, il aurait été à propos d'avoir un discours par l'un de nos collègues. Si la chose est impossible, il faut bien s'y résigner. Je pense que l'évêque de Langres qui prêche bien accepterait la proposition si vous la jugez à propos ».

Après le sacre de Mgr Raess à Strasbourg le 10 février 1841, «importante manifestation catholique», le coadjuteur écrit à Mgr Mathieu le 14 mars 1841 :

« L'impression que vous avez laissée ici ne s'éteindra qu'avec ma reconnaissance et mon affection pour mon vénérable métropolitain. La cérémonie du sacre ne sera jamais oubliée à Strasbourg. Tout le monde, catholiques et protestants[18], en parle avec ravissement : l'effet moral qu'elle a produite est incalculable ; c'était un commencement de conversion de beaucoup de personnes ».

La réponse de Besançon est tout aussi courtoise : « Le souvenir de la belle cérémonie du sacre ne s'effacera pas de mon cœur ».

Le 3 avril 1841, Mgr Raess évoque la loi Villemain : « Je n'ai pas écrit au garde des sceaux concernant le projet de la loi Villemain ; c'eut été trop prétentieux pour un pauvre coadjuteur. Mais je m'associe avec confiance aux réclamations de mon cher et bien aimé métropolitain ». Les premières recommandations de Mgr Mathieu datent du 16 septembre 1841, à propos de l'intense activité déployée par le coadjuteur : « Souvenez-vous qu'il ne faut pas être en tournée continue plus de huit à dix jours, qu'il faut venir ensuite se reposer chez soi et que deux mois de visites espacées dans l'année sont à peu près ce que les forces peuvent supporter »[19]. Autre recommandation le 13 février 1842, à propos de la santé de Mgr Le Pappe de Trévern : « À vous dire le vrai, je ne partagerai pas tout à fait le scrupule que vous avez sur le silence gardé par vous à l'égard de votre vénérable titulaire. Il me semble qu'il y aurait un inconvénient à en parler dans un mandement de carême, parce que les mandements revenant périodiquement, s'il plaît à Dieu de conserver encore quelques années le digne évêque, il faudrait ou en parler chaque année, ce qui reviendrait à une espèce de bulletin ou en cesser d'en parler, ce qui aurait l'air d'un oubli ».

En définitive, Mgr Le Pappe de Trévern décède le 25 août 1842. Le 28 août 1842, Mgr Raess note : « Une maladie de très peu de jours vient nous enlever notre cher et vénérable prélat. Si la distance entre Besançon et Strasbourg était moins grande, il me serait permis d'avoir l'espoir bien consolant pour moi de vous voir présider la cérémonie ». La réponse de Mgr Mathieu date du 8 septembre 1842 :

> « Quoique la perte que vous m'annoncez fut attendue depuis longtemps, elle n'en est pas moins terrible. Je me rendrais de tout mon cœur aux obsèques, mais je ne puis pas, retenu que je suis ici par des affaires indispensables : d'ailleurs je pense que c'est à vous de conduire le deuil et à faire les obsèques. Vous voilà donc évêque de Strasbourg, j'en fais compliment à l'Église plutôt qu'à vous qui savez bien maintenant quel est le fardeau : mais celui qui vous l'a imposé vous donnera la force de le porter ».

Désormais évêque de Strasbourg, Mgr Raess débute son épiscopat par des initiatives multiples. Toutefois des problèmes surgissent à propos de l'occupation du chœur de l'église mixte de Gundershoffen[20].

Gustave Brion, « Paysans décorant une croix de chemin », aquarelle, 1864.
© The Walters Art Museum, Baltimore.

De Rome, Mgr Mathieu, mis au courant, note le 18 février 1843 : « C'est avec grand bonheur que je suis venu dans la ville sainte visiter le tombeau des saints apôtres. Votre souvenir m'y suit et il m'est impossible de ne pas prier Dieu de répandre ses grâces sur votre épiscopat. Nous vivons dans des temps difficiles. J'ai appris avec une grande peine les désagréments que vous avez eu dans cette paroisse mixte où les protestants ont voulu jouir du chœur contre tous les anciens usages. Il paraît que les protestants forts de ce premier succès veulent étendre ce précédent à toutes les églises mixtes ; vous nous avez singulièrement inquiétés pour celles de mon diocèse. Je vous prie de bien vouloir transmettre à mon vicaire général à Besançon tous les documents propres à nous diriger dans cette grave affaire ». Le 17 août 1843, Mgr Mathieu ajoute : « Je vous remercie des précieux documents que vous m'avez envoyés sur les églises mixtes. J'ai vu votre succès et j'en remercie le Seigneur. L'arrêté du ministre est assez singulier, mais enfin il établit les principes qu'il nous importait de voir reconnu et malgré l'embarras qui y perce vous avez pourtant le gros lot ».

Le 18 février 1842, Mgr Mathieu informe Mgr Raess du sacre de l'évêque de Montauban prévu pour le 10 mars : « Mgr Doney vous a invité à son sacre. Je n'ai pas besoin de vous dire de quel cœur je m'unis à lui pour vous prier de nous venir ». Le 22 février 1842, Mgr Raess s'empresse de répondre affirmativement à l'invitation : « Mon nouveau vicaire général Achon[21] et mon secrétaire l'abbé Gintz[22] m'accompagneront à Besançon. Je vous arriverai le 8 mars, l'avant-veille du sacre de Mgr Doney. Notre sous-préfet protestant de Wissembourg, arrondissement où il y avait le plus de conflits, vient d'être remplacé par un autre protestant de Montbéliard. Le préfet qui avait demandé un catholique est excessivement mécontent de cette nomination, emportée d'assaut au moment de la dernière crise ministérielle par le député de l'arrondissement, lequel étant déjà bien avec les catholiques, voulait ainsi se recommander par là à une fraction protestante. J'aurais donc à m'entendre pour revendiquer et soutenir les droits des catholiques avec un calviniste, un luthérien et un juif tout en restant inébranlable par-devant le ciel et tolérant par-devant la terre. On doit prêcher toute la vérité et n'offenser personne. c'est à ne plus y tenir ».

Le 27 février 1844, Mgr Raess revient sur le délicat problème des relations entre protestants et catholiques :

> « Une grosse affaire d'église mixte vient d'être terminée dans l'arrondissement de Saverne à ma satisfaction. Dans une autre localité mixte, le conseil municipal presque tout protestant vient de voter les fonds nécessaires pour deux églises, c'est-à-dire le cessation du

simultaneum. Si nous réussissons à avoir deux églises à Gundershoffen, la glace sera rompue et nous pourrons nous réjouir de résultats immenses. Il paraît que le curé de Colmar Maimbourg[23] n'entretient pas ses ouailles dans le respect pour l'épiscopat».

Deux mois plus tard, le 2 mai 1844, Mgr Raess donne des nouvelles: «Je pars à l'instant pour une tournée de confirmation et deux consécrations d'églises. Je rencontrerai Mgr de Spire sur la frontière. Je travaillerai deux jours avec lui dans son diocèse et lui deux jours avec moi dans le mien. Cette tournée ne durera que douze jours». Puis le 5 août 1844, retour à la situation confessionnelle alsacienne: «Le préfet Sers[24] est en froid avec moi parce qu'il croit que je devrais empêcher les articles qui paraissent contre lui dans L'Impartial du Rhin[25] et souffrir plus patiemment les empiètements des protestants dans les églises mixtes.» L'évêque de Strasbourg envisage aussi des poursuites contre le bibliophile protestant Busch[26].

Le 8 août 1844, Mgr Mathieu donne son sentiment sur cette affaire: «Je vous rends mille actions de grâces de toutes vos obligeances et bontés pour moi et de m'avoir fait connaître où vous en étiez avec le bibliophile Busch. Vous avez par la consultation, donné un coup de massue au parti protestant, mais pour qu'il soit bien assené, il faut que la consultation soit imprimée sur beau papier avec beau caractère». Le 29 octobre, Mgr Mathieu de Paris revient sur la question: «Vous êtes sur la brèche pour la cause de nos droits dans les églises mixtes, où vous y soutenez bien la bataille; mais ayant affaire à des gens perfides et sans bonne foi, je crois que vous feriez très bien de faire une tournée ici, de voir le ministre des Cultes et de l'éclairer vous-même sur la question». Enfin le 21 novembre 1844, l'archevêque rappelle que «l'affaire du bibliophile lui semble mériter sérieuse attention». Dans la même lettre, il ajoute: «avec quelle affliction j'ai appris la mort du vénérable Liebermann»[27].

Après la crise du début d'épiscopat, la tranquillité suivant les turbulences n'engendre pas de correspondance abondante. Le 10 juin 1846, le nonce prévient Mgr Mathieu du décès de Grégoire XVI[28], en lui demandant de transmettre l'information. Nouvelles de Mgr Raess le 1er août 1846: «Mes tournées ont été peu nombreuses cette année: la plus forte besogne devait se faire au mois de juin et de juillet, mais les élections m'en ont empêchées et pour pouvoir mieux observer la neutralité, autant que possible et raisonnable, j'ai même quitté Strasbourg et me suis enseveli à ma campagne. La lutte n'a jamais été si chaude, de Golbéry[29] est horriblement maltraité par les journaux radicaux; mais j'ai tout lieu de croire qu'il sera réélu. C'est à peu près le seul arrondissement où le clergé se prononce hautement et unanimement pour un candidat».

La missive de Mgr Mathieu du 30 octobre 1846 est importante : « Le nonce est venu en France avec les plus grandes préventions contre les évêques : il ne les consulte en rien, ni sur rien. Il accueille les mécontents. Toute son application vise à combattre le gallicanisme et il compte le tuer en rappant sur nos épaules ; je crois pouvoir dire sans tomber dans aucune hérésie qu'il s'en prend à un fantôme ». En Alsace, le contexte est de plus en plus favorable au catholicisme. Le 11 janvier 1848, Mgr Raess évoque Élisabeth Eppinger, la future fondatrice des sœurs de Niederbronn : « J'ai depuis un an plusieurs grandes affaires sur les bras. J'aurai quelquefois besoin de vos conseils, mais impossible de les demander par écrit. Depuis neuf mois, entre autres, je suis aux prises avec le chanoine-archiprêtre de la cathédrale qui est l'idole de la haute société. J'espère que Dieu me donnera bientôt la grâce et les moyens de l'éloigner du diocèse sous un prétexte plausible. J'ai dans mon diocèse une personne extatique qui a des grâces extraordinaires[30]. C'est ici encore qu'il faut agir avec la plus grande circonspection et confiance en Dieu. Heureusement il y a dans l'endroit un curé pieux et prudent. Mes relations avec le curé de Colmar sont maintenant tout à fait ce qu'elles doivent être ».

Les changements politiques qui se profilent à l'horizon font écrire à Mgr Mathieu le 25 juin 1848 : « Nous ne pouvons nous dissimuler que nous sommes dans un temps de catastrophe et de tempête. » Puis le 18 août 1848 : « Je suis persuadé que pour votre compte, vous ne seriez pas mécontent de n'avoir que le Bas-Rhin, mais pour le diocèse c'est bien différent et vous verriez sans doute de grands inconvénients à ce qu'il y eut un évêché à Colmar[31], cela romprait l'unité alsacienne et affaiblirait votre séminaire ». Petit compliment de l'archevêque le 19 octobre 1848 à l'égard de Mgr Raess :

> « Je ne connais personne qui écrive mieux que vous dans le style épistolaire qui est un des plus difficiles de notre langue et qui en connaisse mieux les ressources et les finesses... Je respecte les secrets de Dieu, mais s'il y avait quelque chose que vous puissiez me communiquer du côté de Niederbronn, je vous en serai reconnaissant ».

Le 21 octobre 1848, une dénonciation multigraphiée adressée au curé de Wittelsheim parvient à Mgr Mathieu. Elle stigmatise « certains actes de faveur, de prédilection et de partialité de notre administration diocésaine. Depuis quelques années, l'évêque de Strasbourg qui subit l'influence dominatrice des jésuites à robes courtes et à robes longues a nommé aux cures les plus importantes du diocèse entre autres Lapoutroie, Erstein, Andlau, Huningue et Woerth de jeunes prêtres, privilégiés, à peine éclos au soleil du saint ministère.

Adolphe Braun, « Portail latéral de la collégiale Saint-Martin de Colmar ; *L'Alsace photographiée* (de la série) », papier albuminé, 1859.

Ces humbles et serviles favoris du pouvoir portent très dévotement le chapeau de Saint Ignace... [Pour ce qui concerne la cure de la cathédrale], il existe dans notre diocèse plus de cinquante prêtre vénérables et instruits. L'on assure cependant que le jeune supérieur d'un établissement religieux, l'abbé Spitz[32], qui cumule déjà deux emplois lucratifs aspire à cette cure et que certains personnages surtout les révérends pères de la ruse l'appuient avec beaucoup d'insistance». Toutefois le métropolitain ne donne aucune suite à cette affaire. Dans une lettre de Mgr Raess du 6 novembre 1848, l'évêque de Strasbourg ne note rien à ce sujet, écrivant juste: «Voici le petit travail que vous m'avez demandé sur la question de l'inamovibilité des desservants». Le 14 du même mois, Mgr Mathieu informe Mgr Raess d'une réunion consacrée à cette dernière question avec les évêques de Metz[33], de Verdun et de Nancy et prévue pour le mardi 9 janvier 1849. Toutefois comme l'évêque de Verdun y est opposé et que l'évêque de Saint-Dié n'a pas répondu, Mgr Mathieu envisage, le 6 décembre, de reporter cette réunion. Dans une nouvelle lettre à Mgr Raess du 28 décembre 1848, Mgr Mathieu ajoute: «Je ne compte pas mettre la liturgie au sommaire de la réunion. Excepté Strasbourg qui a la liturgie romaine, tous les autres diocèses ont la leur qui est la liturgie touloise pour les trois diocèses de Nancy, Verdun et Saint-Dié, la parisienne pour Metz, la lyonnaise pour Bellay et pour moi une liturgie toute particulière qui a conservé beaucoup de l'ancien rite gallican»; la réunion est reportée au 17 mars 1849.

Allusion à la situation du diocèse de Strasbourg dans une lettre de l'archevêque du 8 février 1849: «Je serai très heureux de revoir Specht[34] et de m'éclairer de ses lumières. Je ne connais que trop les frères Baillard[35]; vous avez parfaitement agi en frappant leurs scandaleuses spéculations». Dix jours plus tard, le 18 février 1849, Mgr Raess reçoit à l'instant la triste nouvelle de la mort inattendue de Mgr Manglard: «C'est une bien grande perte pour le diocèse de Saint-Dié où il ne sera pas facilement remplacé. Il avait une immense bonté de cœur et une douce fermeté. Depuis Mgr Jacquemain, aucun évêque n'y a été aimé comme lui». Le 20, Mgr Mathieu partage cet avis: «Je suis atterré comme vous de la perte de l'évêque de Saint-Dié; il avait parfaitement réussi dans son diocèse». Le 17 mars 1849, Mgr Raess se rend à Besançon. Puis ce sont les élections[36] qui préoccupent les deux prélats, d'abord Mgr Mathieu le 27 mars 1849: «Vous nous avez donné de tristes élections dans le Bas-Rhin. Comment vos braves gens ont-ils si mal voté ?» Mgr Raess répond le 8 juin 1849: «Nos élections du Bas-Rhin ont été bien déplorables, on m'assure, en outre, que Mgr Midand quitte Amiens parce qu'il a été mal avec ses grands-vicaires et qu'un d'eux lui avait dit qu'il n'était pas digne d'être évêque. Il paraît que les évêques sont devenus amovibles et les grands-vicaires inamovibles»[37]. Le 18 juin 1849, missive de Mgr Mathieu: «Merci pour le vin de Sigolsheim aussi bon que son propriétaire. Je vous suis d'autant plus obligé des renseignements que vous me donnez sur les élections du Bas-Rhin que je sais qu'ici et à Paris on a cherché à vous imputer le mauvais succès. Comme je vous connais, je sais qu'il n'en était rien».

Preuve de l'estime de l'archevêque, sa relation du 8 octobre 1849 à Mgr Raess du concile provincial de Paris où il évoque « l'unanimité des évêques ». Surtout revient en scène Élisabeth Eppinger, l'extatique de Niederbronn. Le 2 février 1850, Mgr Raess note à son sujet : « Je vous demande mille pardons de vous avoir laissé si longtemps sans réponse. Il me semble que je vous ai dit que dans le temps l'extatique de Niederbronn annonçait un personnage qu'on croyait mort », c'est-à-dire le faux Louis XVII. Le 11 février 1850, l'évêque évoque « le récit de la rencontre du faux Louis XVII et de sœur Alphonse », nom de religion d'Eppinger. Mgr Mathieu répond le 17 février 1850 : « Ce que vous me dites est prodigieux », puis il envisage de proposer quatre évêques comme membres du conseil supérieur de l'instruction[38] : « L'évêque d'Arras[39] notre doyen, de plus cardinal, plein de dignité et de fermeté ; l'archevêque de Tours, prudence, dignité, capacité ; l'évêque de Versailles un de nos plus habiles ou expérimentés collègues ; enfin vous qui êtes malin comme quatre, rompu aux discussions et qui connaissez toutes les merveilles d'Outre-Rhin qu'on voudrait nous importer ». Le 19 février, Mgr Raess donne son opinion sur le discours de Mgr Mathieu consacré à la question de l'instruction secondaire et se dit indigne de participer à la commission. La réponse de Mgr Mathieu date du surlendemain : « Vous ne connaissez pas votre force : vous parlez et vous écrivez français mieux qu'aucun de nous, si ce n'est l'archevêque de Cambrai qui a la palme ». Le 17 mai 1850, Mgr Mathieu ajoute : « Le Saint-Père tout en désapprouvant dans la loi sur l'enseignement ce qui est contraire à la liberté ecclésiastique dit équivalemment qu'il est de la prudence d'en faire l'essai ».

Parallèlement les missives de Mgr Raess évoquent les relations entre sœur Alphonse et Louis XVII dans ses lettres des 10 mars, 18 mars et 7 mai 1850. Pour sa part, Mgr Mathieu est le 17 mai 1850 « très satisfait de la réponse reçue pour Niederbronn. Cela corrobore la position d'expectative et de prudence que vous avez prise ». Toutefois l'affaire de l'instruction secondaire continue de préoccuper les deux hommes. Le 26 mai 1859, l'évêque de Saint-Dié écrit à Mgr Raess à propos de celle-ci : « Je prévois le moment où le ministre va nous demander notre suffrage pour la désignation de ceux de nos vénérables collègues qui doivent faire partie du conseil supérieur de l'université. Je ne veux pas agir isolément et nous ne devons pas le faire. Dites-moi donc si vous avez quelque mot d'ordre à ce sujet et à qui vous croyez qu'il est à propos de donner nos voix. Notre saint métropolitain met en tête de sa liste le cardinal d'Arras. Je lui ai fait à ce sujet des observations qui ne l'ont pas converti et j'avoue que son mandement à l'occasion de la rentrée du Saint-Père me confirme dans ce déplorable état ». Le 11 juin 1850, Mgr Raess ajoute, toujours sur cette question : « Mgr de Marseille a passé par Strasbourg quand nos collègues de Metz et de Saint-Dié étaient chez moi. Nous avons parlé et discuté longuement sur les quatre malheureux évêques qui seraient à envoyer au conseil supérieur. Arras est unanimement repoussé ».

Le 14 juin 1850, Mgr Mathieu adresse à Mgr Raess une très longue lettre contre Mgr Dupanloup et Mgr de Langres, plaidant au contraire pour Mgr d'Arras. Le 22 juin 1850, Mgr Raess répond : « Aussitôt reçu votre lettre, j'ai écrit à Metz et Saint-Dié pour leur dire que vous m'avez honoré d'une lettre très détaillée et que vos arguments pour le maintien d'Arras, de Tours et de Versailles, ainsi que pour l'exclusion de Langres et d'Orléans me paraissaient péremptoires». La conclusion reste à Mgr Mathieu le 13 août 1850: «La grande affaire du conseil me paraît devoir tourner au gâchis et maintenant je remercie le bon Dieu de vous en avoir éloigné».

LES BONS RAPPORTS ENTRE LES DEUX PRÉLATS

Le 9 août 1850, Mgr Raess entretient Mgr Mathieu de «l'histoire de notre maison de prêtres physiquement infirmes et moralement informes[40] établie à Marienthal, lieu de pèlerinage très fréquenté. C'était une très malheureuse idée de mettre sous le même toit les emeriti et les demeriti[41], j'ai trouvé la maison telle quelle et depuis dix ans, je cherche en vain à résoudre le problème». À ce moment, les relations entre les deux prélats sont excellentes, comme en témoigne l'échange de lettre à propos d'un discours fait par l'évêque de Strasbourg.

Le 14 décembre 1850, Mgr Mathieu note: «Franchement vous m'avez écrasé avec votre magnifique latin et vos compliments encore plus magnifiques. Et comme si ce n'était pas assez de vous, votre chapitre s'y est joint ! Pour me venger par des armes discourtoises, je vous envoie un déluge de barbarismes, de solécismes et d'antiphrases. C'est de la faute de l'esprit de la plume car pour le cœur il

n'est pas de la partie». Réponse de Mgr Raess le 31 décembre 1850: «Les lettres si bienveillantes de votre Eminence ont fait un bien grand plaisir à mon chapitre. Vous savez notre allemand mieux que nous ne savons le français et en latin votre modestie sait mieux décliner les justes hommages que nous ne savons les traduire de la langue du cœur en celle de Cicéron...» Puis il ajoute encore:

> «Depuis l'ordination des dernier quatre temps j'ai presque constamment gardé le lit. Triste sort d'un évêque qui se trouve constamment aux prises avec les églises mixtes, les écoles mixtes, les mariages mixtes, les commissions mixtes, les populations mixtes et auquel les médecins font encore avaler leurs détestables mixtures».

Outre les échanges de politesses, les missives de Mgr Raess contiennent toujours des renseignements sur la vie diocésaine, ainsi celle du 30 mars 1851 : «Notre jubilé produit un bien immense et opère une infinité de conversions de tout genre. Les jésuites et les ligoriens [= rédemptoristes] sont admirables de zèle et je n'ai qu'à me louer de mon clergé paroissial[42] ». De son côté, Mgr Mathieu informe l'évêque de Strasbourg sur les affaires religieuses françaises, comme dans cette lettre du 7 avril 1851 : « Nous voici encore avec un ennui sur les épaules. Le bon évêque du Mans et son official, qui sont toujours à adresser à Rome des consultations, ont exposé qu'ils avaient coutume pour les dispenses de mariage de laisser le tout traiter à leur chancellerie, où il y avait des formules pour les enquêtes et les fulminations signées en blanc de sorte que l'official ne savait pas souvent le nom des personnes dispensées, bien moins les raisons alléguées et leur vérité. Comme on ne répondait pas, l'évêque et l'official ont dit que cela se passait ainsi dans d'autres évêchés. Là dessus on s'est ému à Rome : on a défini l'affaire au pape qui a déclaré la marche du Mans irrégulière et a chargé le nonce de l'informer de la pratique des évêchés pour y remédier. Mgr Garibaldi a bien vu que c'était une affaire énorme. Il m'en a parlé. J'ai fortement nié qu'on suivit cette marche dans nos évêchés... Si Mgr Garibaldi avait été moins prudent, il aurait mis notre église en suspicion légale. À la première occasion je lui ferai vos compliments auquel il sera bien sensible. Nous sommes bien heureux de l'avoir ».

Le 14 avril 1851, Mgr Mathieu, devenu cardinal, écrit encore : « Que dites-vous du dernier discours de Lacordaire[43] ? Mais vraiment cela passe la compréhension et me semble d'une témérité énorme. Où allons-nous si on peut traiter des questions de ce genre et les trancher ainsi devant un évêque ! » Réponse de Mgr Raess deux jours plus tard : « Le discours du P. Lacordaire si toutefois les rapports des journalistes sont exacts est un véritable scandale et propre à jeter le doute et l'indifférence dans bien des âmes. Maintenant reste à savoir s'il est plus prudent que l'archevêque de Paris se taise ou s'il est de son devoir de parler et d'agir ».

Puis c'est le litige concernant Portieux[44] qui apparaît dans les correspondances épiscopales. Le 11 juin 1851, Mgr Raess réclame « l'intervention du cardinal pour terminer un conflit entre la congrégation de Portieux et lui ». La réponse du cardinal date du 13 juin 1851 : « On a agi envers vous en dehors de toutes les règles et vous en étiez en droit de vous comportez sévèrement » et le même jour il écrit à l'évêque de Saint-Dié : « Je tape fermement sur la communauté et le supérieur ». Le 29 juin 1851, Mgr Raess fait part de son intention d'œuvrer dans le diocèse voisin de Fribourg : « J'irai demain dans le grand duché pour y passer trois ou quatre jours et donner au bon archevêque[45] un coup de main dans sa tournée de confirmation ; il est maladif ». Après le coup de force de Louis Napoléon Bonaparte, Mgr Raess remarque le 12 décembre 1851 : « Nous allons parcourir des routes bien inconnues ; si Dieu ne les éclaire pas bien, nous serons souvent exposés au danger. Mais comme le président a commencé son affaire avec l'année ecclésiastique, il ne faut désespérer de rien. La sœur Alphonse avait toujours dit qu'on resterait tranquille pendant le jubilé[46], mais qu'immédiatement après, il y aurait une débâcle, laquelle du reste ne serait pas de longue durée. Utinam ! »

Puis ce sont les récompenses et promotions des prélats qui se trouvent au centre des écrits. Le 25 février 1852, Mgr Mathieu écrit à Mgr Raess : « Je prends un parti considérable, celui d'aller à Rome

Adolphe Braun, « Façade romane occidentale de l'église abbatiale Saint-Étienne de Marmoutier ; *L'Alsace photographiée* (de la série) », papier albuminé, 1859.

recevoir le chapeau, avant l'ouverture du Sénat; l'invitation du pape est un ordre pour moi, j'y obéis. Je compte faire ce voyage promptement et revenir le plus tôt possible. Je pars samedi prochain pour le consistoire qui doit avoir lieu le 12 mars. Il paraît qu'il fait très froid de l'autre côté du Rhin et que l'encre y gèle: depuis un an, j'ai écrit au cardinal Geissel plusieurs lettres particulières qui sont restées sans réponse». Le 15 mars 1852, le cardinal évoque la décoration de la légion d'honneur pour Mgr Raess: «Le voyage du pape étant encore incertain, je crois que le plus simple est de déléguer West. Je fais remettre chez Ratisbonne la décoration et le paquet de papiers à votre adresse. Quand vous l'aurez reçu, vous enverrez au grand chancelier le billet de réception de la décoration». La réponse de Mgr Raess est du lendemain : «J'aurai été très heureux de recevoir des mains de votre Éminence la décoration de la légion d'honneur».

Retour à la visite pastorale de Mgr Raess dans le diocèse de Fribourg: «Je me réjouis des bonnes nouvelles que vous me donnez de l'Allemagne. Mais il me semble que vous vous y laissez imposer beaucoup de besogne. Vous parlez de 20 000 Badois[47] à confirmer comme d'un tour à faire dans votre jardin. Avec ce régime, vous finirez par vous tuer», note le 28 avril 1852 Mgr Mathieu, lequel revient sur la question le 16 juin 1852: «J'admire votre force et votre courage d'avoir fait au profit du saint archevêque de Fribourg la campagne de la grande Kabylie: mais si vous n'y prenez garde vous finirez par rester avec tous vos lauriers sur le champ de bataille».

Ici se déroule l'intermède du petit séminaire de Saint-Étienne[48] relaté le 13 mars 1853 par Mgr Raess à Mgr Mathieu. La réponse de Mgr Mathieu ne tarde pas le 24 mars 1853: «Laissez passer deux à trois mois». Le 24 mai 1853, Mgr Raess revient sur la question: «Votre Éminence a très bien fait de m'imposer ce silence provisoire vis-à-vis le ministre des Cultes. Depuis lors nos chances ont augmenté et aujourd'hui le préfet et les députés catholiques sont à peu prés gagnés à notre projet».

Les affaires badoises apparaissent à nouveau dans la correspondance. Le 22 septembre 1853, Mgr Raess «revient d'une tournée de confirmation dans le grand duché de Bade; je m'en sens fortifié comme si j'avais été aux eaux de Vichy. Votre Éminence sait sans doute que j'ai été à Paris au commencement d'août. L'affaire de Saint-Étienne m'y a conduit… L'empereur m'a accordé une audience. Sa Majesté s'est montrée très bien disposée. Je préfère néanmoins, au moins pour le moment, rester dans la voie administrative». Le 17 décembre 1853, Mgr Raess «remercie pour les adresses à Mgr de Fribourg. Si Votre Éminence ne portait pas si bien et si dignement le chapeau, l'université de Fribourg serait tentée de vous envoyer le bonnet de docteur en littérature allemande… Cette affaire de Bade me donne un immense surcroît de travail. On a mis à ma disposition les courriers de cabinet de Paris et Vienne peur envoyer des rapports réguliers à la nonciature de Munich. On craint un peu à Fribourg qu'à Rome on ne montre pas assez d'énergie. Je les ai rassurés... J'ai ordonné ce matin vingt prêtres et il n'y a plus une seule place vacante. Malgré cela personne ne veut sortir du diocèse. Il faut que j'imite le département des finances et que j'établisse un surnumérariat ecclésiastique »[49]. Enfin le 25 janvier 1854, Mgr Mathieu remercie l'évêque de Strasbourg : « Je suis heureux de ce que vous m'avez appris des meilleures dispositions du prince régent de Bade. Plaise au Seigneur de faire cesser bientôt les angoisses de cette église désolée ».

Nouveau retour à des considérations plus générales le 28 mars 1854, où de Sigolsheim, Mgr Raess écrit à Mgr Mathieu : « Nous avons déjà fourni tant de professeurs d'allemand à d'autres diocèses que la liste des volontaires est épuisée et que je me trouve dans le cas de procéder sous ce rapport par voie de persuasion... Dans sa nouvelle circulaire sur l'inspection des couvents cloîtrés, le ministre recule bien d'un pas... On parle d'un droit qui ne peut être, dit la circulaire contestée au gouvernement. C'est un premier jalon qui, si l'épiscopat français ne tient pas ferme, nous réserve le sort des évêques de Sardaigne et de la province ecclésiastique du Rhin supérieur. L'empereur dont les intentions sont si droites et si justes, est bien mal servi dans cette occurrence ». Le 30 mars 1854, Mgr Mathieu ajoute :

> « Pendant que j'étais dernièrement à Paris d'où j'arrive, le ministre des Cultes nous a fait savoir à moi et aux cardinaux qui s'y trouvaient que le désir de l'empereur était que nous demandions à nos diocèses des prières à l'occasion de la guerre d'Orient et que nous exprimions aussi ce vœu aux évêques de nos provinces respectives. L'empereur ne compte point faire de demandes officielles, mais il désire vivement qu'on supplie le ciel de protéger les armes de la France ».

Enfin, en conclusion aux affaires badoises, citons cette lettre de Mgr Mathieu du 16 avril 1855 : « Vos œufs de Pâques venant de Fribourg étaient nombreux et il fallait bien des paniers pour les contenir ; mais vous vous entendez merveilleusement à faire les omelettes et à expédier tout cela. J'ai été bien touché de la noblesse, de la simplicité et de l'humilité qui règnent dans cette belle lettre de l'archevêque de Fribourg. Je vous prie de l'en remercier de ma part à l'occasion. Mon bonheur fut grand de rencontrer un si saint homme et si aimable que l'évêque de Mayence ».

Dans la multitude des dossiers évoqués par les prélats, remarquons cette lettre du cardinal Mathieu à Mgr Raess datée du 3 septembre 1855 : « Avez-vous entendu parler d'un projet d'érection d'un évêché à Colmar et ce projet aurait-il votre assentiment ? Je vous avoue que je vois bien des difficultés à ces érections après lesquelles quelques personnes se jettent avec tant de zèle. On m'assure que le conseil général du Haut-Rhin doit délibérer sur ce point dans sa session. S'il en était ainsi, il faudrait éclairer la position et je vous serai obligé de me dire ce que vous en pensez et ce qu'il en est». Réponse de Mgr Raess du 8 octobre 1855 : «Depuis la dernière lettre que j'ai eu l'honneur d'adresser à Votre Eminence, j'ai à plusieurs reprises cherché à parler au préfet du Haut-Rhin de son grand projet, mais il n'a pas été possible de mettre la question sur le tapis. Deux choses sont bien constatées, c'est qu'avant la réunion du conseil général, il avait gagné à son projet individuellement les membres du conseil et qu'au conseil général même il n'en fut plus question. Il paraît certain que dans cet intervalle, le préfet a eu un savon de la part du gouvernement pour s'être trop avancé dans cette affaire. Le fait est qu'à Paris, il n'en fut jamais question et qu'on n'y est nullement disposé à y songer. Je regrette que Besançon ne soit pas sur la route de Strasbourg à Paris. À l'occasion du sacre de Mgr de Rodez[50] auquel je suis appelé à faire évêque assistant, je ne manquerais pas d'aller vous exprimer de vive voix les sentiments profondément respectueux». Enfin le 27 novembre 1855, Mgr Raess conclut :

> «Vous apprendrez avec plaisir qu'il n'est plus question de la disjonction du diocèse. C'est du nouvel hôtel de l'évêché que j'écris ces lignes. J'y suis beaucoup mieux qu'au château. Veuillez donc vous en convaincre en prenant une fois la direction du chemin de fer de l'est. Il n'y a que 13 heures de Paris à Mulhouse. Le suffragant de Strasbourg serait heureux de recevoir son bien aimé métropolitain et fier de lui montrer sa cathédrale magnifiquement restaurée».

En avril 1856, Mgr Raess fait un voyage ad limina à Rome accompagné du vicaire général Schir. Arrivé dans la ville éternelle le 10, l'évêque est invité à prendre le petit déjeuner avec le pape le 12. Faveur exceptionnelle, l'évêque de Strasbourg est encore reçu trois fois par Pie IX. Le 2 juin 1856, le cardinal note que «c'est une excellente chose de faire des voyages à Rome, même à l'improviste : vous l'avez vu par votre propre expérience[51] et vous ferez parfaitement de récidiver». Le 2 mars 1857, le cardinal évoque un autre dossier : «J'espère que votre affaire de Masevaux[52] prendra la tournure que doivent y désirer tous les gens de bien, d'autant que vous y avez mis de la patience. Peu après l'apparition de l'ouvrage de Thiébaud,

Adolphe Lafosse, « Cardinal Césaire Mathieu », lithographie, 1869.
© Bibliothèque municipale de Besançon, cote Est.FC.2203.

Antoine Meyer, « André Raess, évêque de Strasbourg », 1886.

j'ai reçu de Rome la dernière réponse que j'attendais et ainsi j'ai pu communiquer à mon clergé la situation complète de l'affaire et la conduite que j'y ai tenue, ce qui a fait tomber tous les faux bruits». Autre lettre du cardinal du 23 avril 1859:

> «Vos rapports avec l'Allemagne doivent vous faire encore mieux apprécier la gravité de la situation. Je vois qu'il faut vous prêcher la prudence. Vous vous épuisez, vous vous fatiguez à l'excès et je ne sais comment vous pouvez y tenir. Si j'étais votre confesseur, je ne vous donnerais pas l'absolution pour vos tendances homicides. Jouissez au moins du repos de Kaysersberg».

Et lorsque débute la question romaine[53], Mgr Mathieu s'exclame le 27 avril 1859: «Nous voici bien embarqués ! Que le Seigneur nous protège ! Qu'il protège la nacelle de Pierre et nous à sa suite !».

Preuve des bons rapports unissant les deux prélats, l'invitation de Mgr Raess à Mgr Mathieu pour qu'il vienne couronner la Vierge de Marienthal[54]. Le 28 août 1859, le cardinal répond: «Marie, notre bonne Mère, a tant de pouvoir sur moi qu'il ne m'est pas possible de refuser son invitation ni la vôtre. Je serais donc à votre disposition pour votre belle fête du 8: je vous arriverai un ou deux jours à l'avance; mais je ne serai pas seul. J'aurai avec moi trois ecclésiastiques et mon domestique». Après un nouveau compliment à Mgr Raess - «Vous vous plaignez de vos allures tudesques et personne n'écrit le français aussi bien que vous» -, Mgr Mathieu précise le 11 septembre: «Je compte partir d'ici jeudi 15 par le train de 4 h 51 du matin et arriver à Strasbourg le même jour à 2 h 20 de l'après-midi. [Les ecclésiastiques] qui m'accompagnent seront très heureux d'être logés partout où vous voudrez, même sous la queue du coq de votre cathédrale». Le lundi 19 septembre 1859 a lieu à Marienthal le couronnement de la statue de la Vierge douloureuse. Outre Mgr Mathieu et Mgr Raess, participent à cette cérémonie l'archevêque de Bourges, les évêques de Spire, Metz, Saint-Dié, 300 prêtres et plus de 2 000 fidèles[55]. Plusieurs mois après l'événement, Mgr Mathieu précise encore à propos de la question romaine le 4 mars 1860: «La situation est des plus graves et des plus tristes. J'ai confiance en Notre Dame de Marienthal».

LE MAINTIEN DES BONNES RELATIONS

La question romaine préoccupe durant toute la décennie les deux évêques. Le 6 septembre 1860 par exemple, Mgr Mathieu relève: «Vous avez déploré comme moi la triste séance du 29 mars. Il serait trop long de vous donner les détails des diverses circonstances qui ont amené la défaite. Après cette journée néfaste, il me semble qu'il y avait pas d'autre parti à prendre que de ramener la bataille sur les nouvelles pétitions présentées pour le pape». Autre remarque de ce type du cardinal le 24 décembre 1860: «Vous êtes le cardinal de mon cœur et vous me permettrez à ce titre de vous souhaiter la meilleure et la plus sainte année. Sainte, je n'en doute pas; meilleure, car vous partagez tous nos troubles et nos appréhensions. L'horizon est bien noir et au midi et à l'est: car vos chers voisins ne nous aiment guère et je crains toujours qu'ils ne viennent faire pleuvoir, quelque beau matin, leurs bombes sur nos têtes».

«Si je n'ai pas eu l'honneur de répondre plus tôt, c'est que j'ai été malade depuis cinq semaines et que la bronchite la plus opiniâtre m'a fait interdire tout travail», écrit le 26 août 1861 Mgr Raess. «J'aurais dû me douter de votre maladie, car la Gazette d'Augsbourg qui parlait des solennités de Spire et des évêques qui s'y trouvaient ne vous mentionnait pas», répond le cardinal le 30 août 1861. L'amitié entre les deux hommes ne se dément donc pas. Le 27 octobre 1861, Mgr Raess ajoute: «Malgré mon opiniâtre bronchite, j'ai dû accepter le sermon de clôture de la fête millénaire à Notre-Dame-des-Ermites. Et comme l'usage y est établi d'y publier aux grandes solennités les sermons de prédicateurs étrangers, je dus également me résigner à écrire mon sermon, à le livrer au père abbé et à le voir imprimer en descendant de chaise» [56]. Mgr Mathieu remercie le 29 novembre 1861 «pour l'envoi de votre magnifique discours d'Einsiedeln. C'est là de l'allemand vrai, beau dans la perfection et bon de toutes manières. On ne sait qui l'emporte de la forme ou du fond».

À la pentecôte 1862, Mgr Raess se rend une seconde fois à Rome, où il écoute le pape dénoncer les erreurs du rationalisme et du matérialisme contemporain. De retour en Alsace, l'évêque note au cardinal le 5 juillet 1862: «Je vais recommencer une tournée pastorale et les consécrations d'église. Dans une dernière lettre, j'ai oublié de présenter à Votre Éminence les respectueux hommages de mon ami et voisin de Spire». Quant à Mgr Mathieu, il écrit successivement: «Je prends une part sincère et du fond du cœur à toutes vos douleurs ouvrières. Je crois que l'on a beaucoup trop donné à Rouen et dans le Nord et qu'on a trop négligé notre coin.» (27 mars 1863); «Je m'étonne et je m'afflige de l'imprévoyance qui a présidé à toutes ces grandes affaires du traité de commerce, de l'abaissement des droits protecteurs, la crise américaine, etc. J'ai reçu, vu et admiré votre mandement sur les mariages mixtes. C'est un modèle du genre, mais je vous loue également beaucoup de n'en avoir rien touché dans votre dispositif.» (9 avril 1863); «Je vous fait part d'une lettre que m'a écrite Thiébaud mon ancien secrétaire que j'ai fait bien maladroitement chanoine et qui depuis ce moment m'a déclaré une guerre ouverte... Vous n'êtes pas le seul à vous trouver dans le feu électoral. Nous y sommes pleinement ici.» (27 mai 1863); «Il me semblait bien que tout ce que l'abbé Thiébaud avançait de vous était non seulement controversé mais impossible, tant nous avons été serrés par la besogne pendant les jours de notre réunion. Vous n'avez pas abandonné une seule fois notre communauté épiscopale. Le silence et le mépris sont la seule réponse à des énormités semblables; mais je suis toujours très heureux que votre mémoire soit d'accord avec la mienne.» (30 mai 1863). De son coté, Mgr Raess envoie le 4 juillet 1863 le récit de ses récentes pérégrinations: «Je reviens de l'Autriche où j'ai passé près de trois semaines; c'est ce qui explique le retard de ma réponse aux deux lettres que Votre Éminence m'a fait l'honneur de m'adresser. Je fus tout étonné de me savoir par les journaux allemands à Trente, tandis que je me trouvai successivement à Munich, Vienne, Ratisbonne et Spire». Le 27 avril 1864, le cardinal remercie l'évêque: «Vous êtes bien bon pour moi et je vous en aurais exprimé plutôt ma reconnaissance sans les tristes occupations qui ont suivi la mort de ma sœur bien aimée. Je lui étais uni par les liens de la foi encore plus étroitement que par ceux de la nature à cause du grand sentiment de piété qui la dirigeait en tout et la rendant supérieure à toutes». Dans un tout autre domaine, le cardinal annonce le 12 mars l865 que «son intention est que les statuts des diocèses voisins soient respectés dans le sien et qu'on ne fasse rien pour les infirmer».

En 1866, Mgr Raess est vraisemblablement à l'apogée de sa gloire personnelle: chargé par Rome de diverses missions en Allemagne, ayant des liens d'amitié avec de nombreux évêques allemands et français, doué d'une très grande capacité de travail, il apparaît comme un évêque important. Bientôt l'évêque de Strasbourg ébauche un projet et s'en ouvre au cardinal le 23 janvier 1866: «Il y a vingt-cinq ans Votre Éminence m'a fait l'insigne honneur de me conférer le Saint Esprit et cinquante ans que j'ai reçu la prêtrise de Mgr Colmar[57], évêque de Mayence. Mon clergé, a, à mon insu, organisé une fête pour célébrer mon double jubilé. Déjà l'an dernier, Mgr Mermillod[58] s'est engagé à venir prêcher à cette occasion. Rapp vient de me dire que le comité se propose d'adresser une invitation aux évêques de la province et aux évêques voisins non français. Je me permets donc d'avoir recours à Votre Éminence et de la prier de vouloir bien me dire ce qu'elle en pense». La réponse du cardinal date du 26 janvier: «Par le passé je n'ai jamais vu que les évêques fêtassent leur cinquantième année de prêtrise, ni le jubilé épiscopal avant la cinquantième de leur sacre. Depuis les choses ont changé et quand un clergé et les fidèles à leur suite organisent une manifestation, il sera difficile de s'y soustraire».

Le 18 août 1866, Mgr Raess revient sur la question du jubilé: «Le mercredi 12 septembre aura lieu la consécration de l'église de Marienthal. Mgr l'évêque de Mayence[59] y prêchera. Votre Eminence voudra bien désigner les prélats qui feront la consécration et qui chanteront la messe pontificale. Il n'y aura pas de consécration d'autel: par conséquent la cérémonie ne sera pas de si longue durée. Il est bien entendu que Votre Éminence se fera sa part elle-même, par droit de naissance. Nous nous mettrons tous sous ses ordres avec zèle et bonheur. Peuple et clergé n'ont pas oublié le charmant petit sermon allemand à l'occasion du couronnement de la Sainte Vierge de Marienthal». Dans sa réponse du 20 août 1866, Mgr Mathieu se montre toujours aussi courtois: «Pour ce qui est de la répartition des offices entre les prélats, je n'ai ni droit de conquête, ni droit de naissance à exercer : ce sera, comme de juste, à vous à tout déterminer. Seulement, puisque vous me le permettez, je vous dirai qu'il me semble que tout l'office du 11 septembre, matin et soir, doit être fait par vous, parce que c'est toujours le prélat dont on fait la cérémonie jubilaire qui officie, les autres prélats tiennent à cœur de l'environner comme ses frères, mais ils ne doivent, ni ne peuvent le remplacer. Quant à l'office du mercredi 12 pour la consécration de l'église de Marienthal, le vœu du pontifical romain est évidemment que la messe soit célébrée par celui qui fait la dédicace de l'église et si cela peut vous accommoder je suis tout prêt à faire l'un et l'autre, comme également à ne faire que ce que vous voudrez pour la consécration ou la messe ». Le règlement des détails de la cérémonie se poursuit le 25 août 1866 dans une lettre de Mgr Raess :

> « Comme chez nous les longs offices éloignent le monde et que moi-même je me trouvai souvent anéanti après la cérémonie, on m'a conseillé de suivre les anciens rites ou bien de me contenter d'une simple bénédiction d'église et de consacrer l'autel à part. Jusqu'à présent, j'ai consacré à peu près 70 à 80 églises ».

Réponse de Mgr Mathieu le 27 août 1866 : « Pour ce qui est de la longueur de la cérémonie la chose tient beaucoup aux chantres. Quand ils sont bien dressés et formés et chantent sans précipitation, la cérémonie s'abrège beaucoup. Je vous serais donc reconnaissant de me donner le nom de votre maître des cérémonies, afin de ne pas vous embarrasser dans tous ces détails et que je puisse m'en entendre avec lui ». Autre missive de Mgr Raess du 30 août 1866 : « Nous espérons avec confiance que d'ici là votre jambe sera guérie. Notre maître des cérémonies, le saint abbé Mechler[60], a été enlevé il y a quelques mois. Son successeur est l'abbé Sattler[61], directeur et professeur au grand séminaire ». Le cardinal répond encore le 4 septembre 1866 : « Vous avez la bonté de tenir à moi, mais je tiens encore plus à vous et ne peux plus m'en détacher que l'ombre du corps. Je suis chez vous, j'y reste et je réponds à la très obligeante dépêche du préfet que je ne saurais renoncer à l'hypothèque que le droit donne au métropolitain sur son suffragant ».

Les fêtes du jubilé ont lieu à Strasbourg le 11 septembre 1866, en présence du cardinal-comte de Reinach, du chanoine Moufang et du cardinal Mathieu[62] ; le lendemain, 12 septembre, Mgr Ketteler prononce le sermon à Marienthal, en présence de Mgr Mathieu. En juillet 1867, Mgr Raess se rend une troisième fois à Rome ; il revient en Alsace le 11 juillet 1867, acclamé par la population.

Après ces événements, la correspondance entre les deux évêques se ralentit quelque peu. Le 5 février 1868, Mgr Raess écrit à Mgr Mathieu: «Au commencement de mon épiscopat, j'ai trouvé dans mon diocèse quantité de différents livres de lecture, presque tous composés par des protestants ou des catholiques de pâle couleur. Nous avons dès lors travaillé à un manuel répondant à tous les besoins locaux et touchant à toutes les questions pratiques et d'une utilité générale. J'y ai employé les meilleures têtes du diocèse». Puis c'est une toute autre affaire qui préoccupe le cardinal dans une lettre du 7 décembre 1868: «Il paraît que quelques chanoines d'une église cathédrale de la province dont le nom n'est pas indiqué ont adressé à la congrégation des rites à Rome des questions en forme de plaintes sur la coutume de quelques évêques de la province de prendre des curés une rétribution pour les saintes huiles qu'on leur donne à Pâques, coutume qui leur paraît simoniaque ou tout au moins singulièrement abusive. Cette plainte ne concernant pas la congrégation des rites, mais bien plutôt celle de l'inquisition, a été renvoyée pour informer et c'est moi que le cardinal préfet charge de l'information». Le 16 décembre, Mgr Mathieu revient sur la question: «Les indications que vous avez la bonté de me transmettre me montrent de plus en plus combien l'inculpation faite à Rome contre nous par quelques chanoines est injuste».

Des lettres échangées en 1869, on retiendra celle de Mgr Raess du 15 mars 1869, relatant la question romaine: «Je n'ai pas encore répondu à la lettre que Votre Éminence m'a fait l'honneur de m'adresser il y a un mois. Je puis maintenant donner la nouvelle que le comité a déjà expédié quelques artilleurs. Les envois ne seront pas considérables, mais de bon choix. Je vais pour deux jours à Spire et me charger des compliments pour le vénérable évêque palatin». Pour sa part, le cardinal donne des nouvelles le 19 avril 1869 de Paris où il se trouve: «Hier au Sénat j'ai pu faire entendre quelques plaintes au sujet de l'industrie de votre pays. Cela est venu à l'occasion de doléances de 36 industriels de Bischwiller, de 67 de Strasbourg et de Schwartz négociant de votre ville sur les tarifs différentiels des chemins de fer. La discussion est remise à mardi 21; mais que faire, lorsque ces bons industriels n'ont personne ici pour les représenter et donner les renseignements dont on aurait besoin? Ma bonne volonté pour eux va donc demeurer sans effet».

Les deux prélats se retrouvent aussi au concile de Vatican en 1870. Mais Mgr Raess quitte Rome avant la proclamation de l'infaillibilité pontificale. Le tout nouvel évêque d'Angers, Mgr Freppel, originaire d'Obernai, écrit à Mgr Raess de Rome le 7 juillet 1870: «Le cardinal Mathieu continue son système de voter pour tous les amendements, même les plus contradictoires. Les malins prétendent que, restant cloué dans sa chambre toute la journée, il choisit la salle du concile pour se donner du mouvement en se levant le plus de fois possible; c'est un exercice de gymnastique comme un autre» [63].

L'annexion de l'Alsace à l'Allemagne, après la guerre de 1870 et le traité de Francfort du 10 mai 1871, modifie évidemment considérablement la position de Mgr Raess. Toutefois il poursuit sa correspondance avec Mgr Mathieu. Ce dernier lui écrit le 8 septembre 1871 : «Vous êtes bien bon de m'avoir donné ainsi de vos nouvelles après lesquelles je soupirais tant. C'est avec une douce consolation que j'apprends que nos liens ecclésiastiques ne sont pas encore rompus. Je m'estimerai heureux tant qu'ils subsisteront». Nouvelle lettre de Mgr Mathieu le 19 février 1872 :

> «Vous travaillez donc toujours malgré les sièges, les bombes et les désagréments ! Vous êtes vraiment intrépide. J'ai reçu votre dixième volume des Convertis et je voudrais bien qu'il y en eut cent mille: car il en resterait alors beaucoup moins à convertir. Qu'est-ce qu'il y a de vrai dans ce qu'on a répandu du Concordat en vos pays ? Mon esprit, mon cœur sont toujours avec vous. Mes devoirs à votre entourage, Rapp[64], Marula[65] ».

Quatre jours plus tard, le 23 février 1872, réponse de Mgr Raess : « Nos grands et petits séminaires sont encombrés d'élèves et cependant nous manquons de prêtres à l'heure qu'il est. La Prusse nous envoie dans tous les coins des percepteurs et la France nous demande de tous les départements des précepteurs. Ce n'est qu'au mois d'août, où je pourrai ordonner les théologiens de quatrième année, que je comblerai les lacunes et qu'il me sera peut-être possible de trouver un jeune prêtre pour M. de Longeville. Le nouveau régime me fait perdre mon latin, mais non pas mon allemand. Enfin on se tire d'affaire comme on peut et on arrose ses regrets des larmes un peu sacrées de l'espérance et de la résignation ».

Ces dernières lignes témoignent bien du désarroi de l'évêque de Strasbourg, aux prises avec la question des curés inamovible[66] et avec l'administration allemande qui ne réagit pas comme il le souhaiterait. Le 1er février 1873, Mgr Mathieu note à Mgr Raess : « Comme vous pouvez avoir intérêt à la dernière circulaire du ministre des Cultes sur la proposition d'élévation des curés de première classe, à titre personnel inamovible, je prends la liberté de vous envoyer copie de la réponse que je lui ai faite ». Le 25 février 1873, le cardinal aborde une toute autre question : « Dans le temps de la guerre un ecclésiastique de votre diocèse nommé Joseph Eugène Becq de la paroisse de la Rivière près de Belfort se présente ici muni d'un certificat satisfaisant du supérieur du séminaire de Strasbourg. Récemment il nous est arrivé sur son compte les plus mauvais renseignements sur ses antécédents par rapport aux mœurs. Je vous prierai de vouloir bien me fixer à cet égard ». Après avoir remercié Mgr Raess au sujet des renseignements

Adolphe Braun, « Collégiale Saint-Thiébaut de Thann ; *L'Alsace photographiée* (de la série) »,
papier albuminé, 1859.
© Bibliothèque des Dominicains, Colmar.

concernant Becq, Mgr Mathieu ajoute le 9 mars 1873 : « Combien je prie Dieu pour vous ! Tous les jours à 7 heures du matin dans ma chapelle et tous les soirs à 6 heures et demi je gémis, j'intercède et me fais un de cœur avec vous ».

En Alsace, la situation ne s'améliore guère. Le vicaire général Rapp est expulsé[67]. Le 19 avril 1873, Mgr Raess remercie Mgr Mathieu pour « la bienveillance avec laquelle il a voulu recevoir Rapp, ainsi que les autres Alsaciens qui tous sont fiers de la haute protection dont ils sont heureux d'être l'objet ». Surtout deux événements surviennent brutalement. Tout d'abord, le 18 février 1874, Mgr Raess élu député au Reichstag, déclare que les Alsaciens de sa confession ne remettent pas en question le traité de Francfort, ce qui provoque un tollé sans précédent en Alsace à cette époque[68]. Ensuite l'évêque de Strasbourg n'est plus sous la juridiction du métropolitain de Besançon, mais relève directement du Saint-Siège. C'est à ces deux faits que font allusion les trois dernières lettres des prélats. Le 22 août 1874, Mgr Mathieu note à Mgr Raess : « Le décret consistorial qui soustrait votre diocèse et celui de Metz[69] à la métropole de Besançon pour les soumettre immédiatement au Saint-Siège vient de m'arriver. Je n'ai pas besoin de vous dire combien cette séparation m'est pénible mais elle est nécessaire par l'exigence des circonstances et je m'y soumets. Quoique nos liens de relations ecclésiastiques soient rompus, je professerai pour vous le plus profond respect et toujours je vous conserverai la plus tendre affection ».

Surtout la missive du 5 septembre 1874 de Mgr Raess à Mgr Mathieu est importante :

« Il paraît que notre involontaire séparation politique et hiérarchique devrait recevoir un double baptême d'accidents. Car l'incident de chemin de fer qui humainement parlant aurait dû me coûter la vie fut d'assez près suivi de la luxation qui a atteint votre bras droit. L'article de catéchisme que j'ai dû, en conscience, maintenir en février au Reichstag pour préserver la France d'une guerre imminente[70], l'Alsace-Lorraine et les catholiques allemands de plus cruelles persécutions m'a valu de la part des révolutionnaires et des catholiques abusés, imprévoyants ou ignorants une avalanche d'injures plus ou moins passagères, ce qui joint à des actes de violence à l'endroit de nos petits séminaires a fortement ébranlé ma santé, sans abattre mon courage et ma confiance en Dieu. Je réitère de nouveau l'expression de ma vive gratitude de toutes les paternelles bontés que Votre Éminence a eues pour mon cher vicaire général Rapp. Je puis maintenant lui donner un successeur[71], mais Dieu sait quand il sera agréé ».

Cinq jours plus tard, le 10 septembre 1874, Mgr Mathieu répond : « Les renseignements généraux et rétrospectifs que vous me donnez me sont extrêmement précieux ; vous les compléterez en temps et lieux de la manière que vous jugerez convenable. Le travail de restauration spirituelle que vous avez fait en ces lieux est très considérable et les fruits en demeureront longtemps. J'ai pris une part sincère et de cœur à toutes vos tribulations. Je me suis tenu en esprit à côté de vous au milieu de tous ces orages. Dieu, comme vous le dites si bien, aura de tout cela le dernier mot et fera connaître sa volonté sur ses serviteurs. Les complications du personnel ne sont pas les moins considérables, ni les moins difficiles. J'admire votre sagesse et je vous prie de compter sur moi pour vous y aider en tout ce que je pourrai ». Les événements n'ont donc en rien altéré l'amitié entre les deux hommes. La correspondance s'achève avec le décès de Mgr Mathieu le 9 juillet 1875.

-

Que conclure à la lecture de ces citations issues de l'importante correspondance échangée entre les deux prélats ? Tout d'abord de bonnes relations unissent les deux hommes tout au long de la trentaine d'années qu'ils restent en relations épistolaires au-delà des formules de politesse, il est possible de déceler une réelle estime de l'un pour l'autre, guère affectée par les turbulences religieuses et politiques de l'époque. Ensuite la correspondance fait apparaître deux hommes d'Église, véritablement chefs de leurs diocèses respectifs, lesquels abattent un travail considérable : Mgr Raess notamment paraît assez inusable et paye véritablement de sa personne. Si l'on a coutume de dire que le Second Empire voit un développement du catholicisme, cette constatation ne doit pas être réductrice de l'action déployée par l'évêque de Strasbourg. Enfin le dépouillement de cette correspondance offre un parfait résumé des grandes tendances de la vie religieuse du diocèse au milieu du siècle dernier ; à ce titre elle méritait d'être présentée.

1 L'histoire du catholicisme alsacien au XIXe siècle a été profondément renouvelée et approfondie au cours des dernières décennies. Outre les ouvrages pionniers de L'HUILLIER Fernand, *Recherches sur l'Alsace napoléonienne*, Strasbourg 1947, 709 p. et LEUILLIOT Paul, *L'Alsace au début du XIXe siècle*, t.3 *Religions et culture*, Paris, 1960, il faut surtout citer les travaux de EPP René, *Le mouvement ultramontain dans l'Eglise Catholique en Alsace au XIXe siècle (1802-1870)*, Strasbourg 1975, 875 p. et *Mgr André Raess, évêque de Strasbourg (1842-1887)*, Griesheim 1979, 187p. Quatre ouvrages ont enrichi nos connaissances pour la période du *Reichsland*: WAHL Alfred, *Confession et comportement dans les campagnes d'Alsace et de Bade (1871-1939)*, Strasbourg 1980, 1270 p.; BAECHLER Christian, *Le parti catholique alsacien (1890-1939)*, Strasbourg 1981, 764 p.; IGERSHEIM François, *L'Alsace des notables (1870-1918)*, Strasbourg 1981, 318p.; HIERY Hermann, *Reichstagswahlen im Reichsland (1871-1918)*, Düsseldorf 1986. 520 p. De manière générale, nous nous permettons de renvoyer à MULLER Claude, *Dieu est catholique et alsacien, La vitalité du diocèse de Strasbourg (1802-1914)*, Strasbourg 1986, 1209 p. et au *Dictionnaire du Monde Religieux Contemporain, Alsace*, Paris 1987, 493 notices.

2 L'épiscopat de Mgr Raess a suscité une abondante bibliographie. Outre les deux ouvrages de EPP René déjà cités et qui restent fondamentaux, on peut encore consulter BERNHARD, pseudonyme de GUERBER Joseph, *Andreas Räss. Bischof von Strassburg*, Wurtzbourg 1873, 41p. dont la brochure a été traduite par GANDELET André, *Notice biographique sur Mgr André Raess, évêque de Strasbourg*, Paris 1878. L'ouvrage de RAESS Simon, *Mgr André Raess, évêque de Strasbourg (1794-1887), Esquisse biographique*, Rixheim 1903, 179 p. va jusqu'à l'épiscopat seulement. Les principaux dictionnaires ont consacré des notices à l'évêque, ainsi GATZ Erwin, « Räss », in *Die Bischöfe der deutschsprachingen Länder (1803-1945), Ein Biographisches Lexikon*, Berlin 1983, p. 584-590 ou *D.M.R.C., Alsace*, p. 348-350. Mgr Raess n'a pas toujours été apprécié par son clergé. Citons cette remarque d'un ecclésiastique non identifié, lequel a passé à la Petite Sorbonne de Marlenhelm en 1838: « Raess de Sigolsheim est un homme capricieux, autocrate, ne voyant les questions qu'à la surface; il se forme un chapitre sans énergie, ni ressort, un clergé cantonal des membres les plus flatteurs et dévots à sa personne; rancuneux. Il n'existe peut-être point de prêtre du diocèse, qu'il n'ait affligé. Ruiné de corps et d'âme et de fortune par ses coups d'autorité arbitraire et ses nominations capricieuses, cyniques et quelquefois faites à rebours; avec cela il prétend être grand administrateur! » (A.E.S. varia). D'autres remarques peu favorables à l'évêque in L'HUILLIER Fernand, « L'attitude politique de Mgr Raess entre 1859 et 1879 », in *Études alsaciennes*, 1947, p. 245-262.

3 Sur cette école, *cf.* SCHNUTGEN Alexander, *Das Elsass und die Erneuerung des katholischen in Deutschland von 1814 bis 1848*, Strasbourg 1913; EPP René, *Le mouvement ultramontain*, p. 175-217; LENHART Ludwig, « Die erste Mainzer Theologenschule des 19. Jahrhundert (1805-1830) in *Jahrbuch für das Bistum Mainz*, 1951-1954, p. 93-186; 1955-1957, p. 9-130.

4 De manière générale, voir GOYAU Georges, *L'Allemagne religieuse. Le catholicisme (1800-1870)*, 4 vol., Paris, 1905-1909. Parfaitement bilingue, Mgr Raess a entretenu une correspondance abondante avec des personnalités allemandes dont une infime partie seulement a été publiée. Signalons entre autres SCHNUTGEN Alexander, « Der junge Andreas Raess », in *Elsass Lothringisches Jahrbuch*, 1924, p. 33-53; PFLEGER Luzian, « Bischof Andreas Raess und Friedrich Von Hurter », in *A.E.K.G.*, t. 3, 1928, p. 311-322 et « Bischof Andreas Raess und Johann Baptist von Pfeilschifter », in *A.E.K.G.*, t. 4, 1929, p. 367-386; SCHNUTGEN Alexander, « Briefe von Andreas Räss an Franz Georg Benkert », in *Historisches Jahrbuch*, t. 40, 1920, p. 137-179; BRUCK A., « Aus der Briefmappe des Bischofs Räss », in *Elsass Lothringisches Jahrbuch*, t. 19, 1941, p. 290-300; HOEBER K., « Briefe von Luise Hensel an Andreas Räss », in *Historisch-politische Blätter für das katholische Deutschland*, t. 122, 1898, p. 735-745; PFLEGER Luzian, « Andreas Räss und die gräfliche Familie zu Stolberg », in *Historisch-politische Blätter für das katholische Deutschland*, t. 152, 1913, p. 245-256; PFLEGER Luzian, « Bischof Andreas und Johann Baptist von Hirscher », in *Hochland*, t. 23, 1926, p. 654-671; WILTBERGER Otto, « Andreas Raess, Domherr des Bistums Strassburg und die Politik des Kabinetts Thiers im Jahre 1839 », in *Zeitschrift für die Geschichte des Oberrheins*, Heidelberg, 1913, t. 67, p. 28-71; AMSCHWAND Rupert, « Briefe des Bischofs Andreas Räss an Friedrich Hurter », in *A.E.A.*, t. 25, 1958, p. 211-227; FEILCHENFELDT Konrad, « Clemens Brentano an Andreas Räss », in *Literaturwissenschaftliches Jahrbuch*, t. 14, 1973.

5 Sur cette école, *cf.* les trois articles de SCHLAEFLI Louis, « La Petite Sorbonne à Molsheim », in *Annuaire de Molsheim*, 1970, p. 105-119; « Où il est question d'installer le petit séminaire à Molsheim », in *Annuaire de Molsheim*, 1981, p. 147-151; « La Petite Sorbonne à Marlenheim », in *A.E.A.*, t. 42, 1983, p. 357-364 et MULLER Claude, « Mgr Le Pappe de Trévern et la formation du clergé alsacien (1827-1842) », in *ERCAL*, n°1, Strasbourg 1985, p. 35-63.

6 Sur cet évêque, *cf.* EPP René, *Le mouvement ultramontain*, p. 218-276 et MULLER Claude, *Dieu est catholique et alsacien*, p. 42-76, *D.M.R.C., Alsace*, p. 260-262 (avec bibliographie).

7 L'épisode a fait l'objet de multiples publications, vu sous des angles différents, *cf.* SCHICKLE Modeste, *Le curé Louis Maimbourg*, Strasbourg 1932, p. 178-182; HAUVILLER Ernest, « Mgr le Pappe de Trévern, victime des ultramontains germanisants », in *La Vie en Alsace*, Strasbourg 1932, p. 185-189 et « Le chanoine Dupont des Loges, candidat coadjuteur à Strasbourg (1840) », in *Revue ecclésiastique de Metz*, Metz 1932, p. 118-121; PONTEIL Félix, « La candidature du curé Maimbourg à la coadjutorerie et à l'épiscopat de Mgr Raess », in *Revue d'Alsace*, 1934, p. 246-266 et 459-494; PFLEGER Luzian, « Zur Ernennung von Andreas Räss zum Koadjutor des Bischofs von Strassburg », in *A.E.K.G*, t. 13, 1937, p. 339-356; MARTIN Jean-Pierre, *La nonciature de Paris et les affaires ecclésiastiques de la France sous le règne de Louis Philippe (1830-1848)*, Angers 1949; POUPARD Paul, *Correspondance inédite entre Mgr Antonio Garibaldi, internonce à Paris et Mgr Césaire Mathieu, archevêque de Besançon*, Paris 1961; EPP René, *Le mouvement*, Strasbourg, 1975, t. I, p. 267-276; MULLER Claude, *Dieu est catholique et alsacien*, p. 62-77 et 966-969.

8 EPP René, *Le mouvement ultramontain*, p. 277-346.

9 MULLER Claude, « La tension religieuse entre protestants et catholiques dans le Bas-Rhin en 1843 », in *Revue d'Alsace*, 1982, p. 123-132; *Le simultaneum dans l'Outre Forêt 1802-1914*, thèse de IIIe cycle de théologie catholique, Strasbourg 1983, 3 volumes, 557p.; *Églises mixtes du Kochersberg, du Pays de Hanau et de l'Alsace Bossue (1802-1914), Pays d'Alsace*, t. 123 bis, Saverne 1983, 204p.

10 PONTEIL Félix, « L'attitude politique de Mgr Raess entre 1859 et 1879 », in *Études alsaciennes*, 1947, p. 245-262 bien plus valable que HAUVILLER Ernest, « Un prélat germanisateur dans l'Alsace française. Mgr Raess, évêque de Strasbourg », in *Revue Historique*, t. 189, 1937, p. 98-121.

11 MULLER Claude, « Le malencontreux dualisme: l'opposition de Mgr Raess envers Mgr Stumpf (1881-1883) », in *A.E.A.*, t. 42, 1983, p. 315-337.

12 MULLER Claude, *Mgr Pierre Paul Stumpf, enfant d'Eguisheim. Un épiscopat dans l'alternative (1887-1890)*, Langres 1987, 202p.

13 VAPEREAU Gustave, *Dictionnaire universel des contemporains*, Paris 1867, p. 1207; BESSON Louis, *Vie du cardinal Mathieu, archevêque de Besançon*, Paris 1882; BAUNARD Louis, *L'épiscopat français de 1802 à 1905*, Paris 1907, p. 135-281; REIBEL Fernand, « L'évêché de Strasbourg et sa métropole Besançon », in *Lorraine, Alsace, Franche Comté*, Paris, 1957, (447p.), p. 261-271.

14 POUPARD Paul, *Correspondance inédite entre Mgr Antonio Garibaldi, internonce à Paris et Mgr Césaire Mathieu, archevêque de Besançon*, Paris 1961 (ne contient que les lettres du second au premier).

15 *Catholicisme*, t. 8, col. 879-880; *Dictionnaire d'Histoire et de Géographie ecclésiastique*, t. XVIII, 409p.

16 Les lettres de cette correspondance sont conservées aux A.D.B.R., 1 V 140. Elles constituaient avant 1983, date de leur transfert, la liasse 178 aux archives de l'Evêché de Strasbourg. Consultées en partie par Fernand L'Huillier et René Epp, elles n'ont pas fait l'objet d'une publication approfondie et restent de ce fait parfaitement inédites.

17 Sur Bautain lui-même, voir PONTEIL Félix, « La renaissance catholique à Strasbourg. L'affaire Bautain (1834-1840) », in *Revue Historique*, 1930, p. 225-287; LEUILLIOT Paul, « Bautain à Strasbourg », in *Revue d'Alsace*, 1930, p. 662-665; POUPARD Paul, *Un essai de philosophie chrétienne au XIXe siècle: l'abbé Louis Bautain*, Tournai 1961, 403p. (*cf.* bibliographie p. 27-47); *N.D.B.A.*, t. 2, 1983, p. 137; *D.H.G.E.*, VI, p. 1515-1520; *Catholicisme*, I, p. 1322-1323; *Enc. Cat. II*, p. 1069-1070; *Lexikon Für Theologie und Kirche*, t. II, p. 73-74; *D.B.F.*, V, p. 957-958; *D.M.R.C.*, *Alsace*, p. 60-61. Sur ses disciples, notons entre autres BANNACHE Ch., *Notice biographique sur le P. Carl de l'oratoire*, 1874, 32p.; Anonyme, *Théodore Ratisbonne, fondateur de la société des prêtres de la congrégation des religieuses de Notre Dame de Sion*, Paris 1903, 624 p. et 744 p.; BESSON Louis, *Vie du cardinal de Bonnechose, archevêque de Rouen*, Paris 1887, 516p. et 680p.; PERRAUD Adolphe, *Le P. Gratry. Sa vie et ses œuvres*, Paris 1900, 354p.

18 Au début de son épiscopat, Mgr Raess envisageait de convertir les protestants au catholicisme. L'évêque est d'ailleurs l'auteur de l'impressionnante série *Die Convertiten seit der Reformation*, 13 vol., Fribourg-en-Brisgau, 1866-1880.

19 Durant tout son épiscopat, y compris à plus de 80 ans, Mgr Raess sillonne son diocèse pour des visites pastorales.

20 La polémique qui naît entre catholiques et protestants à propos de l'usage du chœur de l'église mixte va remonter jusqu'au ministère à Paris. Cette affaire a été évoquée par PONTEIL Félix, *L'opposition politique à Strasbourg (1830-1848)*, Strasbourg 1932, p. 689-709; MEYER Octave, *Le simultaneum en Alsace*, Saverne 1961, p. 187 et annexes. Pour y mettre fin, Mgr André Raess cherche à convaincre les communautés catholiques de construire leur propre église et y réussit en partie, *cf.* MULLER Claude, « Les résultats de l'œuvre des églises mixtes en Alsace (1884-1914) », in *A.E.A.*, t. 45, 1986, p. 287-338.

21 Né à Lausanne le 4 avril 1804, Joseph Achon est ordonné prêtre le 11 août 1827. Professeur au petit séminaire de Strasbourg de 1830 à 1835, vicaire général de 1834 à 1855, il est simultanément prédicateur à la cathédrale, « le seul ecclésiastique sachant faire une prédication correcte en français à Strasbourg » aux dires du préfet du Bas-Rhin (A.D.B.R., V68). Après son décès à Strasbourg le 18 février 1855, Pantaléon Mury publie trois volumes de ses sermons et discours, *cf. N.D.B.A.*, 1, 1982, p. 12-13; MULLER Claude, *Dieu est catholique et alsacien* (index); *D.M.R.C.*, *Alsace*, p. 37.

22 Né à Behlenheim le 19 avril 1815, Georges Gintz est ordonné prêtre en 1839. Après avoir été secrétaire particulier de Mgr Raess, ce dernier le nomme curé de Sigolsheim, son fief, où Gintz reste en fonctions de 1849 à 1894, année de son décès. Sur ce prêtre, relevons l'opinion de Georges de Golbéry, neveu de l'érudit Philippe de Golbéry et maire de Kientzheim de 1869 à 1887, datant de 1858: « Le curé Gintz est un homme très capable et très intriguant; c'est lui le véritable maire de Sigolsheim », *cf.* A.D.H.R., 1 M 68 et MULLER Claude, *Bennwihr, Kientzheim, Sigolsheim à l'époque contemporaine (1870-1990)*, Strasbourg 1991, (336p.), p. 48-56.

23 Né à Ribeauvillé le 19 septembre 1773, Louis Maimbourg est ordonné prêtre à Lucerne en 1796. Secrétaire de l'évêché de 1803 à 1811, curé d'Obernai de 1811 à 1814, il devient curé de Colmar de 1814 à 1854. En 1827, Mgr Le Pappe de Trévern le nomme vicaire général honoraire chargé spécialement du Haut-Rhin. Au moment de la désignation d'un coadjuteur de l'évêque, son nom est avancé contre celui d'André Raess, d'où hostilité de ce dernier à son encontre, *cf.* SCHICKELE Modeste, *Le curé Louis Maimbourg (1773-1854)*, Strasbourg, 1910, 300p.

24 Dossier sur Louis Sers aux A.N., F 1 b I 173, 15; *cf.* aussi SPACH Louis, *Nouveaux mélanges d'histoire et de critique littéraire*, Strasbourg, 1865, p. 150-184 et JOURCIN Albert, « Louis Sers (1791-1865) », in *La Vie en Alsace*, 1926, p. 97-102.

25 Durant cette période, la presse catholique ultra se déchaîne contre le préfet protestant Sers, *cf.* MULLER Claude, « La curieuse destinée du chanoine Joseph Axinger (1806-1888) », in *A.E.A.*, t. 41, 1982, p. 137-211, notamment p. 153-161.

26 Frédéric Busch, ancien adjoint au maire de Strasbourg sous la Restauration, propriétaire protestant à Dorlisheim, s'étant procuré le *Compendium theologiae moralis* de Moullet, dont la doctrine est enseignée au grand séminaire de Strasbourg, s'adresse à un professeur de cet établissement avec lequel il échange une correspondance privée. Or en janvier 1843, l'*Observateur du Rhin* publie une lettre pastorale de Mgr Raess, attaquant les mœurs des réformés. Busch est choqué et fait imprimer une brochure qui signale le danger des enseignements du *Compendium* intitulée *Découvertes d'un bibliophile ou Lettres sur différents points de morale enseignés dans quelques séminaires de France*. Fin juin 1843, les *Découvertes d'un bibliophile réduites à leur juste valeur*, œuvre catholique, fouillent grossièrement la vie privée de Busch; *cf.* PONTEIL Félix, *L'opposition*, p. 723-739. Busch et son épouse avaient embelli l'église mixte de Dorlisheim, *cf.* MULLER Claude, « Le manuscrit de Louis Adam à Dorlisheim », in *A.E.A.*, t. 40, 1980-1981, p. 129-130.

27 Né à Molsheim le 12 octobre 1759, Liebermann est ordonné prêtre en 1783. Il dirige le séminaire de Mayence de 1805 à 1824, influençant profondément André Raess, puis revient à Strasbourg pour devenir vicaire général jusqu'à sa mort survenue à Strasbourg le 15 novembre 1844. Il est l'auteur des *Institutiones Theologicae* qui lui valent de l'université de Paris le titre de docteur en théologie, *cf.* EPP René, « Liebermann », in *Annuaires de Molsheim*, 1975, p. 91-97; 1976, p. 43-49; 1977, p. 113-116 et *D.M.R.C.*, *Alsace*, p. 268.

28 Grégoire XVI (Bartolomeo Alberto Cappelari), né à Belluno en 1765, camaldule sous le nom de Fra Mauro, abbé de Saint Grégoire de Caelius, devient en 1831 le 252e pape jusqu'en 1846. Il condamne, sinon nommément Lamennais, du moins les doctrines libérales qu'il défend, dans l'encyclique *Mirari Vos* en 1832.

29 Philippe de Golbéry est né à Colmar le 1er mai 1786 et s'oriente vers une carrière juridique. Procureur à Colmar en 1813, conseiller à la cour d'appel à Colmar en 1820, il héberge Mgr Le Pappe de Trévern en tournée de confirmation du 12 au 14 novembre 1828. Catho-

lique fervent, il devient aussi conseiller général du Haut-Rhin en 1833 et député en 1834. En 1840, il intervient en faveur d'André Raess, qu'il a rencontré à Sigolsheim, lui-même résidant dans le village voisin de Kientzheim, dans l'affaire de la coadjutorerie de Strasbourg. Il décède à Kientzheim le 5 juin 1854, *cf.* MULLER Claude, « Mgr Raess et Philippe de Golbéry » in *Annuaire des sociétés d'histoire de la vallée de la Weiss*, t. 4, 1988, p. 133-136.

30 Née à Niederbronn le 9 septembre 1814, Élisabeth Eppinger, malade dès l'âge de 17 ans, s'alite en 1841 pour plus d'un an et de 1845 à 1849 le même mal la terrasse. Ces périodes sont pour elle d'intenses moments de réflexions et de méditations sur le sens de son existence. Le curé de Niederbronn, Reichard, constate bientôt qu'Eppinger possède le don de l'extase et de la voyance. En 1849, elle envisage de fonder une congrégation qui devient la congrégation des sœurs de Niederbronn. Elle décède à Niederbronn le 31 juillet 1867, *cf.* PFLEGER Lucien, *La Congrégation des sœurs du très saint sauveur dites sœurs de Niederbronn*, Lille 1925, 622p.; *N.D.B.A.*, t. 9, 1986, p. 823-824; *D.M.R.C.*, *Alsace*, 1987, p. 131.

31 La question de la disjonction du diocèse revient plusieurs fois au cours du XIXe siècle; rappelons qu'au moment de la Révolution, il existait un évêché à Strasbourg et un autre à Colmar.

32 Né à Stotzheim le 29 janvier 1808, François Charles Spitz est ordonné prêtre le 16 juin 1832 et devient professeur de rhétorique au petit séminaire en 1834, puis supérieur de cette maison. En 1844, il cumule cette fonction avec celle de supérieur des sœurs de la charité. Le 2 novembre 1848, il est nommé archiprêtre de la cathédrale par Mgr Raess. En 1856, ce dernier le propose comme coadjuteur à Mgr Vicari, mais l'archevêque de Fribourg-en-Brisgau refuse. Spitz décède à Strasbourg le 4 juillet 1880, *cf.* SCHERER Emil Clemens, *Die Kongregation der Barmhetzigen Schwestern*, Saaralben 1930; *D.M.R.C.*, *Alsace*, 1987, p. 415.

33 C'est-à-dire Mgr Paul Dupont des Loges, né à Rennes le 11 novembre 1804, évêque de Metz de 1843 à 1866; *cf.* SALM M., « Bischof Dupont des Loges, Zeitgemässe Erinnerungen », in *Historische-politische Blätter für das katholische Deutschland*, 1916, p. 585-646 et surtout KLEIN Félix, *Vie de Mgr Dupont des Loges*, Paris 1925, 625p.; ROTH François, *La Lorraine annexée*, Nancy 1976, 763p.; HIERY Hermann, *Reichstagwahlen*, p. 453; GATZ Erwin, *Die Bischöfe*, p. 151-154.

34 Né à Kientzheim le 21 mai 1795, Jean Baptiste Specht est ordonné prêtre à Offenbourg en 1818, devient professeur au petit séminaire de Strasbourg de 1818 à 1819, puis au grand séminaire de Strasbourg de 1819 à 1827, supérieur de la Petite Sorbonne à Molsheim de 1827 à 1828, à nouveau professeur au grand séminaire de 1828 à 1842, enfin supérieur de cette maison de 1842 à 1852. Il décède à Strasbourg le 9 février 1862. Sa chronique a été publiée par MULLER Eugen, « Des Superiors J.B. Specht summarische Chronik des strassburger Priesterseminars (1791-1847) », in *A.E.K.G.*, t. 5, 1930, p. 257-265; *cf.* aussi *D.M.R.C.*, *Alsace*, 1987, p. 412 et MULLER Claude, « Les supérieurs et professeurs du grand séminaire de Strasbourg de 1801 à 1870 », in *ERCAL*, n°1, Strasbourg, 1985, p. 65-102.

35 Mgr Raess cherche à acquérir les bâtiments du mont Sainte-Odile, aux mains de particuliers. Les transactions s'avèrent particulièrement difficiles, *cf.* MANGENOT Eugène, « Sainte-Odile et les frères Baillard », in *R.C.A.*, 1920, p. 9-16 et 1921, p. 648-651.

36 Sur ces élections, *cf.* SPISSER Marcel, *Les élections et l'opinion publique en Alsace de 1848 à 1851*, Strasbourg 1864, 222p. et « Les élections et l'opinion publique dans le canton de Molsheim », in *Annuaire de Molsheim*, 1971, p. 37-46; MULLER Claude, *Dieu est catholique et alsacien*, p. 991-998.

37 Mgr Raess était célèbre pour ses calembours.

38 Cette question est largement traitée par EPP René, *Le mouvement*, p. 316-321.

39 C'est-à-dire le cardinal de la Tour d'Auvergne, évêque d'Arras de 1802 à 1851, homme d'Ancien Régime et pasteur gallican, *cf.* HILAIRE Yves-Marie, *La vie religieuse des populations d'Arras (1840-1914)*, Lille 1976, (1542p.), p. 276-282.

40 La maison de retraite des prêtres avait été utilisée par Mgr Le Pappe de Trévern comme une maison de « redressement ecclésiastique ».

41 Toujours les calembours de Mgr Raess.

42 Sur ces religieux dans les années 1850, *cf.* MULLER Claude, *Dieu est catholique et alsacien*, p. 493-511.

43 Né à Recey sur Ource en 1802, Henri Lacordaire, prêtre et dominicain est aux côtés de Lamennais et de Montalembert, un des chefs de file du catholicisme libéral. Il se sépare de Lamennais après la condamnation de l'*Avenir* en 1832. Il prend l'habit dominicain à Rome en 1839, rétablit cet ordre en France, notamment à Nancy en 1843, en est provincial de 1850 à 1854 et 1858 à 1861, année de son décès.

44 Les sœurs de Portieux décident, sans en référer à l'évêque de Strasbourg de transférer leur noviciat de Heimsbrunn à Lutterbach. Mgr Raess s'oppose au projet. La lettre de Mgr Raess à Mgr Mathieu figure aussi aux A.E.S., Reg 94, p. 17.

45 C'est-à-dire Hermann von Vicari, archevêque de Fribourg-en-Brisgau de 1842 à 1868. Toute cette question a été traitée par EPP René, « La médiation de l'évêque de Strasbourg, Mgr André Raess, dans les affaires ecclésiastiques badoises », in *Archives de l'Eglise d'Alsace*, t. 39, 1976-1979, p. 216-225.

46 Mgr Raess a longtemps cru aux prédictions d'Élisabeth Eppinger.

47 Les missions badoises ont été largement évoquées par LUX J., *L'abbé Philippi, un curé missionnaire d'Alsace*, Rixheim 1894 et BRAUNER Joseph, « Elsäsische Volksmissionare in Baden im Jahre 1850 », in *A.E.K.G.*, t. 13, 1938, p. 413-418.

48 Mgr Raess souhaite le transfert du petit séminaire de Saint-Louis, où il se trouve depuis son installation par Bautain et ses disciples à Saint-Étienne en 1845 et ne cesse d'œuvrer en ce sens, *cf.* LANDMANN Florent, *Das Schulwesen des Bistums Strassburg zur Sicherung des Nachwuchses für die theologischen Studien von 1802 bis 1904*, Strasbourg 1905-1908, t. II, p. 18-39. Ce n'est qu'en 1861 que l'entreprise aboutit, *cf.* MULLER Claude, *Dieu est catholique et alsacien*, p. 280-284.

49 Sur l'abondance des prêtres sous le Second Empire, laquelle n'est d'ailleurs pas spécifique à l'Alsace, *cf.* HILAIRE Yves-Marie et CHOLVY Gérard, *Histoire religieuse de la France contemporaine*, t. I (1800-1880), Toulouse 1985.

50 Cet épisode est également mentionné dans PERIE Jean-Marie, *La vie religieuse dans le diocèse de Rodez de 1801 à 1870*, thèse de doctorat d'État, Montpellier 1986.

51 C'est le premier voyage à Rome d'un évêque de Strasbourg au XIXe siècle, *cf.* Archives Secrètes du Vatican, *relatio visito ad limina*, n°78; EPP René, *Le mouvement*, p. 288-289.

52 Le cardinal fait allusion au curé Gebhart de Masevaux qui prétend que Mgr Raess « sacrifie les prêtres qui se montrent dévoués à l'empereur et appelle aux postes les plus importants les ecclésiastiques connus pour leurs opinions contraires au gouvernement ». Le ministre des Cultes n'est pas dupe, puisqu'il écrit au préfet du Haut-Rhin le 3 octobre 1855 que Gebhart est l'un de ces prêtres qui « réclament, avec les plus vives insistances, la création d'un évêché à Colmar et dans l'espérance sans doute d'arriver plus sûrement à leurs buts, s'at-

tachent à représenter Mgr Raess comme un prélat hostile au gouvernement» (A.N., F 19 2584).

53 Sur toute cette question, *cf.* EPP René, *Le mouvement ultramontain*, p. 490-633.

54 BURG A.M., *Marienthal*, p. 225-226; MULLER Claude, *Dieu est catholique et alsacien*, p. 89-90.

55 L'épisode est relaté dans les journaux locaux et la *R.C.A.* 1859, p. 384-388.

56 Mgr Raess est resté tout au long de son épiscopat en relations constantes avec le monde germanique, *cf.* MULLER Claude, *Dieu est catholique et alsacien*, p. 92-96.

57 Né à Strasbourg le 22 juin 1760, Louis Colmar est ordonné prêtre le 20 décembre 1783 et devient docteur en théologie en 1784. Prédicateur à la cathédrale de 1799 à 1802, il devient évêque de Mayence de 1802 à son décès, survenu le 15 décembre 1818. Il s'entoure d'une colonie d'Alsaciens, dont son vicaire général Jean-Jacques Humann, Bruno Liebermann et André Raess, *cf. N.D.B.A.*, t. 6, 1985, p. 531 et *D.M.R.C., Alsace*, p. 96-98.

58 Né à Carrouge le 22 septembre 1824, Gaspard Mermillod est ordonné prêtre le 24 juin 1847 et devient successivement recteur de la paroisse Saint Germain de Genève en octobre 1857, puis évêque auxiliaire de Lausanne et de Genève le 22 septempre 1864, vicaire apostolique de Genève le 23 octobre 1872. Expulsé en 1873, il entame un exil de dix ans en France, où il s'investit dans la question sociale. Le 15 mars 1883, il devient évêque des diocèses de Genève et de Lausanne, puis cardinal le 23 juin 1890. Il décède à Rome le 23 février 1892, *cf.* JEANTET Louis, *Le cardinal Mermillod*, Fribourg 1906; MASSARD Cyrille, *L'œuvre sociale du cardinal Mermillod*, Fribourg 1914; COMPTE Charles, *Le cardinal Mermillod d'après sa correspondance*, Paris 1924.

59 Sur cet évêque de Mayence de 1858 à 1877, *cf.* LENHART Ludwig, *Bischof Ketteler*, 3 vol., Mayence, 1966-1968.

60 Né à Wuenheim le 21 novembre 1805, François Joseph Mechler est ordonné prêtre le 13 août 1831. Dès 1832, il devient directeur du grand séminaire de Strasbourg, fonction qu'il occupe jusqu'à son décès, survenu à Strasbourg le 28 mai 1866. En 1905, une cérémonie religieuse, à laquelle participe Landolin Winterer, célèbre le centenaire de sa naissance, *cf.* MULLER Claude, «Lettres de Mgr Marbach à Landolin Winterer», in *Annuaire historique de Mulhouse*, t. 1, 1988, p. 98.

61 Né à Eguisheim le 5 février 1821, François Joseph Sattler est ordonné prêtre le 21 décembre 1844. De 1857 à 1867, il enseigne au grand séminaire de Strasbourg, tout en y exerçant la direction de la maison, puis il devient supérieur des sœurs de Niederbronn de 1867 à 1872, enfin directeur du pèlerinage de Marienthal de 1872 à 1884, *cf. D.M.R.C., Alsace*, 1987, p. 372.

62 Sur cet événement, *cf. Relation des solennités. Fête jubilaire de Mgr Raess, 11-12 septembre 1866*, Strasbourg 1866 et «Die Bischofsjubelfeier zu Strassburg und die Kirchweihe zu Marienthal», in *R.C.A.* 1866, p. 68, 381, 421, 504 et 1887; EPP René, *Le mouvement ultramontain*, p. 291-294.

63 A.D.B.R., 1 V 144; MULLER Claude, «Lettre de Mgr Freppel à Mgr Raess», in *A.E.A.*, t. 49, 1990.

64 Né à Erstein le 16 mars 1807, Ignace Rapp est ordonné prêtre le 10 juin 1832. Curé de Riedisheim de 1837 à 1845, de Bouxwiller de 1845 à 1851, de Saint-Georges Haguenau de 1851 à 1855, il devient vicaire général du diocèse de Strasbourg de 1855 à 1873, date de son expulsion d'Alsace par les autorités allemandes avant de devenir chanoine de Saint Denis à Paris. Son journal a été publié en partie dans la *R.C.A.*, 1904, p. 641, 726, 851, 934; *cf.* aussi *D.M.R.C., Alsace*, p. 351.

65 Né à Oppenheim le 4 juillet 1810, Xavier Marula est successivement professeur au petit séminaire de La Chapelle en 1834, directeur de cette maison en 1845, supérieur du grand séminaire de Strasbourg en 1852, vicaire général du diocèse de 1864 à 1883, devenant le confident et l'ami de Mgr Raess qui souhaite le nommer, en vain, coadjuteur. Il décède à Strasbourg le 2 avril 1893, *cf. D.M.R.C., Alsace*, p. 279.

66 Sur cette question, *cf.* THIELE Ernst, «Die deutsche Regierung und das Konkordat im Elsass nach 1870», in *A.E.K.G.*, t. 2, 1927, p. 349-366 et MULLER Claude, «Les relations entre Mgr Raess et Mgr Dupont des Loges (1871-1881)», in *A.E.A.*, t. 47, 1988, p. 147-171.

67 *cf. R.C.A.*, 1904, p. 641; MULLER Claude, *Dieu est catholique et alsacien*, p. 113.

68 Sur les remous qui entourent cette affaire, *cf.* MULLER Claude, *Dieu est catholique et alsacien*, p. 1038-1048.

69 MULLER Claude, *Dieu est catholique et alsacien*, p. 121-123. L'attitude de l'évêque de Strasbourg après 1870 apparaît aussi dans GASS Joseph, *Mgr Raess et le P. Ratisbonne*, Rixheim 1928.

70 Les raisons de la déclaration de Mgr Raess ont souvent été considérées comme obscures, certains avançant que l'évêque aurait reçu un billet du gouvernement français pour intervenir en ce sens. Outre l'explication que l'évêque de Strasbourg donne ici à Mgr Mathieu, citons encore ses motivations, envoyées au pape le 21 juin 1874 et traduites du latin, dont le brouillon est conservé aux A.D.B.R., 1 V 140: «Pour maintenir et sauver la dignité de la doctrine catholique et pour détourner de notre province des malheurs plus durs, je me suis senti poussé par une conscience subtile à déclarer que les catholiques ne pensent en aucune manière à remettre en question les traités conclu publiquement. Par mon intervention, je ne projetais ni d'affermir ni d'approuver purement et simplement le traité subi à Francfort, ni de le nier violemment et je ne pensais pas soutenir l'annexion de l'Alsace-Lorraine. Aussitôt comme ma déclaration avait été frauduleusement déformée par les ennemis de l'Église... le peuple se répandit assez longtemps en gémissements, réclamations et plaintes».

71 Il s'agit de Pierre Paul Stumpf, seulement agréé en 1876; par la suite Mgr André Raess sera hostile à cet ecclésiastique avec lequel il avait pourtant entretenu de bons rapports, *cf.* MULLER Claude, «Lettres de Pierre Paul Stumpf à Mgr André Raess (1858-1862)», in *Au pied des trois châteaux*, t. 1, 1990, p. 91-97 et «Le malencontreux dualisme: l'hostilité de Mgr Raess envers Mgr Stumpf (1881-1883), in *A.E.A.*, t. 42, 1983, p. 315-335. De manière générale, ont peut aussi consulter BAECHLER Christian, «Le clergé catholique alsacien et la politique (1871-1939)», in *Revue d'Alsace*, 1985, p. 125-148.

Gustave Doré, « Le Mont Sainte-Odile avec le mur païen », huile sur toile, s.d.
Musée d'Art Moderne et Contemporain de Strasbourg © Musées de Strasbourg / M. Bertola.

LE MONT SAINTE-ODILE APRÈS 1853 : RENAISSANCE D'UN PÈLERINAGE ET DÉBUTS DE LA MISE EN TOURISME D'UN HAUT LIEU DU CATHOLICISME ALSACIEN

-

LAURENT NAAS

L'acquisition du Mont Sainte-Odile par l'évêché de Strasbourg en 1853 (l'acte notarié est daté précisément du 13 août) marque le début d'une nouvelle ère pour ce haut lieu du catholicisme en Alsace[1]. Cet événement signifie aussi la fin d'une époque plus que mouvementée pour ce lieu de pèlerinage qui, après les troubles de l'époque révolutionnaire et le départ des Prémontrés, passait entre les mains de plusieurs propriétaires, dont les frères Baillard, de funeste mémoire. Après 1853, l'action du vicaire général du diocèse de Strasbourg Nicolas Schir devait désormais remettre sur pied ce haut lieu de l'Église alsacienne, en lui redonnant notamment les moyens de recevoir convenablement les pèlerins désireux de se recueillir auprès des reliques de sainte Odile.

Cette renaissance doit cependant être resituée dans son époque. Il ne s'agit pas d'un phénomène qui se déroule en vase clos, exclusivement dans le giron du catholicisme alsacien. Le XIXe siècle, plus particulièrement dans sa seconde moitié, est en effet marqué par un regain d'intérêt pour les vieilles pierres, qui a contribué à l'essor des premières formes de tourisme. Le Mont Sainte-Odile n'échappe pas à ce constat. Ainsi, il semble intéressant, dans le prolongement de travaux semblables portant sur un autre haut lieu de l'identité alsacienne, le Haut-Kœnigsbourg[2], de voir comment s'est matérialisé l'essor du tourisme sur le Mont à partir de 1853. La publication de la chronique du Mont Sainte-Odile de 1789 à 1883[3] constitue l'occasion d'examiner ce document à l'aune de cette problématique, en y adjoignant d'autres sources, comme certains guides et récits de voyage. Nous essaierons ainsi de voir les causes et les conséquences de ce regain d'intérêt pour ce site, qui en firent « dans les temps modernes, le but de prédilection des innombrables amis de la nature que nos villes envoient chaque année vers les cimes vosgiennes »[4].

UN LIEU DE PÈLERINAGE À RECONSTRUIRE

Menant dans un premier temps une carrière d'enseignant et de curé, Nicolas Schir fut nommé vicaire général de Mgr Raess en 1844. Ses nouvelles fonctions d'administrateur connurent un tournant en 1853 lorsqu'il signa l'acte d'achat du Mont Sainte-Odile. L'ecclésiastique consacra dès lors toutes ses forces et son énergie à la reconstruction du pèlerinage, jusqu'à sa mort le 10 juin 1864[5].

Il importait tout d'abord de rendre le Mont Sainte-Odile au culte, après avoir levé l'interdit qui le frappait. Schir se pencha ensuite sur les divers espaces dédiés au culte. Dans son guide publié en 1856, le vicaire général mettait ainsi en avant, au sujet de la chapelle dévolue à sainte Odile qu'« en parlant de restauration, nous devons dire que cette chapelle a complètement changé de physionomie depuis que le domaine de Sainte-Odile est devenu une propriété du diocèse », juste avant d'énumérer l'ensemble des travaux qui en firent désormais une chapelle « charmante dans ses détails, et attrayante dans son ensemble »[6]. Au sujet de la chapelle des larmes, Schir précisait aussi qu'« on vient de la restaurer, ou plutôt, de la reconstruire ; car la majeure partie de l'ancienne maçonnerie était en si mauvais état qu'il a fallu la remplacer par des constructions neuves »[7].

Si l'œuvre de reconstruction menée par le chanoine Schir visait avant tout à remettre sur pied un lieu de pèlerinage largement mis à mal par l'époque révolutionnaire et ses conséquences, il ne faut pas perdre de vue que ce site connut très tôt une fréquentation de deux types : celle, assez évidente, de pèlerins, de croyants venant se recueillir près du tombeau de sainte Odile, depuis des temps immémoriaux, et celle, plus récente, de visiteurs désireux de découvrir ce lieu chargé d'histoire, du haut duquel on jouissait d'un panorama prodigieux sur la plaine d'Alsace.

En raison de sa situation exceptionnelle, le Mont Sainte-Odile était le but d'un certain nombre d'excursions dès le XVIIIe siècle. Ainsi, le facteur d'orgues protestant André Silbermann, accompagné de son fils Jean-André, s'y rendit pour la fête de l'Ascension, le 3 mai 1731. Celui-ci y retourna sans doute à plusieurs reprises, à tout le moins le 17 octobre 1775, à l'occasion des festivités marquant la rénovation de l'église, et trois jours plus tard pour y accorder l'orgue du sanctuaire. Quelques années auparavant, Goethe lui-même avait pris part aux festivités de la Pentecôte de 1771, ce qu'il ne manqua pas de mentionner dans son œuvre *Dichtung und Wahrheit*[8].

En parfait acteur de la promotion du Mont, Schir décrivit très bien les motivations des visiteurs, qui ne s'inscrivaient pas exclusivement dans la logique du pèlerinage ; la première d'entre elles résidait dans le panorama et les « œuvres du grand architecte des mondes ». Le vicaire général mettait bien en évidence cet argument dans son *Guide* : « Voyez quel superbe panorama s'ouvre devant vous dans la direction de l'est. D'un coup d'œil vous embrassez un des plus vastes et des plus magnifiques tableaux qui puissent frapper les regards de l'homme et les réjouir ; vous avez devant vous le superbe bassin du Rhin, formé par la chaîne des Vosges, dont vous occupez en ce moment un des points culminants, et celle de la Forêt-Noire, dont les montagnes bleuâtres se dessinent mollement à l'extrémité de l'horizon »[9].

Schweighaeuser en son temps avait déjà souligné cet aspect, considérant que « la vue dont on jouit sur la plate-forme naturelle des deux côtés de laquelle se trouvent ces chapelles, et qu'ombrage un beau tilleul, est surtout très remarquable »[10]. On retrouve les mêmes types d'arguments dans les récits de voyages rédigés par les visiteurs de la ruine du Haut-Kœnigsbourg à la même époque.

Schir était par ailleurs un ecclésiastique lucide face aux réalités qui l'entouraient et avait bien compris que la fréquentation du Mont Sainte-Odile n'était pas fondée uniquement sur des considérations spirituelles. Ainsi, espérait-il du « visiteur, que la curiosité seule n'a pas amené dans cette enceinte sacrée, ne la quittera pas [...] sans s'être agenouillé un moment devant l'autel sur lequel reposent les reliques, qui en font la principale richesse »[11]. *A contrario*, le vicaire général reconnaissait que le pèlerin devait aussi pouvoir se distraire quelque peu : « Votre piété de chrétien, ou votre curiosité d'antiquaire doivent également être satisfaites. Vous avez besoin d'un peu de repos, et votre esprit fatigué peut-être par une attention prolongée, réclame quelque diversion »[12].

Schir décrivait lui-même par le menu les différentes catégories de visiteurs, autres que les pèlerins, qui fréquentaient le Mont Sainte-Odile, ainsi que leurs motivations :

> « Si vous êtes poète ou artiste, combien vous devez être enchanté de ce magnifique paysage, où chaque regard réveille un sentiment poétique, où chaque coup d'œil esquisse un tableau. Si vous êtes un homme d'étude et habitué à chercher, dans les annales des temps passés, l'explication des faits contemporains, cette vaste étendue de pays, qui se développe devant vous, n'est-elle pas pour votre esprit scrutateur une véritable page d'histoire où vous pouvez lire, en grand nombre, des faits et des

événements du plus haut intérêt humanitaire ? Mais vous n'êtes peut-être ni un poète, ni un artiste, ni un savant ? Eh bien, il suffira que vous ne soyez pas insensible aux beautés de la nature, et qu'un ciel vous permette de jouir de ce magnifique spectacle. Il laissera, nous en sommes certain, une profonde impression dans votre âme et vous direz, en vous éloignant, je veux y revenir encore »[13].

Ainsi, chaque type de public fréquentant le Mont pouvait y trouver ce qu'il cherchait, même s'il n'était pas animé exclusivement par des préoccupations spirituelles. Le *Guide du pèlerin* finissait, de fait, par jouer en quelque sorte le rôle d'un prospectus publicitaire !

DES AMÉNAGEMENTS SPÉCIFIQUES POUR LES PÈLERINS ET LES VISITEURS

Les contemporains de la mise en tourisme du Mont Sainte-Odile étaient unanimes : ce lieu était intensément fréquenté, pour des raisons diverses. Il s'agissait d'un lieu de villégiature « où, chaque été, un grand nombre de touristes et de pensionnaires vont jouir de quelques jours ou de quelques semaines d'une vie tranquille, mais animée par les grands souvenirs qu'évoquent dans les âmes les antiques monuments d'un passé douze fois séculaire »[14]. Reste désormais à voir comment les visiteurs du Mont pouvaient y accéder.

Dans un contexte marqué par la reconstruction du pèlerinage et un progrès constant des modes de déplacement, la question de l'accessibilité apparaît de plus en plus cruciale. J.-G. Schweighaeuser s'en fit l'écho dès 1825, en fournissant aux « antiquaires » désireux de se rendre au Mont Sainte-Odile des éléments pratiques à ce sujet. Ainsi, « à l'exception du samedi et du dimanche, il part tous les soirs des diligences de Strasbourg pour Barr et pour Obernai et elles reviennent tous les matins de bonne heure ; le samedi, les diligences reviennent dans l'après dînée, et le dimanche elles partent à sept heures du matin et ne reviennent point. En voyageant par ces diligences on peut en conséquences, à l'exception du dimanche ou du lundi, passer un jour franc dans ces montagnes, en ne sacrifiant à la route qu'une soirée et une portion de la matinée du troisième jour »[15]. Le même auteur précise que le « chemin de Barr à Sainte-Odile » est « la seule route par laquelle on peut se rendre, facilement et sans trop de détours, à cheval de cette ville au couvent » ; elle est également « praticable pour des voitures à bœufs »[16].

Les modes d'accès au Mont Sainte-Odile pouvaient aussi différer selon le mode de déplacement utilisé. Schir précisait dans son *Guide* que le chemin passant par la fontaine de sainte Odile et les ruines de Niedermunster, comme celui d'Ottrott, « ne peut servir qu'aux piétons. Mais on s'occupe, en ce moment même, de la construction de deux nouveaux chemins, praticables pour les voitures ; l'un passant par le Klingenthal et les forêts d'Obernai, l'autre par Heiligenstein et les forêts de Barr, aboutissant, l'un et l'autre, au plateau de Sainte-Odile. Le premier est déjà assez avancé pour pouvoir être livré à la circulation en 1857 »[17].

Recevoir les pèlerins et les visiteurs dans des conditions acceptables devenait véritablement une nécessité. Un certain nombre de travaux avaient été réalisés dans ce sens. Ainsi, un deuxième étage avait été construit sur l'aile orientale du couvent dans les années 1880, entraînant le doublement du nombre de chambres disponibles pour les « pensionnaires », désormais au nombre de 40, sur les deux ailes[18].

On peut légitimement émettre l'hypothèse selon laquelle le pèlerinage de Hohenbourg proposait à ses pèlerins une restauration, même minimale. Sans doute était-elle même minimaliste au début du XIXe siècle puisqu'en 1825, J.-G. Schweighaeuser considère « qu'il n'est pas inutile d'avertir les voyageurs, qu'il est prudent d'emporter du lieu de départ pour la montagne quelques provisions de bouche ; car l'auberge située dans la cour du couvent, est souvent très mal fournie, et l'honnête garde-forestier, qui demeure dans l'intérieur et montre les chapelles, ne peut exercer qu'une hospitalité limitée »[19]. On aura noté en passant le rôle joué par le garde-forestier, qui, comme pour le Haut-Kœnigsbourg un peu plus tard, participait à l'accueil des visiteurs et, au besoin, leur accordait l'hospitalité, trouvait également un complément de revenu plus ou moins substantiel[20].

La question de la sécurité des pèlerins et des visiteurs apparaît bien vite face à l'essor de la fréquentation d'un site escarpé. C'était également le cas pour le Haut-Kœnigsbourg, dont les ruines imposantes nécessitèrent des aménagements afin que la visite se déroule dans des conditions de sécurité à peu près acceptables. Des balustrades et des garde-corps furent installés à cet effet[21].

Au Mont Sainte-Odile, des aménagements spécifiques furent réalisés en 1858 afin d'assurer la sécurité des visiteurs : Schir consigne ainsi dans sa chronique que « le petit plateau entre la chapelle des Larmes et celle des Anges se terminant par un affreux précipice, nous avait souvent fait songer au danger que couraient les visiteurs, surtout les enfants, en s'avançant quelquefois étourdiment jusqu'au bord du rocher. Une balustrade en bois l'entourait autrefois. Nous avons cru mieux faire en la remplaçant par un mur à hauteur d'appui couvert de dalles à double versant. Ce mur fut construit dès le commencement du printemps de cette année. Il fut critiqué par quelques touristes pur-sang qui, recherchant avant tout les vives émotions, prétendent que cette mesure de précaution a fait perdre au rocher beaucoup de son intérêt poétique. Mais le public, et surtout les mères de famille, y ont vu une précieuse amélioration »[22].

Gustave Brion, « Les pèlerins de Sainte-Odile », huile sur toile, 1863.
Dépôt du Musée d'Orsay, Paris © Musée d'Unterlinden, Colmar, Dist. RMN-Grand Palais / Christian Kempf.

Divers aménagements et constructions d'édicules sont menés à bien afin de permettre aux visiteurs de jouir du panorama : ainsi, le jardin qui s'étend au nord et à l'est du couvent comprend, à la fin des années 1880, trois « gloriettes rustiques placées près du parapet qui longe le précipice du côté de la vallée » permettant aux visiteurs de profiter pleinement du panorama sur la plaine du Rhin[23].

L'ESSOR DE LA DIMENSION PATRIMONIALE ET TOURISTIQUE DU MONT SAINTE-ODILE

L'essor touristique d'un lieu suscite en général assez rapidement la floraison d'une littérature assez abondante, sous la forme de guides à destination de ses visiteurs. C'est essentiellement avec ces instruments que les voyageurs préparaient leur périple et ces publications jouaient à cet égard le rôle important de prescripteurs[24]. Le Mont fait ainsi l'objet de publications spécifiques, parfois extraites d'une publication couvrant un espace plus vaste. C'est le cas de *Der Odilienberg*, publié par Trübner en 1874, qui est en fait un extrait du guide des Vosges d'Auguste Schricker[25]. Dès sa préface, cet ouvrage rappelle que le Mont Sainte-Odile est fréquenté essentiellement dans le cadre d'une excursion d'une journée.

Le chanoine Schir avait compris l'intérêt d'envisager assez vite la rédaction d'un guide du Mont et fit publier assez rapidement un *Guide du pèlerin au Mont Sainte-Odile*, à Colmar par Ch.-M. Hoffmann et ce, dès 1856, soit à peine trois ans après l'acquisition du pèlerinage par l'évêché. La diffusion de ce type de livret était évidemment destinée à accompagner voire stimuler la renaissance de ce lieu.

Il importait également de diffuser cette littérature en allemand, ce qui donna lieu au guide (de 170 p.) intitulé *Der Pilger nach dem Odilienberg*, publié par Chr. Wurst, à Strasbourg, en 1878. Il s'agit en fait de la traduction du *Guide du pèlerin au Mont Sainte-Odile*, dont le besoin s'était exprimé (« *diese Schrift in der allgemeinen Volkssprache ist ein wirkliches Bedürfniss geworden, und wird den deutschen Pilgern willkommen sein* », p. 1) auprès de la majorité de la population.

Les guides destinés aux visiteurs du Mont mettaient notamment en évidence le réseau de communautés religieuses qui s'était développé autour de l'abbaye de Hohenbourg, à partir de la fondation de Niedermunster, et décrivaient les vestiges qui en étaient encore visibles au XIXe siècle.

Du point de vue du lectorat ciblé, les guides publiés par Nicolas Schir[26] reflétaient les deux types de fréquentation du Mont Sainte-Odile, avec laquelle l'homme d'Église devait composer. Son propos s'adressait ainsi autant aux pèlerins qu'aux visiteurs qui n'étaient pas forcément animés par des intentions religieuses. Le ton employé par ce même auteur était assez direct : en effet, Schir s'adressait à ses lecteurs en usant de la deuxième personne du pluriel, donnant l'impression de prendre son interlocuteur par la main, ce qui conférait un tour plus concret à son propos[27]. Alors même que cet ouvrage ne répondait pas vraiment au genre du guide de voyage, l'*Explication du plan topographique* de Schweighaeuser s'adressait sur un mode un peu semblable au visiteur passionné d'archéologie. Ainsi, « remontant vers le couvent de Sainte-Odile, on remarquera le sentier qui fait le tour du bas des rochers où sont assis les bâtiments. En le suivant on pourra examiner de près la hauteur effrayante des précipices qui environnent ce monastère »[28].

Dans son *Guide*, Schir ne se limite pas à la description de ce qui est visible *in situ* : il donne également des indications prospectives sur les travaux devant encore être menés. C'est le cas notamment de la chapelle des Anges, au sujet de laquelle il espérait qu'« elle ne restera pas indéfiniment dans le triste abandon où elle se trouve, et que les restaurations, si heureusement commencées, ou déjà exécutées dans les autres parties de l'antique monument de Hohenbourg, s'étendront également à la chapelle tant aimée de nos bons Alsaciens »[29]. Du point de vue de son utilisation, le *Guide* n'était cependant pas suffisant pour appréhender les réalités du terrain. Sur les conseils de son auteur, il doit en effet veiller par ailleurs à « être muni d'un plan topographique » et « avoir un guide connaissant bien la localité. Ce dernier office ne peut être mieux rempli que par un bûcheron ou un garde forestier des environs »[30].

On relèvera enfin le rôle de prescripteur du *Guide du pèlerin*. En effet, à la fin de cet ouvrage, Schir souhaite que « s'il [le pèlerin] n'a pas été trop mécontent de la manière dont nous avons rempli auprès de lui notre office de guide, il tâchera de procurer à Sainte-Odile des visiteurs ». Une autre publication du même auteur doit jouer un rôle similaire : on peut en effet lire à la fin de l'introduction du fascicule que « ce recueil pourra également être utile aux personnes qui ne connaissent pas encore les lieux dont il est question et qui seraient intentionnés de les visiter »[31].

Si la renaissance du pèlerinage du Mont Sainte-Odile après 1853 donne l'impression de se faire essentiellement dans une perspective touristique, la production de livrets et autres fascicules portait aussi sur la dimension spirituelle des lieux. Schir lui-même veilla à suivre les deux angles d'attaque. Outre le *Guide*, il publia également un *Pèlerinage au tombeau de sainte Odile, ou exercices de piété propres à accomplir saintement cet acte de dévotion*[32]. En préambule étaient rappelées fort opportunément les indulgences accordées par le pape Pie IX en faveur de l'église de pèlerinage de Sainte-Odile par un bref du 16 mars 1858. L'avant-propos relatait l'ancienneté du pèlerinage et le contexte marqué par sa renaissance : « Interrompues, ou du moins considérablement ralenties pendant une assez longue période d'années, ces pieuses pérégrinations se font avec une nouvelle ardeur depuis que, relevés de l'état de ruine, où des circonstances malheureuses les avaient réduits, les vénérables sanctuaires de Hohenbourg ont recouvré leur ancienne splendeur » (p. 5). Les premiers efforts mis en œuvre semblaient d'ailleurs suivis du succès escompté puisque « c'est chose touchante de voir avec quel saint empressement on y accourt, de loin comme de près, pendant toute la durée de la belle saison, et souvent encore quand déjà l'hiver a fait sentir ses premières rigueurs dans cette région élevée ».

Cette renaissance sonnait comme un succès remporté sur les idées issues des temps modernes et plus particulièrement des Lumières. La renaissance du pèlerinage était très clairement à replacer dans un contexte marqué par un catholicisme triomphant, qui a d'ailleurs marqué l'épiscopat de Monseigneur Raess dans son ensemble. Ainsi, « si l'on ne peut se dissimuler que le philosophisme des temps modernes a amené de déplorables défections dans les rangs des croyants, on peut dire cependant que, grâce à Dieu, la foi n'est pas encore éteinte parmi nous, puisque nous voyons la piété de nos pères revivre dans la population catholique de notre chère Alsace, toujours renommée par son esprit religieux et par sa fidélité aux pratiques recommandées par l' Église » (p. 5-6).

Ce livret publié par Schir débutait par une présentation des pèlerinages et leur « justification au point de vue religieux » (p. 7-11), un exercice préparatoire pour bien faire un pèlerinage (p. 12-13) et une vie de sainte Odile (p. 14-48), dont chaque phase était accompagnée de commentaires, agrémentés de passages des Écritures, destinés à chaque chrétien. Suivaient alors les dispositions destinées à la mise en œuvre du pèlerinage proprement dit : la recommandation aux pèlerins (p. 48-49), les exercices pour le chemin (p. 49-50), la prière des voyageurs (p. 50-53), ainsi que d'autres petits textes destinés à agrémenter l'ascension dans sa dimension spirituelle (p. 54-55). L'arrivée au lieu de pèlerinage débutait par la grande église avec l'adoration du très saint Sacrement, les litanies de ce dernier et celles de la Vierge. Cette première station s'achevait par une prière à sainte Odile. La chapelle de la croix constituait la deuxième station, où l'on récitait notamment les litanies de la Passion. La chapelle de sainte Odile offrait une occasion de se livrer à une « réflexion sur la gloire des Saints », avec une prière à sainte Odile et les litanies qui lui étaient dédiées. Il était d'ailleurs précisé que :

> « Le pieux pèlerin ne voudra pas quitter le tombeau de sainte Odile sans se donner le mérite de contribuer, par une offrande proportionnée à ses moyens, à l'entretien des différents sanctuaires qu'il est venu visiter » (p. 79-80).

La station suivante, la chapelle des larmes, était consacrée aux âmes du purgatoire. Le passage par la chapelle des Anges permettait de lutter contre des pratiques relevant quasiment de la superstition : « Nous devons, du reste, avertir les fidèles que c'est une erreur grossière, que de croire qu'on gagne des indulgences en faisant une ou plusieurs fois le tour de cette chapelle. Des pratiques aussi puériles ne peuvent que tourner au détriment de la religion, puisqu'elles servent de prétexte à ses détracteurs, d'imputer à l'Église des erreurs et des abus qu'elle a toujours condamnés. Il y a d'ailleurs, quelques danger à circuler autour de cet édifice, qui est comme suspendu sur un abîme effrayant et l'on fera bien de s'en abstenir » (p. 85). Le périple sur le plateau s'achevait par une prière d'actions de grâce et une autre « pour recommander l'Alsace à la protection de sainte Odile », prononcées dans la grande église. La source n'était pas oubliée; elle était l'occasion de donner une prière pour demander à Dieu la guérison des yeux. Le volume se finissait sur des prières durant la messe et un exercice du chemin de la croix.

Le massif du Mont Sainte-Odile présente encore de nos jours un patrimoine bâti d'une richesse prodigieuse, comprenant autant des édifices anciens remis en état que des ruines imposantes, rendant tous compte de la vie religieuse qui l'a animé à travers les âges. En outre, le Mont présentait un intérêt certain pour cette discipline alors en cours d'élaboration qu'est l'archéologie. Dès 1856, le chanoine Schir intégrait les excursions archéologiques dans son guide, s'adressant « à ceux des pèlerins, qui désirent faire plus ample connaissance avec la montagne de Sainte-Odile », qui souhaiteraient « voir ce que ses environs offrent de plus remarquable »[33]. Ces escapades étaient envisagées vers le mur païen ou les châteaux en ruines des environs, sans oublier évidemment Niedermunster et Truttenhausen. Les châteaux en particulier, accessibles par des « chemins faciles », étaient « autant de buts de promenades aussi agréables qu'intéressantes »[34].

Le regain d'intérêt pour les vestiges archéologiques de l'ensemble du Mont Sainte-Odile, à commencer par ceux du Mur païen, se traduisait aussi d'un point de vue graphique par l'établissement de cartes de plus en plus précises. C'est d'ailleurs ce que mentionnait déjà Schweighaeuser lorsqu'il retraçait la généalogie des cartes de cette enceinte : à ses yeux, Schoepflin n'avait fait que reprendre un plan dressé pour l'Histoire de l'Alsace de Laguille, « reproduit (...) avec toutes ses erreurs » par Silbermann et Pfeffinger[35]. Le contexte des années 1820 fut plus favorable puisque « les recherches sur les antiquités départementales, ordonnées par le gouvernement et puissamment secondées par notre administration locale, [lui] ont donné les moyens de faire dresser de cette enceinte un plan scrupuleusement exact ».

Même si ces considérations dépassent notre propos, il faut aussi rappeler que le développement de ces excursions à travers le massif du Mont Sainte-Odile avait entraîné le déploiement d'installations (fléchages, panneaux divers) destinés à permettre aux visiteurs de se repérer dans l'espace. Ainsi, en 1888, on faisait mention des « nombreux poteaux indicateurs établis à tous les carrefours des chemins et sentiers qui se croisent à l'infini sur les plateaux de Sainte-Odile »[36]. Ces interventions étaient sans doute dues à la section locale du Club vosgien, à l'image des aménagements réalisés par la section sélestadienne pour le Haut-Kœnigsbourg.

Si la contribution de l'incontournable Robert Forrer est postérieure à l'ère Schir[37], il faut cependant ici mentionner que le calvari fit l'objet d'un certain nombre d'aménagements entre 1859 et 1861 afin d'y recevoir désormais une bibliothèque. Cinq grandes armoires vitrées y furent disposées; l'une d'elles fut dévolues à l'exposition de divers objets archéologiques trouvés au Mont Sainte-Odile, tels que « une queue d'aronde du mur païen, un bas-relief du XVe siècle, des monnaies, ainsi que quelques peintures et dessins d'amateurs »[38].

Schir, après avoir rappelé la nécessité de préserver ce qui subsistait du Mur païen, sollicitait la participation des propriétaires qui en étaient voisins afin de le reconstruire[39]: « Et pourquoi les propriétaires des forêts, traversées par cette enceinte monumentale, ne répareraient-ils pas, au moins en partie, les brèches qui y existent ? Cela ne serait peut-être pas aussi dispendieux ni aussi difficile qu'on pourrait le croire, car il n'y aurait qu'à faire remettre à leur place les pierres gisant au pied du mur, où elles encombrent, d'ailleurs, inutilement un terrain qui ne demanderait qu'à être dégagé de ces débris, pour redevenir productif. Tout ne serait donc pas perte dans une pareille entreprise, qui, dans tous les cas, témoignerait des sentiments patriotiques de ses auteurs ».

Schir était conscient du regain d'intérêt pour les ruines, vestiges de temps plus anciens. Déplorant les vagues successives de la démolition de l'abbaye de Niedermunster, il considérait que « grâce au mouvement très prononcé qui, de nos jours, se remarque dans les esprits en faveur des anciens monuments, dont on a enfin compris la valeur archéologique, on peut espérer que ces nobles débris ne seront pas exposés à de nouvelles insultes de ce genre »[40].

-

Il apparaît ainsi que l'ère Schir au Mont Sainte-Odile fut sans aucun doute marquée par un essor de la mise en tourisme de ces lieux, de manière somme toute assez semblable à ce que l'on peut voir au sujet d'autres sites patrimoniaux alsaciens (comme le Haut-Kœnigsbourg ou la Bibliothèque Humaniste de Sélestat[41]) à la même époque. La fréquentation crut significativement et le chanoine put constater en 1863 que « jamais, depuis les dix ans que le domaine de Ste Odile appartient à l'Êvêché, il n'y eut autant de pèlerins et autant de visiteurs que cette année-ci. Pendant toute la belle saison, et jusqu'à la mi-octobre, les chambres disponibles du couvent étaient presque continuellement occupées, et souvent elles ne suffisaient pas. Aussi, la recette fut-elle des plus abondantes que les années précédentes »[42].

Son successeur, le vicaire général Ignace Rapp, ne devait cependant pas se montrer aussi favorable à l'essor des différentes formes de fréquentation de ce lieu. En effet, il écrivit en 1868 que « le couvent est souvent envahi, le dimanche surtout, par des caravanes de touristes qui n'y viennent nullement avec l'intention d'y prier »[43]. Ceci le conduisit même à s'opposer à la construction d'une nouvelle route venant de Saint-Nabor.

La fréquentation du Mont devait cependant poursuivre son essor, au point d'atteindre près de 250 000 visiteurs au début des années 1930: de fait, « villégiateurs, touristes, excursionnistes, pèlerins trouvent chacun leur compte », en ce lieu où « il y en a pour tout le monde: archéologues, historiens, écrivains, poètes, naturalistes, botanistes, géologues »[44].

LE

GUIDE DU PÉLERIN

au Mont

SAINTE-ODILE,

PAR

N. SCHIR,

VICAIRE-GÉNÉRAL DU DIOCÈSE DE STRASBOURG.

(Se vend au profit de l'établissement.)

COLMAR,
Imprimerie de CH.-M. HOFFMANN, imprimeur de la préfecture.

1856.

Le guide du pèlerin au Mont Sainte-Odile, Colmar, 1856.
e Humaniste de Sélestat.

1 Sur le contexte de l'acquisition par l'évêché de Strasbourg, voir LE MINOR Jean-Marie, « Le site de la Révolution à nos jours », in (coll.), *Le Mont Sainte-Odile, haut lieu de l'Alsace : archéologie, histoire, traditions*, Strasbourg, 2002, p. 155-159.

2 NAAS Laurent, « L'essor de la vocation touristique du Haut-Kœnigsbourg au XIXe siècle », in *Annuaire des Amis de la Bibliothèque Humaniste*, 58, 2008, p. 79-94 et « La passion des ruines à ses risques et périls : le Haut-Kœnigsbourg et ses visiteurs avant sa reconstruction », in *Cahiers alsaciens d'archéologie, d'art et d'histoire*, 52, 2009, p. 117-128.

3 LE MINOR Jean-Marie (éd.), *Chronique du Mont Sainte-Odile de 1789 à 1883. Chronique manuscrite inédite du Vicaire Général Nicolas Schir (1794-1864) continuée par le Vicaire Général Ignace Rapp (1807-1886)*, Bernardswiller, 2011, 228 p.

4 REINHARD Aimé, *Le Mont Sainte-Odile et ses environs. Notices historiques et descriptives*, Strasbourg, 1888, p. 1.

5 Sur Schir, voir la notice rédigée par SCHLAEFLI Louis, in *Nouveau Dictionnaire de Biographie Alsacienne*, p. 3443-3444 ; voir aussi EPP René, *Figures du catholicisme en Alsace, 1789-1965*, Strasbourg, 2007, p. 183-185.

6 SCHIR Nicolas, *Le guide du pèlerin au Mont Sainte-Odile*, Colmar, 1856, p. 48.

7 *Ibid.*, p. 58.

8 FISCHER Marie-Thérèse, *Treize siècles d'histoire au Mont Sainte-Odile, édition revue et augmentée*, Strasbourg, 2006, p. 211, p. 249 et p. 246-247.

9 SCHIR, *Le guide du pèlerin…*, *op.cit.*, p. 67.

10 SCHWEIGHAEUSER J.-G., *Explication du plan topographique de l'enceinte antique appelée le Mur payen, située autour de la montagne de Sainte-Odile…*, Strasbourg, 1825, p. 23.

11 SCHIR, *Le guide du pèlerin…*, *op.cit.*, p. 53.

12 *Ibid.*, p. 66.

13 *Ibid.*, p. 69-70.

14 REINHARD, *Le Mont Sainte-Odile…*, *op.cit.*, p. 5.

15 SCHWEIGHAEUSER, *Explication du plan topographique…*, *op.cit.*, p. 48.

16 *Ibid.*, p. 5.

17 SCHIR, *Le guide du pèlerin…*, *op.cit.*, p. 84.

18 REINHARD, *Le Mont Sainte-Odile…*, *op.cit.*, p. 12.

19 SCHWEIGHAEUSER, *Explication du plan topographique…*, *op.cit.*, p. 49.

20 NAAS, « L'essor de la vocation… », *op.cit.*, p. 90-91.

21 NAAS Laurent, « Les travaux au Haut-Kœnigsbourg avant Bodo Ebhardt : la consolidation des ruines sous l'égide de la Société pour la Conservation des Monuments historiques d'Alsace (1855-1899) », in *Annuaire des Amis de la Bibliothèque Humaniste*, 58, 2008, en particulier p. 31-32.

22 LE MINOR, *Chronique du Mont Sainte-Odile…*, *op.cit.*, p. 103-104.

23 REINHARD, *Le Mont Sainte-Odile…*, *op.cit.*, p. 12.

24 Voir la brève présentation de DENIS (Marie-Noëlle), « Mont Sainte-Odile et guides touristiques », in (coll.), *Le Mont Sainte-Odile, haut lieu de l'Alsace : archéologie, histoire, traditions*, Strasbourg, 2002, p. 283-287.

25 SCHRICKER August, *In die Vogesen. Ein Führer*, Strasbourg, 1873, 180 p.

26 La première édition est de peu postérieure à l'acquisition du Mont Sainte-Odile par l'évêché, puisqu'elle a été imprimée en 1856 (la lettre de dédicace de Schir à Mgr Raess est du 14 février 1856). La seconde édition fut publiée en 1864, ainsi qu'une troisième « revue et corrigée » en 1885.

27 Par exemple : « Après ce petit détour, que vous en regretterez pas d'avoir fait, vous regagnez, par un des petits sentiers qui se présentent, le chemin conduisant à la fontaine de Sainte-Odile, où vous arrivez en quelques minutes » (p. 118).

28 SCHWEIGHAEUSER, *Explication du plan topographique…*, *op.cit.*, p. 26.

29 SCHIR, *Le guide du pèlerin…*, *op.cit.*, p. 65-66.

30 *Ibid.*, p. 98.

31 SCHIR Nicolas, *La Montagne de Sainte-Odile et ses environs. Album contenant vingt vues dessinées d'après nature, accompagnées d'un texte descriptif*, Strasbourg, 1859, p. 4.

32 Strasbourg, imprimerie Huder, 1867, 126 p. ; on notera que la première de couverture présente la mention imprimée : « se vend au profit de l'établissement ».

33 SCHIR, *Le guide du pèlerin…*, *op.cit.*, p. 83-84.

34 *Ibid.*, p. 102.

35 SCHWEIGHAEUSER, *Explication du plan topographique…*, *op.cit.*, p. 3 (p. 3-4, pour la citation suivante).

36 REINHARD, *Le Mont Sainte-Odile…*, *op.cit.*, p. 64.

37 Voir SCHNITZLER Bernadette, « Robert Forrer et le mur païen », in (coll.), Le *Mont Sainte-Odile, haut lieu de l'Alsace : archéologie, histoire, traditions*, Strasbourg, 2002, p. 33-35.

38 REINHARD, *Le Mont Sainte-Odile…*, *op.cit.*, p. 18.

39 SCHIR, Le *guide du pèlerin…*, *op.cit.*, p. 101-102.

40 *Ibid.*, p. 125.

41 La patrimonialisation des collections précieuses de la bibliothèque municipale de Sélestat n'a fait l'objet que d'une première synthèse, par nos soins, à l'occasion de la journée d'études « La fabrique du patrimoine écrit : objets, acteurs, usages sociaux », organisée par l'École Nationale Supérieure des Sciences de l'Information et des Bibliothèques à Villeurbanne, le 13 janvier 2016 (actes en cours de publication).

42 LE MINOR, *Chronique du Mont Sainte-Odile…*, *op.cit.*

43 LE MINOR, *Chronique du Mont Sainte-Odile…*, *op.cit.*, p. 150-151.

44 MICHEL Albert, *Le tourisme en Alsace. Le Mont Sainte-Odile*, s.l.n.d., 23 p., (articles parus dans le *Nouveau journal de Strasbourg* des 3, 10, 17 et 24 octobre 1932).

IV

Atelier A. Bürckel - Barr, « Portrait de Jeanne de Mullenheim, née Coëhorn », s.d.
Collection particulière.

Oscar Strensch,
« Portrait d'Adèle de Dalwigk », vers 1880.
© Hessisches Staatsarchiv Darmstadt.

L'ART DE VIVRE DE LA NOBLESSE ALSACIENNE À LA FIN DU XIXᴱ SIÈCLE
-
MARC GLOTZ

Entre 1870 et 1900, Jeanne de Mullenheim, née Coëhorn, châtelaine du Grünstein à Stotzheim, correspond avec sa cousine Adèle de Dalwigk, à Darmstadt. À la même époque, son époux Louis de Mullenheim rédige un recueil de souvenirs. Cet ensemble exceptionnel de documents[1] permet de mieux connaître le quotidien et l'état d'esprit de la noblesse alsacienne à l'époque du *Reichsland*.

L'HÉRITAGE, LE RANG ET LA NAISSANCE

La conscience d'appartenir à l'aristocratie se nourrit de traditions et d'histoire. Louis de Mullenheim, qui a un grand intérêt pour les archives et les vieilles pierres, voit régulièrement avec plaisir Hermann, historien de la famille et cousin de la branche allemande, même si son uniforme lui rappelle les désastres de l'armée française en 1870.[2]

Lorsqu'on lui signale à Dambach-la-Ville l'existence d'une vieille pierre aux armes de sa famille, dans la maison natale de son grand-père, Louis s'y rend et achète l'objet. Ce qu'est devenue l'habitation lui inspire des regrets : « Aujourd'hui, on a peine à y reconnaître une demeure seigneuriale. Elle a été morcelée, détériorée, sur bâtie. Elle contient plusieurs ménages. On m'a fait remarquer un beau pressoir portant encore nos initiales, puis la vieille chapelle, jolie pièce voûtée [...]. Elle a été transformée en buanderie. Cette profanation me navre. Je quitte les lieux, content d'emporter ma pierre, mais triste de l'état de ruine et de désolation dans laquelle se trouve cette ex-résidence de mes ancêtres ».

Comme la transmission de l'histoire et du patrimoine, celle du nom, de père en fils, est au centre des préoccupations. Jeanne de Mullenheim, enceinte de son troisième enfant, écrit en 1874 : « J'ai bien de la peine à traîner ma lourde personne et je frémis de l'été qui m'attend. Pourvu que ce soit encore un garçon ; ce sera au moins une consolation »[3]. À la naissance de Claus Zorn de Bulach en 1887, elle s'exclame : « Voilà la lignée des Bulach assurée par la naissance d'un fils. C'est tout un événement. On craignait une seconde fille »[4].

L'aristocratie se tenait initialement en-dehors des affaires d'argent et Louis de Mullenheim avait un profond dédain pour les financiers. En 1880 cependant, il constate que les idées évoluent et que l'avenir appartiendra peut-être aux grandes sociétés.[5] Malgré tout, il ne s'agit pas de confondre noblesse et bourgeoisie et les efforts de Madame Thuret, nièce du ministre Achille Fould, pour s'agréger à la première sont vains. « Elle est trop disposée à regarder la fortune comme le plus grand mérite, ce qui la fait souvent parler et agir contrairement aux principes admis dans la vraiment bonne société », juge Louis. Devenue belle-mère d'une Berckheim et d'un Waldner de Freundstein, « elle a la manie de vouloir se faire traiter de tante par les parents des parents de son gendre. Ma chère Jeanne et moi nous n'avons pas encore voulu nous soumettre à cette exigence, ce qui donne lieu à des hostilités continuelles entre elle et nous »[6].

Parmi les fréquentations de la noblesse, les altesses exercent une véritable fascination qui n'empêche pas des jugements parfois sévères. Lorsque Mélanie de Pourtalès reçoit simultanément à la Robertsau le prince Victor Napoléon[7], le duc d'Orléans[8] et le grand-duc Michel de Russie,[9] Menno de Coëhorn écrit que le premier tire bien le faisan et qu'il a les jambes et la démarche de Sigismond de Berckheim. Le duc d'Orléans est jugé plus séduisant, mais le grand-duc Michel est qualifié de cosaque peu intelligent.[10]

LA DISTINCTION ET L'ESPRIT DE FAMILLE

Ce qu'on attend d'un aristocrate c'est la distinction, l'esprit, la droiture, l'amabilité, la générosité et le sens de la famille. À propos de sa belle-sœur, Louis de Mullenheim écrit : « Anne de Coëhorn, née Bulach, est une charmante jeune femme, intelligente, vive, gaie, très gracieuse, aimant à faire plaisir, bonne, pieuse, dévouée à son mari et à ses enfants, quoique aimant le monde où elle se sent à sa place, d'un tempérament nerveux et enthousiaste la portant quelquefois à l'exagération, gentille et affectueuse avec tout le monde et particulièrement avec tous les membres de sa famille. Son physique répond à son moral ; la grâce est répandue sur sa figure ; elle a une belle taille, beaucoup de distinction, grand air, un ensemble rempli d'aristocratie »[11].

Mélanie de Bussierre, la mère de la célèbre comtesse de Pourtalès, « faisait un noble usage de son immense fortune, recevait grandement, était généreuse envers tous ceux qui la touchaient de près ou de loin. Les propagateurs des bonnes œuvres trouvaient toujours de grands secours en elle, et elle aimait soulager les misères et les infortunes qui lui étaient signalées. Elle avait un remarquable esprit de famille, portait un sérieux intérêt à tous les siens, aimait le monde, était aimable comme les femmes du XVIIIe siècle, avait une certaine originalité qui donnait de l'attrait à sa conversation »[12].

L'esprit de famille se manifeste le mieux dans l'épreuve. Alors que Louis de Mullenheim se remet difficilement d'une opération à l'hôpital de la Toussaint, à Strasbourg, son cousin Paul de Bussierre envoie 500 francs pour l'aider à supporter les frais médicaux. La sœur de ce dernier, Mélanie de Pourtalès veut être renseignée chaque jour et recommande de « puiser à la Robertsau toutes les ressources qu'on peut y trouver, même dans la bourse de son père », Alfred de Bussierre.[13] Pendant douze jours, le cuisinier de ce dernier apporte chaque matin au patient le déjeuner tout préparé qu'il achève de cuire sur place, et le dîner qu'il suffit de réchauffer. Durant la période la plus critique, Hermann de Müllenheim, le cousin de la branche allemande, fait poser des tapis devant la chambre du malade pour amortir le bruit, et lui envoie chaque jour un domestique pour rendre des services.[14] Les relations favorisent également l'établissement des jeunes. Après des difficultés sentimentales et une tentative de suicide, Félix de Reinach-Werth leur doit son mariage et sa situation. « On s'occupa à le réhabiliter, à prouver que sa folie n'avait été que passagère, et on lui chercha une nouvelle carrière. Une pétition, signée par les principaux membres des différentes branches de la famille de Reinach et les maris de demoiselles de Reinach, fut adressée à Napoléon III et présentée par son chambellan *Frantz* Zorn de Bulach. Elle fut approuvée et, peu après, Félix fut nommé conseiller de préfecture à Montauban »[15].

L'ENFANCE, L'INSTRUCTION ET LES FÊTES

L'enfant est confié à un ou plusieurs enseignants. En 1892, Charlotte de Mullenheim a tous les jours des leçons de littérature, de géographie et d'histoire. Elle fait des progrès en dessin et en peinture, mais sa mère cherche un bon maître à Strasbourg, « qui la stimule et empêche de laisser ce joli commencement en route »[16]. Il n'est pas toujours facile d'engager un précepteur. Jeanne a dû se séparer du sien parce qu'il trouvait déplacé qu'elle mette son fils vis-à-vis d'elle à dîner et le lui avait exprimé de façon peu polie. « Je l'ai prié de s'en aller, écrit-elle. Me voilà donc obligée de chercher à le remplacer et, en attendant, je fais travailler mes pauvres garçons de mon mieux. À la campagne, on est dépourvu de ressources »[17].

Maria Roesch, une bonne, apprend l'allemand aux enfants[18] et les filles reçoivent une formation artistique. « Clothilde est tout absorbée dans son piano, écrit sa mère en 1887. [...] Nous allons tous les 15 jours à Strasbourg où elle prend aussi des leçons d'anglais et, entre temps, nous prêchons ferme, surtout le piano dont elle fait près de 9 h par jour »[19]. En parlant de ses filles, âgées de 6 et 9 ans, Menno, le frère de Jeanne, écrit en 1881 : « Tous les jours elles ont les deux une maîtresse de français chargée spécialement de purifier leur accent »[20].

L'année est jalonnée de fêtes particulièrement attendues. Le 12 décembre 1880, « le grand saint Nicolas fait une apparition au Grünstein où une nombreuse société avait été convoquée pour le recevoir », raconte Louis. « Tous les ans, ma sœur Marie donne vers cette époque une fête à nos enfants et à ceux du voisinage. La mise en scène varie, mais il y a toujours des joujoux et bonbons pour chaque enfant, un goûter général, et habituellement une représentation de lanterne magique. Aujourd'hui ma sœur, qui avait mis un masque avec une perruque et [s'était] habillée en évêque, a fait son entrée dans le salon, assise dans un char joliment drapé et traîné par Maria, la bonne d'enfants déguisée en âne »[21].

Noël est une nouvelle occasion de réjouissance et chaque année apporte son lot de préparatifs fébriles. Laissons la plume à Jeanne :

> « Je t'écris dans la plus grande des hâtes, étant depuis plusieurs jours surchargée de lettres, de distributions [...], d'ouvrages qu'il faut aider mes filles à terminer. Ces jours de fêtes deviennent de plus en plus compliqués et chargés. Hier nous avons eu notre arbre de Noël à l'école et nous sommes encore sous le charme de ces 350 figures réjouies qui ont défilé devant nous et les d'Andlau, emportant joujoux, gâteaux, bonbons, vêtements. Heureux ceux qui peuvent donner, donner sans compter, car vraiment la plus grande joie est pour eux ! Ce soir, je prépare les surprises de mes deux fidèles compagnes. Pour Clothilde, un joli éventail de Vienne en plumes d'aigle et la photographie encadrée d'un des portraits du salon, qu'elle aime tout particulièrement. Charlotte aura une petite bague ancienne découverte à Strasbourg. À Henry, j'envoie un de ces bons manteaux autrichiens »[22].

Le mardi 23 mars 1880, les Mullenheim font leurs Pâques à l'église de Stotzheim. C'est une nouvelle occasion de se retrouver en famille. Le dimanche suivant, selon la vieille tradition, on cache les œufs aux enfants. Leurs cousins et cousines sont aussi invités au Grünstein et « la fête est complète pour tout ce petit monde » qui est ensuite invité à chercher d'autres œufs dans plusieurs maisons du village. On remet cela le lendemain à Ittenwiller où viennent aussi déjeuner les Rodolphe de Turckheim.[23]

Des mises en scène soignées ponctuent également les retrouvailles familiales : « Je suis tout surpris en voyant sur le pont d'entrée, des maïs, des bannières avec la rose blanche, des guirlandes, écrit Louis, de retour au Grünstein après son opération à Strasbourg. Ces décorations continuent dans l'avenue et se terminent à l'entrée de la maison par une véritable panoplie. Sur l'escalier se tenaient ma mère et mes sœurs Marie et Fanny agitant des mouchoirs et l'air joyeux. Devant elles étaient les quatre enfants, chacun avec son bouquet à la main. Le brave curé Gloeckler qui, par son cœur, est aussi de la famille, avait voulu prendre également sa part à cette fête et me souhaiter un bon retour dans sa paroisse »[24].

UN CŒUR À PRENDRE : LE MARIAGE

On se marie dans le cercle restreint de la noblesse, entre parents et connaissances rencontrées au fil des fêtes et des visites. Un intermédiaire est parfois nécessaire. Ainsi, François Zorn de Bulach, trouvant qu'il y a trop de femmes chez les Mullenheim, leur fait l'éloge de Raphaël Bancalis de Pruynes. « Nous résolûmes de donner suite à leurs projets », écrit Louis qui prend une part active au mariage de sa nièce, Louise Weinum. Raphaël, après s'être avancé, témoigne certaines hésitations à cause de la fortune de la demoiselle et des problèmes de santé connus chez différents membres de la famille Weinum. Louis le met dans le cas de se prononcer, et quelques jours plus tard, la demande solennelle est faite puis le mariage célébré à l'église de Stotzheim.[25]

Les mésalliances ne sont pas admises. François Zorn de Bulach et son lointain cousin Albert Zorn de Plobsheim vivaient en bonne intelligence jusqu'au jour où le premier découvrit qu'il existait entre le second et la gouvernante de ses enfants, Mademoiselle de Sicherer, « des relations d'une intimité qu'il ne pouvait tolérer. À la suite de cette découverte, la gouvernante fut chassée, et tout lien fut brisé entre les deux branches Bulach et Plobsheim. Peu après, M. de Zorn épousa Mlle de Sicherer. Depuis son mariage, la baronne de Zorn a une dignité et une manière de faire fort honorables. Ainsi, pour apporter un peu de bien-être dans ce milieu où la fortune fait défaut, elle donne des leçons au cachet. Cela lui a également permis de donner à ses deux filles une éducation et une instruction conformes à la noblesse de leur origine »[26].

Lorsque Daniel Thuret, d'une famille de la finance, épouse en 1880 Ida de Berckheim, Louis de Müllenheim écrit : « Quelles que soient les qualités de M. Thuret, j'ai vu avec peine ce mariage, signe de notre temps et de l'esprit de la société parisienne qui considère l'argent comme le premier bien, et il me semble toujours triste de voir de beaux noms associés à des noms bourgeois »[27].

En 1891, on accepte mal la proximité qui existe entre Paul de Bussierre, le châtelain de Schoppenwihr, et Eugénie Chapuis, l'ancienne femme de chambre de sa défunte épouse. Dans une lettre à sa cousine Adèle, Jeanne écrit :

> « Tu n'imagines pas cet aplomb. Elle tient le coin de la cheminée, donne son avis sur tout et se croit vraiment un personnage depuis qu'en Bohême le prince Metternich, lui donnant le pas sur sa fille et d'autres invités, la mettait à sa droite. Que dis-tu de cela ? N'est-ce pas renversant et une complète décadence ? »[28]

Elle ajoute trois ans plus tard :

> « Tu ne te fais aucune idée de ce qu'est devenue Eugénie ! Plus on l'élève et plus la femme de chambre ordinaire reparaît ! C'est un supplice que d'en être toujours affublée. Rien ne la déroute. Son maître essaie de la remettre quelquefois timidement à sa place. C'est comme s'il chantait. Elle a un toupet infernal, se mêle à toutes les conversations, tranche les questions d'une voix éraillée et commune. [...] C'est navrant de voir Paul dégringoler aussi bas »[29].

ENTRE CATHOLIQUES ET PROTESTANTS : LA RELIGION

À l'instar de l'esprit de famille, la foi se manifeste particulièrement face à la maladie. Pendant l'opération de Louis de Müllenheim, son épouse Jeanne s'établit à son chevet. « Son intercession auprès de Dieu ne me manqua pas, écrit le patient. Neuvaines, messes, promesses, privations, cierges aux pèlerinages, elle n'oublia aucun des moyens que la Religion met en notre pouvoir pour nous permettre d'implorer la faveur divine »[30]. Alors que tout espoir paraît perdu, on constate une soudaine amélioration. « Ma guérison sembla tenir du miracle [...] Mes bons enfants portaient des cierges à tous les pèlerinages et adressaient de ferventes et innocentes prières à Dieu. Ils remplissaient d'émotion tous ceux qui les voyaient. [...] Dans ma famille proche, on passait son temps à prier, et bien des promesses furent faites. Nos amis, nos alliés ne nous oublièrent pas». Des membres du clergé recommandèrent Louis à leurs messes. Des habitants de Stotzheim firent des prières, auxquelles même les protestants «joignirent leurs invocations»[31].

La foi religieuse accompagne tous les événements de la vie, du plus grand au plus petit. Jeanne promet que si son fiancé revient sain et sauf de la guerre de 1870, elle offrira à la Vierge sa robe de noces et mettra une plaque à la crypte d'Andlau, ce qui sera fait. Lorsqu'elle perd un billet de 100 francs, elle court le signaler à la police, et annonce que sa fille Clothilde fera une neuvaine de litanies à saint Antoine, se rappelant que sa tante avait utilisé cette méthode avec succès pour retrouver son porte-monnaie[32].

Les relations entre catholiques et protestants sont souvent cordiales. Ainsi le père de Louis avait une grande affection pour Amélie de Turckheim. «Quoique catholique très fervent et elle protestante fort zélée, aimant tous les deux à parler religion ensemble, ils n'en restaient pas moins toujours bons amis»[33]. Toutefois une conversion ou un mariage mixte est source de tensions. Lorsqu'à la Robertsau, Mélanie de Pourtalès, née Bussierre, apprend qu'à 79 ans son oncle Eugène de Coëhorn s'est converti au catholicisme, religion de sa troisième épouse et de ses enfants, elle réserve un accueil glacial à ces derniers. «Il faut espérer qu'une fois le premier moment d'émotion et de désappointement passé, les relations redeviennent ce qu'elles étaient, écrit Louis. De notre côté, nous sommes décidés à faire preuve de douceur et de bonne volonté, en reconnaissance de l'affection et de la générosité continuelles des Bussierre pour les leurs, et aussi pour leur montrer la supériorité de notre religion sur la leur»[34].

L'Église ne fait souvent preuve de tolérance qu'en apparence. Quand, sous le Second Empire, Albert Bohn sollicite sa nomination au grade de chef de bataillon de la garde nationale mobile, le comte de Leusse s'y oppose en le présentant comme un protestant fanatique, allié des Dietrich et des Turckheim, républicains, ainsi que des Vivès, des Sahune et des Hell, orléanistes. L'échec des recours auprès du gouvernement provoque la plainte des protestants, Alfred de Bussierre en tête. Pour le calmer, le général Ducrot lui affirme que ce n'est pas une question de religion et l'assure qu'il accepterait son gendre Pourtalès s'il se présentait. Alfred de Bussierre le prend au mot et le préfet se voit contraint de demander à l'évêque de Strasbourg s'il ne voit pas d'inconvénient à la chose. Mgr. Raess donne son accord et, lorsque son interlocuteur s'inquiète des difficultés possibles avec le clergé, il l'assure pouvoir faire comprendre aux mécontents, qu'en cas de guerre, il vaut mieux qu'un protestant soit tué qu'un catholique[35].

ENTRE FRANCE ET ALLEMAGNE: LA POLITIQUE

Louis brosse un tableau de la situation politique de l'Alsace-Lorraine en 1880: «Nous sommes toujours soumis au système de la dictature; cependant, un pas vient d'être fait en faveur de notre petit pays. Le gouvernement est maintenant établi à Strasbourg; à sa tête se trouve un *Statthalter* avec des pouvoirs presque royaux. Cette dignité a été confiée au *Feld-Maréchal* baron de Manteuffel. [...] Depuis le peu de temps qu'il est établi dans son nouveau poste, il a déjà témoigné de son bon vouloir envers les Alsaciens-Lorrains. La Délégation, sorte de chambre de députés au petit pied, a vu grandir son importance. Le nombre de ses membres a été augmenté. On lui a donné le droit d'initiative et de faire des amendements. Ces concessions, quoique minimes, auraient une certaine valeur si ce n'était la servilité de cette assemblée composée de vétérinaires, pharmaciens, notaires, médecins, fabricants, tous plus ou moins salariés par l'État et préoccupés de leurs seuls intérêts personnels. Aussi la Délégation ne jouit-elle que d'un médiocre prestige aux yeux du pays qu'elle ne représente pas ».

Louis compare encore la situation de part et d'autre des Vosges : « L'Empire d'Allemagne, auquel nous avons été annexés par droit de conquête, est aujourd'hui la première puissance militaire, et sa voix est prépondérante en Europe. [...] En France, je ne vois que tristesse ! Le parti légitimiste, auquel on a toujours été dévoué dans notre famille, s'affaiblit de jour en jour. Un miracle seul peut le faire triompher. La démocratie révolutionnaire fait tous les jours de rapides progrès ; le pouvoir est entre ses mains. Les misérables héros de la Commune reçoivent des ovations publiques, et il devient un titre de gloire d'avoir combattu les armées françaises. La majorité libre-penseuse de la Chambre des députés menace la religion, et les honnêtes gens considèrent l'avenir avec inquiétude »[36].

Louis, pourtant francophile, est très critique vis-à-vis de la politique de la IIIe République : « Gambetta qui prêchait les sacrifices et la guerre à outrance, passait son temps dans les plaisirs et les orgies, alors que la France était en deuil, écrit-il. Le patriotisme de ces fervents républicains n'est qu'apparent. Ce qu'ils veulent ce sont des places lucratives, la richesse pour jouir de tout le bien-être qu'elle peut procurer. Ainsi, le président Grévy aurait déjà économisé 600 000 francs depuis les quelques mois qu'il est à la tête de l'État »[37].

En Allemagne, les relations entre l'Église et l'État s'améliorent après des années de *Kulturkampf*, alors qu'en France les établissements de jésuites seront fermés par décret à partir du 31 août 1880, et les autres congrégations religieuses non reconnues officiellement devront soumettre leurs titres et statuts à l'État pour ne pas subir le même sort[38].

Louis réagit vivement à l'adoption du 14 juillet comme jour de fête nationale : « Quelle aberration et quelle honte pour le pays d'avoir choisi cette lugubre date pour en faire un jour de fête ! [...] Le 14 juillet fut la première journée sanglante de la Révolution. Elle inaugura cette série de crimes qui devaient se perpétuer pendant des années et couvrir la France de hontes et de ruines »[39]. Tous les nobles ne sont pas de cet avis. Les Dietrich, par exemple, sont républicains et, d'après Louis « ne se souviennent pas que leur grand-père, le premier républicain de leur famille, a péri sur l'échafaud révolutionnaire »[40].

Henry et Luthold de Mullenheim, les fils de Jeanne et de Louis, font leurs études à Nancy et à Jersey pour entrer dans la cavalerie et la marine française, ce qui n'empêche pas leur famille de garder de bonnes relations avec les cousins établis à Fribourg-en-Brisgau.

Pierre-Auguste Renoir, « Portrait de la comtesse de Pourtalès », huile sur toile, 1877.
Museu de Arte de São Paulo Assis Chateaubriand © João Musa.

El-Biar, puis je suis retournée à un jeudi des de Hell, où la réunion a été de 20 personnes. Clothilde et Charlotte ont bien exécuté leur invitation à la valse à 2 pianos, et puis Mlle de Castex les a enlevées avec *Ninie*[50] et leur petite amie, Elisabeth de Gondrecourt, à Tanviller.[51] Elles y ont passé 2 joyeuses journées, et le samedi nous avons dû les rechercher, Menno et moi, et nous réunir en pique-nique à la frontière avec les d'Ollone et Gondrecourt »[52].

Henry « a eu la chance d'arriver au moment de toutes les fêtes qui se sont succédé dans notre charmant coin, explique Jeanne à Adèle en novembre 1900. Tu as eu un écho de celle d'Ittenwiller par écrit du *Gaulois*.[53] C'était ravissant, on ne peut plus réussi, dans ce joli cadre, et tous ces costumes alsaciens excessivement seyants. Nous avons encore célébré les noces d'argent du ménage Édouard Turckheim.[54] Ils étaient entourés de leurs 27 enfants et petits-enfants ! Quelle belle couronne ! Après un superbe dîner, on a dansé un cotillon plein d'entrain et nous avions 2 heures de voiture, ce qui nous a ramenés dans nos lits à 4 heures du matin. Toute notre jeunesse a en plus joué la comédie à Osthoffen, chez les Grouvel. Tu vois que les divertissements n'ont pas manqué, et je t'assure que je me prends à soupirer après un peu de calme »[55]. « Nous venons de passer quelques jours charmants à Dachstein, chez les Édouard de Turckheim, raconte Jeanne en 1896. Leur fille Grunélius[56] a donné un bal ravissant à Kolbsheim, où ma Lottele s'est amusée avec tout l'entrain de ses 17 ans. Maintenant nous avons Marie de Dietrich. Le Gîte et Ittenwiller ont aussi du monde pour leurs chasses et c'est un va-et-vient très gai et de tous les instants entre nos trois maisons. Le tout est entremêlé de courses obligées à Colmar et Strasbourg pour affaires, si bien que je finis par demander grâce »[57].

La saison de chasse est une autre occasion de faire la tournée des propriétés. En novembre 1880, Louis se rend à Boffzheim, chez les Bulach, avec ses beaux-frères. « Nous avons tué 181 pièces, dont 14 lièvres pour ma part, s'exclame-t-il »[58]. Les femmes assistent parfois à la battue comme Pauline de Metternich et Jeanne, en séjour chez Paul de Bussierre, à Mattstall : « Puis après le thé, pour changer, nous sommes repartis pour Truttbrunn, à la poursuite de cet éternel brocard, dans des chemins me rappelant les chasses en Ermenonville, moins tout le turlu des chiens, piqueurs, chasseurs. Le silence des bois n'était troublé que par l'apparition d'un garde gesticulant mystérieusement dans une clairière, comme le Tannhäuser. Et nous sommes revenus bredouilles comme toujours »[59].

Les séjours dans les cités thermales sont très prisés. Eugène de Coëhorn qui a lutté tout le printemps 1894 contre l'influenza, va faire une petite cure Kneipp dans les environs de Châtenois[60]. Sa sœur Jeanne est enchantée de ce type de traitement et se promène tous les matins pieds-nus avec ses filles[61].

La correspondance occupe une place essentielle. Le 1er mai 1892, Jeanne termine sa neuvième lettre de la journée en soupirant : « Mes doigts se refusent à un plus long service ». Le 9 septembre 1894, elle écrit à sa cousine : « Je suis à la Robertsau et il tombe des hallebardes. Que puis-je faire de mieux que de venir causer avec toi et essayer de te faire passer quelques bons moments »[62]. Il s'agit en effet de conversations à distance, « d'un échange de pensées avec ceux que l'on aime [et] qui fait le grand charme de la vie »[63]. Une lettre commencée un jour peut être continuée le lendemain, voire le surlendemain, et lorsque la place ne suffit plus, on tourne la feuille de 90° et on continue d'écrire.

Les escapades dans les Vosges constituent de bonnes récréations. Le 28 septembre 1880, la tante Cazalot offre « une charmante partie de montagne » au Donon. On prend le train jusqu'à Schirmeck où on déjeune. Ensuite la voiture mène les excursionnistes à la maison forestière du Donon et ils font le reste de l'ascension à pied, favorisés par un temps superbe. Pour terminer, ils reviennent à Schirmeck, dînent à l'hôtel de France, reprennent le chemin de fer, et sont de retour au Grünstein à 10h30 du soir.

L'aristocratie alsacienne fréquente régulièrement la Robertsau où règne la fameuse Mélanie de Pourtalès. En 1887, quelques mois après la mort de son père, Alfred de Bussierre, elle continue les traditions de famille en réunissant chez elle ses cousins Coëhorn. « Il est impossible d'être plus hospitaliers, plus affectueux maîtres de maison qu'Edmond et Mélanie, écrit Jeanne. Ils ont été bons et charmants, et ce séjour que j'appréhendais ne laisse que de doux souvenirs, tant j'y ai retrouvé la continuation du passé. Mélanie avait le cœur bien gros en quittant cette Robertsau, où elle ne reviendra peut-être pas de longtemps, si elle y revient ».

-

C'est qu'à cette époque de tensions franco-allemande, la frontière devient plus difficile à franchir pour les Pourtalès qui habitent Paris le reste du temps.

Et Jeanne de conclure: « Nos filles se sont follement amusées à la Robertsau. [...] On a joué la comédie, fait des tableaux, etc. Cette jeunesse met tant de vie et d'animation »[64]. À la fin du siècle, cependant, la propriété a été agrandie et les fêtes sont devenues plus mondaines, ce qui fait dire à Jeanne : « On chasse et on s'amuse. Il y a nombreuses réunions et on dit les soirées plus variées et amusantes que dans le temps passé. Moi j'ai eu la chance d'y échapper grâce à la présence de mes enfants »[65].

En 1900, c'est presque devenu une corvée, que de répondre aux invitations, et Marie de Coëhorn vient se réfugier chez Jeanne, sa belle-sœur, « ravie d'échapper à la brillante série de la Robertsau et [préférant] les petites soirées de famille bien tranquilles, à la représentation avec le grand-duc Michel et le prince Victor Napoléon »[66].

Cet art de vivre fait de retrouvailles, de goûters, de parties de chasse et de causeries épistolaires, disparaîtra avec la Première Guerre mondiale et la fin de la monarchie en Alsace. Quelques propriétés, des portraits et des correspondances gardent l'esprit de la vie parfois légère, parfois grave, mais toujours pleine d'entrain que menait la noblesse d'Alsace au XIXe siècle.

Charles Winter, « Strasbourg, château de Pourtalès à la Robertsau », 1865.
Musée d'Art moderne et contemporain de Strasbourg © Musées de Strasbourg / M. Bertola.

Phot. Ch. Winter 1865.

1 GLOTZ Marc, *Miroir de la noblesse alsacienne au XIXe siècle, Coëhorn et Mullenheim : lettres et souvenirs*, 2018, 384p. Les documents cités ici font référence à cet ouvrage.

2 MULLENHEIM Louis de, *Souvenirs à mes enfants*, 3 janvier 1889 (GLOTZ Marc, *op. cit.*, p. 118-120).

3 Lettre du 12 juillet 1874, de Jeanne de Coëhorn à Adèle de Dalwigk (*op. cit.*, p. 103).

4 Lettre du 2 juin 1887, de Jeanne à Adèle (*op. cit.*, p. 254).

5 MULLENHEIM Louis de, *Souvenirs…*, 18 novembre 1880 (*op. cit.*, p. 204).

6 MULLENHEIM Louis de, *Souvenirs…*, 27 avril 1880 (*op. cit.*, p. 153).

7 Le prince Victor Napoléon (1862-1926), petit-fils du roi Jérôme de Westphalie.

8 Philippe duc d'Orléans (1869-1926), prétendant au trône, arrière petit-fils du roi Louis-Philippe.

9 Le grand-duc Michel de Russie (1878-1918), frère de Nicolas II.

10 Lettre du 6 novembre 1900, de Menno de Coëhorn à Charlotte de Mullenheim (*op. cit.*, p. 351-352).

11 MULLENHEIM Louis de, *Souvenirs…*, 21 février 1880 (*op. cit.*, p. 93).

12 MULLENHEIM Louis de, *Souvenirs…*, 21 février 1880 (*op. cit.*, p. 139).

13 MULLENHEIM Louis de, *Souvenirs…*, 19 juillet 1880 (*op. cit.*, p. 171).

14 MULLENHEIM Louis de, *Souvenirs…*, 11 juillet 1880 (*op. cit.*, p. 165-166).

15 MULLENHEIM Louis de, *Souvenirs…*, 6 février 1880 (*op. cit.*, p. 132).

16 Lettre du 1er mai 1892, de Jeanne à Adèle (*op. cit.*, p. 273).

17 Lettre du 6 mai 1885, de Jeanne à Adèle (*op. cit.*, p. 245).

18 MULLENHEIM Louis de, *Souvenirs…*, 31 janvier 1881. (*op. cit.*, p. 219).

19 Lettre du 2 juin 1887, de Jeanne à Adèle (*op. cit.*, p. 254).

20 Lettre du 10 décembre 1881, de Menno à Adèle (*op. cit.*, p. 238).

21 MULLENHEIM Louis de, *Souvenirs…*, 12 décembre 1880 (*op. cit.*, p. 206).

22 Lettre du 24 décembre 1893, de Jeanne à Adèle (*op. cit.*, p. 283-284).

23 MULLENHEIM Louis de, *Souvenirs…*, 23 mars 1880 (*op. cit.*, p. 147).

24 MULLENHEIM Louis de, *Souvenirs…*, 13 juillet 1880 (*op. cit.*, p. 167).

25 MULLENHEIM Louis de, *Souvenirs…*, 11 octobre 1880 (*op. cit.*, p. 200).

26 MULLENHEIM Louis de, *Souvenirs…*, 20 janvier 1881 (*op. cit.*, p. 213).

27 MULLENHEIM Louis de, *Souvenirs…*, 27 avril 1880 (*op. cit.*, p. 152).

28 Lettre du 31 janvier 1892, de Jeanne à Adèle (*op. cit.*, p. 273).

29 Lettre du 19 février 1894, de Jeanne à Adèle (*op. cit.*, p. 285).

30 MULLENHEIM Louis de, *Souvenirs…*, 20 juin 1880 (*op. cit.*, p. 160).

31 MULLENHEIM Louis de, *Souvenirs…*, 28 juin 1880 (*op. cit.*, p. 163).

32 Lettre du 24 octobre 1888, de Jeanne à Charlotte (*op. cit.*, p. 259-260).

33 MULLENHEIM Louis de, *Souvenirs…*, 6 février 1880 (*op. cit.*, p. 135).

34 MULLENHEIM Louis de, *Souvenirs…*, 10 septembre 1880 (*op. cit.*, p. 184).

35 MULLENHEIM Louis de, *Souvenirs…*, 1er octobre 1880 (*op. cit.*, p. 193).

36 MULLENHEIM Louis de, *Souvenirs…*, 1er janvier 1880 (*op. cit.*, p. 117-118).

37 MULLENHEIM Louis de, *Souvenirs…*, 14 janvier 1880 (*op. cit.*, p. 121).

38 MULLENHEIM Louis de, *Souvenirs…*, 23 mars 1880 (*op. cit.*, p. 148).

39 MULLENHEIM Louis de, *Souvenirs…*, 9 juillet 1880 (*op. cit.*, p. 164).

40 MULLENHEIM Louis de, *Souvenirs…*, 26 janvier 1881 (*op. cit.*, p. 215).

41 MULLENHEIM Louis de, *Souvenirs…*, 25 janvier 1880 (*op. cit.*, p. 121).

42 Lettre du 29 juillet 1898, de Jeanne à Adèle (*op. cit.*, p. 341).

43 MULLENHEIM Louis de, *Souvenirs…*, 20 janvier 1881 (*op. cit.*, p. 213).

44 Lettre du 2 juin 1887, de Jeanne à Adèle (*op. cit*, p. 254).

45 Lettre du 23 novembre 1898, de Jeanne à Adèle (*op. cit.*, p. 344).

46 Lettre du 8 mai 1970, de Jeanne à Adèle (*op. cit.*, p. 71).

47 Lettre du 4 janvier 1897, de Jeanne à Adèle (*op. cit.*, p. 315).

48 Lettre du 21 décembre 1877, de Jeanne à Adèle (*op. cit.*, p. 110).

49 Lettre du 6 mai 1894, de Jeanne à Adèle (*op. cit.*, p. 288).

50 Eugénie de Coëhorn (Saint-Pierre 11.5.1875 - Paris 1.2.1946), fille de Menno.

51 Le château de Thanvillé, à l'entrée du val de Villé, propriété des Dartein depuis 1786, était passé par mariage aux Castex au début du XIXe siècle.

52 Lettre du 9 septembre 1894, de Jeanne à Adèle (*op. cit.*, p. 290).

53 *Le Gaulois* est un journal littéraire et politique publié entre 1868 et 1929, d'abord bonapartiste, puis conservateur et légitimiste après 1879, lu par la noblesse et la haute bourgeoisie.

54 Édouard de Turckheim (1829-1909), propriétaire à Niederbronn et Dachstein, marié à Niederbronn le 7.3.1860 à Amélie de Dietrich (1840-1874), et remarié au Jaegerthal le 26.10.1875 à la nièce de sa première épouse, Frieda de Dietrich (1850-1926). Les 27 enfants et petits-enfants évoqués dans la lettre proviennent du second mariage d'Édouard. On en compte aussi 25 du premier.

55 Lettre du 4 novembre 1900, de Jeanne à Adèle (*op. cit.*, p. 350).

56 Emma de Turckheim (1867-1955), mariée à Niederbronn le 14.4.1887 à Maurice Édouard Grunelius (1863-1920). Anoblis avec le titre de baron le 3.9.1883, les Grunelius avaient acheté en 1874 le château de Kolbsheim aux Humann (WOLFF Christian, « Grunelius », in *N.D.B.A.*, N°14, p. 1308).

57 Lettre du 10 décembre 1896, de Jeanne à Adèle (*op. cit.*, p. 314)

58 MULLENHEIM Louis de, *Souvenirs…*, 18 novembre 1880 (*op. cit.*, p. 204).

59 28 juin 1898 à Mattstall, de Jeanne de Coëhorn à sa fille Charlotte (*op. cit.*, p. 329).

60 Les sources de Badbronn à Châtenois, déjà citées en 1463 et mises en valeur à partir des années 1700, connurent un nouvel essor après 1860. L'établissement atteignit son apogée en 1891 avec l'ouverture d'un institut dirigé le docteur Kleinschrod, premier collaborateur du curé Kneipp. (RUFF Joseph, *Geschichte von Châtenois*, Colmar, 1930, p. 319-324).

61 Lettre du 14 mai 1893, de Jeanne à Adèle (*op. cit.*, p. 279).

62 Lettres du 1er mai 1892 et du 9 septembre 1894 (*op. cit.*, p. 274, 290).

63 Lettre du 10 décembre 1896, de Jeanne à Adèle (*op. cit.*, p. 314).

64 Lettre du 4 décembre 1887, de Jeanne à Adèle (*op. cit.*, p. 256).

65 Lettre du 9 novembre 1896, de Jeanne à Adèle (*op. cit.*, p. 313).

66 Lettre du 4 novembre 1900, de Jeanne à Adèle (*op. cit.*, p. 350).

Jean-Jacques Henner, « Le petit écriveur. Jules Henner faisant ses devoirs », huile sur toile, vers 1869.
Musée des Beaux-Arts de la Ville de Paris © Petit Palais/Roger-Viollet.

UN ASPECT DE LA GERMANISATION EN ALSACE DURANT LA PÉRIODE DU *REICHSLAND*, L'ÉDUCATION PATRIOTIQUE DANS LES ÉCOLES

-

PIERRE VONAU

« C'est par l'école que ce pays doit être germanisé... ». En octobre 1870, le commissaire civil von Kühlwetter en est persuadé[1]; c'est par elle que passera l'intégration des jeunes Alsaciens dans la communauté allemande, car « qui possède l'école possède le pays »[2]. Comment l'école éveille-t-elle au patriotisme des élèves déjà très majoritairement germanophones et réputés d'origine *alémanique*[3] ? Dans quelle mesure répond-elle à l'objectif qui lui est assigné ?

Des historiens éminents ont étudié les questions scolaires durant la période du *Reichsland* selon différentes problématiques. Cette nouvelle contribution, relative à l'éducation patriotique - *Vaterländische Erziehung* (considérée comme un vecteur de germanisation[4] ou plutôt de (re)germanisation[5]) - se limite à l'enseignement élémentaire (*Niederes Unterrichswesen*) dans les deux départements (*Bezirke*) de la seule Alsace. Il y concerne tous les élèves, qu'ils relèvent de l'enseignement public (*Volksschule*) ou pour une part très minoritaire du privé[6]. L'enseignement secondaire[7] (*Höheres Unterrichswesen*) et l'Université[8] concourent également à la (re)germanisation mais de façon spécifique.

1870 : UNE *NOUVELLE* ÉCOLE ÉLÉMENTAIRE ?

Le 21 septembre 1870, une ordonnance du commissaire civil[9] fixe la rentrée scolaire au 2 octobre 1870. Peu de changements interviennent dans l'immédiat et la journée débute toujours par l'heure de religion. Les rythmes sont inchangés avec six heures de classe par jour et le jeudi de congé. La grande majorité des maîtres restent en place, dont la cohorte de religieuses enseignantes, particulièrement nombreuses en haute Alsace. Si certains d'entre eux ne cachent pas leur amertume[10], d'autres se rallient de bon cœur au système mis en place par les nouvelles autorités. C'est le cas de Théophile Hatt, maître d'école à Munster et correspondant au Bulletin Académique, qui, en récompense de son zèle pour la cause allemande, est promu inspecteur scolaire à Molsheim[11]. L'école primaire reste liée à la commune pour son fonctionnement au quotidien. De ce fait, le maire ainsi que les autorités religieuses locales conservent des prérogatives de surveillance.

Trois mesures marquent cependant une véritable rupture. Selon une ordonnance du 14 avril 1871, à partir du semestre d'été, l'allemand devient la langue d'enseignement obligatoire à la place du français[12]. Le 18 avril 1871, une autre ordonnance introduit l'obligation scolaire pour les filles de 6 à 13 ans, jusqu'à 14 ans pour les garçons. Cette mesure forme « un des volets majeurs de la germanisation »[13], même si son application reste un temps sans effet par manque de moyens. Enfin par la loi du 12 février 1873, le contrôle de l'État - notamment par les inspections et les nominations des enseignants - est renforcé. Sur d'autres points, le changement n'est pas aussi radical. L'école reste payante, confessionnelle et le plus souvent séparée selon le genre. Les anciennes Écoles normales devenues *Lehrerseminaren* rouvrent à partir de janvier 1871, et sont destinées à devenir de véritables foyers de germanisation.

LES ACTEURS DE L'ÉDUCATION PATRIOTIQUE

L'étude des mécanismes décisionnels en matière scolaire, notamment l'articulation entre pouvoirs politiques, administration scolaire et groupes de pression est complexe. Si l'objectif de germanisation est une constante pour les acteurs de l'éducation patriotique, les méthodes évoluent en fonction des circonstances.

Les ordonnances en matière scolaire, les règlements ainsi que les programmes pour les écoles primaires et les séminaires portent la signature des hauts responsables politiques de Berlin (chancelier) et de Strasbourg (gouverneur et commissaire général, président supérieur, *Statthalter*, secrétaire d'État). Ces textes sont publiés et transmis pour application aux présidents de district et directeurs de cercles. *De minimis non curat praetor*, les hauts responsables politiques inspirent les dispositions essentielles mais laissent en général la rédaction des textes à l'administration scolaire. Ils peuvent toutefois s'arrêter à un détail. Bismarck aurait complété de sa plume une phrase du règlement du 4 janvier 1874 relatif à l'enseignement de l'histoire en Alsace-Lorraine : « Les élèves du cours supérieur auront à connaître l'organisation politique du *Reich* allemand »[14]. Les politiques sont particulièrement attentifs à certaines questions, comme celle de l'inspection des religieuses durant la période du *Kulturkampf*, de la place du français dans les programmes éducatifs, ou encore celle de l'enseignement religieux - la hiérarchie catholique étant vigilante sur ses méthodes et son contenu[15]. La représentation parlementaire - *Landesausschuss et Landtag* - délibère également sur les questions scolaires. En 1909 par exemple, les députés nationalistes Kubler et Wetterlé politisent la question de l'apprentissage du français en accusant le gouvernement de vouloir l'extirper de l'école[16]. Enfin, rappelons encore l'intensification des interventions de l'armée auprès des politiques dès 1914, pour encourager par exemple l'éducation physique -*Turnen* et le scoutisme - *Pfadfinderbewegung*, dans un objectif de préparation militaire anticipé[17].

Officiellement, la mission de l'administration scolaire est « la surveillance et la direction de tout l'enseignement à l'exclusion de l'Université »[18]. Une première organisation est mise en place dès 1871 sous l'autorité du commissaire général et se maintient pour devenir, par ordonnance impériale du 21 avril 1882, le Conseil supérieur scolaire pour l'Alsace-Lorraine - *Oberschulrat für Elsass-Lothringen*. La continuité à sa direction opérationnelle (quatre directeurs seulement se succèdent jusqu'en 1918) est remarquable. Hermann Schollenbruch, ancien directeur d'une école de formation de maîtres, détaché par le ministère des Cultes de Prusse et spécialiste d'histoire biblique, imprime sa marque à l'enseignement scolaire de 1871 jusqu'à son décès en 1884. Son bras droit, Eduard Förster, auteur de manuels scolaires[19], est d'abord nommé inspecteur scolaire à Haguenau-Wissembourg, puis directeur de l'École normale de Strasbourg de 1873 à 1900. Autour d'eux se constitue une équipe d'inspecteurs scolaires, prussiens et protestants en majorité, nommés au niveau du département (*Schulrat*) et des arrondissements (*Kreisschulinspektoren*). Leur fonction est pédagogique et politique, à l'interface de l'administration et des maîtres. Ils organisent des conférences cantonales pour les enseignants, inspectent les écoles de toutes confessions et initient les maîtres aux évolutions de la doctrine en matière de pédagogie allemande[20].

Les quelques 4 000 maîtres et maîtresses d'école d'Alsace sont à 90% originaires du pays. La religion détermine l'entrée dans telle ou telle École normale (confessionnelles depuis 1881), ainsi que les nominations et l'adhésion aux amicales professionnelles[21]. La moitié des enseignantes sont des religieuses, très réservées à l'égard de la hiérarchie scolaire allemande depuis le *Kulturkampf*. Les conditions de vie et d'exercice des enseignants, fortement revalorisées depuis une loi de juin 1872 diffèrent. L'instituteur de village jouit localement du prestige du lettré et du musicien d'église, il assume souvent des tâches annexes rémunérées pour la commune, la caisse de crédit mutuel ou encore le journal local. L'instituteur de la grande ville, comme Philippe Husser[22] bénéficie de conditions de vie honorables mais toujours modestes[23]. Les rapports d'inspection sont souvent savoureux : si tel maître est jugé exemplaire tant dans sa vie privée que publique - *brav und tüchtig*, tel autre serait petit d'esprit mais appliqué - *kleinlich aber fleissig*, et d'autres encore quasi incultes[24]. Après une éventuelle école préparatoire, leur formation initiale limitée (sans prétention encyclopédique comme en France) se déroule durant deux puis trois années[25] dans les Écoles normales -*Normalschule* ou -*Lehrer-*

seminar, sous le régime de l'internat. Un gros manuel de lecture (656 pages) initie les étudiants à une histoire littéraire allemande très patriotique[26] où les poètes de la bataille des Nations et de l'unité allemande sont particulièrement à l'honneur (Hoffmann von Fallersleben - *Deutschlandlied*; Max von Schenkendorf - *Muttersprache*, - *Mutterlaut*; Ernst Arndt - *Vaterland*; Nicolaus Becker - *der deutsche Rhein*).

« À l'école préparatoire, il fut séduit. À l'école normale, il fut enfin conquis... Il crut que l'Alsace était une terre allemande... L'école allemande avait réussi à transformer le jeune Alsacien français en un instituteur allemand. »[27]

Après l'obtention du brevet de capacité et la prestation de serment au *Kaiser*[28], le service militaire intensif accompli renforce sans aucun doute la conscience patriotique du futur maître. Par la suite, les enseignants ne sont pas isolés dans leur classe puisqu'ils adhèrent généralement aux associations locales, notamment chorales et patriotiques. Ils lisent la presse professionnelle, suivent les conférences pédagogiques mensuelles de l'inspecteur même s'ils peinent à suivre des injonctions pédagogiques parfois contradictoires. Lorsqu'un maître adopte une nouvelle méthode d'enseignement basée sur le questionnement[29] plutôt que sur la mémorisation et la répétition, il est critiqué par son inspecteur. Un autre encore, rédigeant laborieusement la chronique de son village, se fait néanmoins reprendre sur le manque d'intérêt de son texte[30]. Cela nous amène à comprendre la réticence des maîtres à expérimenter une *Arbeitschule*, qui prétend stimuler la dextérité manuelle de l'enfant dans une optique préprofessionnelle[31]. Toutefois, la réforme pédagogique est récurrente.

Notons encore le loyalisme des maîtres alsaciens qui apparaît sans faille aux autorités, si l'on excepte la réserve traditionnelle des religieuses enseignantes. En 1909, les deux associations départementales alsaciennes (mais pas la lorraine) intègrent la centrale allemande[32] - *Allgemeiner deutscher Lehrerverein* -, une démarche saluée positivement par les autorités civiles et militaires mais que l'évêque Fritzen condamne comme anticatholique. En 1913 enfin, le Statthalter Karl von Wedel est satisfait du bon esprit des enseignants[33].

L'ÉDUCATION PATRIOTIQUE À L'ÉCOLE

Comment s'opère la (re)germanisation des élèves au quotidien? Par l'introduction d'une école *allemande* ou régionale ? Le contenu de l'enseignement et les méthodes évoluent en fonction de la situation particulière du *Reichsland*, des hommes et des circonstances.

« La langue est notre trésor commun le plus précieux, la marque de notre ascendance et de notre patrie »[34]. De ce fait, le maître doit s'appliquer à enseigner uniquement en utilisant un allemand

« noble » - *Hochdeutsch*, ainsi que le pratiquer en dehors de la salle de classe. L'injonction exige des enseignants récemment sortis de l'École normale française un gros effort pour hausser leur niveau de langue. L'inspecteur Prass en convient, découvrant en Alsace, à la fois les ressources vivantes de la langue populaire et ses incongruités linguistiques. La doctrine de l'inspection à l'égard du dialecte flotte entre sa répression[35] et son instrumentalisation. Contre ses collègues prussiens, l'inspecteur alsacien Menges, soutenu par le pasteur Hans Spieser, s'érige en défenseur du dialecte pour des raisons politiques et pédagogiques[36]: il doit, par exemple, accompagner l'enfant vers l'allemand noble. Cependant, la question reste politiquement sensible, le dialecte étant perçu comme une manifestation équivoque de particularisme, par l'armée en particulier.

En ce qui concerne l'emploi de la langue française, la position de Bismarck est claire[37]: la langue n'a plus sa place à l'école élémentaire. Pourtant, les autorités régionales et l'administration scolaire doivent inventer des mesures transitoires quant à son utilisation. Le règlement du 4 janvier 1874 laisse ainsi une marge d'appréciation au président supérieur pour gérer, selon les circonstances, les exceptions au principe de l'obligation. Il faut tenir compte des communes totalement ou partiellement francophones officiellement délimitées[38]. Une demande sociale émane également des milieux patronaux et de communes industrielles pour autoriser, au moins dans le cours supérieur, un enseignement du français dans un but préprofessionnel : Philippe Husser enseigne par exemple le français dans sa « classe spéciale » à Mulhouse. La question se repose encore avec la guerre. L'armée exige que les cours de religion soient dispensés en allemand dans les communes francophones[39] et veut imposer l'interdiction totale de la langue de l'ennemi.

Pour rédiger règlements, programmes et plans d'études[40], Schollenbruch et Förster s'inspirent du modèle de l'école prussienne. Le but primordial de l'école est l'éducation du peuple - *Volksbildung* en matière intellectuelle, morale et religieuse[41]. Selon les principes de Stiehl, il faut éduquer la jeunesse dans un esprit chrétien et patriotique[42]. Or en Prusse, ces principes sont en cours de révision. Adalbert Falck, le nouveau ministre de l'Enseignement et des Cultes veut les reformuler dans un sens moins religieux et plus national ; à Strasbourg, les rédacteurs doivent en tenir compte.

Les instructions aux maîtres, les manuels scolaires ainsi que les rapports d'inspection permettent de se faire une idée du contenu de l'enseignement dispensé. Même si les matières diffèrent concernant le contenu patriotique, toutes participent à une culture scolaire *allemande*. L'enseignement religieux (cinq heures hebdomadaires) suscite particulièrement l'attention des inspecteurs, anciens étudiants en théologie pour certains. En effet, la religion constitue officiellement la base de l'éducation morale des enfants et l'essentiel des leçons est consacré à des récits bibliques[43]. Au niveau local, les pasteurs surveillent le choix des cantiques à faire apprendre aux élèves. De leur côté, les curés vitupèrent en chaire contre tout propos sceptique ; comme par exemple à Wettolsheim où le maître met en doute l'immortalité de l'âme[44]. Enfin, la religion enseigne l'obéissance aux autorités légitimes, incarnées en la personne du *Kaiser*.

Jean-Jacques Henner, « L'écolière », huile sur toile, vers 1900.
Musée Sundgauvien, Altkirch © Jean-Paul Girard.

Sept heures sont consacrées à l'écriture et à la lecture. Le livre de lectures - *Lesebuch* de Förster[45], un best-seller, juxtapose plus de 200 poèmes et courts textes anodins, moraux ou descriptifs. La quatrième partie, « *Zur Heimatkunde* » réunit des épisodes de l'histoire allemande et des images d'Alsace-Lorraine. Le poème patriotique *Mein Vaterland* de von Fallersleben (sans doute destiné à être appris par cœur) clôt le manuel.

Les recueils de chants pour l'enseignement musical (deux heures par semaine) associent chants religieux, profanes - comme par exemple *Röslein auf der Heide* - et des chants patriotiques (*O Strassburg, Heil dir im Siegerkranz*), recommandés pour l'apprentissage par cœur par le règlement de 4 janvier 1874 (paragraphe 9). En 1915, l'État-major du 15ème corps d'armée juge que ce n'est pas suffisant. À sa requête, le ministère ordonne que les chants anodins soient éliminés du programme pour les remplacer par l'étude de ceux où « s'exprime avec force, l'enthousiasme du peuple allemand comme *Die Wacht am Rhein* et *Deutschland über alles* »[46].

Parmi les matières générales dites *Realien* (sept heures par semaine), l'histoire doit éveiller le sens moral et religieux chez les élèves et développer le sentiment national -*nationale Gesinnung*[47]. En ce qui concerne l'Alsace, elle est à présenter comme une terre allemande. Les deux siècles d'histoire française ne sont qu'une parenthèse, « malheureusement » ouverte par Louis XIV et « heureusement » refermée par Guillaume Ier. Les élèves doivent également comprendre l'imbrication de l'histoire de la *Heimat* dans celle de la patrie -*Vaterland*[48].

La géographie - *Erdkunde* complète l'éducation patriotique; la connaissance du monde part du milieu local puis s'étend à l'Alsace-Lorraine, à l'Allemagne, aux États voisins et au reste de la Terre[49]. L'inspecteur Emil Hauptmann en convient, la matière est ardue à enseigner[50]: à l'exception de la découverte de l'environnement de l'élève, le contenu risque d'être « un peu sec » pour l'élève, avec des nomenclatures fastidieuses, peu de cartes et d'images et quelques pauvres descriptions dans le livre de lectures. Il suggère alors d'éveiller chez l'enfant son sentiment national - *sein nationales Gefühl*: il faut lui montrer les atouts de la patrie - dont l'Empire colonial - mais aussi ses faiblesses « dans la guerre économique des nations ». Toutefois, dans son esquisse de géopolitique, Hauptmann ne développe aucun discours nationaliste agressif, le voisin français est simplement ignoré.

Précisons encore que seuls les garçons sont concernés par l'enseignement physique et sportif -*Turnen*[51]. Une enquête menée dans le canton de Haguenau révèle la difficile mise en place de ces cours de gymnastique à l'école[52]: manque de terrains -*Turnplatz*, de salles sportives, de matériel sportif, ainsi que d'implication de la part des maîtres sauf pour les nostalgiques de l'armée. Les parents, quant à eux, ne sont guère enthousiastes face à ce nouvel enseignement qu'ils perçoivent comme un avant-goût du service militaire prussien. Cependant, l'image de la gymnastique s'améliorera avec l'essor des sociétés gymniques, ainsi que la vogue des fêtes et les tournois sportifs.

Dès le départ, les nouveaux programmes scolaires intègrent une composante régionale[53]. Durant la décennie 1890, en relation

Anonyme, « Écoliers savernois en uniformes allemands dans le cloître des Récollets durant la Première Guerre mondiale », s.d. Archives municipales de Saverne.

Sept heures sont consacrées à l'écriture et à la lecture. Le livre de lectures - *Lesebuch* de Förster[45], un best-seller, juxtapose plus de 200 poèmes et courts textes anodins, moraux ou descriptifs. La quatrième partie, « *Zur Heimatkunde* » réunit des épisodes de l'histoire allemande et des images d'Alsace-Lorraine. Le poème patriotique *Mein Vaterland* de von Fallersleben (sans doute destiné à être appris par cœur) clôt le manuel.

Les recueils de chants pour l'enseignement musical (deux heures par semaine) associent chants religieux, profanes - comme par exemple *Röslein auf der Heide* - et des chants patriotiques (*O Strassburg, Heil dir im Siegerkranz*), recommandés pour l'apprentissage par cœur par le règlement de 4 janvier 1874 (paragraphe 9). En 1915, l'État-major du 15ème corps d'armée juge que ce n'est pas suffisant. À sa requête, le ministère ordonne que les chants anodins soient éliminés du programme pour les remplacer par l'étude de ceux où « s'exprime avec force, l'enthousiasme du peuple allemand comme *Die Wacht am Rhein* et *Deutschland über alles* »[46].

Parmi les matières générales dites *Realien* (sept heures par semaine), l'histoire doit éveiller le sens moral et religieux chez les élèves et développer le sentiment national -*nationale Gesinnung*[47]. En ce qui concerne l'Alsace, elle est à présenter comme une terre allemande. Les deux siècles d'histoire française ne sont qu'une parenthèse, « malheureusement » ouverte par Louis XIV et « heureusement » refermée par Guillaume Ier. Les élèves doivent également comprendre l'imbrication de l'histoire de la *Heimat* dans celle de la patrie -*Vaterland*[48].

La géographie - *Erdkunde* complète l'éducation patriotique; la connaissance du monde part du milieu local puis s'étend à l'Alsace-Lorraine, à l'Allemagne, aux États voisins et au reste de la Terre[49]. L'inspecteur Emil Hauptmann en convient, la matière est ardue à enseigner[50] : à l'exception de la découverte de l'environnement de l'élève, le contenu risque d'être « un peu sec » pour l'élève, avec des nomenclatures fastidieuses, peu de cartes et d'images et quelques pauvres descriptions dans le livre de lectures. Il suggère alors d'éveiller chez l'enfant son sentiment national - *sein nationales Gefühl* : il faut lui montrer les atouts de la patrie - dont l'Empire colonial - mais aussi ses faiblesses « dans la guerre économique des nations ». Toutefois, dans son esquisse de géopolitique, Hauptmann ne développe aucun discours nationaliste agressif, le voisin français est simplement ignoré.

Précisons encore que seuls les garçons sont concernés par l'enseignement physique et sportif -*Turnen*[51]. Une enquête menée dans le canton de Haguenau révèle la difficile mise en place de ces cours de gymnastique à l'école[52] : manque de terrains -*Turnplatz*, de salles sportives, de matériel sportif, ainsi que d'implication de la part des maîtres sauf pour les nostalgiques de l'armée. Les parents, quant à eux, ne sont guère enthousiastes face à ce nouvel enseignement qu'ils perçoivent comme un avant-goût du service militaire prussien. Cependant, l'image de la gymnastique s'améliorera avec l'essor des sociétés gymniques, ainsi que la vogue des fêtes et les tournois sportifs.

Dès le départ, les nouveaux programmes scolaires intègrent une composante régionale[53]. Durant la décennie 1890, en relation avec le contexte politique et culturel, la *Heimat* devient une sorte de principe pluridisciplinaire[54]: « *Aus der Heimat, in der Heimat, für die Heimat* »; c'est l'inspecteur Karl Hossann qui en est le théoricien[55]. Dans ce cadre, le dialecte est à considérer désormais de façon positive[56], la recherche régionale - *Heimatkunde*[57] est à stimuler et selon des directives officielles, les maîtres doivent désormais tenir des chroniques scolaires de leur lieu d'exercice[58]. Toutes les matières sont concernées, même le calcul: comme en 1900, lorsque l'inspecteur Bassompierre organise à Erstein un cycle de conférences sur le thème « *Heimatkunde im Rechnenunterricht* »[59]. Une initiative pédagogique de l'inspecteur Stiefelhagen[60] à Wissembourg va dans le même sens. Dans le cadre d'exercices pratiques de calcul agricole, ce dernier propose que les élèves du cours supérieur calculent les dommages causés par les manœuvres militaires aux terres agricoles, afin de pouvoir demander une indemnisation[61]. Le ministère désavoue l'initiative, sans doute, jugée politiquement inappropriée et risquée.

Les méthodes éducatives *allemandes* alternent entre autoritarisme et bienveillance. Pour Schollenbruch, c'est la négligence du système scolaire français en ce qui concerne la discipline, qui a conduit à la défaite[62]. De ce fait, il revient donc aux maîtres investis de l'autorité de l'État, de la faire respecter; au besoin par la manière forte, d'où le qualificatif de pédagogie par les coups - *Prügelpolitik*[63] (la conduite de l'élève est d'ailleurs sanctionnée dans le bulletin de fin d'étude). Dans un même temps, la recherche pédagogique est active et des méthodes dialogiques sont prônées[64]. L'élitisme se voit fermement condamné. Le maître, quant à lui, doit officiellement user de douceur, de bienveillance et de tact, notamment à l'égard des élèves les plus faibles[65]. Cela étant, jugée depuis Paris, ou encore Thann redevenu français en 1914[66], l'école allemande est condamnée comme étant irrémédiablement barbare.

L'ÉDUCATION PATRIOTIQUE EN MARGE DE L'ÉCOLE

Le culte dynastique est la principale composante de l'éducation patriotique; avec le crucifix, l'image du souverain est présente dans chaque classe. Le culte est inauguré en la personne de Guillaume Ier, bienveillant père de la patrie et fédérateur des tribus *Stämme* du peuple allemand. Le 22 mars, jour de son anniversaire, la restauration du *Reich* est à rappeler avec un chant de circonstance, le *Kaiserhymne*[67]. Le 15 mars 1888, les élèves sont invités à prier pour la guérison de Frédéric III[68]. Après le décès de ce dernier, c'est Guillaume II qui inaugure un long règne, ponctué chaque 27 janvier par le *Kaisersgeburstag*[69]. Les élèves sont informés des naissances des princes, de l'anniversaire de l'impératrice Augusta, des noces d'argent du couple impérial et du jubilé célébrant les 25 ans de règne (16 juin 1913). Le *Kaiser* est également honoré à l'occasion de ses venues en Alsace. Le 29 août 1908, les élèves des écoles de Strasbourg et environs, encadrés par leurs maîtres sont réquisitionnés pour l'acclamer: 4 200 drapeaux sont achetés pour l'occasion et la Ville fournit 1 198 petits pains[70]. En septembre 1908 encore, des élèves d'Alsace bossue encadrés par leurs maîtres viennent en marche forcée à

Saverne pour voir passer le souverain sur la route des manœuvres de Lorraine[71]. D'autres images relevant du culte impérial sont les poèmes appris aux enfants, comme par exemple : « Nous sommes les fermes soutiens du *Kaiser* / Dans la lutte contre tout ennemi »[72].

Les journées mémorielles -*Gedenktage* sont nombreuses. Selon le vœu du *Kaiser*, une fête se tient dans les écoles, le 26 octobre 1890, à l'occasion des 90 ans du comte Moltke pour entretenir l'esprit patriotique. Cependant, le *Sedantag* n'est pas commémoré en Alsace-Lorraine, officieusement pour éviter de froisser les familles francophiles[73]. En avril 1915, une fête « adaptée à la rigueur des temps », se tient en l'honneur de Bismarck, le fondateur du *Reich* alors que les soldats combattent pour sa sauvegarde dans la « sainte guerre »[74]. Pour l'éveil au patriotisme, les instructions officielles recommanderont les sorties scolaires vers des monuments et autres lieux patriotiques : par exemple, le lieu de la bataille de Woerth ou encore le Haut-Koenigsbourg[75].

Concernant la tenue de fêtes sportives - *Festspiele*, intéressons-nous à la formation dispensée aux maîtres d'école en avril 1913 par un inspecteur de gymnastique de Bonn au stade universitaire du Wacken : Les épreuves sportives développent le corps, forgent le caractère par le respect de la règle du jeu [« *Die Spieleregel ist ein Gesetz !* »] et font aimer la patrie[76]. Durant la guerre, l'activité sportive visant la santé du peuple - *Volksgesundheit*, condition de base d'une force armée, revêt un caractère nettement militaire. Une compétition scolaire de sport de défense - *Wehrturnen* est organisée à Strasbourg le 14 décembre 1916[77] avec pour épreuves : du saut en hauteur (100 m.), du lancer de grenades à main, etc.

En mars 1913, le capitaine Werner du 15ème corps d'armée exprime le vœu du général von Fabeck d'implanter le scoutisme allemand - *Pfadfinderbewegund* en Alsace. En effet, depuis la guerre des Balkans, des scouts français patrouillent sur la frontière, encadrés par leurs instituteurs. L'armée est prête à fournir conseils et matériels à la condition de trouver des maîtres d'école encadrant l'activité. Le *Kreisdirektor* de Strasbourg est dubitatif, à la grande défiance des parents s'ajouterait selon lui, l'opposition du clergé catholique[78].

Durant la Première Guerre mondiale, la fréquentation scolaire est fortement perturbée par les absences récurrentes des maîtres mobilisés et par les jours de classe libérés pour cause de victoires allemandes. De plus, les élèves participent à de fréquentes activités extérieures : comme par exemple, collectes de matières premières, quêtes de cadeaux pour les soldats, distribution de matériel de propagande, participation à des cérémonies patriotiques, etc. À Molsheim, l'inspecteur Lombard note[79] :

> « Après la fête, il arrive que des élèves rentrent en marchant au pas et en chantant. Ils montrent ainsi que c'est l'Allemagne qui doit vaincre et non la France. »

Anonyme, « Écoliers savernois en uniformes allemands dans le cloître des Récollets durant la Première Guerre mondiale », s.d. Archives municipales de Saverne.

Le patriotisme à l'école en Alsace sous le *Reichsland*...

... et en France
après 1871.
Comparaison
de deux
«nationalisations»
de la jeunesse.

Albert Bettannier, « La leçon de géographie : la tâche noire », huile sur toile, vers 1887.
Deutsches Historisches Museum, Berlin © BPK, Berlin, Dist. RMN-Grand Palais / Sebastian Ahlers.

Albert Bettannier

À Sarre-Union encore, les élèves effectuent sous la conduite du professeur principal Alexandre une marche forcée de 20 km dans la campagne. Au retour, ils défilent au pas, en chantant *O Deutschland hoch im Ehren*[80].

UNE ÉDUCATION PATRIOTIQUE EN ÉVOLUTION CONSTANTE

L'enseignement patriotique est perçu de façon différente dans les différents pays alsaciens. Lorsqu'il arrive à Wissembourg en juillet 1871, Förster note qu'un bon esprit règne dans les villages à la population *kerndeutsch* de l'Outre-Forêt[81]. Il n'en est pas de même en ville où le souvenir des violents combats d'août 1870 est encore vivace. À la même date, Prass ressent à Mulhouse une hostilité des maîtres et des élèves à son égard. Dans une école, les garçons font semblant de dormir, leur tête sur la table; dans une autre, la maîtresse se désole du fait que les filles déchirent les cartes allemandes[82]. En 1915, le professeur principal Schutz à Bischwiller fait rédiger des rédactions à la maison sur le thème de l'épargne et de l'alimentation en temps de guerre. Toutefois, il redoute d'être exposé à la moquerie et même à la franche hostilité des parents ouvriers, s'il s'avisait de tenir une conférence publique[83].

De 1870 jusque vers 1890, l'enseignement patriotique tâtonne en relation avec le contexte politique. C'est l'introduction du modèle prussien, la lutte contre l'influence française, les relations problématiques des politiques et de l'administration scolaire avec la hiérarchie catholique durant le *Kulturkampf*, puis durant l'ère Manteuffel. Une normalisation intervient plus tard avec l'entrée en fonction de maîtres uniquement formés à l'école allemande. À partir de 1890 et jusqu'en 1914, l'enseignement de la *Heimat* se développe. Les maîtres s'y conforment, sans doute de façon volontaire, malgré la surcharge de travail. Un nouvel équilibre s'établit entre école prussienne et alsacienne-lorraine: le *Lesebuch* de Förster (31ème édition, 1902) comprend d'avantage de textes régionaux.

Avec l'arrivée de la guerre, l'enseignement de la *Heimat* est jugé inapproprié en haut lieu. Le général Gaede, *Oberbefehlshaber der Infanterie*, condamne non seulement la place (pourtant réduite) du français à l'école, mais plus largement « une éducation qui a promu la préservation du particularisme régional au détriment de la pensée patriotique. Il faut que l'école exerce un contrepoids, à une influence familiale trop souvent francophile ». Le *Kreisdirektor* de Guebwiller le rassure quant à l'esprit des enseignants du primaire: *im allgemeinen deutschgesinnt*[84]. La matière de l'enseignement est à raccourcir et à concentrer sur l'éducation religieuse et patriotique. L'enseignement de l'actualité de guerre - *Gegenwartsunterricht* est le nouveau principe interdisciplinaire[85]: les conférences scolaires (raréfiées suite aux difficultés des déplacements) lui sont consacrées. À Sarre-Union, après un exposé de l'inspecteur (*Wie hat sich der Unterricht den gegenwärtigen Zeitverhältnisse anzupassen ?*), le maître Hollweck traite du cheval, le meilleur ami de l'homme dans la guerre[86]. Des officiers en permission interviennent dans les écoles pour des conférences illustrées ; la géographie est étudiée à partir de cartes des fronts et de cartes postales de soldats, ou en relation avec les fêtes de la victoire. À propos de la prise de Varsovie, le maître devra expliquer aux enfants le symbole que représente la ville et son rôle stratégique[87].

-

Quelle est la portée de l'enseignement patriotique ? La réponse ne peut être que nuancée. Les cohortes successives d'élèves adhèrent, sans aucun doute, au discours patriotique officiel lorsqu'il est en phase avec celui de la famille, du pasteur ou du curé et de la société toute entière. La réponse résignée de la grande majorité des soldats alsaciens à la mobilisation de 1914 peut s'expliquer par cette pression collective : il faut accomplir son devoir. En revanche, l'enseignement patriotique peut buter sur la réserve, voire l'opposition de la famille et du milieu social. Les tensions entre le discours officiel et la réalité vécue par les familles augmentent sans aucun doute durant la guerre. Rappelons également que plusieurs générations d'Alsaciens ayant été à l'école allemande, entre 1871 et 1918, resteront marquées durant plusieurs années par leur enseignement, après la fin du conflit et le retour à la France.

Le cas des maîtres alsaciens est singulier. Fonctionnaires, ils ont prêté serment au *Kaiser*. En temps de paix, ils accomplissent leur devoir professionnel et patriotique avec plus ou moins de zèle. La guerre les contraint, bon gré mal gré, à radicaliser leur discours et comportements patriotiques. En novembre 1918, les événements se précipitent avec la défaite, l'effondrement politique de l'Allemagne et la perspective du retour à la France. Que faire ? À Mulhouse, les élèves bénéficient de trois jours de congés pour marquer l'accueil des troupes françaises. Entre temps, quelques maîtres se procurent les strophes de la Marseillaise à faire apprendre à leurs élèves. Les plus obstinés bouclent leurs élèves dans la salle de classe à l'entrée des troupes françaises[88], comme Michel Moser, 58 ans, *Hauptlehrer* à l'école protestante de Dettwiller et membre du *Kriegerverein* local. Ce dernier décide de démissionner car il ne peut se résoudre à enseigner en français[89]. La plupart de ses collègues tâchent de s'accommoder du changement politique et linguistique. La première année scolaire suivant le retour à la France s'annonce alors exaltante et rude.

1 Archives Départementales du Bas-Rhin [=A.D.B.R.],105 AL 2078, 13 octobre 1870, Lettre adressée à von Mühler, ministre des Cultes de Prusse.

2 Débat du 24 mai 1871 au Reichstag, cité par IGERSHEIM François, « La politique scolaire allemande en Alsace-Lorraine (1870-1871). De la confessionnalisation à la loi Falloux », in *Recherches Germaniques*, 1975, p 243.

3 GRAD Charles, *Heimatkunde. Schilderungen aus Elsass über Land und Leute*, Colmar, 1878, p. 31. « L'origine alémanique de la majorité de notre population est indéniable... ».

4 ARETIN Felicitas von, « Erziehung zum Hurrapatrioten? Uberlegungen zur Schulpolitik des Oberschulrates im *Reichsland* Elsass-Lothringen 1871-1914 » in ARA Angelo, KOLB Eberhard, *Grenzregionen im Zeitalter der Nationalismen, 1870-1914*, Berlin, 1998, p. 90-113. Voir également ALEXANDRE Philippe, « Le patriotisme à l'école en France et en Allemagne, 1771-1914, Essai d'histoire comparative », in *Themenportail Europäische Geschichte*, 2007.

5 Sur le concept de (re)germanisation, voir BUSCOT Gilles, « Livres et livrets sur les fêtes princières à l'époque du *Reichsland* Elsass-Lothringen : un outil au service de la (re)germanisation des esprits », in *Revue d'Alsace*, n°134, 2008, p. 291-304.

6 *Statistisches Jahrbuch für Elsass-Lothringen 1913/14*, Strasbourg, 1914, p. 231. Au 1er avril 1913, quelque 180 000 élèves sont répartis dans 3 900 classes et 1 600 écoles.

7 ETTWILLER Éric, « Die Germanisierung des elsässischen Bürgertums durch des höhere Mädchenschulwesen, 1871-1918 », in HUGGLE Ursula und KRIEG Hans, *Schule und Bildung am Oberrhein in Mittelalter und Neuzeit*, 2016 p. 115-128.

8 ROSCHER Stephan, *Die Kaiser-Wilhelms-Universität Strassburg 1872-1902*, Frankfurt-am-Main, 2006.

9 Verfügung des Civil-Commissar betreffend Wiedereröffnung der Elementarschulen, 21 septembre 1870, in BULL Friedrich, *Die Verwaltung des niederen Unterrichts in Elsass-Lothringen von 1871 bis Ende 1878*, Strasbourg, 1879, p. 5.

10 PRASS Hermann, *27 Jahren im Schuldienst des Reichslandes Elsass-Lothringen*, Strasbourg, 1900, p. 70. En octobre 1871, les maîtres à Mulhouse avaient les larmes aux yeux en subissant sa première conférence.

11 HIRSCH Jean-Pierre, *Combats pour l'école laïque en Alsace-Moselle entre 1815 et 1939*, Paris, 2011, p. 93-102.

12 A.D.B.R., 105 AL 2088, Stundenpläne et BULL, *op.cit.*, p. 5. Verfügung des Civil-Commissar betreffend die deutsche Sprache als obligatorische Schulsprache, 14 avril 1871.

13 IGERSHEIM, *op.cit.*, p. 243-287.

14 SACHSE Arnold, *Elsass-Lothringisches Jahrbuch*, 1927, p. 225.

15 A.D.B.R., 105 AL 2089. Le *Regulativ* (règlement) du 4 janvier 1874 interdit la récitation par cœur du catéchisme, disposition supprimée par le Statthalter Manteuffel le 17 mai 1881, à la demande des évêques de Strasbourg et Metz.

16 Débats du Landesausschuss, 10 mars 1909, 36ème session, p. 230.

17 PRASS, *op.cit.*, p. 64. L'inspecteur évoque les réserves des parents à l'égard de la gymnastique scolaire.

18 *Handbuch für Elsass-Lothringen*, 1892, p. 95.

19 FOERSTER Eduard, *Lebensführungen und Amtserfahrungen eines Schulmannes*, Strasbourg, 1903.

20 HIRSCH Jean-Pierre, « Les réformes pédagogiques de 1871 et de 1908 dans la circonscription de Sarre-Union », in *Revue d'Allemagne*, t. 42, n°2-2010, p. 177-196.

21 Le *Elsass-Lothringen Lehrerverein* est libéral avec des positions quasi anticléricales. Il est concurrencé par l'association des maîtres catholiques, *d'Pfarrerknechte*, créé en 1895.

22 HUSSER Philippe, *Un instituteur alsacien, entre la France et l'Allemagne. Journal 1914-1951*, Paris, Strasbourg, 1989.

23 WAHL Alfred, RICHEZ Jean-Claude, *La vie quotidienne en Alsace entre France et Allemagne 1850-1950*, Paris, 1993, p. 77-80. Malgré les revalorisations de 1872 et de 1913, les traitements des enseignants restent les plus bas de l'Empire, du fait de l'opposition des notables du *Landtag* à leur augmentation.

24 A.D.B.R., 121 D 134, Dienstvorschriften für die Kreisschulinspektoren, 16 juin 1913, Rapport de Brockhaus à Sarre-Union : « *Viele Lehrer lesen überhaupt nicht mehr wenn sie die Schultür hinter sich zugemacht haben !* »

25 A.D.B.R., 105 AL 2197, Modellplan, 1910.

26 FOERSTER Eduard, *Deutsches Lesebuch für Lehrer und Lehrerinnen Seminaristen*, Strasbourg, 1889.

27 NAEGELEN Marcel-Edmond, *La conversion de Georges Burckardt, Instituteur alsacien*, Paris, 1923, p. 26.

28 MEISTER Ludovic, *L'enseignement primaire en Alsace-Lorraine, Quelques problèmes*, Paris, 1916, p. 28. « Fidèle et obéissant à Sa Majesté le Kaiser, je jure de remplir les devoirs qui m'incombent, aussi vrai que Dieu m'assiste ».

29 La méthode pédagogique de Johann Friedrich Herbart est introduite en Alsace dès 1872.

30 A.D.B.R., 131 D 134, 19 juin 1913, Rapport de l'inspecteur Wendling à Wissembourg.

31 *Elsass-Lothringen Schulzeitung*, 1912, p. 361.

32 *Elsass-Lothringen Schulzeitung*, 1910, p. 214. « *Was uns zum deutschen Lehrerverein hinzieht* ».

33 « Statthalter-Briefe aus Elsass-Lothringen », in *Der Türmer*, 26, 1913, p. 302. Cité dans ARETIN, *op.cit.*, p. 104. « *Sie stehen in ihrem grossen Majorität auf nationalem Boden und bekennen sich offen zum Deutschtum* ».

34 *Elsass-Lothringen Schulblatt*, 1873, p. 292. Conférence du *Kreisschulinspector* de Haguenau : « *Die deutsche Sprache und ihre Behandlung in der Elementarschule* ».

35 *Neue Mülhauser Zeitung*, 3 août 1888. Selon l'inspecteur de Mulhouse, « *Es ist die Höchste Zeit, im Elsass den Dialekt durch die deutsche Sprache zu ersetzen* ». Une polémique s'ensuit.

36 A.D.B.R., 105 AL 2089. La liasse contient la brochure de Menges, *Mundart in der Volksschule*.

37 Le 4 janvier 1873, intervention de Bismarck devant le *Reichstag* : « Dans les territoires de langue française, le besoin de l'enseignement de l'allemand se fait sentir et déjà quelques heures sont consacrées à cet enseignement ».

38 LOMBARD Julian, *Zweisprachige Schulen im Reichsland*, Langensalza, 1909. L'auteur est inspecteur scolaire à Molsheim.

39 A.D.B.R., 105 AL 1555, Pflege des Deutschtums in den Schulen, 11 mars 1915.

40 A.D.B.R., 105 AL 2088 Stundenpläne, Lehrpläne. Voir également ALTEMÖLLER B. et FOERSTER Eduard, *Der Normal-Lehrplan für die deutschen Elementarschulen in Elsass-Lothringen*, Strasbourg, 1872. D'autres éditions suivront en 1877, 1883, 1910, etc.

41 A.D.B.R., 105 AL 2088, Stundenpläne, Mémoire de Schollenbruch, 9 janvier 1882.

42 STIEHL Anton Wilhelm Friedrich, *Des vaterländische Geschichtsunterricht in unseren Elementarschulen*, Koblenz, 1842. L'auteur est alors ministre des Cultes de Prusse.

43 ALTEMÖLLER B. et FOERSTER Eduard, *op.cit.*, « *Grundlage der sittliche Erziehung der Kinder in der Schule* ».

44 A.D.B.R., 105 AL 537, Affaire de Wettolsheim.

45 FOERSTER Eduard, *Lesebuch für die Mittelklassen der Elemantarschulen in Elsass-Lothringen*, Strasbourg, 1908, 34e édition. Voir aussi A.D.B.R., 105 AL 2130, Försters Lesebuch.

46 A.D.B.R., 121 D 69, Lettre du Ministerium aux Bezirkspräsidenten, 25 mars 1915.

47 FOERSTER Eduard, *Der Normal-Lehrerplan für die Elementarschulen in Elsass-Lothringen*, Strasbourg, 1881, p. 123. « *Da die Pflanzung und Pflege nationaler Gesinnung eine Hauptaufgabe des Geschichsunterricht ist* ».

48 WIMMER Joseph, « Geschichtsbilber für Elsass-lothringische Schulen », in *Elsass-Lothringen Lehrerzeitung*, 1895, p. 45.

49 *Normal-Lehrplan für deutsche Elementarschulen in Elsass-Lothringen*, Strasbourg, 1872, p. 28.

50 HAUPTMANN Emil, *Nationale Erdkunde*, 1907, p. 7. Sur l'auteur, voir HIRSCH Jean-Pierre, « Emil Hauptmann, maître d'école alsacien et pédagogue nazi », in *Revue d'Allemagne*, n°38, 2006.

51 DREIDEMY Eric, « La gymnastique à l'école pour germaniser l'Alsace-Lorraine, 1870-1918 », in *STAPS* 2008/2, p.8.

52 A.D.B.R., 121 D 72.

53 A.D.B.R., 27 AL 766 , Lehrerversammungen. Conférence du 29 octobre 1902, 33e Lehrertag, Strasbourg : « *Diese Liebe zur engern Heimat ist die Vorstufe zur Vaterlandsliebe* ».

54 AKIYOSHI Nishiyama, « Die Heimat in den reichsländischen Volksschulen von 1871 bis 1914/1918 : Eine möglichkeit zur Nationalerziehung ? », Communication au colloque des Universités de Sarre et de Metz, le 15 juin 1996. Le texte nous a été aimablement remis par Jean-Pierre Hirsch.

55 HOSSAN Karl, *Die Heimatidee im Unterricht der Volksschule*, Strasbourg, 1905, p.10.et p.75. « *Heimatlicher Unterricht erweckt Liebe zur engern Heimat und zum weiten Vaterland* ».

56 HOSSANN, *op.cit.*, p. 130.

57 *Gesetze Verordnungen und Verfügngen betreffend das niedere Unterrichtswesen in Elsass-Lothringen*, Strasbourg, 1911, p. 115.

58 BOEHLER Jean-Marie, « La chronique scolaire de Kuttolsheim », in *Kochersbari*, 6, p. 40-51.

59 A.D.B.R., 121 D 69, Lettre de Bassompierre au *Bezirkspräsident* de Basse Alsace, 18 mars 1900.

60 HIRSCH Jean Pierre, « L'inspecteur Peter Stiefelhagen et les instituteurs de l'Outre-Forêt (1878-1918) », in *L'Outre-Forêt*, t. 140 IV, 2007, p. 31-48.

61 A.D.B.R., 121 D 69, Lettre de Stiefelhagen à *Oberschulrath*, 5 août 1904.

62 SCHOLENBRUCH Herrmann, *Rede zur Eröffnung des evangelischen Lehrerseminars, 20 April 1871*, Strasbourg, 1871, p. 6-8.

63 ROSSE Joseph *et alii*, *Das Elsass von 1870 bis 1932*, Colmar, 1937, p. 126.

64 HOSSANN, *op.cit.*, p. 61.

65 ARETIN, *op.cit.*, p. 99 : « *Im übrigen, muss der Lehrer Milde und Freundlichkeit mit innere Festigkeit verbinden und Takt für besondere Fälle besitzen* ».

66 *Administration militaire de l'Alsace, Rapport sur l'organisation des territoires, 1914-1916*, Thann, 1917, p. 183 et 199.

67 A.D.B.R., 121 D 46, 12 mars 1889, Instructions aux Inspecteurs.

68 A.D.B.R., 121 D 46, Schulfeste, 13 mars 1888, « *Unsere Herzen schlagen warm ihm entgegen* ».

69 *Kaisersgeburtstagsfeier in den Volksschulen, Eine Sammlung von Charakterbildern aus dem Leben unseres Kaisers, Reden, Schulfeiern, Gebeten und Gedichten*, Zabern, 1904.

70 UBERFILL François, « La visite de Guillaume II à Strasbourg en août 1908. Une manifestation de culte impérial », in *Revue d'Alsace*, n°141, 2015.

71 *Zaberner Wochenblatt*, 7 septembre 1908.

72 Poème des environs de Mulhouse, in *Kaisersgeburtstagsfeier in den Volksschulen…, op.cit.*, p 75-76 : « *Mir halte fescht züam Kaiser / Im Stritt mit jedem Find* ».

73 A.D.B.R., 105 AL 1585.

74 A.D.B.R., 121 D 46, *Feier* 1915.

75 FOERSTER, *Lehrplan…, op.cit.*, 1910, p. 10 ; et HOSSANN, *op.cit.*, p 54-61.

76 PRASS, *op.cit.*, p. 64.

77 A.D.B.R., 121 AL 77 *Jugendwehr*, 24 septembre 1914.

78 A.D.B.R., 121 AL 72, *Förderung der Jugend und Turnspiele*.

79 A.D.B.R., 121 D 46, *Feier* 1915, Rapport de l'inspecteur de Molsheim Lombard, 20 août 1915.

80 A.D.B.R., 121 D 46, *Feier* 1915, Rapport de l'inspecteur Brockhaus.

81 FOERSTER, *op.cit.*, p. 87.

82 PRASS, *op.cit.*, p. 68.

83 A.D.B.R., 121 D 83, *Lehrerkonferenzen*, 25 mars 1915.

84 A.D.B.R., 105 AL 1555, *Pflege des Deutschtums in den Schulen*, 11 mars 1915. Le *Kreisdirektor* déplore le mauvais esprit de certains enseignants dans les gymnases et les écoles secondaires de filles. Il propose pour l'avenir, une formation professionnelle en vieille-Allemagne.

85 A.D.B.R., 121 D 69, *Akta betreffend den Normalplan*, 15 février 1915.

86 A.D.B.R., 121 D 69, *Akta betreffend den Lehrplan*, 31 mars 1915.

87 A.D.B.R., 121 D 46, *Siegesfeier*. Rapport de l'inspecteur Bühr (Erstein), 21 août 1915.

88 A.D.B.R., 388 D 713. C'est le cas à Singrist et à Eschwiller.

89 A.D.B.R., 388 D 726/1.

Jean-Jacques Henner, « L'Alsace, elle attend », huile sur toile, 1871.

« AIMEZ L'ALSACE COMME UNE MÈRE EXILÉE. » JULES FERRY ET L'ALSACE

-

PHILIPPE ALEXANDRE

Le nom de Jules Ferry est, à maints égards, intimement lié à celui de l'Alsace. Pour des raisons personnelles d'abord. Il était né à Saint-Dié, dans une région située à proximité de la frontière séparant la Lorraine de l'Alsace ; une partie de son ascendance familiale, son mariage avec Eugénie Risler-Kestner, fille d'une famille d'industriels de Thann, des amitiés remontant, pour certaines, à l'époque où il avait étudié au Collège royal de Strasbourg dans les années 1840, lui ont permis de dire qu'il était « aux trois quarts Alsacien »[1]. Ses fonctions politiques l'ont en outre mêlé à la question d'Alsace-Lorraine : parce qu'il avait, en tant que président du conseil, inauguré puis poursuivi une politique coloniale, il fut accusé par ses adversaires nationalistes de détourner les regards de la nation des frontières de l'Est, c'est-à-dire d'oublier l'Alsace-Lorraine et de renoncer à l'idée de revanche. Le caractère absurde de cette accusation est démontré par la position que Ferry n'a jamais cessé d'avoir après la défaite de 1871 et l'annexion résultant du traité de Francfort.

La mémoire des relations de Jules Ferry avec l'Alsace se trouve pour une bonne part conservée dans la presse républicaine de son temps qui, en reproduisant ses discours, leur a donné une large audience, et plus tard, à l'occasion d'anniversaires, a exalté le patriote. Les sept volumes édités, de 1893 à 1898, par l'avocat républicain Paul Robiquet, sous le titre *Discours et opinions de Jules Ferry*[2] ainsi que le recueil *Lettres de*

Jules Ferry 1846-1893[3], publié en 1914 par « Eugénie Jules-Ferry », nous permettent de nous faire une opinion plus juste, à partir de sources originales, sur les sentiments de cet acteur majeur de la vie politique française des années 1880/90 et sur le sens de son engagement en faveur de la cause alsacienne.

En revisitant aujourd'hui cette littérature, on voit comment la question d'Alsace-Lorraine, et en particulier l'Alsace, ont été instrumentalisées dans l'espace public français après 1871, à des fins de stratégie politique ; on voit aussi, à travers l'exemple de Jules Ferry, que des liens affectifs et émotionnels ont contribué à donner de l'Alsace annexée une image autre que celle des clichés utilisés pour la propagande des partis ou la construction du récit national de la France. Et, en relisant les discours dans lesquels Ferry s'est exprimé au sujet de l'Alsace, on comprend la forme de soutien qu'il a voulu apporter à la « protestation » contre la situation créée en 1871, forme propre à l'« opportunisme », dont il disait qu'il était une méthode[4], c'est-à-dire à la politique réaliste, mesurée et patiente des républicains modérés, dits de gouvernement, plus subtile et plus élégante que les slogans d'un nationalisme braillard.

Nous verrons, dans un premier temps, ce qu'a été l'Alsace intime de Jules Ferry, où il avait des ancêtres, où il a fait ses études secondaires et commencé ses études de Droit, où il avait des amitiés, un réseau de relations comptant des personnalités éminentes de l'époque. Nous observerons ensuite dans quelles circonstances il a été accusé par ses adversaires boulangistes, nationalistes et radicaux d'être un « traître », un « ennemi de l'Alsace » ; en d'autres termes, comment la question alsacienne a été utilisée contre lui afin de le discréditer. Il nous restera à montrer comment Jules Ferry a, par son engagement en faveur des Alsaciens-Lorrains de France, cultivé une forme de ce qu'il a lui-même appelé l'« éternelle protestation ».

L'ALSACE DE JULES FERRY : DES ANCÊTRES, UNE ÉPOUSE, DES AMIS

Jules Ferry portait un nom répandu notamment dans la région de l'Est de la France, et qui est une déformation du prénom allemand Friedrich ; mais surtout, il avait du sang alsacien dans les veines. Dans une lettre écrite peu avant sa mort à Paul Robiquet, qui préparait alors la publication de *Discours et opinions*, il rappelait que son grand-père avait une mère alsacienne et que ce grand-père était lui-même marié à une Alsacienne, une Wimpfen de Colmar[5]. Il évoquait également ici ses souvenirs de collège puis ses premières années de droit à Strasbourg. Son père, veuf, ancien avocat et élu fatigué par le travail, avait décidé de s'installer dans cette ville, en 1846, pour permettre à ses deux fils de faire de bonnes études.

«Vous voyez, mon cher Robiquet, écrivait Jules Ferry, que de liens avec l'Alsace ! Non seulement tous mes amis de collège et de l'école de droit, mais les alliances et les amitiés de ma famille, à Colmar et à Schlestadt (petite ville avec laquelle, au temps de nos grands-pères, les gens de Saint-Dié pratiquaient l'échange des enfants). Plus tard, le mariage de mon cousin germain [Édouard Ferry] avec une Alsacienne me créait de nouveaux liens. Enfin mon mariage avec mademoiselle Risler… »[6]

Ce mariage fut déterminant; il contribua à renforcer l'affection que Ferry éprouvait pour l'Alsace. Il se rendait régulièrement à Thann, il entretenait avec ses beaux-parents des relations filiales, comme en témoignent certaines de ses lettres, comme celle qu'il adressa à Madame Risler-Kestner, à l'occasion d'un anniversaire de la mort de son père, le grand-père de son épouse Eugénie. Voici ce que Ferry écrivait à sa belle-mère qui, deux ans auparavant, l'avait invité à cette cérémonie rituelle: « En m'y conviant, […] vous me mettiez au rang de vos fils; je me rappelle cette date et cette visite comme une consécration. Depuis, le lien est devenu si profond et si doux qu'il me semble procéder autant de la nature que de la grâce. Je suis tellement entré dans vos souvenirs, je me suis tellement identifié avec votre vie, que tous ces êtres chers, toutes ces âmes d'élite, qui dorment pour toujours dans le pieux enclos, je les connais sans les avoir vus, je les reconstitue, je les retrouve, aussi bien dans les traits spéciaux de vertu et de grâce qui revivent dans leurs enfants que dans les souvenirs tout vibrants encore qu'ils ont laissés autour d'eux… »[7]

Outre ces liens nés de son mariage avec Eugénie Risler, Jules Ferry a compté dans le réseau de ses amitiés des Alsaciens qui ont joué un rôle remarquable dans la vie publique française de la seconde moitié du XIXe siècle. Citons entre autres l'industriel et homme politique Auguste Scheurer-Kestner (1833-1899), qui était l'oncle par alliance de son épouse. Républicain, opposant à l'Empire de Napoléon III, il avait été élu député du Haut-Rhin le 2 juillet 1871 ; il devint sénateur inamovible en 1875. Vingt ans plus tard, il était le dernier représentant de l'Alsace française dans le Parlement de la République. La correspondance de Ferry en témoigne, à Paris, il se retrouvait régulièrement avec des Alsaciens et des membres de sa belle-famille pour des agapes conviviales et récréatives[8].

Citons également Auguste Nefftzer, le fondateur du journal *Le Temps*, né à Colmar en 1820 et mort le 29 août 1876 à Bâle.

Retenu à Épinal par la session du conseil général des Vosges, Ferry, dans une lettre à sa femme, rendait hommage à celui qui, disait-il, avait « beaucoup fait pour le libéralisme » et à son journal, qui avait « le plus et le mieux recruté » pour la cause républicaine. « La maison me fut hospitalière, écrivait Ferry, je lui dois de la reconnaissance. » Et il concluait : Nefftzer « a grandement honoré l'Alsace »[9].

On ne saurait oublier Paul Boegner, qui fut avocat puis sous-préfet à Saint-Dié (1876) et préfet des Vosges (1877-1887)[10], et dont le père avait été professeur au gymnase protestant de Strasbourg. Boegner peut être qualifié de préfet de Jules Ferry ; la collaboration entre les deux hommes fut excellente, pour le plus grand profit du Parti républicain dans leur département.

Mais c'est peut-être l'épouse de Ferry, Eugénie Risler, qui doit retenir le plus notre attention, car elle a joué un rôle particulier dans la relation de Ferry à l'Alsace. L'homme politique combatif et robuste était aussi un rêveur, un romantique. Dans les lettres qu'il écrivait à sa femme dès qu'il disposait de quelques instants de quiétude, on voit comment il a en quelque sorte reporté sur l'Alsace l'amour fidèle et fusionnel qui l'habita jusqu'à ses derniers instants.

Ainsi, en avril 1876, il lui écrivait de Remiremont : « Par la vallée de la Moselle, [...] m'arrive je ne sais quelle brise de par-delà les monts, toute chargée de souvenirs charmants et passionnés, tout imprégnée de rêves tendres et de souvenirs embaumés. Elle vient du petit coin béni, qui est là-bas derrière la haute chaîne, [...] cette brise d'Alsace me réchauffe et m'enchante... »[11] En avril 1877, alors qu'il se trouvait à Remiremont, il lui disait : « Samedi, j'irai à Bussang ; tous ces lieux me sourient, car ils menaient vers toi et si j'ai le temps de grimper jusqu'au tunnel et de humer l'air qui vient du Rossberg, il me semble que je t'aurai fait une visite et appris quelque chose de toi... »[12]

Eugénie, l'Alsacienne à laquelle Ferry vouait un amour qu'elle lui rendait si bien, allait devenir un symbole, le symbole d'une Alsace d'élite, d'une Alsace fidèle. En mars 1916, la Société des Amis de Jules Ferry dut renoncer à organiser, dans un Saint-Dié presque journellement exposé aux bombardements allemands, la traditionnelle cérémonie qui marquait l'anniversaire de la mort du « Grand Vosgien », et qui avait pourtant eu lieu l'année précédente. Eugénie écrivait une lettre à la Société pour dire qu'elle était « sans cesse en pensée avec notre pauvre ville »[13].

Le journal *Le Radical*, qui avait effectué une belle volte-face depuis l'époque où il avait tant malmené le président du Conseil, notait en 1916 que la Société des Amis de Jules Ferry espérait pouvoir, en 1917, associer à cette manifestation du souvenir « l'Alsace redevenue française où Jules Ferry comptait tant de sympathies et qui occupait tant de place dans ses affections »[14]. Mais son neveu, Abel Ferry, mort pour la France le 15 septembre 1918, n'était-il pas radical !

À la disparition d'Eugénie Ferry, en juillet 1920, le même journal écrivait : « Tant qu'elle était là nous pouvions croire que Jules Ferry n'était pas mort. » Il rappelait aussi qu'elle était la fille de M. Risler, industriel à Thann, sœur de M. Risler, ancien maire du 7e arrondissement, nièce de Madame Floquet, de Madame Charras, de Madame

Scheurer-Kestner. *Le Radical* rendait hommage à l'épouse alsacienne de Ferry en ces termes: « Nous nous inclinons respectueusement devant ce cercueil, saluant encore une fois, dans sa compagne, la mémoire du grand Français que vénèrent tous les Républicains. »[15] Où était donc le « traître » de 1887 !? En décembre 1919 déjà, alors que la Chambre accueillait solennellement les députés d'Alsace et de Lorraine, un hommage avait été rendu à Gambetta et à Ferry dont les vœux étaient désormais réalisés[16].

En 1931, à l'occasion de la fête du cinquantenaire de l'école laïque et du curieux « centenaire » de Jules Ferry, Mario Roustan, alors ministre de l'Instruction publique, rappelait à son auditoire non seulement le rôle que sa femme avait joué dans la vie de l'homme politique, mais aussi les traits de sa personnalité: « N'est-il pas étrange qu'on l'ait, en ces jours d'anniversaire, si longtemps oubliée, déclarait-il, elle, la confidente de toutes ses pensées, l'Alsacienne si résolument française, la compagne exquise des heures d'activité et d'allégresse, la sœur de charité compatissante et grave des heures de douleur »[17]. Tous ces liens intimes et affectifs qui unissaient Jules Ferry à l'Alsace expliquent, pour une bonne part, le contenu de son testament dont on connaît la fortune, et qui est reproduit sur sa sépulture à Saint-Dié: « Je désire reposer dans la même tombe que mon père et ma sœur, en face de cette ligne bleue des Vosges d'où monte jusqu'à mon cœur fidèle la plainte touchante des vaincus ».

La formulation définitive de cette « ligne bleue des Vosges » avait été préparée, annoncée dans plusieurs discours. Entre autres dans un discours de distribution des prix, à Saint-Dié, au mois d'août 1889, dans le contexte d'une campagne électorale difficile, à l'issue de laquelle il devait perdre son siège de député[18]. Après avoir évoqué le souvenir du vieux collège de Saint-Dié, le temps où les jeunes Dédatiens allaient terminer leurs études à Strasbourg, il évoquait ici l'Alsace: « À l'ombre de cette cathédrale de Strasbourg, dont nous ne pouvons prononcer le nom sans que nos yeux se mouillent de larmes… ; elle était si gaie alors, si riante, dans sa dentelle de pierre, elle est aujourd'hui si triste et si sombre, dans sa longue attente de veuve désolée »[19]. Et rappelant à ses jeunes auditeurs qu'ils étaient appelés à devenir un jour soldats, il ajoutait:

> « Dans une race militaire et sur la frontière, cette obligation est recueillie sans murmure. On peut en parler devant des mères lorraines. Oui, Mesdames, si la charge vous paraît lourde, si votre tendresse maternelle en tressaille et s'en inquiète, levez les yeux vers le ciel, du côté de l'Est, regardez la ligne bleue des Hautes-Vosges… Pour celles qui sont venues de là-bas, afin de soustraire leur

plus cher trésor, leurs enfants, à la lourde main du vainqueur, comme pour celles qui leur ont ouvert les bras et donné au milieu de nous l'hospitalité comme à des sœurs, le devoir est le même, et c'est la même prière qui flotte sur nos lèvres. »[20]

Une étude d'Aude Dontenwille-Gerbaud (2014) a analysé les connotations politiques de la couleur bleu, en insistant sur l'importance de ce « bleu » dans la construction du roman national[21], mais en laissant de côté un autre élément d'analyse qui a aussi son importance : la relation physique et affective de Jules Ferry aux montagnes vosgiennes, qui, bien que devenues frontière entres deux États en 1871, restaient un trait d'union entre la France et la province perdue, et, pour Ferry, un trait d'union entre lui et sa « chère Alsace ».

FERRY « ENNEMI DE L'ALSACE » ? LA PROVINCE ANNEXÉE INSTRUMENT DE PROPAGANDE POLITIQUE

Le contenu du testament de Jules Ferry ne s'explique toutefois pas seulement par ces liens personnels d'affection et d'amitié, mais aussi par les enjeux politiques liés à la question alsacienne telle qu'elle se posait depuis 1871. Sa politique coloniale notamment lui a valu le reproche d'être un « ennemi de l'Alsace », accusation qui a été instrumentalisée par ses adversaires contre celui qui s'était fait le champion de la lutte contre le boulangisme pour le salut de la République. Aussi les boulangistes, s'érigeant en défenseurs des Alsaciens et des Lorrains, entendaient-ils se servir de leur cause pour dénoncer Jules Ferry comme étant « le traître ». Malgré son attachement sincère à l'Alsace, dont il protestait si souvent, ses adversaires boulangistes continuaient d'affirmer qu'il était un ennemi de l'Alsace, ce qui contribua sans doute, dans une certaine mesure, à sa défaite lors des élections législatives d'octobre 1889. On sait de quelle manière les radicaux ont profité de cette situation pour évincer leur adversaire « opportuniste ».

Il nous faut rappeler ce qu'ont été les expériences personnelles faites par Jules Ferry après 1871, en Alsace et dans les Vosges, pour montrer à quel point les accusations de ses détracteurs étaient dénuées de fondement. Au lendemain de l'annexion, il fut le témoin de l'évolution des choses alsaciennes. En avril 1872, il était l'hôte de son cousin Édouard, à l'époque installé à Schiltigheim, ce qui lui permit d'observer les changements qui s'opéraient depuis « la cruelle conquête », et entre autres un revirement dans l'attitude de certains Alsaciens vis-à-vis de la France. Il écrivait à son frère Charles[22] :

Henri Zuber, « La ligne bleue des Vosges », Page du carnet 'Alsace 1876'.
© Collection particulière.

Auguste Rodin, « Orpheline alsacienne », marbre, 1871 (S.6672).
© Musée Rodin, Paris / Christian Baraja.

« Et puis, par une singulière et frappante interversion de sentiments, dans ce coin d'Alsace où, jadis, on ne se faisait pas faute de dauber l'esprit français, le caractère français et tous nos vrais défauts français, ce n'est plus que là, mon cher, que l'on respecte la France, qu'on loue la France, qu'on croit à la France, qui ne croit plus en soi, qu'on aime la France, avec toutes les illusions et toutes les ardeurs du patriotisme en son printemps. Rien n'est plus touchant, plus réconfortant. »[23]

Ferry notait aussi les effets produits par la conquête sur certains esprits, ici celui du docteur Charles Schutzenberger, oncle par alliance d'Édouard Ferry. Il écrivait non sans malice : « Ah ! la conquête est une grande torture, mon bien cher, il faut entendre l'oncle Ch. le sage, le savant, l'âme sereine, avec son esprit à moitié d'allemand et tous ses faibles pour la Germanie, dire, les larmes aux yeux : ''*Je ne savais pas ce que c'était que la conquête. Je le comprends maintenant, et je sens à quel point c'est chose barbare et cruauté de toutes les heures, de toutes les minutes, supplice dans les grandes choses, supplice dans les petites...*'' ».

Enfin, Ferry décrivait la méthode des vainqueurs, l'habileté avec laquelle ils mettaient en place leur système dans la province annexée :

« Et pourtant la conquête s'est faite douce jusqu'à présent, les Allemands laissent tout faire et tout dire, écrivait-il. Toute la colère, toute la rage, toute la persécution est du côté des vaincus. La séparation absolue, fière, implacable est pratiquée avec un esprit de suite extraordinaire, en haut, en bas, à tous les degrés de l'échelle sociale. Aussi ne vient-il ici que le rebus des employés, et le *caput mortuum* des déclassés, des faillis et des escrocs de l'Allemagne. Et puis les monteurs d'affaires, en actions, de sociétés immobilières, etc., à faire pâlir nos folies de 1854-56. »[24]

Ferry en témoigne, l'esprit de ce qu'on a appelé en Allemagne le *Gründerzeit*, époque de la fondation économique du Nouvel Empire, s'était, sans tarder, emparé de l'Alsace.

Dans les Vosges, Jules Ferry était le témoin d'un autre mouvement : celui des « optants » alsaciens, avec ses aspects économiques et patriotiques. À propos d'une de ses connaissances qui venait de créer une malterie à Épinal, il écrivait à son frère Charles, à la fin du mois d'août 1872 : « C'est ainsi qu'un courant plus fort que toutes les combinaisons politiques emporte dans l'immigration l'Alsace entière. C'est par milliers que les jeunes gens passent la frontière, pour prendre part au tirage au sort. Il n'y a rien au monde de plus touchant. Aux cris de Vive la France ! Vive la République ! Avec les couleurs nationales voilées par un crêpe, avec des larmes et de la joie, tous ces braves Alsaciens se jettent dans les bras de la France, qui ne fait rien pour eux, et à laquelle ils apportent tout ce qu'ils ont : leurs bras et leur sang »[25].

Parti à l'automne de 1872 pour la Grèce où il devait représenter quelque temps les intérêts français avec rang d'ambassadeur, Jules Ferry n'en oubliait pas pour autant sa « chère Alsace ». Il pensait à son cousin Édouard et à sa famille : « Mes chers, combien j'ai pensé à vous, et combien j'ai pleuré sur vous, à cette échéance fatale, qui
a rompu le lien sacré et consommé le grand attentat. »[26] Il faisait ici allusion à la date du 1er octobre 1872, délai accordé pour l'option aux Français nés ou domiciliés en Alsace-Lorraine. Il se félicitait de constater qu'il y avait eu à Paris « de bons mouvements, une vraie émotion » ; il ajoutait toutefois :

« Mais quels mouvements et quelle émotion seront jamais dignes de ton grand cœur, chère Alsace, violée et meurtrie. Quel spectacle pour l'histoire, qui déjà commence sa besogne justicière, que ces longues files d'émigrants en deuil, que cette protestation, sans précédent dans aucune histoire, sauf celle de la Pologne, des âmes libres contre la force brutale, de l'idéal humain de justice contre l'injustice de Dieu ! »

Jean-Baptiste Camille Corot, « L'Alsace en deuil, croquis de femme », mine de plomb, vers 1871/1872.

Gustave Doré, « L'Alsace au drapeau », gouache, s.d.
Musée d'Art moderne et contemporain de Strasbourg © Musées de Strasbourg / M. Bertola.

Dix ans s'étaient écoulés; les sentiments de Jules Ferry n'avaient rien perdu de leur vigueur. Quelques jours après la mort de son ami Léon Gambetta, survenue le 31 décembre 1882, il écrivait à son cousin Édouard: « Les Alsaciens se sont sentis frappés au cœur. » Mais les funérailles faites par la France à son héros prouvaient à l'Alsace, disait-il, « qu'elle aurait tort de désespérer de la mère-patrie »; et il se déclarait convaincu que Gambetta n'emportait avec lui « ni la République, ni la revanche »[27].

On pourra faire remarquer que Ferry paraissait ne juger l'attitude des Alsaciens qu'à travers sa famille et ses amis; on ne saurait toutefois prétendre que son attachement à l'Alsace et son patriotisme n'étaient pas sincères. Et l'on est en droit de s'étonner quand on se souvient des attaques de ses adversaires nationalistes qui l'accusaient d'être un ennemi de l'Alsace. Les radicaux ont, d'une certaine façon, soutenu ces attaques dans le but d'affaiblir encore et définitivement l'opportuniste. En 1887, lors de la discussion sur le septennat militaire en Allemagne, Bismarck, pour emporter l'adhésion des députés allemands, déclarait entre autres au *Reichstag*:

> « Connaissez-vous un Français, un seul, qui ait abandonné l'espoir de reprendre l'Alsace et la Lorraine ? »

« Monsieur de Bismarck mentait !, écrivait *Le Radical*. Ce Fran-

çais, le seul qui oubliât l'Alsace et la Lorraine, il le connaissait déjà: c'était M. Jules Ferry. » Pour appuyer son allégation, le journal radical s'appuyait sur des propos d'un attaché militaire russe, le comte Ignatieff, auquel le comte Herbert von Bismarck, le fils du chancelier et diplomate, aurait déclaré que le seul homme en France qui avait compris qu'il fallait faire une croix sur l'Alsace-Lorraine, c'était Jules Ferry, et que l'Allemagne souhaitait voir celui-ci à la tête du gouvernement français. Et *Le Radical* de conclure: « L'homme qui a prodigué le sang de nos enfants au Tonkin, qui a creusé le déficit pour soutenir ses rêveries de politique coloniale, ce malfaiteur public est aussi un traître ! »[28]

Cette même anecdote fut récupérée, entre autres par l'*Intransigeant* d'Henri Rochefort, le 1er décembre 1887, à la veille de l'élection à la présidence de la République, à laquelle Jules Ferry fut candidat[29]. Le 22 mars 1893, le même journal, pour dénoncer les funérailles nationales faites à l'ennemi tant détesté, rappelait que sous la seconde présidence du Conseil de Ferry, deux ministres de la Guerre avaient démissionné, tant Ferry se montrait, selon lui, « pleutre vis-à-vis de l'Allemagne »; il citait le général Campenon qui avait, selon lui, déclaré que « l'accord avec les bourreaux de l'Alsace-Lorraine » était une « infamie »[30]. On pourrait ainsi multiplier les exemples d'attaques dans lesquelles les faits étaient déformés. Qu'importe, vu que la calomnie produisit l'effet recherché.

Il faudrait aussi relire le journal *La Presse*, républicain national, qui affirmait en 1888 que la politique scolaire de Ferry avait aliéné à la France les catholiques alsaciens, mais que le général Boulanger redonnait espoir aux annexés[31]. Le paroxysme fut sans doute atteint en 1889, durant la campagne des législatives, quand les boulangistes et les nationalistes de Saint-Dié eurent recours à tous les moyens pour ravir à Jules Ferry son siège de député. Le commandant Picot l'emporta, certes, mais son élection fut invalidée. La commission de la Chambre des députés chargée de l'enquête fit état des procédés utilisés par les adversaires de Ferry; mais, sans vergogne, Picot, applaudi par la droite, déclarait notamment: « Les immigrants alsaciens ont voté pour moi. Ils ont des amis ou des proches qui sont morts pour la France dans la légion étrangère et parmi eux le Tonkin n'est pas en honneur. Les plus beaux livres n'y changeront rien »[32].

Il y avait certes beaucoup de malhonnêteté intellectuelle dans les attaques portées contre Jules Ferry dont le patriotisme ne le cédait en rien à celui de ses contempteurs et dont l'attitude, dans la question d'Alsace-Lorraine, apparaît comme beaucoup plus habile que la leur. Les Alsaciens et les Lorrains vivant en France le savaient bien. C'est pourquoi les membres de l'Association générale d'Alsace-Lorraine l'élurent en 1888 membre de leur commission centrale.

L'ATTITUDE DE JULES FERRY DANS LA QUESTION D'ALSACE-LORRAINE : UNE STRATÉGIE DE L'« ÉTERNELLE PROTESTATION »

Cette Association créée en 1871[33] était une œuvre de solidarité qui avait pour but de distribuer des médicaments, de trouver des emplois pour les jeunes Alsaciens et les jeunes Lorrains, et les nombreux soldats émigrés et naturalisés qui avaient servi dans la Légion étrangère, d'accorder des bourses à des jeunes gens venus d'Alsace et de Lorraine, enfin d'assurer une assistance judiciaire aux immigrés venus des « provinces perdues » dans les questions de nationalité et de droit les intéressant[34].

C'est durant son assemblée générale de mars 1888 que Jules Ferry fut élu membre de la commission centrale de l'Association, qui, sans doute, entendait se faire la porte-parole des Alsaciens et des Lorrains de France. Il prononça, en cette circonstance, un discours qui fut reproduit dans le journal *Le Temps*, ce qui lui permit d'avoir une certaine audience. Les Alsaciens lui offraient là une occasion de souligner les relations étroites qu'il entretenait avec les Alsaciens-Lorrains, de mettre en lumière la reconnaissance que ces derniers entendaient lui témoigner, en un mot de répondre aux attaques de ses adversaires. Celui-ci ne déclarait-il pas que « cette délicate attention » réparait « les injustices des partis et lui faisait « oublier les violences de la rue » ? Et le journal *Le Temps* notait: « Ces violences, loin de les regretter, M. Jules Ferry s'en honore, puisqu'elles ont abouti à une telle manifestation de confiance, de sympathie et d'affection. » Rappelant qu'il était « aux trois quarts Alsacien », l'orateur tirait habilement parti des liens qui l'attachaient personnellement à l'Alsace; puis son discours devait très rapidement prendre une tournure politique. Il entendait en effet délivrer un message: si les Alsaciens-Lorrains lui témoignaient une telle confiance, c'était, affirmait-il, parce qu'ils avaient compris que sa politique était la seule qui leur permettait de nourrir des espoirs pour l'avenir. Le gouvernement français avait pour devoir de faire la République militairement forte et de lui redonner la place qu'elle devait avoir dans les conseils de l'Europe. Elle comptait peu d'amis en Europe, il s'agissait de lui donner la possibilité d'en avoir. Et *Le Temps* d'ajouter ce commentaire: «Telle est la politique sur laquelle l'ex-président du conseil et les Alsaciens-Lorrains se sont entendus spontanément; c'est la vraie politique d'Alsace-Lorraine». Ferry, pour conclure, donnait les Alsaciens-Lorrains en exemple:

« [Ceux] qui sont demeurés de l'autre côté des Vosges nous donnent plus d'un exemple bon à suivre; jamais on ne les voit commettre la plus légère imprudence. Hé bien ! Il faut les imiter, et se dire que les imprudences que l'on fait ici, sous l'inspiration, il est vrai, de sentiments souvent louables, sont chèrement payées là-bas. Les Alsaciens-Lorrains sont à la fois patients et prudents; voilà les qualités que tous les bons Français doivent s'attacher à posséder. »

L'honneur fait à Jules Ferry par l'Association était donc un geste politique. A. Sée le faisait clairement comprendre quand, en sa qualité de doyen des membres, il déclarait que celle-ci était heureuse de fournir à Jules Ferry «l'occasion de triompher des ignobles calomnies dont on l'a(vait) abreuvé, ces temps derniers, car elle suivait depuis 1871 sa politique, «la politique de l'Alsace». C'est ce qui fait, concluait-il, qu'elle n'a jamais désespéré, espère encore et saura attendre»[35].

L'assemblée annuelle de l'Association d'Alsace-Lorraine, tenue le 30 mars 1890, se déroula dans un contexte différent: les monarchistes et les boulangistes avaient certes fait chuter Jules Ferry à Saint-Dié, mais ils avaient subi une sévère défaite aux élections législatives en octobre de l'année précédente. Durant la campagne, Ferry avait été accusé d'être l'allié des Allemands, l'ennemi des Alsaciens[36]. Cette assemblée annuelle lui donna, de nouveau, l'occasion non seulement d'apporter un démenti aux dires de ses détracteurs, mais aussi d'adresser aux jeunes Alsaciens vivant en France une exhortation. Il leur demandait de garder et de pratiquer un double précepte:

«Aimez l'Alsace ! Aimez la France ! Aimez l'Alsace comme une mère exilée, dont une frontière impitoyable défend les approches, que vous ne pouvez voir que de loin, dont vous ne pouvez recevoir les caresses et les baisers, mais qui vit, qui souffre et qui attend ! Vous gravirez de temps en temps les sommets des Vosges ; vous contemplerez de là-haut la plaine sacrée, enveloppée de ses brumes ensoleillées, et vous entendrez distinctement monter jusqu'à vous l'éternelle protestation ! »[37]

On voit bien ici que l'idée exprimée dans son testament politique habitait l'esprit de Jules Ferry, qu'il l'a, à plusieurs reprises, exprimée à la fin de sa vie. Il exposa également, à cette occasion, sa conception du rôle de l'Alsace dans la culture française :

« Nous sommes ici un certain nombre dont les cheveux grisonnent, et qui l'ont connue heureuse et libre, disait-il. Combien elle fut toujours, l'Alsace chérie, bonne à aimer ! Là s'associaient, en ces temps déjà lointains, la culture et l'esprit germaniques, dans leur grand essor humanitaire, avec le caractère d'universalité généreuse que leur avaient imprimé les Goethe et les Schiller, et le génie français, dans sa clarté, dans sa maîtrise, dans sa précision. Dans ce mélange de deux civilisations et de deux races, sur une terre d'élite, sont issues bien des individualités puissantes, dans tous les ordres de l'activité humaine : c'est comme un ferment original et vigoureux, mêlé au vieux sang des Gaules. »[38]

N'avait-il pas déclaré, à Épinal, en juin 1881, lors de la remise des prix à la fin d'une exposition régionale, à propos des progrès de l'industrie vosgienne et faisant allusion au rôle joué par les Alsaciens dans cet essor rapide : « Nous avons reçu depuis dix ans un accroissement et en quelque sorte une alluvion de cette race généreuse et si bien douée qui s'appelle la race alsacienne. (Salve de bravos.) » Les Vosges avaient bénéficié d'une « transfusion du noble sang d'Alsace »[39]. En tant que Vosgien, il exprimait donc, en 1881 déjà, l'idée selon laquelle les Alsaciens vivant en France constituaient un « ferment » dont le pays profitait.

L'attitude de Jules Ferry envers les Alsaciens contrastait donc fortement avec celle des nationalistes qui avaient créé une image totalement négative de l'Allemagne ; il rendait hommage à l'élément germanique dans ce qu'il avait, selon lui, de noble, et c'eût été une erreur que de blesser les Alsaciens en foulant aux pieds ce qui était une partie de leur identité culturelle. Et s'il avait adopté un ton résolument modéré quand il s'agissait de la « revanche », c'était non pas parce qu'il prônait le renoncement, mais parce qu'il était bien conscient de l'inanité d'un nationalisme tapageur et du danger qu'il représentait pour la cause alsacienne.

Prudent, Jules Ferry savait aussi faire comprendre, en certaines circonstances, qu'il n'avait pas renoncé à l'idée de « revanche ». Ainsi, à la fin de l'allocution qu'il prononça le 21 mars 1891, lors de l'assemblée annuelle de l'Association nationale républicaine, il incitait la jeunesse à travailler, dans l'ordre, à l'avènement d'une patrie plus grande et plus forte ; il lui faisait entendre que la tâche serait longue et que la reconnaissance se ferait sans doute attendre, mais il ajoutait pour conclure :

> « Qu'importe, si vous avez hâté, ne fût-ce que d'une heure, l'œuvre des réparations définitives, que le destin réserve à la France pour la récompenser de sa longue patience et de son long et infatigable labeur ! »[40]

C'est par une triple salve d'applaudissements et en se levant que les 400 convives de la salle de l'Élysée-Montmartre saluèrent les propos de Jules Ferry. L'auditoire avait compris le message ; la presse allemande aussi, qui se montrait toujours très attentive aux faits et gestes de celui dont elle espérait et attendait le retour au pouvoir. Mais, cette fois, la *Gazette de Francfort* faisait remarquer « qu'on ne trouvait pas trace dans les paroles de M. Jules Ferry de 'la fameuse amitié allemande qu'on lui imputait', et qu'au contraire, les Alsaciens-Lorrains présents au banquet, et qui considéraient l'orateur comme un des leurs, comme leur concitoyen, avaient couvert d'applaudissements la péroraison éloquente dans laquelle il était fait allusion aux réparations définitives dues à la longue patience de la France. »[41] Le discours de l'Élysée-Montmartre le montre bien, si Ferry pratiquait vis-à-vis de l'Allemagne une politique de temporisation, il savait, quand il le jugeait nécessaire, flatter habilement le patriotisme d'un auditoire, tirant lui aussi parti de l'effet mobilisateur produit par le thème de l'Alsace-Lorraine.

Cette ambiguïté n'enlève toutefois rien à la nature profonde des sentiments de Jules Ferry vis-à-vis de l'Alsace. C'est peut-être son épouse Eugénie qui a le mieux exprimé, cette conjugaison de l'affectif et de la volonté politique. À la fin du recueil *Lettres de Jules Ferry*, après la dernière lettre dans laquelle celui-ci communiquait à Paul Robiquet quelques éléments de biographie, elle notait :

> « À l'heure où vont finir les longs espoirs, son regard cherche au loin le point de départ. Chaque détour du chemin évoque les vieilles traditions et les tendres liens où se confondent, en son cœur fidèle, la Lorraine natale et l'Alsace terre d'adoption. Il appartenait à l'*éternelle protestation* qui eut sa dernière pensée de clore ce livre du souvenir. »[42]

Le 10 mai 1871, la France et le nouvel Empire allemand signent le Traité de Francfort qui prévoit la perte de l'Alsace et d'une partie de la Lorraine. Dès lors, un certain nombre d'artistes représenteront allégoriquement des Alsaciennes ou des Lorraines, leur patriotisme et leur francophilie, mais aussi l'espoir d'une revanche. « L'Alsace, elle attend » de Jean-Jacques Henner (1829-1905) est la plus célèbre de ces représentations. Dans le corpus d'œuvres accompagnant ce texte figurent les Alsaciennes de Gustave Doré (1832-1883), d'Auguste Rodin (1840-1917) et la plus méconnue de toutes, celle de Jean-Baptiste Camille Corot (1796-1875). Au même moment, le photographe Adolphe Braun (1812-1877) réalise une série entièrement consacrée à ces deux figures féminines, dont « L'Alsace » avec son regard profond et expectatif qui se trouve sur la couverture du présent ouvrage. Jusqu'à la Première Guerre mondiale, d'autres artistes reproduiront ces allégories sous différents supports, comme les frères Emmanuel (1836-1896) et Jean (1836-1906) Benner ou encore Paul Dubois (1829-1905) et son groupe sculpté « Le Souvenir », dont le bronze est présent dans les collections du musée d'Orsay à Paris. (V.K.)

Auguste Bartholdi, « L'Alsace et la Lorraine se réfugiant au pied de l'Autel de la Patrie »,
Maquette du groupe de marbre du monument de Sèvres à la mémoire de Gambetta,1889.
Musée de la Guerre de 1870 & de l'Annexion, Gravelotte © Département de la Moselle / Florent Doncourt.

1 Voir son discours reproduit dans « Association générale d'Alsace-Lorraine », in *Le Temps*, 28e année, n° 9.829, 27.03.1888, p. 2.

2 ROBIQUET Paul (éd.), *Discours et opinions de Jules Ferry*, 7 volumes, Paris, 1893-1898.

3 JULES-FERRY Eugénie (éd.), *Lettres de Jules Ferry 1846-1893*, Paris, 1914, 591p.

4 Voir à ce sujet le « Discours du 21 mars 1891, à l'Association nationale républicaine (Banquet de l'Élysée-Montmartre) », in ROBIQUET Paul, *op. cit.*, t. 7, p. 214-224, ici p. 220-221.

5 « CCLVIII. À M. Robiquet. Saint-Dié, [sans date] », in *Lettres de Jules Ferry*, *op. cit.*, p. 567-570.

6 *Ibid.*, p. 569-570. Les détails fournis ici par Jules Ferry à Paul Robiquet sont reproduits dans *Discours et opinions*, t. 1er, p. 1-2. Voir, au sujet des détails biographiques qui ne peuvent être précisés ici, DIETZ Jean, « Jules Ferry et l'Alsace », in *L'Alsace française*. Revue hebdomadaire d'action nationale, 12e année, n° 39, 25.09.1932, p. 793-799.

7 « LXXXIX. À Madame Kestner. Saint-Dié, 11 août 1877 », in *Lettres de Jules Ferry*, *op. cit.*, p. 240-243.

8 Voir par exemple « CXXXVI. À Madame Ferry. Lundi, 19 mars 1883 », in *Lettres de Jules Ferry*, *op. cit.*, p. 333-334.

9. « LXIII. À Madame Jules Ferry. Épinal, mardi [24] août 1876 », in *Lettres de Jules Ferry*, *op. cit.*, p. 211-213.

10 Paul Boegner fut pour un temps révoqué de ses fonctions par décret du 24 mai 1877 ; mais il eut droit à un « départ triomphal » tant il était estimé par ses collaborateurs et ses administrés. Voir « LXXX. À Monsieur Paul Boegner. Samedi, [début de juin 1877] », in *Lettres de Jules Ferry*, *op. cit.*, p. 223-224.

11 « LXX. À Madame Jules Ferry. Remiremont, 27 avril 1876 », in *Lettres de Jules Ferry*, *op. cit.*, p. 206-207.

12 « LXXVI. À Madame Jules Ferry. Remiremont, 20 avril 1877 », in *Lettres de Jules Ferry*, *op. cit.*, p. 217-218.

13 « Anniversaire de la mort de Jules Ferry », in *Le Radical*, 37e année, n° du 18.03.1916, p. 2.

14 *Ibid.*

15 « Mort de Mme Jules Ferry », in *Le Radical*, 41e année, n° du 27.07.1920, p. 1.

16 « 1871-1919. Une séance historique à la Chambre. La déclaration solennelle des représentants d'Alsace et de Lorraine », in *Le Radical*, 40e année, n° du 9 décembre 1919, p. 1.

17 « Fête du centenaire de Jules Ferry et du cinquantenaire de l'École laïque. Épinal, 12 juillet », in *Le Temps*, 71e année, n° 25.525, 13.07.1931, p. 2.

18 Voir ALEXANDRE Philippe, « La guerre dans les têtes dans le département des Vosges, 1871-1914 : anatomie d'un patriotisme de frontière », in *Annales de la Société d'émulation du département des Vosges*, 2014, p. 15-63.

19 « Chronique de l'Est. Saint-Dié », in *Gazette Vosgienne*, 20e année, n° 3.285, 06.08.1889, p. 3.

20 *Ibid.*

21 DONTENWILLE-GERBAUD Aude, « La ligne bleue des Vosges », in *Mots. Les langages du politique*, n° 105, 2014, p. 13-26.

22 Charles Ferry, banquier, fut le chef de cabinet de Jules Favre durant le siège de Paris de 1870, puis préfet, avant de revenir à ses activités d'hommes d'affaires.

23 « XLV. À Charles Ferry. Schiltigheim, vendredi [avril 1872] », in *Lettres de Jules Ferry*, *op. cit.*, p. 139-141.

24 *Ibid.*, p. 141.

25 « LIII. À Charles Ferry. Saint-Dié, 29 août 1872 », in *Lettres de Jules Ferry*, *op. cit.*, p. 164-165.

26 « LVIII. À Monsieur et Madame Édouard Ferry. Athènes, 19 janvier 1873 », in *Lettres de Jules Ferry*, *op. cit.*, p. 179-182.

27 « CXXXIV. À Édouard Ferry. Paris, 8 janvier 1883 », in *Lettres de Jules Ferry*, *op. cit.*, p. 329-331.

28 « Un traître », in *Le Radical*, 7e année, n° 103, 15.04.1887, p. 1.

29 « La Prusse à l'Élysée ! », in *L'Intransigeant*, 8e année, n° 2.696, 01.12.1887, p. 1.

30 « Ferry traître », in *L'Intransigeant*, 8e année, n° 4.654, 22.03.1893, p. 1.

31 « Alsace-Loraine. Le général acclamé par les annexés. [...] Histoire d'une élection dédiée à Bismarck et à Ferry », in *La Presse*, 32e année, n° 189, 11.12.1888, p. 1-2.

32 Journal Officiel de la République. Débats parlementaires. Chambre des députés, 11 février 1890, p. 252.

33 « L'Association générale d'Alsace-Lorraine... », in *Le Temps*, 11e année, n° 3.818, 21 septembre 1871, p. 2.

34 « Association générale d'Alsace-Lorraine », in *ibid.*, 28e année, n° 9.829, 27 mars 1888, p. 2. En 1888, l'Association comptait 2157 membres, selon le compte rendu publié dans *Le Temps* et dans d'autres journaux.

35 *Ibid.*

36 « Discours de M. Jules Ferry à l'Association d'Alsace-Lorraine, le 30 mars 1890 », reproduit in ROBIQUET Paul, *Discours et opinions de Jules Ferry*, *op. cit.*, t. 7, p. 173-175.

37 *Ibid.*, p. 174.

38 *Ibid.*, p. 174-175.

39 « Paris, 20 juin. Bulletin du jour » et « Voyage de M. Jules Ferry à Épinal », in *Le Temps*, 21e année, n° 7.365, 21.06.1881, p. 1-2. Les discours de Jules Ferry étaient reproduits *in extenso* dans *Le Temps* d'après la sténographie de l'agence Havas.

40 « Discours du 21 mars 1891, à l'Association nationale républicaine (Banquet de l'Élysée-Montmartre) », in ROBIQUET Paul, *op. cit.*, t. 7, p. 224.

41 Cité par ROBIQUET Paul, *ibid.*, p. 224.

42 *Lettres de Jules Ferry*, *op. cit.*, p. 570.

Adolphe Braun, « Le Ballon ; *L'Alsace photographiée* (de la série) », papier albuminé, 1859.

COUPS DE TONNERRE ET COUPS DE CANON COMMENT LE BALLON D'ALSACE EST DEVENU UNE MONTAGNE SACRÉE (1870-1914)

-

GEORGES BISCHOFF

Rhénane par destination, ou peut-être par défaut, l'Alsace a longtemps été définie par son fleuve plutôt que par sa montagne. Au XIXe siècle, cependant, et plus spécialement lorsqu'elle devient frontière, la ligne bleue des Vosges acquiert une dimension affective sans comparaison possible avec le Rhin, tout au moins dans son cours supérieur. Cela peut s'expliquer par de nombreux facteurs. Il n'y a quasiment rien à voir de romantique, au sens du Baedeker, entre Strasbourg et Bâle, sauf à s'éloigner de ses rives, contrairement à l'arrière-plan du piémont vosgien, qui invite à passer dans les vallées et à gravir les sommets.

Le phénomène d'appropriation du massif joue sur plusieurs registres : celui du développement économique d'abord, avec l'essor précoce de l'industrie textile et l'explosion démographique qui l'alimente, et, paradoxalement, à un étage différent, la découverte d'une nature sauvage et l'avènement des loisirs. Il est encouragé par le chemin de fer qui permet d'appréhender son étendue et d'identifier sa topographie à travers le panorama que déroule la voie ferrée reliant Strasbourg et Bâle[1] et de rapprocher le randonneur des lieux désirés de loin.

À l'échelle de l'Alsace, ce paysage qui se réduit au versant oriental de la crête, se décompose en plusieurs segments marqués par des sommets emblématiques : le Donon, le Hohneck, le Grand Ballon sont les fleurons du Club vosgien. Ils sont facilement accessibles du côté alsacien, depuis des vallées germanophones desservies par le rail. Le cas du Ballon d'Alsace est plus complexe: visible de l'ouest, du sud et de l'est, il constitue la proue du massif et bénéficie d'accès plus commodes depuis Belfort, Masevaux ou Saint-Maurice sur Moselle. Il est à cheval sur la limite des langues, au contact de trois régions historiques, la Lorraine, par la haute vallée de la Moselle, l'Alsace, par celle de la Doller, ainsi que la mouvance septentrionale de la Franche Comté par les affluents de la Saône, notamment la Savoureuse. Ces caractères rendent compte des enjeux qui sont les siens dans la longue durée aussi bien que dans le « second XIXe siècle », lorsque la « carte au liseré vert » se superpose à celle des Vosges[2].

« LA PLUS HAUTE, LA PLUS RICHE ET LA PLUS CURIEUSE DES MONTAGNES DES VOSGES, TANT PAR CE QUE LA NATURE Y A FAIT QUE PAR CE QUE LES HOMMES Y ONT AJOUTÉ »
M. DE PEZAY

L'identité toponymique des ballons, et plus spécialement celle du Ballon d'Alsace a fait couler beaucoup d'encre. Au XIXe et au XXe siècle, on s'obstine à la faire remonter à la nuit des temps, en insistant sur la racine *Bel*, réputée « celto-bretonne » et liée au culte solaire du dieu Belenos; les philologues allemands lui opposent un nom d'oiseau, *beliha*, censé désigner la foulque d'eau dont la tête sommée d'une calotte blanche fait penser aux neiges qui le recouvrent. L'hypothèse la plus simple consiste à la mettre en rapport avec le terme générique Baume ou Balme, dans lequel on trouve le mot *balle*, amoncellement, qui exprime une idée de volume, et d'admettre que l'oronyme Belchen en est une variante. Rien n'interdit, cependant, la contamination d'autres mots comme le latin *pabulum*, pâturage. Validée par la carte de Cassini vers 1760, l'appellation « d'Alsace » se généralise au XIXe siècle, ce qui traduit bien son rôle de « signal » à l'entrée d'une province. Elle se substitue à Ballon, sans épithète, à Ballon des Allemands, utilisé au début du XVIe siècle, concurremment à Ballon de Belfort, voire, plus rarement, de Giromagny. Le nom Ballon de Lorraine ou de Saint-Maurice est utilisé par les Lorrains pour le différencier de celui de Servance, attribué à la Franche-Comté, mais disparaît également à l'époque contemporaine. Après 1871, celui de *welscher Belchen* apparaît sur les cartes allemandes. Plusieurs sommets voisins portent le même qualificatif de ballon, celui de Servance déjà cité, ceux de Belfahy, de Saint-Antoine, de Lure (alias la Planche des Belles filles), de Roppe, etc.[3]

La cohérence spatiale du massif est communément admise par ses usagers: malgré le partage des langues, l'anthropisation s'est faite selon les mêmes modalités, avec un peuplement relativement dense dans les vallées, des fronts pionniers liés aux richesses naturelles des pentes – la forêt, les ressources minérales – et, en altitude, l'exploitation des chaumes[4].

Au XIXe siècle, l'exploitation minière, qui avait fleuri au moment de la Renaissance autour de Giromagny, dans la vallée du Rosemont, à Plancher-les-Mines, Château-Lambert ou Kirchberg n'est plus qu'un souvenir, bien qu'il subsiste une petite métallurgie alimentée par la forêt: celle-ci avait été surexploitée à la fin de l'Ancien Régime et restait, en partie, à reconstruire, après les partages consécutifs à la Révolution[5]. Le potentiel géologique du Ballon continuait à faire l'objet de nombreuses recherches – tant pour l'excellence du granit local – prétendument utilisé pour le Panthéon – que pour les minerais du sous-sol. Parue en 1789, la *Description des gîtes de minerai... de la Haute et de la Basse-Alsace et des bouches à feu de la France* de Philippe-Frédéric de Dietrich[6] n'est pas étrangère à l'engouement scientifique de ses contemporains, à l'instar de l'abbé Grégoire, qui parcourt la montagne en 1799[7] ou du jeune Charles Nodier, qui fait un long séjour à Giromagny au même moment.

Si le Ballon d'Alsace aimante les voyageurs bien plus que les autres sommets des Hautes-Vosges, cela tient autant à sa position éminente qu'à l'itinéraire qui y conduit depuis Belfort ou depuis Saint-Maurice en assurant la jonction entre l'Alsace romane et la Lorraine. Cette route « praticable et aisée », a été aménagée entre 1751 et 1763 par des ingénieurs des Lumières: elle fait l'admiration du plus grand nombre, parce qu'elle constitue un exploit technique, mais suscite également des critiques quant à son coût exorbitant et à son utilité effective[8]. Ainsi, le marquis de Pezay qui en ricane dans ses *Soirées alsaciennes et helvétiennes* (1771), au motif qu' « elle ne sert à rien, qu'à faire briller les talents » de ses constructeurs, mais ne l'emprunte pas moins pour admirer le paysage qu'on y découvre au lever du soleil comme le font les militaires de la garnison de Belfort ou les touristes des bains de Plombières. Le florilège de leurs récits est un modèle du genre, car le Ballon « offre à la vue le plus vaste horizon qu'elle puisse embrasser de quelque point de ces montagnes » comme l'écrit Édouard de Bazelaire en 1828[9], en écho à la comtesse de Sabran qui rapporte avoir vu « très distinctement le Mont-Saint-Bernard et le Mont blanc, toute la chaîne des montagnes noires (=la Forêt noire), le Rhin, une partie de l'Alsace, la Lorraine et la Franche-Comté », une quarantaine d'années plus tôt[10]. Ce *topos* peut être contrarié par la météorologie, comme le montre l'exemple de Napoléon III dont l'ascension se fait dans une véritable purée de pois, en 1856[11]. Il se justifie cependant par la croyance, flatteuse, selon laquelle « la cime du Ballon [est] la plus haute montagne des Vosges, élevée d'environ six cents toises au-dessus du niveau de la mer », soit 1170 m, comme le pense l'abbé Grégoire. Comme on le sait, il faut attendre le second tiers du XIXe siècle pour disposer des cotes d'altitude véritables, à savoir 1255 m (ou 1247 m, selon qu'on retient l'une ou l'autre des deux cimes). En 1826, encore, Jean-Frédéric Aufschalger considérait qu'il s'élevait à 550 toises, cent mètres de moins, et que son voisin du Baerenkopf, crédité de 1400 mètres (au lieu de 1074), occupait la deuxième marche du podium après le Ballon de Guebwiller-Soultz (à 1433 m, au lieu de 1424).

La mode excursionniste se développe jusqu'en 1870 sur la forme d'aller-retours ou de circuit. En effet, la fameuse route de Giromagny à Saint-Maurice est carrossable pendant la belle saison, ce qui permet de quitter Belfort le matin, de gagner la vallée de la Moselle par le Ballon, d'aller ensuite à Wesserling par le col de Bussang, de là, à Mulhouse, par le chemin de fer (1863), et enfin, d'être de retour au point de départ dans la soirée. Il est également possible d'être hébergé dans la ferme de la Jumenterie, fondée en 1618 par le duc de Lorraine pour l'amélioration de la race chevaline de son duché, et reconvertie en marcairie.

Et de fait, en dehors du panorama, la principale attraction du Ballon d'Alsace réside dans ses activités pastorales : le massif est une montagne à vaches, qui respire l'air pur et le pittoresque. On y compte des centaines de bovins – 550 bêtes du côté allemand, en 1905 – et sans doute autant, ou plus, sur les alpages belfortains, comtois ou lorrains, qui renvoient à des « traditions immémoriales », et des concurrences oubliées[12]. Les anabaptistes « assez sauvages, mais fort hospitaliers » (Madame de Sabran), qui entretiennent ces troupeaux et fabriquent le fromage de gruyère sont les grandes vedettes du site depuis qu'ils ont eu droit aux louanges de Louis Ordinaire, contrôleur des Postes à Belfort, lors d'une séance de la Société d'Agriculture de la Seine en 1810[13] : « Presque tous, hommes et femmes, jouissent d'une excellente santé. Ils sont robustes, frais ; ils doivent à leurs mœurs et à leur genre de vie un teint superbe, un coloris charmant et beaucoup d'embonpoint. En général, ils sont très propres. Le plus grand ordre règne dans leur maison ; on y remarque surtout les différents vases et ustensiles qui servent à la laiterie. Ils récoltent aussi sur certaines montagnes de la gentiane avec laquelle ils font une liqueur extrêmement forte que l'on emploie avec beaucoup de succès, soit pour les hommes, soit pour les animaux. »

Ces montagnards incarnent une sorte d'utopie biblique, à mi-chemin entre Guillaume Tell et Jean-Jacques Rousseau : originaires du canton de Berne, vivant en communautés patriarcales à l'écart des villages, ils consacrent à Dieu leur effort quotidien et peuvent être érigés en modèles, au point qu'un éditeur montbéliardais leur dédie un almanach intitulé *Le Nouvel Anabaptiste* et sous-titré *L'Agriculteur pratique*, qui paraît à partir de 1818. Leur dialecte alémanique est d'autant moins incongru que les chaumes sont exploitées depuis des siècles par des « Allemands » venus de la vallée de la Doller ou de celle de la Thur, et que les savants de la périphérie du massif sont toujours plus sensibles aux traditions qu'ils commencent à recueillir sous le terme de *folk-lore*. C'est dans les années 1850, en effet, avec l'avènement du chemin de fer, que Stoeber, Kirschleger, Weckerlin, Fournier, Jouve, Bardy et bien d'autres collectent des légendes et des chansons pour saisir une culture populaire menacée par la modernité[14]. Jacques Baquol note, à propos de Giromagny, que « les deux tiers des noms de famille de cette commune, des lieux dits de sa banlieue et une foule de mots du patois qui est usité dans la contrée sont allemands, tandis que la langue française y est seule connue aujourd'hui » et met cette « bizarrerie » sur le compte des anciennes mines d'argent[15].

« À NOS PIEDS SONT LES RICHES CAMPAGNES DE L'ALSACE FOULÉES… PAR DES ENVAHISSEURS DÉTESTÉS »

Les opérations militaires de 1870-1871 et le siège de Belfort inaugurent le rôle militaire du Ballon d'Alsace. À la mi-septembre

1870, une poignée de francs-tireurs de Neuilly-sur-Seine effectue une reconnaissance au sommet, depuis Belfort où arrivent de premiers renforts. Cela suffit à donner le ton « À nos pieds sont les riches campagnes de l'Alsace foulées en ce moment par des envahisseurs détestés que nous allons combattre, et dont le pays natal, le duché de Bade, est devant nos yeux charmés ».

C'est alors un chassé-croisé de troupes improvisées - comme ces francs-tireurs lyonnais qui « participent du meunier pour leur costume et du brigand d'opéra-comique pour leur chapeau hérissé de plumes de coq [et] sont vêtus de blouses et de pantalons de toile grise, très-commodes pour les marches du jour ; mais très-incommodes pour les bivouacs dans les Vosges, où les nuits sont déjà froides »[16]. Faute de pouvoir tenir les cols entre Lorraine et Alsace, on se contente d'escarmouches aux abords du massif, sans conséquences sur le déroulement du siège de Belfort, qui commence le 3 novembre et s'achève le 18 février suivant. La « route des Vosges à Delémont » ne suscite aucune contre-offensive pour débloquer la ville assiégée.

Les préliminaires de paix achoppent sur la question de l'annexion complète du Haut-Rhin et, partant, de la partie haut-rhinoise des hautes-Vosges. En renonçant à Belfort, Bismarck accède à la proposition d'Émile Keller, qui exige d'ajuster la frontière à la ligne de partage des eaux entre les bassins du Rhône et du Rhin. Son tracé est donc reporté sur la crête. Les levés sont réalisés sous la direction d'Aimé Laussedat, directeur du Conservatoire national des Arts et Métiers qui reprend du service en qualité de lieutenant-colonel et passe pour être le meilleur expert de son temps. Elles sont matérialisées par des bornes placées tous les cent mètres (en septembre 1871) et n'empiètent pas sur la route qui « reste à la France dans tout son parcours »[17].

C'est dans ce contexte de vigilance et de préparatifs de revanche que le massif se militarise quelques années plus tard, avec la refonte de la place de Belfort suivant le système Séré de Rivières et la construction de forts à proximité du sommet, notamment celui du Ballon de Servance, à 1200 m d'altitude (1874). Cet ouvrage destiné à battre le Col de Bussang est armé de canons de 120 mm d'une portée de 9 km, de même que le fort de Giromagny, d'importance plus modeste, verrouille la vallée de la Savoureuse. Campagnes de modernisation et manœuvres se succèdent jusqu'en 1914, malgré la passivité de l'ennemi potentiel qui s'abstient d'en faire de même de son côté de la frontière. Depuis son poste de Belfort[18], le 2e bureau de l'État-Major connaît parfaitement le terrain susceptible de devenir champ de bataille. Il identifie toutes les infrastructures aptes au déplacement des troupes et de leur équipement sur le versant allemand et donne toutes les informations possibles sur le pays et ses habitants. Ainsi, le canton de Masevaux compte 11 595 habitants, vivant dans 1 942 maisons ; on y trouve 248 chevaux, 16 ânes ou mulets, 2 996 bêtes à cornes, 774 moutons, 1 245 porcs et 1 083 chèvres. La commune de Sewen, qui jouxte le Ballon, et dont la surface est, pour moitié, boisée, abrite 761 âmes pour 150 maisons, au chef-lieu et dans douze fermes isolées. Elle est accessible par une voie ferrée (depuis 1901), une bonne route menant au Lac d'Alfeld, où Guillaume

Anonyme, « Inauguration le 19 septembre 1909 de la statue de Jeanne d'Arc au Ballon d'Alsace », s. d.
© Archives Départementales du Territoire de Belfort, cote 1 Num (pp85-1).

Frédéric Théodore Lix, « Douaniers français au Ballon d'Alsace », 1889.
© Bibliothèque nationale et universitaire de Strasbourg.

Frédéric Théodore Lix, « Montée au Ballon. Les contrebandiers », 1889.
© Bibliothèque nationale et universitaire de Strasbourg.

Il s'est rendu en 1898. Un chemin parallèle à la crête peut être utilisé par l'artillerie à la belle saison, de même qu'un sentier touristique pour les piétons; un chemin carrossable pour des voitures légères, mais non pour des canons, permet de rejoindre le Gresson, le col des Charbonniers et Saint-Maurice. Ce réseau sera perfectionné pendant la Première Guerre mondiale[19].

Les mêmes préoccupations stratégiques ont lieu dans le Territoire de Belfort et dans les Vosges[20] : en cas de conflit, l'armée française est prête, conformément en plan XVII, mais le Ballon d'Alsace n'a qu'un rôle d'appui, en rapport avec les places fortes d'Épinal et de Belfort.

La valeur symbolique attachée au massif depuis 1870 a d'autres retombées imputables à la frontière qui le traverse. D'abord, parce qu'il fédère deux régions française, la Lorraine et la Porte de Bourgogne, et représente, une alternative à d'autres traversées des Vosges. C'est dans cette optique qu'on envisage périodiquement l'aménagement d'un tunnel ferroviaire sur l'axe Épinal-Belfort, en remplacement du projet imaginé à la fin du Second Empire sous le col de Bussang[21]. Vers 1907-1912, l'idée d'une ligne internationale, connectée au réseau suisse par Delle et le Jura entre dans une phase nouvelle et reçoit un certaine nombre d'appuis officiels, y compris du côté alsacien où l'on rêve d'un embranchement entre Saint-Maurice et Sewen. Ensuite, parce qu'il sépare désormais deux États et n'est guère éloigné d'un troisième, la Suisse, ce qui l'expose à des enjeux douaniers inédits. De ce fait, le massif du Ballon devient le théâtre d'une contrebande particulièrement active dans le sens Allemagne-France. Le trafic porte essentiellement sur le tabac, les allumettes et l'alcool transportés à dos d'homme à travers la forêt ou sur les sentiers les plus discrets dans des ballots pouvant atteindre 40 kg. Selon Charles Grad, il se fait « dans d'effroyables proportions », ce que confirme Jean-Claude Fombaron qui estime que 360 tonnes de tabac allemand ont transité par les Vosges jusqu'en 1879[22]. Il arrive, cependant, que d'autres denrées soient exportées illégalement vers l'Alsace, notamment de la viande.

Dans ces conditions, il n'est pas rare que se produisent des incidents, voire de véritables fusillades car ces contrebandiers se déplacent en bandes. Les douanes françaises leur tendent des embuscades : elles disposent d'un équipement adapté à l'observation de nuit dans le froid et dans la neige, notamment de lits de camps pliables faciles à camoufler. Cependant, la chasse aux trafiquants n'est pas toujours aussi rigoureuse, et il arrive qu'une certaine complicité apparaisse sous la forme de contreparties : les passeurs sont aussi des agents de renseignement. Mieux : ils contribuent à entretenir un certain climat de « résistance » ou de « brigandage inoffensif », illustré par d'innombrables cartes postales et participe ainsi à la mythologie des « provinces perdues ».

JEANNE D'ARC AU GRAND SAINT-BERNARD

Si *Le Tour de France de deux enfants* dans lequel la plupart des élèves de la IIIe République ont appris à lire n'évoque pas le Ballon d'Alsace, les *Lectures courantes des écoliers français* de « Caumont », déclinées selon les 87 départements de l'hexagone, le mettent bien en rapport avec la cicatrice toujours vive qu'est la frontière de l'est. Rappelons que les auteurs de cet omniprésent manuel paru sous pseudonyme ne sont autres que Ferdinand Buisson et Jules Steeg, les pères de l'Instruction publique laïque de Jules Ferry. Voici ce qu'écrit leur interprète vosgien :

> « Figurez-vous, mes amis, que vous êtes avec moi sur l'un des sommets les plus élevés de la chaîne des Vosges, sur le Ballon d'Alsace ou de Saint-Maurice, à 1244 mètres au-dessus du niveau de la mer. Regardons au midi : nous apercevons d'abord le col de Valdieu et l'importante place-forte de Belfort, destinée à défendre ce passage ; plus loin les montagnes du Jura, et, bien au-delà, en Suisse, plusieurs sommets des Alpes bernoises…, à l'est, cette belle plaine arrosée par le Rhin que vous voyez d'ici comme un long ruban d'étoffe blanche et brillante, c'est l'Alsace, cette chère et malheureuse Alsace que la guerre de 1870-1871 nous a fait perdre. Au nord s'étend la dorsale des Vosges qui est la nouvelle limite entre la France et l'Allemagne. »

Au lendemain de la défaite, la mémoire de l'Alsace meurtrie se focalise sur des lieux ou sur des figures qui sont autant de monuments de la patrie blessée. Le Ballon d'Alsace est définitivement nommé ainsi, en venant occuper une position symétrique à celle de la cathédrale de Strasbourg dans l'imaginaire tricolore. Conservé par la France, au moins jusqu'à son faîte, il illustre assez bien la formule de Thiers « Si l'on n'a pas Strasbourg, il faut avoir Belfort ». C'est pourquoi, on lui assigne une fonction de vigie au-dessus du pays perdu.

L'une des premières voix qui s'élève en ce sens est celle de l'historien Henri Martin – futur président de la Ligue des Patriotes – dans le récit, paru en 1873, d'une excursion qu'il y a faite au printemps 1870 ; il y décrit « cette belle région [...] parée comme une victime avant le sacrifice ». Son texte donne le leitmotiv de tout ce qui va suivre jusqu'en 1914 : « Je revins à Remiremont prendre la route du Ballon d'Alsace... et voir, du haut du Ballon, les Grandes-Alpes se déployer dans leur majesté au loin par-dessus le Jura. Quelles que fussent mes inquiétudes en songeant dans quelles mains était le sort de notre patrie, j'étais loin de la pensée que, quelques mois plus tard de toute cette frontière de la France sur laquelle je planais du haut des Vosges, il ne nous resterait plus que ce dernier débris, Belfort, et les points intermédiaires entre Belfort et le Ballon d'Alsace, que j'avais là immédiatement sous les pieds, et que le patriotisme de M. Thiers devait nous conserver avec tant de peine. »[23] Il n'atteint cependant pas la puissance suggestive de la randonnée que relate Alphonse Daudet dans les *Contes du lundi* sous le titre « Alsace, Alsace !... » Ici, point de pathos, mais des images, une atmosphère, un ressenti, en bref, tout ce qui façonne une mémoire intime et la donne en partage :

« Je me souviens d'un orage terrible qui nous surprit ainsi à travers bois en descendant du Ballon d'Alsace. Quand nous quittâmes l'auberge d'en haut, les nuages étaient au-dessous de nous. Quelques sapins les dépassaient du faîte mais à mesure que nous descendions, nous entrions positivement dans le vent, dans la pluie, dans la grêle. Bientôt nous fûmes pris, enlacés dans un réseau d'éclairs. Tout près de nous un sapin roula foudroyé, et tandis que nous dégringolions un petit chemin de schlittage, nous vîmes à travers un voile d'eau ruisselante un groupe de petites filles abritées dans un creux de roches. Épeurées, serrées les unes contre les autres, elles tenaient à pleines mains leurs tabliers d'indienne et de petits paniers d'osier remplis de myrtilles noires, fraîches cueillies. Les fruits luisaient avec des points de lumière, et les petits yeux noirs qui nous regardaient du fond du rocher ressemblaient aussi à des myrtilles mouillées. Ce grand sapin étendu sur la pente, ces coups de tonnerre, ces petits coureurs de forêts déguenillés et charmants, on aurait dit un conte du chanoine Schmidt... Mais aussi quelle bonne flambée en arrivant à Rouge-Goutte! Quel beau feu de foyer pour sécher nos hardes, pendant que l'omelette sautait dans la flamme, l'inimitable omelette d'Alsace, craquante et dorée comme un gâteau. »[24]

Des centaines de milliers de petits Français se sont projetés dans ce modèle de dictée jusqu'au milieu du XXe siècle. Ils y ont découvert une nature mythique et pourtant, familière qui vit au cœur de leur identité : le sapin, devenu l'attribut des « provinces perdues » autant que de la fête de noël des enfants de la République, un paysage aux couleurs d'Erckmann-Chatrian, les réminiscences d'un bonheur fragile. Daudet y associe l'orage dans lequel on peut voir une métaphore de la guerre qui va bientôt meurtrir ce petit paradis. « Alsace ! Alsace ! ... » est un cri de douleur, un jalon essentiel dans le processus de sacralisation du Ballon d'Alsace.

C'est dans ce contexte que l'ascension hygiénique et pittoresque d'avant 1870 se métamorphose en pèlerinage patriotique, ou même, en provocation politique. Contrairement à ce qui se produit sur le versant allemand de la frontière, où le Club vosgien, fondé en 1872, bénéficie d'un relais administratif puissant, le mouvement prend naissance d'une manière spontanée, en impliquant aussi bien des visiteurs venus de l'« intérieur » grâce au chemin de fer – la ligne Paris-Bâle par Belfort existe depuis 1858, et la desserte en direction de Besançon et Lyon, depuis 1868 – que des habitants du Haut-Rhin maintenu en tant que Territoire de Belfort. La place des optants de 1872 y joue un rôle considérable pour les raisons qu'on imagine : il s'agit souvent de familles originaires des vallées voisines annexées par l'Allemagne, à l'instar de la famille des futurs députés socialistes René et Marcel-Edmond Naegelen, qui combine un patriotisme progressiste et une germanophobie exacerbée.

La chronologie de cette appropriation mériterait encore un certain nombre de recherches dans les archives, dans la presse et dans la mémoire collective. Elle est marquée par l'avènement de l'hôtellerie à proximité du sommet : l'hôtel du Ballon d'Alsace ouvre ses portes en 1888, celui de la Jumenterie en 1904, l'hôtel Stauffer en 1907. Des buvettes ou des auberges rustiques apparaissent sur les montées de Giromagny et de Saint-Maurice qui accueillent des voitures tirées par des chevaux et, bientôt, de premières automobiles. Ces infrastructures sont rendues encore plus attractives par leurs commodités – le téléphone entre en service au Ballon dès la fin du XIXe siècle – et par des aménagements récréatifs ou pédagogiques, tel le jardin botanique de l'hôtel éponyme.

La création de la Section des Hautes-Vosges du Club alpin français a lieu en 1883, neuf ans après sa fondation, en réplique au *Vogesen-Club*. Quatre ans plus tard Belfort accueille son congrès national. Proche des milieux militaires, elle va même essaimer en Alsace allemande en inspirant la formation des Vosges-Trotters de Mulhouse en 1903, puis de leurs homologues de Colmar ou de Sélestat. Elle accompagne ses membres à travers la publication d'un *Bulletin* et de documents destinés aux randonneurs.

La dimension patriotique de ce tourisme se mesure à l'abondance des cartes postales qui lui sont dédiées[25] : ici, ce ne sont pas seulement les images qui entrent en ligne de compte, mais peut-être davantage les impressions communiquées à leurs destinataires proches ou lointains[26]. En effet, comme le Ballon est accessible depuis les deux côtés de la frontière, et que celle-ci se traverse sans difficulté, pratiquement sans contrôle, il doit être possible de saisir l'opinion des uns et des autres autrement qu'à travers les incidents éventuels ou les rapports de police. Le guide des Vosges de Curt Mündel, qui est la bible du Club vosgien, donne toutes les indications possibles sur les chemins qui y conduisent, y compris sur le versant français, mais dissuade d'approcher du fort de Servance[27].

La vague tricolore atteint son apogée le 19 septembre 1909 lors de l'inauguration de la statue équestre de Jeanne d'Arc érigée à la Jumenterie, à 1242 m d'altitude. Réalisée à l'initiative de l'hôtelier Napoléon Marchal, ce bronze héroïque est dû aux ciseaux de Mathurin Moreau, qui est l'auteur de la Pucelle et de Pierre Le Nordez à qui l'on doit son destrier. La composition d'ensemble n'est pas sans rappeler le Bonaparte au Grand Saint-Bernard de David : faut-il y voir l'annonce d'une reconquête prochaine, ou un ixième monument élevé à la bonne Lorraine (et, d'une manière subliminale, à l'empereur Napoléon Ier) ? Au départ, la sculpture aurait dû être placée sur la Roche des Évaux, vers la vallée des Charbonniers, mais des raisons techniques n'ont pas permis son installation. Pour les 3 000 spectateurs de la fête, sa signification était sans doute celle qui a prévalu : un défi face à l'empire allemand. Toutefois, ce n'est qu'après la Première Guerre mondiale que la vierge victorieuse a été retournée vers l'est.

La mobilisation médiatique du Ballon d'Alsace ne s'arrête pas à cet événement. Elle profite tout particulièrement de l'essor de nouvelles disciplines sportives comme le ski, promu par le club alpin et des associations locales – celle de Giromagny, fondée en 1909 –, le cyclisme et les sports mécaniques. Dès la fin du XIXe siècle, les adeptes du vélocipède s'élancent sur les lacets de route qui relie la Moselle à la Savoureuse[28]. Le dénivelé de plus de 800 m entre Belfort (354 m) et le col (1173 m) exige une endurance appréciée des militaires, à l'exemple du général Pouradier-Duteil qui commande la 14e division d'infanterie stationnée à Belfort en 1912 et s'y entraîne régulièrement à près de soixante ans. Le 11 juillet 1905, le Ballon d'Alsace a accueilli la première ascension cycliste de l'histoire du Tour de France entre Nancy et Besançon et salué l'exploit du grimpeur René Pottier, revenu triomphalement l'année suivante, en vainqueur de l'étape belfortaine. Dès lors, la petite reine devient inséparable du massif jusqu'en 1914 avec des héros comme Pélissier et Faber, l'un et l'autre ardents patriotes – le dernier, Luxembourgeois, mort au champ d'honneur dans la Légion étrangère.

Cette passion sportive s'incarne également dans l'automobile, la moto et l'aviation. Le 19 septembre 1911, le survol du massif par le dirigeable Adjudant- Réau parti la veille d'Issy-les-Moulineaux vient saluer Jeanne d'Arc dans le cadre d'une mission de reconnaissance des forts de l'est de la France. Il emmène 9 passagers et donne la réplique aux zeppelins de Guillaume II. Mieux encore, le 23 mai 1913, quand on assiste à l'atterrissage du sergent aviateur Caron, aux commandes de son Blériot, « frôlant de son aile la terre d'Alsace ».

-

Le Ballon d'Alsace est-il un lieu de mémoire au sens que cette expression a acquis depuis l'inventaire encyclopédique de Pierre Nora et de son équipe, il y a un quart de siècle? La rhétorique qui gravite autour de la frontière de 1871 devrait le placer dans cette catégorie, devenue incontournable, et de ce fait, moins signifiante qu'il n'y paraît.

On pourrait, cependant, renouveler le genre, en lui donnant une épaisseur spirituelle qui a pu échapper aux commentateurs de l'époque, celle d'un lieu de ressourcement, ou même, de révélation philosophique, dans un registre qui n'est pas sans rappeler la *Prière sur l'Acropole* d'Ernest Renan. En effet, à la fin des années 1890, c'est en gravissant de Ballon d'Alsace que le philosophe Henri Berr trouve le ressort de l'œuvre qui sera la sienne à travers la *Revue de Synthèse historique*, fondée quelques semaines après la parution de *L'avenir de la philosophie: esquisse d'une synthèse des connaissances fondée sur l'histoire*[29]. Ce texte mérite d'être cité : « Soudain du fort de Servance, sur le Ballon voisin, un coup de canon partit, qui se répercuta dans les vallées d'Alsace; plusieurs fois gronda cette voix formidable, - voix de colère et de menace. Jusque dans ces hautes solitudes où se recueillait ma pensée, l'écho des passions et des rancunes humaines me poursuivait. Et je compris mieux alors comment, lorsqu'on va vers la nature, c'est - plus ou moins consciemment - pour lui demander des leçons, pour échapper, non pas à la vie pensante, mais à une vie contre nature. L'âme fraternelle des êtres simples nous éclaire et nous instruit : elle nous invite à renoncer aux complications et aux mensonges, à déployer joyeusement les puissances de notre être, à mener une existence moins agitée et moins factice, pleinement pensante, vraiment humaine - et, ainsi naturelle. Le désordre même des éléments nous fait sentir notre mission de créer et de leur imposer l'unité qu'ils ignorent et où ils aspirent. Tout ce qui est tend à la vie, et tout ce qui vit tend à la pensée... La Synthèse doit absorber toutes les énergies, dériver et raviver l'ancien esprit d'aventure. Se lancer à la conquête de tout l'inconnu...

Le canon s'était tu. Un grand calme, avec le crépuscule, tombait sur les choses. Et j'étais résolu, en redescendant, à agir, à faire ma tâche sans présomption, mais sans timidité ni défaillance: il me semblait que l'effort le plus chétif peut s'embellir dans la noblesse des fins, comme le moindre objet s'illuminait, à cette heure, de la splendeur du soleil couchant. »

Risquons alors l'hypothèse selon laquelle le Ballon d'Alsace est le Mont Sinaï de la Nouvelle Histoire qui va s'épanouir à Strasbourg avec les disciples d'Henri Berr que sont Lucien Febvre et Marc Bloch.

Ad. Braun & Cie, « Le Ballon d'Alsace : le sommet », papier charbon, s.d.
© Collection Christian Kempf.

1 *Panorama des Vosges et du chemin de fer de Strasbourg à Bâle*, lithographié par SIMON Frédéric-Émile, Strasbourg, 1841.

2 Il existe de nombreuses publications sur le Ballon d'Alsace et son environnement. GIBERT André, *La Porte de Bourgogne et d'Alsace*, Besançon, 1930 permet de situer son environnement, mais ne le traite pas davantage. À côté d'un certain nombre de « beaux livres », de nombreux articles ont paru dans *Les Vosges*, dans *La Vôge*, *Patrimoine Doller*, *Dialogues transvosgiens* puis *Rencontres transvosgiennes* et dans les revues savantes de la périphérie. On peut notamment citer LARGER André, « Le Ballon d'Alsace. Un massif dont le franchissement a fasciné les hommes et infléchi la destinée », in *Dialogues transvosgiens*, 2003, p. 45-50 et le n° thématique de cette même revue paru en 2004.

3 GUETH Francis, « Les appellations successives du Ballon d'Alsace », in *Dialogues transvosgiens*, 2004, p. 45-50.

4 BISCHOFF Georges, « Les Vosges médiévales au regard de l'Histoire », in *Vivre dans la montagne vosgienne au Moyen Âge. Conquête des espaces et culture matérielle*, sous la dir. de KRAEMER Charles et KOCH Jacky, Nancy, 2017, p. 107-118.

5 Voir LIEBELIN François, *Mines et mineurs du Rosemont*, (2e édition revue sous la dir. de FLUCK Pierre), Soultz, 2015; GARNIER Emmanuel, *Terre de conquêtes. La forêt vosgienne sous l'Ancien Régime*, Paris, 2004; DATTLER Philippe, *La métallurgie dans le Comté de Belfort (1659-1790)*, Belfort, 1980.

6 T. 2, Strasbourg, 1789, p. 60 et suiv.

7 DUBAIL-ROY F.-G., « Récits de voyage dans l'Alsace romane (XVIIe-XVIIIe s.) », in *Bull. de la section des Hautes-Vosges du Club alpin français*, n°6, 1894.

8 La traversée du massif a été envisagée dès le XVIe siècle, tant par les autorités autrichiennes, en réaménageant les sentiers du Gresson que par l'abbé de Murbach et de Lure, détenteur de la Haute-Vallée de la Thur et des mines de Plancher.

9 BAZELAIRE Édouard de, *Promenades dans les Vosges*, Paris, 1828, cité par JOUVE Louis, *Voyages anciens et modernes dans les Vosges*, 1500-1870, Épinal, 1881, p. 233.

10 DUBAIL-ROY, *op. cit.*

11 LARGER, *op. cit.*, p. 48.

12 BOYE Pierre, *Les Hautes-Chaumes des Vosges*, Nancy, 1903.

13 ORDINAIRE Louis, « Mémoire sur les Anabaptistes », in *Mémoires d'Agriculture et d'économie rurale et domestique publiés par la Société d'Agriculture du département de la Seine*, t. XV, p. 465-495.

14 Par exemple, BARDY Henri, « Le Folklore du Val de Rosemont », in *Bull... du Club alpin français*, n°3, 1891. Bardy a notamment recueilli une poésie épique patoisante qu'il associe à la Guerre de Trente ans, mais qui remonte vraisemblablement à la Guerre des Paysans. Voir BISCHOFF Georges, "Remembering the Peasants'War in the Vosges", in *Rhythms of Revolt: European Traditions and Memories of Social Conflict in Oral Culture* sous la dir. de GUILLOREL Eva, HOPKINS David et POOLEY William G., Abingdon, 2017, p. 64-89.

15 BAQUOL Jacques, RISTELHUBER Paul, *L'Alsace ancienne et moderne*, Strasbourg, 3e éd., 1865, p. 450.

16 BELLEVAL René de, *Journal d'un capitaine de francs-tireurs : campagne de France, 1870-1871*, Paris, 1873.

17 LAUSSEDAT Aimé, *La délimitation de la frontière franco-allemande*, Paris, 1901 et LARGER André, « Le Ballon d'Alsace et la nouvelle frontière », in *Dialogues transvosgiens*, 2004, p. 19-26. La fixation de la frontière fait l'objet de la thèse par Benoît Vaillot, en cours.

18 ARBOIT Gérald, *Des services secrets pour la France. Du dépôt de la Guerre à la DGSE (1856-2013)*, Paris, CNRS, 2014. Voir aussi *Notice descriptive et statistique sur l'Alsace*, éditée par le 2e bureau de l'État-Major, mis à jour jusqu'en 1914, Paris, 1914.

19 EHRET Jean-Marie, « La route de Sewen au Ballon d'Alsace », in *Dialogues transvosgiens*, 2004, p. 55-60.

20 *Notice descriptive et statistique sur le territoire de Belfort* (mis à jour jusqu'en 1903), Bordeaux, sd.

21 Projet adopté en juillet 1870 et déclaré d'utilité publique. Vers 1909, les milieux économiques alsaciens et lorrains relancent l'itinéraire de Bussang en direction de Wesserling et de la vallée de Munster, qui va finalement être adopté entre les deux guerres et donner lieu au percement de 4500 m de tunnel entre 1932 et 1937.

22 GRAD Charles, *L'Alsace*, Paris, 1889, p. 304; FOMBARON Jean-Claude, *Histoire d'une frontière : la ligne bleue des Vosges de 1871 à 1914*, Munster, 1997 et du même auteur, *Dans les Vosges au temps de la contrebande des allumettes*, Saint-Dié, 1988.

23 MARTIN Henri, *L'offrande*, Paris, 1873, cité par JOUVE Louis, *op. cit.*, p. 233-234.

24 DAUDET Alphonse, *Les contes du lundi*, Paris, 1876, p. 76-82.

25 LARGER, *op. cit.*, p. 48-49.

26 On peut citer le recueil de photographies de GRUDLER Christophe, DELAPORTE Ralph, GREFFOZ Xavier, *Le Ballon d'Alsace*, Saint-Cyr-sur-Loire, 2002, majoritairement centré sur la « Belle Époque ». Une étude statistique des textes des cartes postales mériterait d'être entreprise pour confirmer ou pour infirmer la prégnance des motivations patriotiques.

27 Voir MÜNDEL Curt, *Die Vogesen: Ein Handbuch für Touristen auf Grundlage von Schrickers Vogesenführer*, Strasbourg, 1886, p. 373- 384, qui donne plusieurs itinéraires des vallées de la Doller et de la Thur en direction du Ballon.

28 La section alsacienne de la fédération des sociétés cyclistes allemandes proposent de nombreux circuits à travers les Vosges en indiquant les difficultés du parcours, les cotes d'altitude et en donnant de nombreuses informations pratiques. Voir *Fahrtenbuch für den Gau VI Elsass-Lothringen*, 1909.

29 BERR Henri, *L'avenir de la philosophie: esquisse d'une synthèse des connaissances fondée sur l'histoire*, Paris, 1899, p. 507-511.

Jean-Jacques Henner, « Grand paysage alsacien », huile sur toile, 1879.
Musée national Jean-Jacques Henner, Paris © RMN-Grand Palais / Franck Raux.

Valentin Kuentzler
Suivi éditorial & iconographie

PFLIEGERFOEGLE
Création graphique & mise en pages

Nathalie Paillot
Relecture

Éditions du Signe
Photogravure

Crédits photos :
Voir illustrations, sauf détails p. 21, 109, 187, 263 :
Photo © RMN-GP / Franck Raux

Dépôt légal : avril 2019

Faculté des sciences historiques
Palais universitaire
9, place de l'Université
67084 Strasbourg Cedex

1, rue Alfred Kastler
BP 98094 - Eckbolsheim
67038 Strasbourg Cedex
Tél : +33 (0) 3 88 78 91 91
www.editionsdusigne.fr
Courriel : info@editionsdusigne.fr

Ref. 111312
ISBN : 978-2-7468-3671-6

Imprimé en U.E.